KB061753

시네마톡

영화가 끝난 뒤 시작되는 진짜 영화 이야기
무비꼴라쥬 **시네마톡**

초판1쇄 발행 2012년 5월 28일
초판2쇄 발행 2012년 9월 11일

기획   (주)타임스토리 그룹, CJ CGV(주) 무비꼴라쥬
지은이 김영진, 남인영, 송지환, 신지혜, 심영섭, 이동진, 한창호
엮은이 황희연

펴낸이   이기섭
편집장   이성욱
책임편집 황희연
마케팅   조재성, 성기준, 정윤성, 한성진
관리   김미란, 장혜정

펴낸곳   한겨레출판(주) www.hanibook.co.kr
등록   2006년 1월 4일 제313-2006-00003호
주소   121-750 서울시 마포구 공덕동 116-25 한겨레신문사 4층
전화   02-6383-1602~03 팩스 l 02-6383-1610
대표메일 book@hanibook.co.kr

값 22,000원
ISBN 978-89-8431-588-4 03680

* 이 책은 저작권법에 의해 보호를 받는 저작물이므로 무단 전재 및 복제를 금합니다.
* 잘못된 책은 구입하신 서점에서 바꾸어드립니다.

무비꼴라쥬

시네마톡

씨네21북스

프롤로그
Prologue

김영진

남인영

송지환

신지혜

심영섭

이동진

한창호

영화에게 손을 잡아주는 시간

김영진
(영화평론가, 명지대학교 영화 뮤지컬학부 교수)

내가 시네마톡 행사를 처음 제안받은 것은 2009년 초였다. 이동진 씨와 함께 CGV무비꼴라쥬에서 상영하는 영화 중 매달 한 편을 골라 해설하는 자리를 마련하자는 것이 취지였다. 그때 내게 시네마톡을 제안했던 당시 다양성영화팀의 조희영 대리는 일 년 후 우리를 배신하고 제작부서로 이동했다. 말인즉슨, 시네마톡 행사에 내가 참여하게 된 것은 자발적인 의지가 아니었다는 것이다. 평소 무비꼴라쥬에서 상영하는, 흔히 예술영화나 독립영화라 불리는 영화들에 우호적인 비평을 쓰는 입장의 평론가로서 극장에서 직접 관객을 만나 말로 비평을 하거나 감독이나 배우들과 함께 대화를 나누는 자리에 서는 것이 의무라고 생각했다. 신이 나서 시작한 일은 아니었으나 행사에 참여하면서 조금씩 신이 나기 시작했다. 2009년에는 함께 자리했던 이동진 씨 덕분에, 그의 막강 팬클럽의 호의적인 시선을 함께 덤으로 받으면서, 늘 즐겁게 시네마톡 시간을 꾸렸다고 생각한다.

2010년부터 나는 이동진 씨와 따로 시네마톡 행사를 꾸리게 되었는데 이것 역시 자발적인 선택은 아니었다. 아무래도 둘이서 하는 것보다 혼자 하는 것이 품이 많이 들어서, 때로는 밀린 일상 업무 와중에 힘이 달리기도 했지만 역시 즐거웠다. 2011년부터 〈씨네21〉 기자와 함께 진행하는 형태로 바뀌었지만 이제 형식은 어쨌거나 상관없었다. 서서히 나는 시네마톡을 하는 재미를 느끼고 있었다(부디 나만의 재미는 아니었기를 바랄 뿐이다).

아무래도 내 취향에 맞는 영화일수록 흥이 나는 건 어쩔 수 없다. 〈무산일기〉는 부산국제영화제에서 공개됐을 때부터 눈여겨봤던 작품인데, 시네마톡 행사에서 첫 테이프를 끊으며 관객들에게 소개할 때 글로 비평하는 것과 말로 비평하는 것

6

이 종이의 양면처럼 포개지는 즐거움을 느꼈다. 박정범 감독은 긴장으로 무척 굳어 있었으나 시간이 흐르면서 말이 정돈되고 힘을 뿜었다. 그 뒤로도 몇 차례 관객과의 대화 시간에 사회를 본 적이 있는데, 그가 자신의 영화를 설명하면서 자기 영화세계를 점검하고 있다는 것을 곁에서 알아차릴 수 있었다.

게스트가 있는 경우엔 나 자신이 맨 앞줄에 있는 관객이 되어 질문할 수 있기 때문에 그다지 부담이 없다. 나 혼자 해설해야 하는 경우에는 아무래도 준비가 꽤 필요하다. 짐 자무시 감독의 〈리미츠 오브 컨트롤〉이라는 영화의 시네마톡을 진행할 때가 생각난다. 관객들은 요령부득의 이 영화에 대해 김영진이라는 평론가가 명쾌한 정리를 해주길 원하고 있었다. 나라고 답이 있을 리 없다. 탄착점을 겨냥하는 사수처럼 이리저리 겨냥하고 재는 가운데 나도 모르게 입이 뚫리고 머리가 열리는 희한한 경험을 했다. 사전에 노트할 때는 머릿속에서 뱅뱅 돌던 이 영화에 대한 생각과 느낌들이 어느 순간 뻥 뚫리며 밖으로 나오더라는 것이다. 이는 글을 쓸 때 제대로 풀리지 않아 고심하다가 어느 순간 일필휘지로 손가락이 달려갈 때와 비슷하다. 나 혼자 그렇게 한 것이 아니라 나를 똘망똘망한 눈초리로 쳐다보던 관객들이 그렇게 만든 것이다.

결국 시네마톡의 의의는 그런 데 있다고 생각한다. 마케팅 위주의 개봉과 배급 시스템 속에서 영화에 관해 얘기하는 밀도는 점점 옅어진다. 누구나 영화를 말하고 있지만 대개는 화제작에만 관심이 쏠린다. 세상에는 외로워서 손을 잡고 싶어 하는 영화들이 너무 많다. 그리고 대개 그런 영화들은 다 진심을 품고 누군가 손만 잡아주면 감동으로 응답할 영화들이다. 나는 시네마톡을 하면서 1940년대 후반 프랑스의 시네클럽에서 감독, 평론가, 관객들이 함께 꾸렸던 영화문화의 분위기를 재현할 수 있지 않을까라는 가냘픈 희망을 품었다. 그게 무비꼴라쥬 시네마톡 담당자들에게 곧 그만둘 거야, 라고 술자리에서 엄포를 놓으면서도 실은 이 일을 그만두지 못할 것 같다고 나 자신에게 속삭이는 이유다.

부산의 영화 해방구 시네마톡

남인영
(영화평론가, 동서대학교 영화과 교수, 임권택 영화연구소 소장)

부산의 CGV무비꼴라쥬 시네마톡은 2010년 1월부터 시작했다. 첫 번째 시네마톡이 알제리 해방투쟁을 감동적으로 그려냈던 1960년대 기념비적인 영화 〈알제리 전투〉에 할애된 것은 의미심장하다. 이 작품은 미학적 실험과 예리한 사회 비평이라는 영화의 오래된 정신을 일깨우기 때문이다. 이제까지 〈이웃집 좀비〉, 〈예스맨 프로젝트〉, 〈파수꾼〉, 〈돼지의 왕〉 등 문제작들이 매달 '다양성영화'의 가치를 갱신해 왔다.

영화를 보고 난 후 관객이 상영관에 남아 방금 본 영화에 대해 이야기를 나누는 시네마톡은 특별한 경험이다. 조금 전까지만 해도 상영관을 가득 채웠던 빛과 소리가 만드는 마법에서 채 깨기도 전에 시작되기 때문이다. 시네마톡의 독특한 분위기는 관객이 구경꾼에서 논객으로 이행하는 특이한 순간에 진행되기 때문일지도 모른다. 마법에서 깨어나는 순간 자신도 모르게 내쉬는 감탄사처럼, 시네마톡에서 나오는 관객-참여자의 말들은 후끈하다.

부산의 시네마톡은 주로 한국의 다양성영화에 주목하여 감독을 초청하고 직접 관객-참여자와 대화를 나누는 방식으로 진행됐다. 이때 평론가의 역할은 독자적이고 전문적인 논평을 하기보다 감독과 관객들이 서로의 말을 더 잘 이해하고 더 깊이 있게 소통할 수 있도록 대화의 멍석을 짜고 다리를 이어주는 것이었다. 부산의 시네마톡에 참여한 감독들은 관객-참여자들이 영화와 감독에게 보여주는 우호적인 태도, 그럼에도 불구하고 영화에 대한 다양한 관심사와 솔직한 반응이 인상적이라고 소감을 말한다. 멀리서 온 손님을 환영하면서도 영화에 대해서는 특정한 비평적 유행을 따르지 않고 주관이 뚜렷한 의견들을 자유롭게 내놓는 것이다.

나는 이러한 시네마톡 문화가 관객과 감독, 극장 모두를 매 순간 변화하고 진화하는 생명체로 만든다고 믿는다. 1930년대 파리의 '시네클럽', 1960년대 남미의 '영화행동', 동시대 중국의 '지하전영', 그리고 숱한 한국 독립영화의 공동체 상영이 그러했다. 숫자와 수익금으로만 평가되는 관객-감독-극장의 메커니즘은 모두를 물신으로 만든다. 반면 시네마톡은 마치 생물체의 성장처럼 영화의 의미와 가치가 공유되고 변형되며, 번식하는 메커니즘을 보여준다.

이러한 오프라인 영화 공동체는 SNS와 각종 블로그를 중심으로 하는 온라인 공간과는 차이가 있다. 메시지의 발신과 수신 사이에 시차가 거의 존재하지 않는 거의 '동시적인 공유'의 경험인 것이다. 그날 그 극장에서 서로의 몸이 함께 호흡했던 공기야말로 시네필이 자신의 영화 노트에 오랫동안 담아 두길 갈망하는 기억이 아닐까. 그리고 양질전화의 법칙은 거꾸로도 작동한다. 수준 높은 관객과 창조적인 감독이 존재하는 한 산업은 늘 희망적이다.

그러한 점에서 CGV무비꼴라쥬 상영관이 전국적으로 숫자도 턱없이 적고 여전히 수도권 지역에 편중된 현실이 안타깝다. 부산의 CGV서면은 수도권 외에 무비꼴라쥬가 운영되는 유일한 극장이다. 무비꼴라쥬 상영관들이 '꼴라쥬'의 가치를 더욱 유효하게 발휘할 수 있도록 보다 다양한 지역으로 번식하기를 기대한다.

한 달에 한 번, 행복한 사탕발림

송지환

(전 《무비위크》 편집장, 현 《무비위크》 기획위원)

얼마전, 알레한드로 곤살레스 이냐리투 감독의 감성 대작 〈비우티풀〉을 이준익 감독과 함께 보고 대화를 나눴습니다. 그렇게 스물한 번째 시네마톡을 마쳤습니다. 제가 시네마톡을 시작한 지도 2년이 넘었습니다. "시네마톡이라고, 매달 한 편씩 다양성영화를 보고 관객들과 함께 대화하는 자리를 만들려고 합니다." 당시 제안을 받고 머릿속이 웅성거렸습니다. 국제영화제나 특별 상영회, 기획전 등을 통해 게스트와 관객이 대화하는 자리가 익숙하건만, 제가 진행을 맡아 할 수 있을지는 영 자신이 없었기 때문입니다. 수많은 의사결정이 그러하듯, 결국 무비꼴라쥬의 '사탕발림'에 넘어가게 됐습니다. 첫 토크는 장건재 감독의 성장드라마 〈회오리바람〉이었습니다. 감독의 고등학교 시절을 자전적으로 그려낸 영화인만큼 관객들의 반응도 뜨거웠습니다. 감독의 고백적 답변을 통해 영화를 더 깊숙이 느낄 수 있는 자리였습니다. '이런 거구나!' 싶었습니다. 비하인드 에피소드 한두 토막 듣고 가는 그런 미적지근한 분위기가 아니었습니다. 관객들은 감독이나 배우, 게스트의 목소리와 눈빛 하나까지 모조리 담아가려는 듯 적극성을 보입니다. 게스트들도 덩달아 신납니다. 〈요술〉의 구혜선 감독은 몰려드는 사인공세에 시달렸고, 〈파수꾼〉 배우들은 진행 좌석이 모자라 객석에서 시네마톡에 참여하는 진풍경도 연출했습니다. 썩 값어치 있는 '사탕발림'임을 깨닫게 됐습니다.

10년 동안 《무비위크》를 만들면서 실로 많은 사람을 만났습니다. 허물없이 친해진 남자 배우들도 있고, 술잔을 함께 기울인 여배우들도 있습니다. 전화하면 반갑게 안부를 주고받는 감독과 제작자, 스태프도 적지 않습니다. 인터뷰 등의 '업무' 때문에 처음 만난 경우가 대부분이지만, 그 후 관계를 지속하는 데는 특별한 계기와 결정적 자리가 필요합니다. 관객들이라면 무비꼴라쥬 시네마톡이 바로 그런 기회라고 봅니다. 감독과 배우, 게스트를 직접 대면하는 특별한 경험입니다. 어느 매체에서도 접할 수 없었던 진솔한 이야기를 코앞에서 듣는 자리입니다. 단순 방청객이 아닙니다. 질문과 대답을 넘어, 자신의 느낌을 말하며 스스로 공감대를 만들어갑니다. 함께 영화를 본 모두가 그 결정적 자리를 공유합니다. 영화가 보고 싶었던 게스트가 보고 싶었든, 그건 그리 중요한 요소가 아닐 겁니다. 시네마톡 자체가 이젠 한 달에 한 번씩 도지는 '행복한 버릇'이 되고 만 것입니다.

　사족 좀 보태볼까요? 이 시네마톡이 끝나고 이어지는 뒤풀이 자리도 제겐 꽤나 매력적입니다. 제가 진행하는 사이트인 CGV상암 근처엔 마땅한 놀 곳이 없는지라, 보통 홍대입구-합정-상수 라인으로 자리를 옮깁니다. 못다 한 얘기로 새벽까지 술자리가 이어지곤 합니다. 적게는 네댓 명, 많게는 열댓 명씩 뭉쳐 진짜배기 영화 얘기에 시간 가는 줄 모릅니다. 취재 현장에서 멀어진 후 영화인들과의 부대낌이 그리워질 때마다 자연스레 만들어지는 소중한 시간입니다. 〈애정만세〉 양익준 감독의 깜짝 춤사위도, 〈파수꾼〉 배우들의 진지한 귀여움도, 〈북촌방향〉 유준상의 고무된 눈빛도 시네마톡이 아니었으면 경험하기 힘든 최고의 순간이었습니다. 때문에라도 무비꼴라쥬 시네마톡을 사랑하지 않을 수 없습니다. 이젠 제가 이런 '사탕발림'을 하고 다닙니다.

우리들의 영화 이야기가 여기 남는다네

신지혜
(아나운서, CBS 신지혜의 영화음악 진행)

매일 같은 시간, 같은 장소에서 음악을 만나고 영화를 만나고 사람을, 기억을 만난다. 그렇게 십사 년쯤 되었다. 즐겁지 않았다면, 설레지 않았다면, 행복하지 않았다면, 좋은 에너지를 얻을 수 없었다면, 과연 그것이 가능했을까.

방송이라는 것은 사실, 일회성이다. 그래서 시간이 아무리 흘러도 쌓이지 않는다. 그것 때문에 더 애틋하고 그것 때문에 더 소중하고 그것 때문에 더 아쉬운 것이리라. 그것은 무언가를 떠내려 보낸 물과 같고 흘려버린 시간과도 같다. 자국이 남지 않는 것이기에 가끔은 허전하기도 하고 가끔은 그리워진다. 이미 과거가 되어버린 그곳에 묻힌 영화음악들이, 영화 이야기들이, 우리가 공감했던 이야기들이, 치유의 기억이 가끔은 서글프고 절박하게 그리워진다.

낯모르는 관객과 함께 영화를 본다. 우리는 모두 서로 알지 못하는 사이지만, 한 편의 영화가 끝날 때쯤이면 우리의 주위를 떠도는 공기 덕분에 어딘가 친밀한 구석이 생긴다. 이미 한 편의 영화에 대해 공모자가 된 우리는 시네마톡을 통해 한 층 더 깊은 관계가 된다. 나의 느낌에 누군가의 감상을 더해 풍성하게 만들고 들쑥날쑥한 감상들을 살살 정리하면서 어딘가 뿌듯함을 느끼게 된다. 이렇게 서로 알지 못하는 사이인데, 영화 한 편으로 우리는 친구가 될 수 있고 영화 한 편으로 우리는 동조자가 될 수 있고, 영화 한 편으로 우리는 토론자가 될 수 있다. 시네마톡이 끝나고 자리를 뜰 때쯤이면 한껏 충족된 에너지를 안고 집으로 발길을 향한다.

그런데 이 또한 어딘가 아쉽다. 좋은 시간의 자취가 남지 않기 때문일까. 그래서 시네마톡이 책으로 엮여 나오는 것이 반갑다. 우리가 그 공간, 그 시간에 나누었던 이야기들이 드디어 자취를 남기는 것이다. 시공의 좌표에 찍힌 한 점의 사건이거늘, 그 사건을 두고두고 반추할 수 있게 된 것이다. 한편 두근거린다. 말과 글은 그 작용과 의미가 다르기 때문에. 우리가 나눈 이야기들이 어떻게 하나의 어휘로, 하나의 문장으로, 하나의 텍스트로 묶여버릴까. 하지만, 그보다는 기대의 마음이 크다. 자취를 남기는 말들은, 자취를 남기는 시공간의 좌표는 우리 기억 속에, 우리 마음속에 또 하나의 점을 찍어줄 것이기 때문에.

이미 쌓아온 시간과 이제 더 쌓아갈 시간. 지금까지 나누었던 이야기와 이제 더 나눌 이야기들. 작은 시공간에 뭉쳐 있던 시간과 이야기들이 책을 통해 더 많은 영화팬과 독자들에게 다가가 큰 느낌으로 큰 공감으로 큰 이야기로 전달될 수 있기를 바란다.

영화여, 영화에 대한 이야기여, 영원하라!

심영섭
(영화평론가, 대구사이버대학교 상담심리학과 교수)

그저 좋았다. 무조건 좋았다. 엄마의 자궁 같은 어두운 동굴, 팝콘 냄새 진동하는 곳에서 맞아주는 살아서 움직이는 그림자 불빛. 현실이라는 밧줄에 묶인 처연한 영혼을 구해내려는 힘센 감독들을 만나는 기쁨. 극장은 내게 도피였고, 위로였고, 꿈꾸는 집이었고, 행복이 만발하는 낙원이었으며, 스타라는 신들이 거하는 신전이기도 했다.

영화평론가가 되고, 늘 극장에 왔시만 시네마톡은 좀 특별하다. 물 반, 고기 반처럼 영화와 이야기의 꽃 모두 풍성하게 피어난다. 사실 아무리 영화평론가가 영화를 많이 본다지만, 극장에서 영화만 보고 집으로 직행할 때는 항상 허전한 무언가가 마음 한구석에 도사리고 있었다. 글로 소통하는 천형을 영화평론가의 업이라 생각했지만, 얼굴을 대면하고 도란도란 이야기하는 자리란 또 다른 속닥거리는 재미가 있어서, 영화 동호회 시절 우르르 떼 지어 시사회를 가지 않았던가. 그러나 영화가 일이 되면서, 언제였던가. 그런 이야기꽃을 피웠던 게.

시네마톡은 그 옛날 동호회 시절의 기쁨을 내게 다시 돌려주었다. 이야기가 주는 에너지, 인간 사이의 소통의 힘을 다시 한 번 발견할 수 있었다. 관객과 이야기를 하다 보면, 친구이자 스승인 영화 속에서 나는 삶을, 사람들이 슬퍼하는 이유를, 상처가 무엇이며, 삶의 의미가 어떤 것인지 더욱 뚜렷하게 깨닫게 된다. 관객들과 영화를 샅샅이 살펴보고 뒤집어 보고, 또한 교감하고 의미의 살을 붙이면서, 오히려 미처 생각지 못한 관객들의 다양한 시선 속에서 더 큰 영화(bigger than cinema)를 향유할 수 있었다.

물론 관객은 영화와 거리가 먼 엉뚱한 질문도 하고, 전혀 다른 프레임으로 영화를 해석하기도 한다. 그러나 나는 '관객은 항상 옳다'고 생각한다. 그 어떤 답이든 영화라는 천 개의 거울에 비추어 볼 수 있는 수많은 가능성의 확인이 바로 시네마 톡의 힘이라 믿는다.

솔직히 심리학을 전공한 나는 화면 짜기든 메타포든 대사든, 캐릭터의 내면이 다가오고 관객이 이를 공감해줄 때, 더욱 신이 났던 것 같다. 〈세상의 모든 계절〉에서 톰과 제리 커플의 풍요로움과 안정감이 수확하고 거두고 돌봐주는 그들의 정원 가꾸기 행위와 녹색, 갈색의 가을 안에서 빛이 날 때. 〈코파카바나〉에서 주인공 바부가 자신의 떠돌아다니고 싶은 욕망을 '에스메랄다'라는 딸아이의 이름에 투영했을 때. 그런 자질구레한 모든 설정 하나하나가 주인공들의 욕망과 숨겨진 보상 심리와 캐릭터의 색깔과 중심 이미지로 다시 스크린에서 피어나고 있었다. 잘 보이지 않는 영화의 속살을 관객들에게 돌려줄 때, 나는 마치 영화라는 숨겨진 제국의 '샤먼'이 된 듯했다. 내담자에게 다가가 그의 숨겨진 내면의 신대륙에 발을 딛는 것과 비슷한 경험이었다.

그리하여 파블로 네루다의 시처럼 시네마톡이 내게 왔다. 가슴에서 돋아났고, 발밑에서 솟아났고, 귀와 눈에서 반짝거렸다. 큰 터를 마련해준 CGV무비꼴라쥬에 감사한다. 또한 어둠 속에서 반짝이며 자신의 존재감을 드러낸 관객 모두에게도. 또한 영화에 감사한다. 국이 되고 밥이 되고 학교가 되고 자궁이 되었던 빛과 어두움의 제국. 사라지지 않은 내 인생의 등불, 영화, 그리고 영화에 대한 이야기. 영원하라.

영화를 사랑하는 또 하나의 방식

이동진
(영화평론가)

영화는 처음부터 함께 만들고 함께 보는 매체였다. 이제 TV 브라운관에서 컴퓨터 모니터 화면과 스마트폰 액정 화면까지 개인적으로 마주할 수 있는 다양한 통로가 생겨났지만, 여전히 영화는 극장에서 다른 사람들과 한데 모여 어둠 속에서 관람할 때 최적으로 즐길 수 있다. 이건 광장과 밀실이 역설적으로 결합할 때 최상의 매력을 발산하는 매체니까.

맘에 드는 영화를 보고 니면, 누군가와 이야기하고 싶어진다. 문학이나 음악도 그런 편이긴 하지만, 특히 영화가 그렇다. 내가 읽어낸 것들을 나누고 싶기도 하고, 내가 간과했던 어떤 지점에 대해 다른 누군가로부터 전해 듣고 싶기도 하다. 흡사하게 느낀 사람들과 맞장구를 쳐가면서 끝없이 수다를 떨고 싶기도 하고, 영화를 직접 만든 감독이나 배우로부터 뒷얘기를 자세히 캐내고 싶기도 하다. 지난 몇 년간 시네마톡은 내게 그런 자리를 제공해주었다.

상영이 끝난 직후, 이제 막 감상을 마쳐 만감이 교차하는 얼굴들이 내쏘는 눈빛을 고스란히 받아내면서 영화에 대해 이런저런 말을 늘어놓는 것은 사실 좀 민망한 일이고, 많이 부담스러운 일이다. 하지만 분명히 말할 수 있는 것은 우리가 함께 좋아한 영화들에 대해서 이야기를 나누는 자리가 줄 수 있는 즐거움이 부담이나 부끄러움보다는 훨씬 더 컸다는 점이다. 나는 시네마톡을 통해 말할 때 따로 원고나 메모를 준비하지 않았다. 혼자서 특정 영화를 해설할 때나 감독-배우를 모시고 대화할 때나 모두 그랬다. 그건 최대한 자연스럽게 한 영화에 대한 이야기를 나누고 싶었기 때문이었다.

주로 이야기를 이끄는 쪽이었지만, 내 편에서 배우게 되는 경우도 자주 있었다.

16

감독-배우와 대화하면서 만드는 이들의 속내를 들여다볼 기회를 얻을 때뿐만이 아니었다. 때로는 관객이 던지는 질문 속에서도 배움의 순간이 있었다. 질문을 받고 대답을 하는 과정에서 한 영화를 바라보는 나의 태도와 생각이 명확해지는 경우도 생겨났다. 60분 남짓한 시간은 턱없이 짧았지만, 그 제한된 시간 속에서라도 한 영화가 우리의 마음에 남긴 잔상과 이명을 함께 음미하는 작업은 늘 소중했다.

처음 시네마톡을 시작했을 때만 하더라도 지금처럼 정착될 수 있을 것이라곤 예견하지 못했다. 그러나 지난 몇 년 사이에 분위기가 차차 변해왔다. 작게는 CGV 무비꼴라쥬를 운영하는 다양성영화팀이 끈기와 의지로 만들어낸 성과이겠지만, 크게는 문화생산물을 대하는 문화소비자들의 변화, 혹은 사회를 대하는 대중의 변화와도 관련이 있을 것이다. 그 사이에 창작물을 직접 만들거나 그 창작물의 의미를 매개하는 일을 업으로 삼는 사람들이 직접 대중과 만나서 이야기를 주고받는 프로그램들이 부쩍 늘었다. 신작을 낸 소설가가 공연장에서 낭독회를 여는 모습을 흔히 발견할 수 있는 데서 알 수 있듯, 이건 영화에만 적용되는 변화가 아니다. 이제 창작품을 대하는 사람들은 좀 더 적극적이고 직접적인 방식으로 향유하길 원한다. 이건 시네마톡과 유사한 프로그램이 앞으로 점점 더 확대될 수밖에 없는 이유이기도 할 것이다.

지난 몇 년간 한 달에 한 두 차례씩 들렀던 CGV압구정의 그 공간과 시간을 생각한다. 저녁과 밤이 교대할 무렵, 일과를 마치는 자리에서 한 편의 영화에 대해 우리가 나눴던 이야기들을 기억한다. 객석에서 전해져 오던 따뜻한 눈빛과 환한 웃음, 그리고 말없이 고개를 끄덕이던 그 얼굴들이 떠오른다. 능력이 턱없이 부족한 나로선 영화라는 매체의 향후 운명에 대해선 예측할 능력이 전혀 없다. 하지만 영화가 존재하는 한, 영화에 대해 나누는 정겨운 대화는 계속될 것이다. 이건 우리가 영화를 사랑하는 또 하나의 방식이니까.

예술의 모티브로 영화를 읽다

한창호
(영화평론가)

처음엔 무비꼴라쥬의 '캔버스톡Canvas Talk'으로 시작했다. 영화를 본 뒤, 미술 Canvas의 모티브로 작품을 다시 읽으며, 관객과 이야기Talk하는 시간을 갖자는 것이다. 내가 그동안 영화와 미술을 연관 지어 이런저런 글을 쓰고 책을 냈기 때문에 이런 제안이 들어왔을 것이다. 그런데 개봉작을 대상으로 한 달에 한 번씩 캔버스톡을 진행하기는 어려움이 따를 것으로 봤다. 캔버스톡에 어울리는 영화가 그리 흔치 않기 때문이다. 그래서 기왕이면 개봉작을 다루는 것을 원칙으로 하고, 마땅한 작품이 없을 때는 최근작 사이에서 선택하기로 했다.

2009년 2월 첫 만남이 시작됐다. 영화는 타셈 싱 감독의 〈더 폴〉이었다. 색깔의 사용에 대단한 개성을 보여준 작품이었다. 첫 작품이니, 미술의 기초 가운데 하나인 색깔에 대해 이야기를 하며 자연스럽게 캔버스톡의 성격도 알릴 수 있을 것 같았다. 첫 캔버스톡은 사전예매에서 매진되었다. 행사가 알려져 객석이 찼다는 사실에 기분이 좋았지만, 첫 만남의 설렘 때문에 살짝 긴장되기도 했다.

지금 생각하면 첫 만남의 기억은 사실 끔찍한 면이 있다. 힘들고 어려웠다. 나름대로는 극장에 영화 보러 온 일반 관객들이니, 교양과 재미를 다 줘야겠다며 준비했는데, 결과적으로는 딱딱한 강의가 되고 말았다. 관객들은 화려한 화면이 남긴 흥분을 진정하느라 숨을 고르고 있었는데, 웬 평론가라는 사람이 나와서 강의를 해대니 부담을 느끼는 게 당연했다. 급기야 〈더 폴〉의 초현실주의와 관련해 미셸 푸코라는 이름을 거론하는 순간, 객석의 반 이상이 자리에서 일어나 나가기 시작했다. 나가는 관객의 태도에서 찬바람이 쌩 불었다. 영화 보러 왔지 당신 강의 들으러 왔나, 하는 쌀쌀맞음이 역력했다. 나는 긴장됐고, 말도 더듬고, 손에는 땀이

났다. 그다음 달부터는 객석에 빈자리도 많았다.

지금 생각하니 다 추억이다. 어렵게 시작했는데, 지금은 즐겁고 흥미로운 시간이 됐다. 낙담하지 않고, 꾸준히 한 결과라고 생각한다. 예술의 모티브로 영화를 읽는다는 것은 분명히 새로운 시도이고, 관객의 영화보기에 색다른 시각을 제공한다는 믿음이 있었다. '웰 메이드 스토리' 위주의 일반 영화와는 구별되는 작품들을 소개하고 싶었다. 그러면 영화문화도 다양해지지 않을까. 2010년부터는 캔버스톡을 '아트톡Art Talk'으로 개명하여, 미술뿐 아니라 예술 일반의 모티브로 영화를 읽는 시간을 가졌다. 내가 운신할 수 있는 폭이 넓어졌고, 객석도 더 자주 찼다. 아트톡이 더욱 열기를 갖기 시작한 것은 물론이다. 이젠 대다수 관객이 아트톡의 성격을 알고 오는 것 같다. 영화가 끝나면 대부분 좌석에서 아트톡 시간을 기다리고 있다. 나도 이 시간이 소개팅을 나가는 사람처럼 설렌다. 앞으로도 계속 그랬으면 하고 바란다.

고마운 분들이 참 많다. 모두 밝히고 싶지만 절제가 낫다는 걸 다들 이해해 줄 것으로 믿는다. 그러나 처음 캔버스톡을 기획한 조희영 씨, 아트톡으로 발전시킨 전 다양성영화팀 김영 팀장께는 특별한 고마움을 전하는 게 예의 같다.

목차

1장.
시네마톡 Cinema Talk

2장.
아트톡 Art Talk

3장.
스페셜톡 Special Talk

1장.
시네마톡
Cinema Talk

토크 테이블
Talk Table

영화 읽어주는　　　남자

혹은

여자

#01

시리어스 맨
A Serious Man

시리어스 맨
A Serious Man
미국 | 2009년 | 105분

등급	15세 관람가
감독	조엘 코엔, 에단 코엔
출연	마이클 스털버그, 리처드 카인드
수입	스폰지이엔티
배급	스폰지이엔티
개봉	2010. 03. 25

★2010 아카데미상 최우수 작품상, 각본상 후보, 2010 전미비평가협회상 각본상 수상

대학에서 물리학을 가르치는 래리(마이클 스털버그)는 악재가 겹치면서 꼬여버린 생활 때문에 스트레스를 받는다. 자꾸만 꼬여가는 인생이 억울했던 그는 '왜 자신에게만 이런 일이 일어나는지' 신에게 묻고 싶어, 신을 대신할 세 명의 랍비를 찾아간다.

Cinema Talk #01

코스모스를 믿지만 카오스에 봉착한 사나이

guest table

진행 · **이동진**
영화평론가

이동진 이번 행사는 사실 제가 먼저 제안했어요. 지난 6년 동안 제가 연말에 한국 영화 베스트 10, 외국 영화 베스트 10을 뽑아서 여러 경로를 통해 발표했거든요. 그런데 그때마다 아쉬웠던 게 다시 한 번 볼 기회가 없더라고요. 시네마톡을 진행한 게 2년 정도 됐으니까, 이 이상 좋은 환경은 없는 것 같아서 제안했어요. 영화평론가라는 직업을 가진 어떤 사람이 한국 영화, 외국 영화 베스트 10을 나름대로 뽑아서 이야기했을 때, 그 사람이 말하는 최고의 영화가 어떤 것인지 한 번보는 것도 재밌잖아요? 그래서 제겐 이 자리가 굉장히 의미 있습니다.

이렇게 얘기를 시작할 수 있을 것 같아요. 영화란 매체는 유독 요란하고 시끌벅적하게, 고기 등급 매기듯 별점을 매기고 연말에 순위 매기고 그러잖아요. 굉장히 이상하다고 느끼면서도 한편으론 영화라는 매체와 잘 어울린다고 생각하는 것도 사실이고요. 저는 매년 이런 이상한 짓을 해왔기 때문에 9, 10월 정도가 지나면 항상 마음속으로 생각해요. 이 영화는 올해 베스트 10인걸? 영화가 너무 좋으면 이거 1위가 될지도 모르겠는걸, 하고요. 아무도 신경 안 쓰지만 저는 그런 생각을 하게 되거든요. 11월쯤 되면 혼자 아웃라인을 잡고, 12월 초가 되면 기고해요.

2010년 봤던 영화 중 제가 별 다섯 개라고 했던 영화는 모두 3편이었어요. 한국 영화는 〈옥희의 영화〉, 외국 영화는 〈하얀 리본〉과 〈시리어스 맨〉. 별 다섯 개와 별 네 개 반은 미학적인 판단 기준보다 더 중요한 뭔가가 있는 것 같아요. 별 다섯 개를 준다는 것은 평론가로서 '올인'하는 느낌이거든요? 이 영화가 훗날 졸작으로 판명된다면 나는 함께 부서져도 좋아, 하는 심정이에요. 〈하얀 리본〉과 〈시리어스 맨〉은 정말 좋아하는데, 그럼 어떤 영화가 1위냐? 꼼수 쓰는 사람들은 공동 1위를 발표하죠.(웃음) 저는 고민 끝에 〈시리어스 맨〉이라고 생각했어요. 그 이유는 아주 간단히 이야기하면 〈시리어스 맨〉은 훨씬 자유로운 영화고, 〈하얀 리본〉은 훌륭한 모범생이 만든 영화 같거든요. 〈시리어스 맨〉은 천재가 만든 영화죠. 그런 의미에서 저는 이 영화를 2010년 베스트로 뽑았습니다.

위대한 감독의 재도약을 목격하다

이동진 여러분도 많이 느끼셨겠지만, 영화가 일목요연하진 않잖아요? 이상한 해프닝 코미디처럼 보이기도 하고요. 먼저 코엔 형제 이야기를 하지 않을 수 없는데요. 코엔 형제는 많은 분이 좋아하는 감독이죠. 활동을 시작한 게 80년대 초중반부터니까 벌써 20년이 넘었어요. 한때는 독립영화계 최고 감독이라고 불렸는데, 지금은 이들이 만든 영화를 독립영화라고 해야 할지 경계가 모호해요. 80년대 초부터 90년대 초반까지 코엔 형제가 승승장구할 때, 저도 코엔 형제 영화를 좋아했지만 남들보다 더 좋아하진 않았거든요. 그러다가 90년대 중반 〈파고〉라는 작품을 만났어요. 그때 사람들이 만장일치로 코엔 영화의 최고작이라는 분위기였는데, 80~90년대 코엔 형제가 만든 작품 중 제가 제일 좋아했던 영화는 〈파고〉가 아니라 〈그 남자는 거기 없었다〉나 〈위대한 레보스키〉 같은 작품이었어요. 물론

〈파고〉도 무척 좋았지만요. 그런데 2000년대 들어 나온 영화들(이상하게 조지 클루니만 나오면 영화가 안 좋아지는데요. 톰 행크스가 나왔던 영화 〈레이디 킬러〉도 좀 이상하죠)을 보면서, 이제 코엔 형제는 여기까지구나 싶었어요. 왜냐하면 훌륭한 감독들이 나중에 평범한 영화들을 만들어내는 걸 너무 많이 보았으니까요. 그런데 〈노인을 위한 나라는 없다〉를 보고 깜짝 놀란 거죠. 그래서 〈노인을 위한 나라는 없다〉를 2008년 외국 영화 베스트 1위로 뽑았고요. 〈번 애프터 리딩〉 다음 작품이 오늘 보신 〈시리어스 맨〉이죠.

가장 코엔다운 걸작

이동진　이 영화를 보고 저는 굉장히 좋았어요. 〈노인을 위한 나라는 없다〉는 원래 미국 평단의 반응이 정말 끝내준다는 반응이었거든요? 그래서 어디 보자, 하고 봤는데 과연 끝내줬고요.(웃음) 〈시리어스 맨〉은 그렇지 않았어요. 당시 미국 평단의 반응은 괜찮다는 정도였어요. 평도 읽어봤는데 〈노인을 위한 나라는 없다〉에 필적할 만한 걸작이라는 이야기는 전혀 없더라고요. 그래서 저는 〈번 애프터 리딩〉 정도의 영화가 나온 줄 알고 봤는데 굉장히 놀랐어요. 영화도 놀라웠지만 〈노인을 위한 나라는 없다〉와 〈시리어스 맨〉이 걸작인 이유가 전혀 상반된다는 데 특히 놀랐어요.
　제가 좋아하는 감독 중에 일본의 고레에다 히로카즈 감독이 있는데요. 이 감독이 정말 기이한 것 중 하나가 영화를 만드는 방식이나 연기 지도 방식, 카메라를 움직이는 방식이 매 영화마다 달라요. 완전히 다른 방식의 걸작을 만들어요. 놀랍죠. 이 사람은 대체 뭔가 하는 생각이 드는데, 코엔 형제에게서도 비슷한 걸 느꼈어요. 〈노인을 위한 나라는 없다〉와 이 작품은 전혀 다른 방식으로 코엔 형제가 얼마나 훌륭한지를 보여줬다고 생각해요. 간단히 설명하자면 〈노인을 위한 나라는 없다〉는 가장 코엔 형제답지 않은 방식으로 만든 걸작이고요, 〈시리어스 맨〉은 가장 코엔다운 방식으로 만든 걸작이라고 생각해요.

부조화와 난센스

이동진 오늘은 〈시리어스 맨〉이 뭐가 그렇게 걸작이냐를 이야기할 수 있을 것 같아요. 코엔 형제의 인터뷰를 모아놓은 책이 있어요. 책 제목이 뭔가 하면《코언 형제-부조화와 난센스(마음산책)》이에요. 왜 책 제목이 그런가 하면, 저자는 그것이 바로 코엔 형제의 영화를 응축하는 두 가지 키워드라고 본 거죠. 부조화와 난센스. 이 영화는 그런 느낌이 듭니다. 제목이 〈시리어스 맨〉이잖아요? 시리어스 맨은 말 그대로 진지한 사람인데 그럼 뭐에 대해 진지할까요? 진지한 사람은 자기 삶에서 일어나는 모든 것에 의미가 있을 거라고 생각하고 진지하게 탐구하는 사람이란 뜻일 거예요. 이것은 코엔 형제의 영화에서, 초창기부터 지금까지 관통하는 주제예요. 의미가 있다고 생각하면서 세상 속에서 의미를 찾아가던 사람이, 사실은 의미가 없다는 것을 발견하고 당황해 하면서 펼쳐지는 비극. 코엔 형제의 영화 속에서 이런 주제가 열 번은 영화화된 것 같아요. 〈아리조나 유괴사건〉도 유괴인데 알고 보면 자작극이자 헛소동이었고, 〈번 애프터 리딩〉은 아무것도 없이 그냥 오해로만 이야기 자체가 이어지는 거잖아요. 많은 사람이 삶에서 의미를 향해 질문과 답을 찾아나가지만 사실은 우연에 얼마나 많이 휘둘리는가, 하는 실존주의 코미디가 코엔 형제의 장기죠. 그런 코미디 중 정점에 서 있는 게 저는 〈시리어스 맨〉이라고 보는 거고요.

처음에 이 남자는 '시리어스 맨'이었죠. 안 좋은 일들이 한꺼번에 옥죄기 시작하는데, 자기 처지에서는 도저히 이해가 안 되는 일들이 많아요. 갑자기 부인이 자기 친구와 바람이 나고 아이는 TV 안테나 고쳐달라고 하고, 동생은 감옥에 갈 지경에 놓이게 되고, 옆집 남자는 이상하고, 학교에서는 누가 투서를 하고, 한국 유학생은 학점을 고쳐주지 않으면 고소하겠다고 하고, 자기 삶을 옥죄는 이런 이상한 사건들 사이에는 연관 관계가 전혀 없어 보이잖아요? 그런데 이 사람은 독실한 유대교인이에요. 그래서 이걸 어떤 식으로든 해결하고 싶고 탈출하고 싶어서 랍비를 세 사람이나 찾아가는데, 랍비의 공통점은 '나도 모른다.'라는 거잖아요. 두 번째 사람의 경우, 제일 재밌잖아요? 수스만이라는 사람 이야기. 누구나 이건 뭔가 대단한 일이라고 생각하지 않겠어요? 예를 들어 아침에 운전해서 출근하려는데 앞에 정지선에 걸린 차 세 대의 번호가 전부 4444, 4444, 4444면 뭔가 가슴이 섬뜩하지 않겠어요? 오늘 내가 이러다 죽는 거 아닌가, 하는 생각을 하게 되잖아요. 그런데 이렇게 이 뒤에 도와달라고 문구가 쓰여 있는 경우조차 주인공이 막 캐려고 했는데 뜻을 캐지 못하고 심지어 그 이야기의 가장 재미있는 부분은 그렇게 하다가 이야기 속 주인공도 그걸 더 이상 캐지 않고 아무 문제 없는 삶을 살게 되잖아요. 인생이 왜 이렇게 의미가 없단 말인가, 하고 좌절하는 것도 아니고요. 마지막 세 번째 랍비는 심지어 만나주지도 않죠? 그러다가 엉뚱하게 아들 대니가 만나게 되는데, 그 앞에서 제퍼슨 에어플레인의 〈Somebody to Love〉 가사를 읊잖아요. 그 자체가 굉장히 코믹한 맥락으로 쓰였지만 가사 내용도 여태까지 믿어왔던 것이 붕괴할 때 어떻게 되겠느냐는 질문이잖아요?

영화는 인생에 어떤 확고한 의미가 있고, 특히 나한테 다가오는 고통이 모두 이유가 있어서 오는 거니까 이유를 제거함으로써 앞으로 나가려고 했던 사람이, 사실은 주변에서 일어나는 모든 고통이 단순한 카오스였다는 걸 발견했을 때의 당혹감을 다루고 있다고 봐요. 그게 극적으로 드러나는 장면이 몇 가지가 있는데요. 후반에 산타나의 〈Abraxas〉 앨범을 사라고 강요하는 외판원 전화가 대표적인 거예요. 주문한 적도 없는 앨범 때문에 서로 다투죠. 그 장면에서 주인공은 마지막에 화를 내면서 필사적으로 앨범을 사지 않겠다고 화를 내요. 그런데 이 영화는 1967년을 배경으로 하고 있거든요. 산타나의 〈Abraxas〉 앨범은 1970년에 나왔어요. 그런 건 일반적으로 영화 속 '옥에 티'로 보는데, 코엔 형제가 그걸 몰라서 이렇게 했을 리는 없고요. 그냥 산타나의 〈Abraxas〉 앨범이어야 했던 거죠. 비틀스의 〈Sgt. Pepper's Lonely Hearts Club Band〉 앨범이었다면 말이 안 되는 거예요. 왜냐하면 산타나의 〈Abraxas〉는 여러 가지 의미를 담고 있거든요. 여러분 《데미안》 같은 소설을 통해 많이 아실 텐데, 2세기부터 4세기까지 극동에서 기독교의 큰 적수 중 하나가 그노시스파Gnosticism였어요. 영지주의라고 번역하는데, 영적으로 가장 중요한 지식들을 수련과 학습을 통해 알 수 있다는 철학을 가진 종교예요. 그노시스파에서 '아브락사스'는 '신성'이라는 뜻이거든요. 이 남자가 거기에서 죽어도 산타나의 〈Abraxas〉 앨범을 안 산다고 말하는 것은, 이 사람이 그때까지 견지해왔던 신에 대한 믿음 혹은 질서, 코스모스에 대한 자신의 확고한 신념을 버리기 싫다는 거예요. 그런데 주변에서 수많은 불합리한 우연을 겪으면서 결국 답이 없다는 걸 알게 되는 거죠. 그래서 이 장면에서 온몸으로 거부하는 거예요. '아브라카다브라'도 어원적으로 거기서 나온 말이에요. 아브라카다브라는 신성을 빌려서 수리수리마수리를 외치는 거죠.

코스모스를 믿지만 카오스에 봉착한 사나이

이동진　이런 설정이 대단히 많아요. 먼저 남자의 직업에 관해 이야기할 수 있죠. 이 사람은 수학을 가르치잖아요. 영화에서 제일 중요한 장면을 하나만 고르라면 칠판에 대고 막 강의를 하는 장면이죠. 학생들은 제대로 듣지 않는데 칠판에 일목

요연하게 정리를 해서 보여주는 순간, 카메라가 뒤로 빠지면서 칠판 전체와 래리를 같이 비추는 장면이 있어요. 롱숏이죠. 그 장면에서 대비가 되는 거예요. 왜 주인공을 대학 수학 강사로 설정했을까. 이 사람이 원래 믿었던 것은 아까 말한 것처럼 종교적인 맥락과 과학적인 맥락이에요. 수식으로 말끔히 해결되는 세계를 믿고 가르쳐왔던 사람이죠. 그런데 이 사람이 겪는 건 전혀 그렇지 않은 상황이에요. 그 장면에서 수식을 통해 증명하고 있는 것은 불확정성원리잖아요? 그리고 영화 속에 '슈뢰딩거의 고양이'에 대한 이야기도 나와요.

슈뢰딩거의 고양이는 슈뢰딩거라는 물리학자가 생각해낸 사고 실험이거든요. 아주 간단하게 말하면 어떤 상자 안에 고양이를 가둬요. 청산가리 같은 유해 물질도 집어넣고, 입자가속기를 통해 알파파를 발생시켜 1초마다 청산가리 같은 독극

물에 작용하도록 해요. 실제가 아니라 머릿속으로만 생각해보자는 건데, 알파파가 입자가속기를 통해 나와서 청산가리가 고양이를 죽일 확률이 1/2이라고 생각해 보자는 거예요. 그럴 때 일정 시간이 지난 시점에서 고양이는 죽었을까요, 살았을 까요? 아주 간단하게 이야기하면 뚜껑을 열어봐야 안다는 이야기예요. 슈뢰딩거 의 고양이가 하려는 이야기는 관측이 결과에 영향을 미친다는 거거든요. 이 영화 가 말하는 불확정성원리나 슈뢰딩거의 고양이 같은 이야기들은, 결국 자연과학적 인 사실이 명약관화한 어떤 결과를 준다고 생각하지만 그것조차 뚜껑을 열어봐야 알 수 있고 관측이 결과에 영향을 미친다는 거거든요. 결국 알 수 없다는 거죠. 그 랬을 때 칠판 가득 펼쳐진 수식의 세계와 이상한 상황으로 몰아붙여 진 이 남자의 현재가 아까 말씀드린 롱숏 속에서 대비되는 거죠. 이 대비가 남자의 카오스를 시 각적으로 드러내잖아요?

예전에 제가 이 영화에 대한 리뷰에서 이런 표현을 쓴 적이 있어요. 아인슈타인 이 양자역학을 반대할 때 했던 말이 "신은 주사위 놀이를 하지 않는다."라는 거잖 아요? 그런데 그걸 비틀어 이야기하자면 "신은 주사위 놀이를 한다."가 이 영화의 주제라고 생각해요. 이럴 때 인간은 어떻게 하는가. 영화에서 만나주지 않는 랍비나 뜻을 풀어주지 않는 두 랍비는 결국 침묵하는 신이라고 이야기할 수 있어요. 삶에서 우리가 그런 순간들을 굉장히 많이 겪잖아요. 만약 고통에 의미가 없고 자기가 추구한 삶의 의미들이 다 우연에 불과하다고 생각한다면 그 사람의 삶은 굉장히 허망해지잖아요. 그럴 때 어떻게 할 것인가, 하는 것들을 코엔 형제는 이야기하고 있어요. 특히 〈시리어스 맨〉에선 그게 극단적으로 나오고요. 마지막 파국이 토네이도로 형상화되는 거죠.

현대판 〈욥기〉 이야기

이동진　영화를 보면서 서구 평론가들은 이건 현대판 〈욥기〉라고 했어요. 욥에 대한 이야기를 아는 사람이면 당연히 그렇게 이야기할 거예요. 구약성서에서 문학성이 제일 높은 부분이 〈욥기〉인데요, 아주 간단히 말씀드리면 욥이라는 남자가 굉장히 현명하고 재산도 많고 죄도 없는 사람이라 모두가 부러워했어요. 성경이니까 하나님을 굉장히 잘 섬기는 신심이 두터운 사람이기도 했고요. 그런데 악마가 하나님에게 옵니다. 와서 쟤가 저렇게 신심이 두텁고 하나님을 잘 섬기는 건 자기가 가진 게 많아서 그런 거다, 가진 게 다 없어지면 저 사람은 틀림없이 하나님을 욕하고 죽어갈 거라고 말하죠. 그래서 하나님이 그럼 어디 한번 보자, 하고 악마의 농간으로 욥이 가진 것을 다 빼앗습니다. 아이들도 죽고 친구들은 저주하고, 욥이라는 남자는 온몸에 피부병이 생겨 너무 가려운데 긁을 수 없어서 기왓장으로 몸을 긁는 지경이 돼요. 그런데 이 사람은 끝까지 하나님을 비난하지 않아서 결국 큰 축복을 받았다는 게 〈욥기〉의 이야기예요. 그때 욥이라는 사람이 고통을 당하면서 끊임없이 자기 자신에게 질문하거든요. 내가 도대체 왜 이런 고통을 받아야 하는가,

나는 신도 확실히 믿었고 사람들에게 선한 행동을 했고, 단 한 번도 나쁜 짓을 한 적이 없는데, 왜 그럴까? 이 질문을 비틀어서 한 것이 바로 〈시리어스 맨〉이죠.

인생의 해답을 캐려는 영화인데, 우습게도 영화가 끝날 때쯤 되면 모든 상황이 종료돼요. 그건 본인이 노력했거나 누군가 해결해준 게 아니에요. 연적은 갑자기 죽고, 부인은 참회하고 돌아오고 갑자기 대학에서 테뉴어(종신 재직권)를 따게 되고, 모든 게 끝난 상황에서 이 사람은 삼천 달러의 변호사 비용을 보면서 한국 학생의 F를 C로 바꾸고 뭔가 좀 찜찜해서 소신껏 마이너스를 주죠. 그러다가 의사한테 전화를 받습니다. 굉장히 불길하잖아요? 틀림없이 뭔가 안 좋은 결과가 나왔을 거란 느낌이 드는데, 다음 장면이 토네이도잖아요? 결국 이 사람의 인생에 문제가 일어난 것도, 문제가 일순간 해결된 것도, 다시 최악의 상황에 직면한 것도, 이 사람 입장에선 도저히 이해할 수 없는 경로예요. 그랬을 때 어떻게 해야 하는지를 영화가 집요하게 물고 늘어진다고 볼 수 있죠.

영화에서 래리가 텔레비전에 코를 박고 보잖아요. 그때 나오는 게 60년대 TV 시리즈예요. 저도 못 본 작품인데 〈F troop〉라는 TV 시리즈라고 해요. 제목에서 느껴지듯 난센스 코미디죠. 주인공 남자가 굉장히 멍청한 병사인데, 워낙 바보 같으니까 부대원들을 엉뚱한 방향으로 끌고 가는 거예요. 그런데 그때마다 우연한 상황이 겹쳐서 그게 최적의 행동이 되고, 주인공은 부대 최고의 마스코트이자 영웅이 되는 거예요. 시리즈 내내 반복해서. 영화 속에 나오는 TV 장면조차 영화 주제와 절묘하게 부합하는 거죠.

코엔 형제의 자전적인 영화

이동진 한편으로 이 영화는 자전적인 측면도 있어요. 코엔 형제 주변에 유대인

가정이 있는데 어릴 때 그들이 사는 모습을 보니까 굉장히 특이했대요. 안식일 되면 머리에 빵모자 쓰고 심지어 머리도 길게 하고, 시너고그(유대교 회당)로 가거든요. 평소 미국사회에 잘 섞여 사는 것 같은데, 알고 보면 굉장히 독립적인 삶을 살아요. 독립된 집단의 정체성을 보전하고 있고요. 그게 굉장히 이상하고 한편으론 신기해 보였다고 해요. 그래서 언젠가 유대인 가정을 주제로 영화를 만들어야겠다고 생각했다더라고요.

일반적으로 코엔 형제는 영화마다 비슷한 배우들을 출연시키잖아요. 그런데 이 영화에는 이전에 나왔던 배우가 하나도 안 나와요. 주인공도 미국에서 별로 알려지지 않은 사람이에요. 이 영화에 출연한 후 미국 드라마에서 갱스터 두목으로 출연해 요즘 잘 나가고 있죠. 주연배우를 포함한 모든 배우가 미네소타 지방 배우예요. 미네소타는 코엔 형제의 고향이잖아요. 코엔 형제 영화의 배경 중에 미네소타가 많아요. 그 사람들 말투를 고려해서 현지 오디션으로 선발한 배우들이고요. 영화는 블랙 코미디고 난센스 코미디지만, 60년대 말 미네소타 분위기는 굉장히 사실적으로 그렸어요.

연말 순위를 봤는데 〈시리어스 맨〉을 1위로 뽑은 리스트는 한 번도 본 적이 없어요. 전 굉장히 기분이 좋았어요.(웃음) 〈시리어스 맨〉을 1위로 꼽은 평론가가 전 세계에 하나도 없는 것 같아요. 7위 안에 넣은 평은 봤어요. 《카이에 뒤 시네마》에서 그렇게 했죠. 저는 이 작품을 2010년의 1위로 뽑은 것에 대해 스스로 굉장히 기분이 좋고요. 어쨌든 저는 제가 가진 미학적인 기준과 취향, 이 모든 것을 종합했을 때, 2010년 최고의 영화는 의심할 바 없이 〈시리어스 맨〉이라 생각합니다. 또 그것을 여러분께 이 자리에서 보여드리게 돼서 보람이 크네요.

중요한 건 아니지만, 오늘이 제 생일이에요. 여기 늦지 않게 오려고 저녁도 못 먹었거든요. 이게 무슨 짓인가 하는 생각도 드는데, 한편으로는 이런 날 올해 최고의 영화로 꼽은 작품을 골라 같이 보고 이야기하는 것도 삶에서 누릴 수 있는 몇 안

되는 혜택이라는 생각이 드네요. 제 이야기는 여기까지 하고, 궁금하신 점 있으면 질문받겠습니다.

생뚱맞은 프롤로그의 존재 이유

관객　첫 장면에서 유령에 관한 이야기가 나왔는데 그게 함축적인 이유가 있는 건가요?

이동진　이 영화에 관한 코엔 형제 인터뷰를 찾아보면 거의 모든 사람이 그 질문을 해요. 당연하겠죠? 이에 대해 코엔 형제가 말하는 답이 뭔가 하면 "별 뜻이 없다, 그냥 영화 분위기랑 맞는 것 같아 넣었다."예요. 우리가 한 번 생각해볼 순 있겠죠. 그 장면은 굉장히 이상하게 찍었잖아요? 화면 크기부터 영화의 느낌까지. 아마 동유럽 어디인 것 같은데 그 장면에서 나온 말은 이디시어예요. 이디시는 동유럽에서 썼던 유대인 언어예요. 감독은 이 장면에서 일부러 이디시를 사용했고,

이 장면 끝난 후 현재의 학교 교실에서 처음 유대어를 가르치는 장면에선 자막을 하나도 안 넣었잖아요. 미국 사람들도 몰라요, 일부러 번역을 안 한 거죠. 이 영화가 말하고자 하는 것 중 제일 중요한 게 대화든 수업이든 소통이 안 된다는 거니까 일부러 번역을 안 한 거예요. 못 알아들어도 상관이 없는 거죠.

원래 코엔 형제는 동유럽 지방에서 내려오는 종교적인 우화 혹은 민담을 골라서 넣으려고 했대요. 그런데 못 찾았대요. 그래서 직접 이야기를 만든 거죠. 그게 영화 프롤로그죠. 저도 여기에 대해서는 비슷하게 말할 수밖에 없을 것 같아요. 제가 느끼기에 결국 프롤로그는 문장부사 역할이었다고 생각해요. 영어 문장 같은 데서 부사를 뒤로 뺄 때도 있지만, 앞으로 뺄 때도 있잖아요. Sadly라고 쓴 다음에 콤마를 찍으면, 뒤에 문장은 그런 느낌이 아니더라도 앞에 쓴 단어 하나 때문에 슬픈 느낌을 문장 전체가 받게 되잖아요? 그런 식의 뭔가 부조리한 상황 속에서 다음 상황을 제시함으로써 영화에 대한 틀을 잡는 거죠. 그리고 나오는 자막이 모든 일을 가장 간명하게(simplicity) 봐야 한다는 대사가 나오잖아요? 복잡하게 의미를 추구하려고 해도 사실 그게 아무 뜻이 없을 수 있는 거잖아요. 그런 의미에서 넣은 것 같습니다.

관객 저는 래리의 성격 때문에 힘든 상황이 벌어진 것 같았거든요. 역시 착하게 사는 사람에게는 불행이 자주 찾아온다는 주제를 느꼈는데 어떻게 생각하시는지?

이동진 네, 당연히 그렇게 느낄 수 있어요. 다만 저는 그렇게 느끼지 않았고요. 그렇게 보셨다면 그건 그리스비극식의 해석인데. 그리스비극은 보통 모든 사건이 그 사람의 성격 때문에 벌어지거든요. 저는 이 영화가 그것과 무관하다고 생각해요. 부조리 코미디를 만들기 위해 불행을 몰아준 거죠. 물론 전혀 다르게 느끼실 수도 있어요. 굉장히 재미있네요. 이런 이야기 하나만 더 해주시면 좋을 것 같아요.

1967년을 배경으로 한 이유는?

관객 세상에 원인과 결과가 있어야 한다는 건 기독교나 서양철학에서 나온 개념이잖아요. 인도나 중국철학에서 보면 그런 식의 관념이 없었다고 해요. 그러면 서양 문명이 아닌 동양에 살았던 사람들은 이런 부조리한 상황이라든지 총체적인 난국을 맞이했을 때, 대처하는 방법이 다른가요? 종교학을 전공하셨으니 한 말씀 부탁드립니다.

이동진 제가 굉장히 좋아하는 질문을 해주셨어요. 지금 하신 질문으로 대학에서 수업도 한 적 있어요. 2시간 동안 강의했는데 여기선 짧게 이야기할게요. 제 의견은 역시 달라요. 동양 종교라고 다르지 않아요. 70년대 말에 미국 갤럽에서 종교에 관한 특이한 설문조사를 한 적이 있어요. 일반적으로 종교인의 숫자를 파악할 때 이런 식으로 하잖아요, 다음 중 당신의 종교에 표시하시오. 기독교, 불교, 종교 없음…. 그런데 갤럽에서 뭐라고 질문했냐면 당신이 겪는 고통에 의미가 있다고 생각하십니까? 어떤 사람은 엑스(X)라고 하고 어떤 사람은 오(O)라고 표시했죠. 그런데 갤럽의 통계가 굉장히 재미있는 게 고통에 의미가 없다고 했던 사람은 사실상 종교가 없는 것으로 카운트했고요, 고통에 의미가 있다고 한 사람은 불교든 이슬람교든 다 종교가 있는 사람이라고 봤어요. 종교를 가지고 있느냐 없느냐는 세상을 코스모스로 인식하느냐, 카오스로 인식하느냐의 차이라고 생각해요. 세상에 일어나는 모든 일을 카오스로 인식하는 사람은 종교적인 마인드가 없는 사람이에요. 어찌 됐건 의미가 있다고 생각하는 사람은 설사 절에 안 다니고 모스크에 안 다닌다고 할지라도 종교적인 심성을 가진 사람, 호모 렐리기오수스homo religious예요. 종교학에서도 그렇게 말하고 저도 그렇게 믿어요. 그래서 저는 이 영화를 단지 기독교적이라고 생각하지 않아요. 유대교적 상황들이 좀 더 디테일하게 등장하긴 하지만. 이 상황은 장선우 감독이 화엄경으로 영화를 만들어도 비슷하게 할 수 있는 이야기입니다. 마지막 질문 받을까요?

관객　처음 나온 문구가 이렇죠. '믿는 것을 아니라고 느꼈을 때나, 희망을 포기했을 때… 사랑해라.' 이게 모든 걸 뛰어넘는 사랑에 대한 말이라고 해석했는데, 이에 대해 어떻게 생각하시나요?

이동진　일단 제퍼슨 에어플레인의 〈Somebody to Love〉는 미국 팝뮤직 역사뿐만 아니라 미국 역사에서 굉장히 중요한 노래예요. 영화 배경이 1967년인 이유도 그런 거예요. 미국 사람들은 '서머 오브 러브(사랑의 여름)'라고 하면, 모두 1967년을 생각해요. 60년대 중반부터 일었던 히피 문화의 최고조가 1967년 여름에 폭발했거든요. 밥 딜런, 제퍼슨 에어플레인 같은 사람들이 머리에 꽃을 꽂고 평화를 외쳤잖아요. 또 '서머 오브 러브'를 상징하는 단 하나의 노래가 있다면 그건 바로 〈Somebody to Love〉예요. 빌보드 차트 1위를 하진 않았지만 미국 문화사에서 이 노래는 굉장히 중요합니다. 이 영화에서 이 노래가 차용된 것은 90%는 농담이죠, 부조리 농담. 랍비는 최소한 "산은 산이고 물은 물이다." 이런 말을 해줘야 하는 사람이잖아요? 그런데 그분이 입을 열고 우리 식으로 이야기하면 "산기슭을 따라 어슬렁거리는 하이에나를 본 적이 있는가?" 이렇게 말한 거예요. 그건 코미디죠. 사실 대답을 안 한 것과 똑같은 거예요. 모든 부조리를 이겨나갈 힘은 결국 가족의 사랑, 혹은 인류에 대한 사랑이라고 이 영화가 호소하고 있다고 주장하신다면 충분히 재미있으나 저는 동의가 안 되고요. 혹시 더 궁금한 것 있으세요?
　오늘 굉장히 추웠는데 이렇게 좋은 영화 함께 볼 수 있어서 무척 기뻤고요. (관객들 모두 함께 갑자기 생일 축하 노래를 부르자) 정말 감사합니다. 오늘 자리는 잊지 못할 추억이 될 거예요. ● **2011년 1월 7일, CGV압구정**

#02

그을린 사랑
Incendies

그을린 사랑
Incendies
캐나다 | 2010년 | 130분

등급	청소년 관람불가
감독	드니 빌뇌브
출연	루브나 아자발, 멜리사 데소르모-풀린
	막심 고데트
수입	티캐스트
배급	티캐스트
개봉	2011. 07. 21

★2011 아카데미상 최우수 외국어영화상 후보, 토론토영화평론가협회상 작품상 수상

쌍둥이 남매인 잔느(멜리사 데소르모-풀린)와 시몽(막심 고데트)은 어머니 나왈(루브나 아자발)의 유언을 듣고 혼란에 빠진다. 유언의 내용은 죽은 줄만 알았던 생부와 존재조차 몰랐던 형제를 찾아 자신이 남긴 편지를 전해달라는 것. 또 편지를 전하기 전까지 절대 장례를 치르지 말라는 당부도 함께 담겨 있었다. 어머니의 흔적을 따라 중동으로 떠난 남매는 베일에 싸였던 어머니의 과거와 마주한다. 그 과거의 끝에는 충격적인 진실이 기다리고 있다.

Cinema Talk #02

현대판 오이디푸스 신화

guest table

진행 · **심영섭**
영화평론가

심영섭   오늘 영화 제목은 프랑스어로 '앙상디incendie', '화재, 넓게 퍼진 붉은 광채'라는 뜻이죠. 국내 제목은 〈그을린 사랑〉인데, 이 영화와 함께 시네마톡을 진행하도록 하겠습니다. 영화가 아주 충격적이에요. 혹시 이 영화 내용을 전혀 모르고 보신 분들 손들어 보세요. 어떠세요? 영화 보고 나니까, 망치로 뒤통수 한 대 얻어맞은 것 같죠?

신화적 분위기, 비극적 모티브

심영섭   중동을 배경으로 한 영화지만, 이 영화는 캐나다에서 만들어졌습니다. 그중에서도 캐나다 퀘벡에서 만들어졌습니다. 아시겠지만 캐나다는 영어를 쓰는 지역이 대부분인데 퀘벡 주 만은 프랑스어를 씁니다. 따라서 여기 배우들이 쓰는 프랑스어는 정통 프랑스어가 아니라 캐나다식 프랑스어입니다. 감독은 한 마디로 이 영화를 전쟁이 아니라 가족에 대한 이야기라고 정의하는데요. 영화를 보고 나니까 이 이야기, 어디서 많이 들은 것 같지 않으세요? 아버지를 죽이고 어머니와 결혼한 사람, 바로 오이디푸스입니다. 영화 플롯이 그리스비극에서 나왔기 때문에 신화적인 분위기가 물씬 풍깁니다. 신화에선 오이디푸스가 자신의 출생 비밀을 알고 눈을 찔러버리잖아요. 그런 식의 장중한 비극적 모티브가 있는데, 이게 너무 비극으로 가다 보면 현실감이 떨어지지 않습니까? 그래서 그리스비극의 분위기와 현실적인 균형을 어떻게 유지할 것인가가 감독의 중요한 과제였던 것 같습니다.

영화의 결말은 굉장히 충격적이지만, 은유이기 때문에 충분히 이해가 되는 결말입니다. 그리스 신화에 이런 게 있죠. 프시케라는 여자가 남편의 얼굴을 보면 큰일 난다고 해서 얼굴을 못 보고 결혼했잖아요. 그러다가 남편을 보게 됐는데, 사실 그 사람이 굉장히 잘생긴 사랑의 신 '큐피드'였죠. 나중에 알게 돼서 남편을 찾으러 온갖 고생을 다하다가 만나 결혼해서 낳은 아이가 '기쁨(Joy)'이라는 아이거든요. 자세히 보면 여기도 대단한 은유가 들어 있어요. 프시케의 뜻은 '영혼'이라는 뜻이거든요. 프시케는 그리스어로 '나비'입니다. 나비는 인간의 영혼을 상징하는데 영혼이 사랑과 만났을 때 무엇이 태어난다는 걸까요? '기쁨'이 생겨난다는 거거든요. 그런 관점에서 이 영화를 본다면, 아이는 엄청난 러브 스토리로 태어났는데 결국 증오의 천사가 돼요. 쌍둥이는 혼돈과 슬픔을 상징하는 존재죠. 알려는 자와 눈을 감으려는 자. 세상이라는 게 아무리 사랑으로 충만하더라도 증오와 결합하면 혼돈과 슬픔이 잉태되죠. 그런 이야기가 담긴 영화 같습니다.

연극에서 길어온 이야기

심영섭   원작은 연극입니다. 원작자가 레바논 출신으로 현재 캐나다에 사는 와이디 무와아디예요. 영화는 2시간 10분인데, 원작은 3시간 40분짜리예요. 이 연극을 감독이 보고 여러분과 똑같이 뒤통수를 맞은 느낌을 받았다고 해요. 그래서 판권 교섭을 했는데, 원작자가 전권을 주겠다, 어떤 간섭도 하지 않겠다고 해서 지금과 같은 영화가 나온 거죠. 영화의 역사적인 배경에 대해 조금만 더 얘기할게요. 영화에 나오는 모든 지명은 가짜입니다. 실제로 찾아보면 코다르 리왓이라는 감옥도 없고, 다르쉐라는 곳도 없어요. 모든 지명은 다 가상이라고 보면 돼요. 여러 가지를 조합해보면 아무래도 레바논 내전을 바탕으로 하지 않았겠냐는 심증이 대단히 많은 영화고요. 그래서 일단 레바논의 역사적 배경을 말씀드리고 난 다음 영화에 대한 얘기를 나눴으면 합니다.

레바논의 슬픈 역사를 아시나요?

심영섭　레바논 내전은 1970년부터 1990년까지 약 20년 정도 지속됐습니다. 기가 막힌 건 레바논 내전이 레바논 민족끼리 싸우기도 했지만, 심지어 다른 민족이 레바논에 와서 싸운 기록도 있어요. 비유하자면 우리나라에서 한국전쟁이 한창 벌어졌는데, 중국하고 일본이 우리나라에 와서 싸운 식이죠. 그래서 사람들이 다 죽고. 그런 말도 안 되는 슬픈 역사가 있는 땅이에요.

레바논을 이해하기 위해서는 레바논의 지형을 먼저 이해해야 해요. 레바논이 어디에 있죠? 중동에 있어요. 중동의 어느 곳에 있냐면, 이스라엘 바로 위쪽에 있어요. 레바논의 서쪽에는 바다가 있습니다. 이 지형은 이스라엘도 마찬가지입니다. 예전에는 레바논 밑에 팔레스타인이 있었죠. 문제는 2차 세계대전 당시 유대인이 팔레스타인 사람들을 쫓아내고 국가를 세운 것에서 비롯됐어요. 레바논은 당연히 예전부터 이스라엘 인접 국가였기 때문에 기독교인이 많았습니다. 특히 이스라엘과 가까운 남쪽은 당연히 기독교인이 많았고, 북쪽은 아랍인들이 많았죠. 똑같은

아랍어를 쓰는데 남쪽 아랍어와 북쪽 아랍어가 다릅니다.

어머니 역할을 맡은 여배우는 루브나 아자발인데 벨기에 출신입니다. 아랍어를 한마디도 못합니다. 근데 남부 아랍어, 북부 아랍어를 알아듣는 연기를 해야 했어요. 아마 중동 사람들이 이 영화를 보면 굉장히 이상하다고 느낄 수도 있습니다. 어찌 됐든 인종도 다르고, 언어도 다르고, 민족도 다르고, 종교도 다른 두 사람이 한 나라에서 살게 된 겁니다. 그런데 이곳에 왜 프랑스어를 아는 사람이 이렇게 많으냐면, 1944년 이전에 레바논은 프랑스 식민지였습니다. 프랑스어를 아는 사람이 많은 건 자연스러운 거죠. 지금도 레바논은 영어, 아랍어, 프랑스어를 공용어로 사용합니다. 1944년 분할되면서 당시 어떤 약속을 했냐면, 대통령은 기독교도가 하고, 총리는 이슬람 수니파가 하고, 의장은 시아파가 하자고 약속했습니다. 이 약속을 지금도 지키고 있어요. 문제는 아랍인들이 그 후 계속 많아졌다는 거예요. 근데 대통령은 여전히 기독교도거든요. 그래서 계속 갈등이 생겨납니다.

또 이스라엘에서 쫓겨난 팔레스타인 난민이 이스라엘 북쪽, 그러니까 현재 레바논 남부에 캠프를 설치하고 지금과 같은 형태로 난민생활을 했습니다. 팔레스타인인들은 기독교도일까요, 이슬람교도일까요? 이슬람교도입니다. 따라서 남부 난민인 아랍인들하고 끊임없이 충돌이 일어나는 겁니다. 여주인공이 누구를 사랑했느냐? 현실적인 배경으로 치환하면, 레바논 남부에 살던 촌 아가씨가 어느 날 팔레스타인 난민 남자를 만나 사랑에 빠지고 남자의 아이를 가진 거죠. 집에서는 이 남자가 이슬람교도이고 팔레스타인 난민이므로 결혼을 반대해서 일종의 명예 살인을 한 것입니다. 집안을 더럽혔다고. 원래 아랍 전통에 따르면 여자도 죽고, 남자도 죽어야 하는데, 할머니가 반대해서 살아나죠.

레바논의 정세는 1970년대로 가면 더 복잡해집니다. 레바논에 팔레스타인 난민이 있으니까 이스라엘 정부가 시시때때로 난민을 쫓아내라고 압력을 가해요. 그런데 레바논 안에 있는 아랍계 민족들은 팔레스타인 난민들을 자기 형제라고 생각합니다. 그러니까 계속해서 마찰이 일어나는 거죠. 여기에 시리아가 또 팔레스타인 난민을 구하겠다고 군대를 파견합니다. 그래서 1976년 이후, 시리아가 남의 나라인 레바논에서 이스라엘과 끊임없이 싸웠던 겁니다. 1990년대까지 대략 15만 명의 사람들이 이 내전으로 죽어갔죠. 자살 폭탄이 일어났다고 하면, 발생지가 거의 베이루트죠. 베이루트는 레바논의 수도거든요. 심지어 어떤 때는 레바논의 수도가 동서로 분리되어 동쪽은 이스라엘이 통치하고 서쪽은 시리아가 통치할 때도 있었어요. 매일 자살 폭탄이 터지고, 팔레스타인난민해방전선 성명이 발표되고. 그런 나라가 바로 레바논입니다. 한마디로 말해 그 유명한 중동의 화약고죠.

영화는 이런 역사적 배경을 바탕으로 한 여인의 이야기를 써나갑니다. 원래는 기독교인이었는데 명예 살인의 희생자가 되었고, 자기 아이와도 헤어졌고, 결국 자기 아이를 만나러 가지만 문제는 이슬람교도에 대한 기독교도의 무차별 학살을 목격하게 된 거죠. 이 여자는 비록 자신이 기독교인이지만 받아들일 수 없었어요. 사실 팔라헤당이라고 하면, 아주 급진적인 기독교도들이거든요. 우리가 생각하는 크리스천과는 많이 다릅니다. 엄청나게 과격한 단체에요. 팔라헤당에서 이 여자를 감옥에 집어넣은 경우라고 할 수 있죠. 여러분이 만약 이 영화에 대해 관심이 있어서 레바논 내전에 대해 조금 더 이해하고 싶다면, 〈바시르와 왈츠를〉이라는 이스라엘 애니메이션을 보세요. 레바논 내전을 이스라엘의 시각에서 바라본 애니메이션이죠. 거기 보면 계속 학살 얘기가 나오는데, 1978년 샤브라 샤틸라 학살 사건이 다루어 집니다. 기독교 팔라헤당이 팔레스타인 난민을 무참히 학살한 사건이에요. 당시 바시르라는 유명한 총리가 암살당했습니다. 얼마나 끔찍해요? 한숨이 절로 나오잖아요. 사람이 길을 가다가 죽어버리고, 버스가 불타고, 여인이 겁탈당하고, 아이가 죽고. 그게 모두 사실입니다. 영화를 보면 처음엔 애니메이션으로 처리되다가 마지막에 실사 다큐멘터리가 나오는데 아이나 여자를 팔라헤당이 무차별적으로 죽였습니다. 자신들의 리더가 암살되었다는 이유로. 이런 아픈 역사를

52

가진, 그야말로 '그을린 역사'를 가진 나라가 레바논이죠. 너무 많은 상처와 상흔, 어떻게 보면 분노의 순환 고리를 가진 곳이 중동의 역사고, 이에 대한 상징이 '근친상간'이라는 그리스비극으로 형상화된 게 아닌가 생각합니다.

물과 불이 상징하는 것

심영섭 영화를 보면 질문이 많을 수밖에 없죠. 궁금하신 것 없으십니까? 없으면 제가 더 이야기할게요. 맨 처음 나왔던 곡이 대단히 좋지 않았나요? 누구 곡인지 아세요? 라디오헤드의 〈You and whose army〉라는 곡이에요. 영국이 이라크전에 참전했을 때 블레어 총리를 비난하면서 만든 곡이죠. '당신과 당신의 군대들'이라는 뜻으로 여기서 당신은 블레어 총리를 의미하는 거예요. 이 영화의 시작은 굉장히 잘 만들어진 장면으로 구성되어 있습니다. 아이들 뒷모습이 클로즈업된 후에 앞모습이 보이고 줌인으로 머리 깎이는 아이가 나오는데 아이 발목 뒤에는 점 세 개가 있어서 이게 뭔가 싶죠. 그런 다음 트래킹 장면으로 쭈욱 미끄러져서 다른 시공간으로 가고, 시공간이 변하죠. 파리에 있는 공증인 사무소로 줌인해서 들어가는 굉장히 몽환적이고 시적인 장면이에요.

영화에서 뒷모습과 앞모습은 굉장히 중요한 모티브입니다. 쌍둥이도 맨 처음 등장할 때 뒷모습부터 등장하거든요. 그다음 앞모습이 나오죠. 사실은 한 인간 안에 있는 뒷모습과 앞모습. 영화의 수학은 굉장히 이상해서 1+1=1이라는 이상한 수학적 증명을 해야 하는 쌍둥이의 얘기를 하고 있죠. 영화에서 굉장히 중요한 모티브가 되는 이미지 중 하나는 제가 생각하기에 불과 물의 이미지입니다. 영화에서 인상적인 미장센 중 하나가 사막에서 기독교 팔라헤당 사람들이 아랍 사람들을 학살해버리는 장면이죠. 심지어 어린아이도 총 한 방에 생명을 빼앗기는데, 이때 여자가 자신은 기독교인이라고 고백해서 살아남잖아요. 이 장면에서 버스가 불타고 있는 옆모습을 익스트림 클로즈업으로 보여줘요. 굉장히 잘 만든 미장센이죠. 이런 불의 이미지가 있는 반면, 아주 빈번하게 수영장이 등장하죠. 수영장이 말랐다가 찼다가 다시 말랐다가 빗물이 등장했다가 하죠. 쌍둥이가 진실을 알게 된 후 수영장에 빠져서 미친 듯이 수영을 하잖아요. 이 영화의 수영장은 여성적인, 모성적인 자궁 같은 곳이죠. 거기가 텅 비어 있다가 다시 충만해져요. 진실을 알게 되면 물이 차죠. 진실이 사라지면 텅 비고요. 그녀가 침묵할 때 수영장이 비어 있지만 그녀가 사실을 알리고 했을 때는 수영장 물이 점점 차올라요. 그래서 이 영화는 불과 물의 이미지를 가지고 아주 은유적으로 여주인공 나왈의 내면, 용기, 이런 것들을 보여 주고 있어요.

수학으로 풀 수 없는 문제들

심영섭   또 하나는 수학인데요. 잔느가 수학 조교이고, 영화에는 수학에 관한 언급이 계속 나와요. 그 유명한 "1+1=2가 되어야 하는데, 왜 1이 되는 거지?"도 정말 중요한 정보인데, 수학을 빌어 얘기하잖아요. 공증에 관한 얘기도 계속 나와요. 나왈이 캐나다에서 공증사무소 비서였으니까. 근데 공증이라는 게 뭔가요? 논리적인 증명의 세계거든요. 수학도 마찬가지로 논리적인 증명의 세계죠. 근데 그들의 삶은 대척점에 있어요. 1+1=2가 아닌 세계, 논리적인 공증이 가능하지 않은 세계. 존재론적 증거라고는 낡은 사진 한 장뿐인 세계. 그런 세계에서 살고 있죠. 두 사람은 합리적인 세계에서 비합리적인 세계로, 미쳐버린 세계로, 증오와 사랑이 뒤범벅된 세계로, 증명이 불가능한 세계로 나오게 되는 거예요. 여러분이 나왈이라면 과연 자신의 아이들을 이 세계로 끌어내겠습니까?

저는 영화의 또 다른 주제가 '자신의 삶에 직면할 수 있는가'의 문제라고 보는데 요. 어린 시절이 '목구멍 안의 칼' 같다고 이야기하잖아요. 저는 상담심리학을 전 공했기 때문에 그 말이 비수처럼 가슴에 닿습니다. 많은 사람이 목구멍 안에 있는 칼을 삼키고 살아요. 마치 없는 것처럼, 끄집어내기 두려워서. 그러니까 현재의 삶 이 소화가 안 되는 거죠. 칼을 삼키고 사니까. 그래서 저는 나왈의 선택이 아프더 라도 어머니가 남겨준 위대한 유산이라고 생각합니다. 궁금하신 점 없으십니까?

관객   진실을 찾아가는 사람이 이란성 쌍둥이로 나오잖아요. 그게 다른 의미 가 있나요?

심영섭   글쎄요. 지금 이 영화의 핵심은 아버지와 아들이 같은 사람이다. 즉, 가 해자와 피해자가 똑같다는 거예요. 나하드일 때는 피해자고, 아부탈렉일 때는 가 해자고. 가해자와 피해자가 순환 고리처럼 얽혀 있다는 이야기를 해야 하는데, 한 사람이 두 사람을 찾는 것보다 쌍둥이가 각각 하나를 찾아서 원점에서 만나게 해 야 훨씬 파괴력이 있을 것 같아요. 그렇게 해야 충격적이지 않나요?

침묵보단 진실이 낫다?

관객   저는 영화를 보면서 감독이 말하고자 하는 메시지가 '전쟁이 인간에게 한 짓을 봐라'라고 느꼈는데 평론가님이 해주신 이야기는 전쟁영화가 아니라 가 족에 대한 영화라고 하니까 좀 혼란스럽네요.

심영섭   전쟁에 관한 영화가 아니라고 할 수는 없고요. 전쟁에 관한 영화인 동시

시네마톡

에 가족에 관한 영화라고 하는 게 맞을 것 같아요. 아마 감독은 단지 이 영화를 전쟁영화로만 받아들이는 시선을 뒤집으려고 한 말이 아닐까요. 가족인데 정말로 기이한 가족, 오해와 증오로 얽힌 가족이잖아요. 이 가족이야말로 인류의 축소판이라고 이야기하는 것 같아요. 대단히 사랑하지만 서로 전혀 모르고 증오하는 혼란스러운 인류의 또 다른 모습. 이건 원작자 자신이 중동 태생, 레바논 내전을 겪고, 여덟 살 때 캐나다로 넘어왔던 배경과 무관하지 않다고 봅니다.

관객   주인공 나왈이 살아 있을 때는 진실을 밝히지 않다가 죽을 때 밝히는 이유는 무엇일까요?

심영섭   일단은 진실을 몰랐죠. 죽기 직전까지. 수영장에 가서야 비로소 알게 된 겁니다. 감옥에선 고문 기술자한테 강간을 당해서 아이를 가졌다고만 생각했지 그 아이가 자기 아들이라는 건 몰랐던 겁니다. 발목을 유심히 봤을 리도 없고. 그랬는데 수영장에 가서야 비로소 알게 된 거에요. 그게 아들이자 아버지라는 사실을. 여자는 충격 정도가 아니라 그 사건 때문에 죽게 되는 지경에 이른 거예요. 충격 때문에 여름에 시름시름 앓던 여자는 겨울에 죽죠. 이건 너무나 심한 충격이죠. 그러면서 그녀가 결심하게 된 거죠. 어떻게 할까, 묻을까, 진실로 이끌까? 그녀는 자신의 삶 자체가 침묵 속에서 살았고 진실이라는 뼈를 묻어 놓은 무덤 같은 삶이라는 걸 뼈저리게 느끼죠. 그래서 저는 이 영화의 중요한 테마가 침묵과 무지의 상태에서 서로 사랑하는 것보단 굉장히 아프고 지독하더라도 그것을 받아들이고 수용하고 용서해서 분노의 흐름을 끊어내는 게 중요하다는 걸 말하고 있다고 보거든요. 이 약속은 사랑함으로써 분노를 끊어내는 기이한 약속인 거죠. 오늘 와주신 여러분께 감사드립니다. 다음에 더 좋은 작품으로 인사드리겠습니다.

● 2011년 7월 20일, CGV강변

#03

인 어 베러 월드

Hævnen

인 어 베러 월드
Hævnen, In a Better World
덴마크, 스웨덴 | 2010년 | 113분

등급	12세 관람가
감독	수잔 비에르
출연	미카엘 페르스브란트, 윌리엄 요크 닐센
	트린 디어홈, 마르쿠스 리가르드
수입	AT9㈜씨에이엔
배급	AT9㈜씨에이엔
개봉	2011. 06. 23

★2011 아카데미상 최우수 외국어영화상 수상, 2011 골든 글로브상 최우수 외국어영화상 수상

의사 안톤(미카엘 페르스브란트)의 아들 엘리아스(마르쿠스 리가르드)는 학교에서 따돌림과 폭력을 당하고 있다. 어느 날 크리스티앙(윌리엄 요크 닐센)의 도움으로 위험에서 벗어나면서 둘은 친해진다. 가족과 세상에 대한 분노와 복수심으로 가득 찬 크리스티안은 엘리아스에게 자신만의 분노 해결법을 가르치게 된다. 한편, 아프리카 캠프의 안톤은 난민을 학살하는 반군 지도자를 치료하게 된다. 안톤은 의사로서 도덕적 책무와 양심 사이에서 심각한 딜레마에 빠진다.

Cinema Talk #03
두 대륙에서 벌어지는 폭력의 순환고리

guest table

진행 · **심영섭**
영화평론가

심영섭　안녕하십니까, 영화평론가 심영섭입니다. 2011년 아카데미 외국어 영화상을 수상했고, 550만 덴마크 인구 중 100만 명이 본, 그 나라에서는 나름 흥행에 큰 성공을 거둔 수잔 비에르 감독의 영화 〈인 어 베러 월드〉로 시네마톡을 진행하도록 하겠습니다. 고등학교 선생님들이 윤리 시간 주제로 삼기 좋은, 학생들과 논의해야 할 문제가 굉장히 많은 영화라고 생각합니다. 혹시 여기 학교 선생님이 계시면 눈여겨봤다가 제자들과 꼭 한번 보고 얘기를 나눠보세요. 보통은 제가 얘기를 하고 질문을 받는 형식으로 진행하는데요. 영화를 보니까 관객들이 많은 코멘트를 할 수 있는 영화라는 생각이 듭니다. 아리송한 예술영화도 아니고요, 이건 정말 모르겠다 싶은 것도 별로 없고. 그래서 먼저 여러분의 코멘트를 받고 싶은데요. 이 영화는 무엇에 관한 영화라고 생각하십니까? 어떤 메시지가 있다고 느끼셨어요? 제목은 왜 〈인 어 베러 월드〉일까요? 사실 원제는 '복수(Hævnen)'입니다. 근데 덴마크어라서 제가 발음해 드릴 수가 없네요. 저는 영어제목이 조금 더 서정적인 것 같아요.

두 대륙에서 벌어지는 폭력들

  영화는 두 대륙에서 일어나는 폭력 문제를 다루고 있죠. 문명화된 세상에서 일어나는 폭력과 차마 눈 뜨고 볼 수 없는, 인간의 탐욕과 폭력으로 신음하는 아프리카의 얘기가 나란히 등장합니다. 수잔 비에르 감독은 왜 두 대륙의 이야기를 이렇게 병렬시켜 메시지를 전달하려 했을까요? 제 생각에 이 영화가 가진 큰 메시지 중 하나는 이런 것입니다. 복수하고 싶은 마음, 뺏기면 때려주고 싶은 마음, 이런 것들이 인간의 본성 중 하나인데, 이게 더 문명화된 세계라고 해서 덜 하거나 아프리카라고 해서 더한 게 아니라는 것입니다. 우리 안에 있는 폭력에 관한 고찰이죠. 또 다른 질문은 인간은 폭력적인가? 폭력적이라면 얼마나 폭력적일 수 있나? 우리의 분노는 어떻게 다스려질 수 있는가? 분노라는 게 다스려질 수 있기는 한 건가? 그리고 비폭력이 폭력 앞에 대항하는 유일한 해결책일까? 비폭력의 끝은 어떤가? 용서할 수 없는 죄를 저지른 악마 같은 사람도 용서해야 하는가? 이런 여러 가지 질문들을 관객에게 마구 던지는 영화입니다. 여러분은 이 영화에 대해 어떻게 생각하세요? 기탄없이 이야기해보죠. 어찌 보면 묵직한 주제인데, 우리가 피해 갈 수 없는 주제이기도 합니다.

폭력의 순환 고리, 원인은 단절

관객   영화 속 아빠의 마음은 눈물이 날 정도로 감동적이었습니다. 아들과 친구 앞에서 그런 인내심과 온화함을 보여주는 건 더 이상 설명할 수 없는 '교육'인 것 같아요.

심영섭 좋습니다. 그럼 이런 문제를 한번 생각해볼까요? 아빠는 성인군자가 아니에요. 바람을 피웠어요. 아프리카 가서 고상하게 슈바이처처럼 굴었는데, 딴 여자 만나서 마누라와 자식을 버렸죠.(웃음) 어찌 보면 수잔 비에르 감독이 얘기하는 것은 이 사람의 행동이 옳다 그르다의 문제가 아니에요. 우리가 한 인간으로 태어나서 옳다고 믿는 것, 또 그것을 실천하는 것, 그 자체가 얼마나 어려운 일인지, 또 인간이 얼마나 모순되고 오락가락하는 존재인지를 잘 보여주고 있다고 생각합니다. 주인공의 아버지가 완벽하지 않다는 게 저는 대단히 중요하다고 생각해요.

관객 저는 조금 다른 의미에서 전율을 느낀 게 학교 폭력이라는 것이 저희 때처럼 서로 치고받고 싸우면 혼나고 반성문 쓰고 좀 심하면 정학당하는 그런 문제가 아니라, 방치해뒀을 때 범죄로 이어질 수 있다는 여지를 보여주는 것 같아요. 아프리카의 '빅맨'도 결국 전쟁을 하기 위해 사람을 죽이는 단계를 지나서, 거의 사이코패스처럼 사람을 해치는 모습을 보여주잖아요. 그런 모습에서 소름 끼치는 전율을 느꼈습니다.

심영섭 그렇죠. 이 영화에는 작은 폭력과 큰 폭력이 모두 등장합니다. 소년들의 폭력은 사실 처음엔 작은 폭력이었죠. 화약을 가지고 재미삼아 뻥하고 터뜨려보는 것. 아무도 다치지 않고 기물도 파손되지 않고, 들판에 나가서 뻥 터뜨린 것에 불과한데 그런 작은 폭력들이 어찌하여 그토록 큰 폭력이 되는가에 대해 질문을 하죠. 왜 그렇게 큰 폭력으로 변하는 걸까요?

관객 저는 사실 이 영화가 왜 '인 어 베러 월드'인가 상당히 의문스러웠거든요. 근데 원제가 덴마크어로 '복수'라는 것을 알고 나니까, 제 머릿속에 뭔가가 뚜렷해졌어요. 영화는 하나의 폭력이 있고 그것에 대처하는 두 가지 방식을 제시하거든요. 크리스티앙처럼 맞대응해서 폭력을 중단시키는 방법이 있고, 다른 하나는 엘리아스의 아버지처럼 한쪽 뺨을 맞으면 다른 쪽 뺨을 내줌으로써 해결하는 방법이 있고. 근데 이 영화는 결국 무엇이 옳다, 그르다는 답을 제시하지 않아요. 분명한 것은 이 영화를 통해 나타나는 굉장히 특이한 사실이, 모든 인간은 굉장히 고독하고 분열되어 있고 단절되어 있다는 거예요. 예를 들면 바람을 피웠다거나, 거기에 대해 아내가 혼자 외로움을 느낀다거나, 그다음 엘리아스가 아프리카에 있는 아버지에게 굉장히 간절히 호소를 하는데도 지금 얘기할 수 없다고 단언하는 것이나, 어머니를 잃은 아이의 아픔을 피상적으로 이해는 하지만 결코 품을 수 없는 것들. 영화 속에 등장하는 모든 사람은 굉장히 단절된 상황이거든요. 저는 등장인물들의 단절이 폭력의 원인이 아닌가라는 답을 감독이 제시하고 있다고 생각해요. 예를 들면 학교에서 아이들을 괴롭히는 힘센 아이가 상대의 아픔을 잠시라도 이해하고 입장을 바꿔서 생각하면 그러한 폭력을 쉽게 저지르진 않죠. 아프리카에서도 마찬가지예요. 그러니까 결과적으로 내가 상대방을 이해하지 못하고 있기 때문에 그런 폭력이 나오는 거고 그러한 폭력의 원인이 단절이라는 순환구조의 논리로 이어진다는 면에서 이 영화는 저에게 아주 흥미로웠습니다.

심영섭   정확하게 핵심을 잘 파악하신 것 같고요, 좋은 코멘트였습니다. 이 영화 속에는 폭력과 더불어 여러 가지 '관계'에 대한 이야기가 나오죠. 폭력이 단지 개인의 문제가 아니라 사람과 사람 사이의 관계에 대한 문제라는 게 이 영화가 던지는 중요한 메시지 중 하나예요. 여기에서 보면 폭력은 오해의 문제와 커뮤니케이션의 문제를 수반합니다. 두 부자가 나오는데 아버지 모두 외국을 넘나듭니다. 한 사람은 아프리카, 한 사람은 런던, 그런데 크리스티앙과 그의 아버지는 오해의 문제를 겪고 있죠. 어머니가 죽는 걸 아버지가 방치했다, 그리고 어쩌면 어머니가 죽기를 바랐을지도 모른다, 다른 아줌마랑 바람을 피우고 싶어 할 거라고 생각하는 게 크리스티앙의 오해입니다. 근데 이게 아무리 변명을 해도 잘 해결되지가 않죠. 무마가 안 됩니다. 또 한 가지 엘리아스와 아버지의 문제는 커뮤니케이션, 즉 거리의 문제입니다. 서로 신뢰하고 있는데 거리가 너무 멀어서 커뮤니케이션 자체가 잘 안 됩니다. 아까 말씀하신 단절이죠. 단절이 복수를 낳는 건지, 폭력이 단절을 낳는 건지 알 수 없지만 어쨌든 닭과 달걀의 관계입니다. 결국 우리가 폭력을 막는 방법은 단 한 가지밖에 없어요. 저 사람이 얼마나 괴로운가가 느껴져야만 비로소 폭력이 사라지거든요.

저는 또 이런 생각도 듭니다. 저 폭력이 우리가 지금 맞닥뜨린 폭력이 아니기 때문에 인간으로서 관심을 갖지 않아도 될까요? 이창동 감독의 영화 〈시〉에서 보면 치매로 진단받은 여주인공 미자가 병원에서 우연히 텔레비전을 봅니다. 팔레스타인에서 딸을 잃은 여자가 막 소리를 지르고 우는 장면이 나옵니다. 그러고 나서 병원 마당으로 나가면 진짜 딸을 잃은 여자가 막 울고 있습니다. 미자는 조금 더 현실에 다가가죠. 그런데 나중에 알고 보니 손자가 그 소녀를 죽게 한 거예요. 자신은 하나도 연관이 없다고 생각했는데, 팔레스타인 여자와 저 마당에 있는 여자조차 무감하게 바라봤는데 어느 순간 다 연관되어 있었던 거죠. 저는 사실 수잔 비에르 감독이 말하는 또 다른 문제가, 인간으로서 우리가 가진 폭력의 연결성, 순환 고리 같은 거라고 생각합니다. 아프리카와 북유럽은 멀리 떨어져 있고 아무 연관이 없어 보이지만 사실은 어떻게든 연결되어 있다고 비에르 감독은 얘기하는 거죠. 제 생각은 그렇고요, 또 다르게 재밌게 보신 분 있으면 말씀해주세요.

마음으로 해결될 문제일까

관객　여기 계신 분들도 다 그렇겠지만, 너무 떨리는 마음으로 영화를 봐서 마

지막에는 울 수밖에 없었는데요. 저는 사람의 마음에 대해 많이 생각했던 것 같아요. 마음으로 해결되지 못하는 것은 없다, 폭력도 마음에서 시작되고 마음에서 끝나는 것이니, 주인공 남자의 실수도 그 사람이 실수했기 때문에 자신의 삶을 되돌아 볼 수 있는 기회를 얻은 게 아닌가, 싶었어요.

심영섭 참 심리적인 관점에서 이야기를 꺼내셨네요. 그럼 이런 얘기를 한번 해 볼까요? 크리스티앙은 왜 그렇게 복수에 집착할까요? 이 소년이 다른 일반적인 소년들과 다른 것 중 하나가 죽음을 경험했다는 거예요. 소년이 다른 소년에게 이런 얘기를 하죠. "죽으면 화장을 할 거야. 시체가 썩어서 지하수에 들어가는 것은 지저분해."라고. 이 소년은 죽음이 뭔지를 경험한 아이에요. 엘리아스만 해도 그것에 대해 "난 생각해 본 적이 없다."라고 하죠. 죽음을 경험했기 때문에 이 소년한테는 사물이 소멸한다는 게 대단한 일이라는 개념이 있어요. 그것을 극복하려는 노력이 있어요. 한 가지 방법이 센 사람이 되는 거죠. 자기가 죽음에 대해 저항하는 한 가지 방법이에요. 근데 그게 잘 안 되죠. 사실은 죽고 싶은 마음도 있고, 살고 싶은 마음도 있어요. 수잔 비에르 감독은 그것을 상징적으로 보여주죠. 아주 위태롭고 어찌 보면 불안한 삶과 죽음의 경계에 살고 있죠. 근데 아무도 이 소년을 이해 못 해요. 연민의 과정이 없어요. 그대로 폭력에 노출되니까 그렇게밖에 할 수 없는 거죠. 사람이 다른 사람을 치유해준다면, 그것 자체가 인간의 폭력성을 낮추는 데 도움이 될 수 있거든요. 그런데 그것을 크리스티앙의 친구들도, 아버지도 해줄 수가 없는 거죠. 그래서 마지막에 엘리아스의 아버지가 해준 거예요. 전 이 장면이 참 좋았어요.

폭력의 전이 과정을 분석하다

그럼 여기에서 영화 얘기를 조금 더 하고 다시 대화를 나눌게요. 수잔 비에르 감독이 누군지 소개를 해드려야 할 것 같아요. 1960년에 태어난 덴마크 출신 여성 감독이에요. 예루살렘에서 아트와 디자인을 전공했고, 런던에서 건축을 전공했습니다. 그래서인지 시각적 이미지가 두드러지죠. 87년 덴마크 코펜하겐에 있는 국립영화학교에서 연출을 수료했고요. 사람들이 그래요, '덴마크의 봉준호'라고. 실제로 봉준호 감독이랑 같이 27회 선댄스영화제 심사위원도 했대요. 왜 그 얘기를 하냐면, 일단 두 사람 다 스토리를 탄탄하게 전개해요. 비에르 감독의 첫 번째 영화가 〈브라더스〉인데, 할리우드에서 리메이크된 화제작이죠. 전쟁터에 형이 나가요. 형이 굉장히 모범적인 사람인데, 동생은 망나니예요. 동생이 형수한테 미묘한 감정을 느껴요. 형이 실종됐다고 하니까 더욱더. 그러다가 형이 돌아오는데, 뭔가 이상해요. 꼭 한번 보세요. 시간 가는 줄 모르고 영화에 빠져들어요. 기본적으로 스토리가 탄탄해요. 영화를 어렵게 만들지 않으면서 '있어 보이게' 만드는 여성 감독이라고 할 수 있고요. 〈인 어 베러 월드〉에서 폭력의 전이, 어떻게 폭력이 한 사람에서 다른 사람으로, 한 세상에서 다른 세상으로 전이되는지를 인간관계를 중심으로 아주 절묘하게 통찰해냈어요.

제가 보기에 이 사람은 여장부 같아요. 수잔 비에르 감독이 여러 매체와 인터뷰한 것을 보면, 영화를 만들 때 굉장히 관심이 많은 것 중 하나가 캐릭터랍니다. 맨 처음 잡아주는 것이 줄거리도, 시놉시스도 아니고, 무조건 캐릭터래요. 여기서 굉장히 공을 들인 캐릭터는 주인공인 스웨덴 의사죠. 원래는 덴마크어로 대사를 다 썼는데 스웨덴 배우가 마음에 들어서 다 스웨덴어로 바꿔버렸대요. 그다음 두 번째로 중요한 게 캐스팅이고, 세 번째가 촬영이래요. 근데 이 영화에는 세트 촬영이 거의 없습니다. 거의 로케이션 촬영이에요. 수잔 비에르 감독은 아주 이상적으로 보이는 사회의 취약성에 관해 이야기하고 싶었다고 해요. 〈인 어 베러 월드〉, 더 낫다고 생각되는 세상에 있는 사람도 폭력 앞에선 똑같이 취약하다는 거죠. 그래서 장소를 굉장히 아름답게 찍어야겠다고 생각했대요.

폭력의 공간을 일부러 아름답게 찍기

이런 식이죠. 아름다움에 관한 얘기를 아름답지 않은 곳에서 하려는 감독이 있어요. 〈시〉 같은 경우, 하나도 아름답지 않게 찍어요. 근데 이 감독 수잔 비에르는 거꾸로 가요. 굉장히 뽀얗게 찍어요. 이 영화의 촬영은 심도가 낮아서 인물만 잡고 나머지는 초점이 다 날아가요. 클로즈업 장면에서 주인공 얼굴만 부각되고 다 날아가 버려요. 이것은 조금 더 현실을 왜곡시키는 거예요. 전혀 리얼한 접근법이 아니에요. 영화가 전혀 아름답지 않은, 어찌 보면 인간이 직면하고 싶지 않은 이야기를 하기 때문에 아름다운 곳의 밑바닥에도 폭력이 있다는 것을 보여주고 싶었다고 해요. 그래서 촬영을 일부러 굉장히 아름답게 했고, 클로즈업을 많이 써서 강렬하게 찍었어요. 극단적인 익스트림 롱숏을 많이 썼고요. 중간에 정지 장면도 많고 필로숏(pillow shot, 일명 '베개화면'으로 눈높이보다 낮고 베개 높이 정도에서 촬영된 숏)도 많아요. 오즈 야스지로 영화를 보면 줄거리랑 상관없는 사물을 찍은 장면이 있거든요. 그런 필로숏을 많이 넣었어요. 또 핸드헬드로 많이 찍어서 역동적이죠. 그럼에도 불구하고 여백이 있기 때문에 마음을 식혀 사색하게 하고 또 역동적으로 들어가게 하면서 템포를 잡아주는 촬영을 하죠.

저는 개인적으로 인상 깊었던 이미지가 거미줄에 걸린 거미를 보는 장면인데요. 복수라는 게 그런 것 아닌가 싶어요. 끈끈한 분노의 덫에 걸려 있으면 빠져나가기가 너무 힘들잖아요. 부부 싸움 해보면 아시잖아요. 끈끈한 덫에서 얼마나 빠져나오기 힘든지.(웃음) 분노에 사로잡힌 인간의 존재를 아주 인상적인 이미지로 표현했다고 생각해요. 혹시 영화 자체에 대해 궁금한 것 없으세요?

관객   영화가 자연경관으로 시작해서 자연경관으로 끝나는데, 이게 마치 자연 다큐멘터리에 나올 법한 장면들이잖아요. 사실은 자연경관이 치유적으로 이용되었다기보다 사람도 자연 순리대로 살아야 하지 않느냐는 무언의 메시지 같기도 해요. 굉장히 공들여서 찍은 장면인데, 이 장면들이 어떤 의도라고 보시는지 궁금합니다.

심영섭   일단은 풍경 자체를 보여주는 것, 내면을 외면화시키는 게 굉장히 중요한 장치라고 수잔 비에르 감독은 얘기해요. 보여줄 수 없는 사람의 내면을 보여주는 장치로서 풍경을 활용한 거죠. 자세히 보면 의사나 모든 사람이 폭발적으로 감정을 드러내지 않죠. 가둬 두고 참아내죠. 그래서 이런 것들을 어떻게 보여줘야 할까 하다가 랜드 스케이프를 이용한 것 같아요. 색감도 마찬가지예요. 어머니를 자세히 보면 빨간 옷만 입고 나와요. 엘리아스도 그래요. 그런데 아버지는 파란색 옷만 입어요. 그러니까 두 세계의 다름을 보여주고 있죠. 어머니는 분노를 좀 더 드러내려 하고, 엘리아스의 아버지는 훨씬 그것을 억제하려는 느낌. 그걸 색감으로 표현해서 일부러 다른 색은 거의 죽이고 빨간색을 튀게 촬영한 것 같아요. 이런 것도 비에르 감독이 디테일하게 만들어낸 장치라고 할 수 있죠.

모두, 괜찮습니까?

관객   마지막 아프리카 장면에서 아이들이 자동차를 쫓아오면서 "How are

you?" 하는 장면이 〈러브레터〉의 "오겡키데스카"처럼 들리기도 하거든요. 남자가 아주 힘든 일을 겪고 있는데 아이들이 "괜찮나요?" 하고 위로하는 거잖아요.

심영섭 영화 속에서 인사말이 나올 때, 인사 자체가 연약한 인간의 본모습을 깨우쳐 주죠. 아프리카 의사가 아무리 슈바이처처럼 굴어도 이 사람은 그냥 하나의 인간이에요. 그 때문에 애들이 던지는 "잘 있었어요?"라는 인사가 이 사람을 굉장히 인간답게 보이게 하는 측면이 있어요. 영화에선 이런 식의 인사말이 굉장히 효과적으로 사용될 때가 많죠. 영화 〈살인의 추억〉에서 "밥은 먹고 다니니?"라는 말처럼.

오늘은 수잔 비에르 감독의 〈인 어 베러 월드〉를 가지고 얘기를 나눴습니다. 영화적으로 화려한 걸작이라고 할 수는 없지만, 스토리가 탄탄하고 질문을 많이 던져주는 영화예요. 웹사이트만 뒤져도 폭탄 만드는 법을 배울 수 있는 세상에서, 사람들을 마음껏 죽일 수 있는 게임에 무방비로 노출된 세상에서, 우리가 어떻게 우리 안의 인간다움을 회복할 수 있을지, 아이들과 대화하는 시간을 꼭 가져보셨으면 합니다. 감사합니다.

● <u>2011년 6월 17일, CGV강변</u>

#04

아이 엠 러브
Io sono l'amore

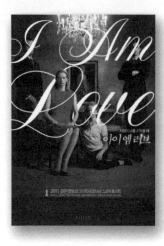

아이 엠 러브
Io sono l'amore, I am Love
이탈리아 | 2009년 | 120분

등급	청소년 관람불가
감독	루카 구아다그니노
출연	틸다 스윈턴, 플라비오 파렌티, 알바 로르워쳐
수입	스폰지이엔티
배급	조제
개봉	2011. 01. 20

★2011 아카데미상 최우수 의상상 후보, 더블린국제영화제 여자연기상 수상

밀라노의 재벌가에 시집온 엠마(틸다 스윈턴)는 존경받는 아내이자 자상한 어머니다. 엠마는 자신의 삶에 회의를 느끼던 중, 아들의 친구인 요리사 안토니오(에도아도 가브리엘리니)와의 만남으로 알 수 없는 열정에 사로잡히게 된다. 그녀는 걷잡을 수 없는 욕망으로 안토니오를 다시 만날 수 있을지도 모른다는 기대감에 산레모로 향하게 되고, 그들은 운명적으로 재회한다.

Cinema Talk #04

죽어 있던 세포들이 다 일어서는 영화

guest table

진행 · **이동진**
영화평론가

이동진　〈아이 엠 러브〉좋다는 얘기를 제가 하도 많이 해서 오늘 오신 분 중 마음씨 좋은 2/3 정도는 '아 그렇게 좋다니 나도 즐겨야지' 하는 마음으로 오셨을 거고, 1/3 정도는 '그래 얼마나 좋은지 한번 보자'는 마음으로 오셨을 것 같아요. 저는 이 영화를 봤을 때 정말 굉장하다는 생각을 했는데요. 영화평 쓰는 사람이 별점 다섯 개를 줄 때는 그야말로 속옷만 남기고 다 벗겠다는 뜻이거든요. 저는 영화를 보면서 압도되는 느낌을 받았습니다. 극 중 엠마가 더했겠지만, 저 역시 몸속에 죽어 있던 세포들이 한꺼번에 일어서는 느낌이었고요.

오! 틸다 스윈턴

이동진　감독에 대해 먼저 말씀을 드리면, 루카 구아다니노 감독은 이 영화를 보기 전까지 저도 몰랐던 감독입니다. 1971년생이고, 이탈리아 사람입니다. 이 영화가 다섯 번째 작품인데요. 그전에 만든 네 편의 영화는 어떤가 봤더니 극영화 두 편, 다큐멘터리 두 편을 찍었더라고요. 그런데 다큐멘터리 두 편이 이 영화의 모태가 된 것 같습니다. 두 편 중 한 편은 이 영화의 주인공인 틸다 스윈턴에 관한 다큐멘터리입니다. 이 다큐멘터리도 틸다 스윈턴이 말하는 사랑에 관한 단상이에요. 두 번째 다큐멘터리는 이탈리아 산레모 지방의 유명 요리사인 파울로의 요리 세계에 관한 다큐멘터리고요. 느끼셨겠지만 두 영화를 모티브 삼아 만든 영화가 〈아이 엠 러브〉라고 할 수 있습니다.

틸다 스윈턴에 대한 감독의 동경, 경애심이 굉장한 것 같고요. 두 사람은 이 영화에 관한 이야기를 11년 전에 처음 시작했다고 해요. 감독이 만든 두 편의 극영화 중 한 편에도 틸다 스윈턴이 나오거든요. 틸다 스윈턴이 단순히 출연만 한 게 아니라 감독과 이야기를 통해 스토리와 인물을 만들어 나갔기 때문에 배우의 역할이 어느 때보다도 중요했던 것 같고요. 두 사람이 영화를 만들면서 꼭 필요하다고 느낀 게 음악이에요. 영화에서 가장 인상적인 것 중 하나가 틸다 스윈턴이고 나머지 하나는 음악이잖아요. 그런 느낌을 받으셨을 텐데 음악을 맡은 사람은 존 애덤스죠. 사실 존 애덤스는 영화를 위해 곡을 만든 게 아니거든요. 기존에 있던 곡들이에요. 존 애덤스의 대표곡, 예를 들어 제일 유명한 〈Nixon in China〉 같은 작품이나 오페라, 그 밖에 히트곡이 이 영화에 다 들어가 있어요. 저는 아직 그 음악을 못 들어봤는데, 9·11 이후 위령의 의미를 지닌 합창곡을 만들어 퓰리처상을 받았다고 하고요. 음악을 들으면 감을 잡으시겠지만 반복적인 구성의 미니멀리즘 작곡가로 정평이 나 있습니다. 마지막 장면을 보면 분명 영화보다 음악이 먼저 만들어졌다는 게 확실히 느껴질 겁니다.

처음 오프닝 크레디트가 나올 때 화면이 어두운 상태에서 존 애덤스의 음악이 나오기 시작하죠. 영화가 끝나고 열린 문 너머에서도 계속 여진처럼, 음악이 흐릅니다. 다시 말해 영화보다 음악이 먼저 시작하고 늦게 끝나는 일종의 음악영화인데, 일반적으로 영화에서 음악을 사용할 때 역설적으로 많은 감독들이 음악은 들리면 안 된다고 생각하거든요. 음악이 도드라지면 실패한 영화음악이라는 견해가 많아서 최대한 음악은 백그라운드로 깔아주는 경우가 많은데, 이 영화에선 전혀 그렇지 않아요. 장면을 견인하는 역할을 하죠. 인물의 감정을 부추기고 끝까지 밀어 올리는, 발전기 역할을 하는 음악이라는 생각이 들었고요. 그래서 애초에 감독이 존 애덤스에게 음악을 부탁한 것 아닐까요?

영화 제목도 음악에서 나왔어요. 잘 알려져 있진 않은데, 영화를 보면 중간에 영화의 한 장면이 나오잖아요? 〈필라델피아〉의 한 장면이죠. 〈필라델피아〉 음악도 존 애덤스가 만들었어요. 부부가 TV를 볼 때 나왔던 아리아의 가사가 'I am love'입니다. 그만큼 이 영화는 존 애덤스에게 기댄 부분이 많다는 거죠.

또 하나, 얘기할 수 있는 건 틸다 스윈턴이에요. 이 영화를 안 좋아하시는 분도 모두 동의하는 게 틸다 스윈턴의 연기입니다. 그녀는 정말 이 영화에서 기념비적인 연기를 한 것 같아요. 저는 아카데미상도 받을 수 있다고 생각했는데, 안타깝게도 빠졌더라고요. 그래서 완전히 내털리 포트먼에게 관심이 주목됐죠. 틸다 스윈턴은 개인적으로 굉장히 좋아하고, 20년 이상 알아왔던 배우인데 제가 최초로 봤던 작품은 〈카라바조〉였어요. 그다음 〈올란도〉를 봤는데 이 여사가 묘하게 양성적인 부분이 있어요. 〈올란도〉를 초기에 봐서 그랬을 수도 있어요. 〈올란도〉에서 남자로 살았다가 여자로 다시 사는 배역을 맡았거든요.

예전에 대니 보일의 〈비치〉가 개봉할 무렵, 인터뷰한 적이 있어요. 단독으로 인터뷰한 건 아니고 외국에 가서 여러 명이 함께 했는데, 그때 인상은 확신이 강하고 영화에서 느껴지는 것처럼 이지적이라는 거였어요. 말수도 적지만 그 말에 확신이 가득 차 있고 신념이 대단한 배우였어요. 이 배우가 우리에게 전해준 가장 대중적인 이미지는 〈나니아 연대기〉의 '하얀 마녀'가 아닐까 싶습니다. 실제로 눈과 얼음으로 만든 사람 같잖아요. 〈콘스탄틴〉 같은 영화도 기억하실 것 같고요.

제가 개인적으로 이 영화에서 굉장히 좋아하는 장면이 있어요. 모든 사람이 좋

아하는 장면인데, 화장실에서 수줍게 웃는 장면이에요. 안토니오랑 키스한 후 집
으로 막 들어와서 가방 팽개치고 욕실로 달려가 입을 가리고 웃는 장면. 자기한테
무슨 일이 일어났나를 뒤늦게 생각하면서, 더군다나 소변을 보는 생리적인 일을
하면서, 그 일을 반추하는 여자의 표정에서 떠오르는 욕망과 즐거움, 그것을 억누
르기 위해 아무도 안 보는데 손으로 입을 가리고 웃고, 행여나 누가 볼세라 욕실
에 있는 거울을 잠시 훔쳐보기도 하고, 그럴 때의 틸다 스윈턴의 연기는 정말 소
름이 돋을 정도죠.

이 영화의 원전은 《인형의 집》

이동진 이 영화에 대한 제대로 된 비판은 읽어본 적이 없고 그냥 산발적인 비판
을 읽어봤는데, 그중 가장 많은 의견이 도무지 이 여자의 마음에 동의할 수 없다
는 거예요. 스토리가 왜 이렇게 고루하냐? 도저히 이 여자의 심리를 이해할 수 없
다, 그런 거죠. 저는 스토리 측면에서 말씀드리면 이 영화가 명백히 원전을 가지고
만든 작품이란 생각이 들어요. 원전은 두 가지라고 이야기할 수 있는데 그중 하나
가 《채털리 부인의 사랑》이고, 나머지 하나는 《인형의 집》이에요. 사람들이 《채털
리 부인의 사랑》 이야기는 많이 하는데 이상하게 《인형의 집》 얘기는 많이 안 해
요. 왜 그런지는 잘 모르겠어요. 제가 볼 땐 《인형의 집》을 더 많이 참고했거든요.
입센의 《인형의 집》 첫 부분을 보면 영화의 기본적인 스토리라인하고 굉장히 비
슷합니다. 거기서도 남편이 막 은행장이 되죠. 여기서는 남편이 막 가문의 새로운
수장이 되고요. 남편이 겉보기에 굉장히 여자를 사랑합니다. 부인이 집에서 매 맞
는 것도 아니고, 후처도 아니고, 극진하게 사랑받는 것처럼 보여요. 집은 잘사는
편이고. 그럴 때 여자가 남자 몰래 무언가 합니다. 입센의 《인형의 집》에서는 여자

가 남편의 병을 고치려고 돈을 빌렸다가 문제가 되거든요. 그러다가 결국 남편한 테 자신이 액세서리밖에 안 된다는 것을 깨닫고, 결국 집을 뛰쳐나가게 되는 이야 기의 구도고요. 입센의 《인형의 집》의 주인공 노라와 영화의 주인공 엠마가 세 자녀의 엄마라는 설정도 똑같아요. 입센의 《인형의 집》을 거론한 평을 외국에서도 본 적이 없는데 제가 볼 땐 명백히 이 작품을 차용했다고 생각합니다. 또 하나는 《채털리 부인의 사랑》이에요. 정서적으로, 성적으로 완전히 고립된 생활을 하던 여자가 우연한 계기로 숲에 사는 한 남자랑 관계를 맺으면서 정신적으로 육체적 으로 충만한 경험을 하고, 더 이상 현재에 안주하지 못한 채 다른 단계로 진입하 는 이야기. 영화의 스토리는 흔한 얘기죠. 요리사 안토니오로 상징되는 바깥 세계 의 새로운 사람, 새로운 정체성, 새로운 삶의 단계, 그 속으로 끌어들이는 장력 같 은 것, 두 개의 힘 사이에서 갈등하는 여자의 심리적인 파장이 이 영화의 핵심이죠. "너에게 이 영화가 왜 그렇게 중요하냐."라고 묻는다면, 이런 답변을 할 수 있을 것 같아요. 세상 모든 영화는 인물의 마음속에서 일어나는 거대한 드라마를 그려 내고 싶어 합니다. 그런데 이 영화만큼 인물의 마음속에서 일어나는 심리적인 파 장을 영화적으로 보여주는 작품은 드물어요. 이 영화에 관한 저의 유일한 불만이 뭔가 하면, 영화가 너무 기하학적이고 수학적이라고 할까요. 정교하게 짜여 있다 는 거예요. 그렇게 느낄 정도로 이 영화는 영화가 가진 가장 고전적인 방식을 총 동원하고, 촬영과 편집, 배우의 연기, 음악 등을 이용해서, 인물의 마음속에서 일 어나는 격랑을 너무나 훌륭하게 묘사해요. 안토니오로 대변되는 하나의 세계와 남편 탄크레디로 대변되는 세계, 두 세계의 대조법을 영화적으로 이렇게 훌륭하 게 묘사한 경우는 없었다고 생각합니다.

어둠의 남자, 빛의 남자

이동진   여기서 남편 탄크레디가 어떤 남자인지 보여주는 극명한 장면이 있습니다. 여자가 "나는 안토니오를 사랑한다."라고 장례식장 2층 홀에서 말하는 장면을 떠올려 보세요. 밖에선 비가 오고 남자는 빗속에서 아내를 찾다 들어오죠. 들어왔을 때 먼저 발견한 것은 아내가 아니고 아내가 벗어놓은 구두였어요. 구두라는 건 사실 상징적으로 너무 많이 사용하잖아요. 신발은 그 사람의 정체성 같은 것이죠. 유리왕 신화라든지 페르세우스 신화라든지. 신발이 굉장히 중요한 신화의 모티브로 쓰이는데, 이 영화에서도 그래요. 신발을 먼저 발견하고 불러보니까 부인이 있습니다. 그리고는 굳이 직접 가서 그 신발을 만져봐요. 일반적이라면 신발을 들고 아내에게 가서 신겨주는 게 정상이죠? 그런데 그렇게 하지 않고요, 신발을 둔 채 아내한테 가서 옷을 입혀주고 끌고 와서 신발을 신겨준다는 거죠. 이 남자는 그런 남자예요. 신발을 신겨주고 자기 옷을 입혀주고. 반면 안토니오는 그 여자가 신고 있던 신발을 벗겨주는 남자고, 옷을 벗겨주는 남자입니다. 다시 말해 탄크레디는 이 여자의 정체성을 감추는 세계의 상징이에요. 신발 쪽으로 그 사람을 끌고 와서 신발에 구겨 넣는 그런 캐릭터죠. 안토니오는 그 여자가 신고 있던 신발을 벗겨주고, 그 여자가 누구였는지를 스스로 알게 해주죠. 안토니오가 물론 그럴 목적은 아니고 그냥 달아올랐으니까 그렇게 한 거지만, 여자한텐 의미가 있는 거죠. 관계를 가지고 난 다음 여자가 하는 말이 뭔가요? 러시아에 있을 때 자기 이름과 우하 스프에 관한 이야기입니다. 그런 부분에서 두 세계가 대비될 수 있고요. 탄크레디는 단 한 장면을 제외하고 영화에서 거의 실내에서만 나옵니다. 실내는 항상 빛이 좀 부족한 상태고요. 어두운 상태예요. 딱 한 번 나오는 밝은 세상이 뭔가 하면 장례식인데, 그때조차 햇빛에 나오지 않고 그늘에 서 있죠. 그게 탄크레디가 실내에 있지 않은 유일한 장면이에요. 영화에서 안토니오는 항상 빛에 휩싸여 있습니다. 영

화를 보시면 남편이 부부관계를 하기 위해 추근거릴 때나 무슨 일을 할 때 항상 집안은 어둑한 상태고 갇힌 상태인데, 안토니오와 관계를 갖거나 대화할 때 상황은 세상 사람들 다 보란 듯이 모든 문이 활짝 열려 있고 세상의 빛이란 빛은 다 그리로 새어드는 것 같고 심지어는 야외에서도 관계를 갖습니다. 이 영화는 어찌 보면 악이라는 게 도덕적으로 주어진 규범을 어기는 게 아니라 어두운 게 악이라고 보는 것 같아요. 그래서 어둠을 버리고 빛을 찾아가는 여자의 이야기를 담은 영화라고 할 수 있고요.

　영화의 첫 장면과 마지막 장면을 보시면 감독의 의도를 알 수 있습니다. 첫 장면은 밀라노 시내에 눈이 오는 풍경이죠. 그리고 집의 닫힌 창문을 클로즈업에 가깝게 보여줘요. 굳게 닫힌 창문이죠. 그런데 영화의 마지막 장면(동굴 속 에필로그를 제외하고)은 훤하게 열린 현관문입니다. 다시 말해 닫힌 창문에서 시작해 열린 현관문으로 끝나는 작품이에요. 이런 진행 자체가 여자의 마음속에서 일어나는 마음의

82

궤적을 보여주는 거죠. 더군다나 여자가 뛰쳐나가는 장면은 결국 안 보여주잖아요. 뛰쳐나가고 없는 장면을 보여주죠. 에필로그는 있어도 좋고, 없어도 좋았다고 생각해요. 사족일 수도 있는데 감독이 상징적인 부호에 집착하는 사람이다 보니까 동굴이라는 것은 열린 자궁 같은 형태고, 두 사람이 거기 누워 있을 때 여자의 새로운 탄생을 감독은 축복해주고 싶은 거예요. 그것을 동굴 속에 있는 두 사람을 통해 마지막으로 한 번 더 보여 주는데, 저는 그 장면이 없어도 됐다는 생각이 들어요.

지금 말한 것과 같은 방식으로 영화가 다 짜여 있어요. 여자가 뭔가 바깥세상에, 혹은 자신의 욕망에 귀를 기울일 때마다 누가 와서 문을 닫아요. 예를 들어 1층에서 옥외 파티를 하는데 여자는 안 나갑니다. 2층에 앉아서 바느질하고 있는데 밖에서 사람들이 즐겁게 노니까 보고 싶어요. 기웃기웃하는데 하녀가 들어오죠. 들어와서 제일 먼저 하는 일이 문을 닫아주는 거예요. 그다음, 여자가 안토니오와 키스를 하고 나서 저택에 들어와 아까 그 화장실 장면을 지나 약간 얼빠진 사람처럼 1층에서 왔다 갔다 할 때, 역시 거대한 철문이 닫히는 장면이 나오죠. 그런 장면을 통해 여자의 마음속에 있는, 쉽게 말하면 초자아, 여태까지 살아왔던 관습, 이러면 안 된다는 자기 검열이 드러나는 거예요. 그래서 계속 문을 닫아주는 거죠. 장례식이 끝나고 딸의 침대로 보이는 곳에 누워서 얼굴을 가리고 잠이 들었을 때도 하녀가 마지막으로 문을 닫아주죠. 다음 날 아침이 됐을 때 하녀가 문을 열고 더 이상 그 문은 닫히지 않아요.

불안정하지만 에너지가 충만한 수직의 삶

이동진 마지막으로 한 가지 더 말씀을 드리면 이 영화의 높이에 대한 감각이에요. 영화는 수평적 이미지보다 수직적 이미지를 굉장히 중시하는데, 대표적인 것이 밀라노 두오모를 생각하시면 됩니다. 영화에서 보면 딸이 레즈비언이라는 것을 정확하게 알게 되는 편지가 있죠. 세탁소에서 우연히 보게 된 편지요. 그걸 보고 여자가 굉장히 충격을 받는데 그 충격이 왠지 이상해요. '딸이 레즈비언이라니 어떻게 하나'가 아니고 오히려 자신의 심리적인 부분이 더 자극받는 거죠. 무척이나 열린 태도를 보여주는데, 편지를 읽고 나서 보여준 최초의 행동은 두오모에 올라가는 서예요. 꾸역꾸역 올라가죠. 탑까지 올라가서 세상을 다시 보죠. 밀라노의 두오모는 1,000개가 넘는 첨탑으로 유명한 건물이거든요. 올려다봤을 때 첨탑 끝이 보여요. 그 순간, 카메라는 틸트업 되면서 첨탑을 따라 하늘까지 올라갑니다. 거기서 하늘 신이 끊기고 다음 신으로 넘어가는데 산 위에 사는 안토니오에게 에두아르도가 찾아가는 장면이에요. 이 장면을 잡을 때 하늘을 비추던 카메라가 서서히 하강하죠. 결국 두오모에서 올라간 카메라가 먼 거리를 지나서 산레모에 있는 안토니오의 집으로 하강하면서 둘의 공간을 영화적으로 이어주죠. 실제로 카메라가 그렇게 움직인 건 아니지만, 그런 방식을 통해 새로운 단계로 나아가고자 하는 주인공의 마음을 강조하는 거예요. 결국 사랑이라는 것을 상승 감각이라고 보는 건데, 상승한다고 하면 무게중심이 높아지는 거잖아요? 제가 이렇게 누워 있을 때 무게중심은 바닥에 있는 거고 앉아 있을 때는 배꼽 근처 어디 있겠지만 일어나면 그만큼 또 무게중심이 높아지잖아요? 무게중심이 높아지면 에너지가 높아져요. 에너지가 높아지는 대신 그만큼 위치는 물리적으로 불안정해지죠. 비유해서 말한다면 이 영화에서 엠마의 상태가 그런 거예요. 기존에는 굉장히 안정되고 무게중심이 낮고 에너지가 없는 삶이었는데, 그것을 높고 불안정하지만 에너지가 넘치는 세계로 점점 치환하는 거예요. 그런 식으로 보면 영화에서 탄크레디가 머무는 공간은 항상 낮은 공간이에요. 그는 저택에서 살고, 안토니오는 산레모에 있는 산에서 살죠.

이런 식으로 영화에서 빛에 대한 감각이라든지 높이에 대한 감각, 심지어 색깔에 대한 감각이 아주 잘 짜여 있어요. 엠마는 안토니오랑 처음 관계를 맺기 전까지 줄기차게 붉은 계열의 옷을 입습니다. 그런데 관계를 맺고 난 다음에는 단 한 번도 붉은색 옷을 입지 않습니다. 새우의 붉은색 감각이라든지 중간 꿈에 인서트되는, 체리를 만지는 손이 피로 범벅되는 장면, 이런 것들이 다 그녀 안에 감춰져 있던 욕망의 상징이라고 보고요. 영화에서 정작 피가 나와야 할 장면은 아들이 죽는 장면이잖아요. 수영장에서 떨어졌으면 흥건히 번진 피를 보여주는 게 보통인데, 이 장면에서 피는 전혀 묘사되지 않아요. 왜냐하면 그게 이 영화의 색채 감각이기 때문이죠.

여러분이 영화를 보면서 설사 이런 생각을 하지 않았다고 하더라도 무의식적으로 이런 감정을 전달받으셨을 거라고 생각하고요. 영화를 보며 생이 요동치는 감각을 오랜만에 느꼈다고 한다면, 그건 분명 지금 말씀드린 것들이 훌륭하게 발현되어 자신을 설득했기 때문이라고 생각합니다. 저는 일단 이 정도에서 얘기를 마무리하고 질문을 받을게요.

불친절한 영화? 생략적인 영화

관객 저는 영화를 보면서 좀 불친절하다는 생각을 많이 했거든요. 그런 느낌 때문에 사람들이 이 영화를 보고 '저 여자가 왜 저러지' 하는 것 같은데요, 스토리도 불친절하지만 사실 영상적으로도 굉장히 불친절하다는 생각이 들어요. 보통 영화들이 중요 장면에서 대체로 클로즈업이라든지 표정, 대사를 통해 뭔가를 표현하는데 이 영화는 거의 음악적인 요소로만 표현하잖아요. 그러다 보니까 공감하기 좀 어렵다는 생각이 드는데 이런 부분을 평론가님은 어떻게 보시는지 궁금합니다.

이동진 저는 영화를 이야기할 때 친절하다 불친절하다는 말 자체가 좀 잘못된 말이라고 생각해요. 굳이 얘기하자면 불친절하다는 말 대신 생략적이라는 표현을 써야 한다고 봐요. 불친절하다는 것은 '친절해야 하는데 안 그렇다.'라는 전제가 있는 거잖아요. 친절한 영화들이 좋은 영화냐 하면, 전혀 그렇지 않고요. 어떤 영화는 상대적으로 많이 설명해 주는 게 좋을 수 있고, 어떤 영화는 고도로 생략적인 게 좋을 수도 있는 거죠. 이 영화가 생략적인가 하면, 당연히 생략적이고요. 저는 그래서 이 영화가 그만큼 좋은 거예요. 영화를 만드는 사람은 '내 의도를 저 사람이 모르면 어떡하지?' 하고 일종의 조바심을 많이 내요. 저는 그런 작품을 보면 굉장히 잉여가 많은 영화라는 생각이 들고요. 그렇게 조바심 낼 바에 왜 굳이 영화를 만드나, 하는 생각이 들기도 해요. 생략의 기술이 관객을 굉장히 능동적으로 만들거든요. 좀 귀찮긴 하지만, 그건 우리가 지나치게 설명이 많은 영화에 길들어서라고 생각하고요. 그렇다고 해서 이 영화에 이해가 안 되는 부분은 하나도 없다고 생각합니다.

관객 엠마와 안토니오의 첫 키스 장면은 포커스가 완전히 나가잖아요. 키스를 하는지 안 하는지도 안 보일 정도로 묘사되는데, 그렇게 한 의도가 궁금합니다.

이동진 그 장면은 제가 이 영화에서 정말 좋아하는 부분 중 하나예요. 영화를 보신 분이라면 두 사람이 키스하기를 바랐을 거고, 그다음 함께 자기를 바랐을 텐데,

키스하는 장면 앞에 시간을 오래 끕니다. 꼬불꼬불 산 올라가고, 터널 지나고, 옷 갈아입고, 풀 베고. 그 장면을 빼고 키스하는 장면부터 삽입했으면 아까 말씀하셨듯이 상당히 친절한 영화가 됐을 텐데, 감독은 그렇게 하지 않았죠. 또 남자가 웃통 벗고 바지 갈아입고 할 때, 여자가 스쳐 지나가는 장면이 한참 묘사되다가 갑자기 두 사람이 키스를 하는 것 같기는 한데 포커스가 완전히 아웃되고 짧은, 1초도 안 되는 인서트가 이어지죠. 그러고 나서 갑자기 여자의 집으로 바뀌잖아요. 어떻게 보면 '변태 영화'죠.(웃음) 그런데 저는 그 장면이 굉장히 좋아요. 왜냐하면 이 영화는 그 여자에게 무슨 일이 일어났나, 여자가 어떻게 바람을 피웠나가 중요한 게 아니고, 그 행동이 여자의 마음에 일으킨 파장이 무엇인가를 다룬 영화거든요. 그래서 키스하는 장면보다 뒤에 소변보면서 혼자 욕망의 기억에 어쩔 수 없이 수줍어하고 좋아하는 장면이 훨씬 중요한 거예요. 성적인 긴장감을 담고 산으로 올라갈 때 속으로 별별 생각을 다 했을 거 아니에요. '여자는 오늘 애랑 잘 수 있을까'부터 시작해서 별의별 생각을 다 했을 텐데 그런 부분들을 훨씬 자세히 묘사한다는 거죠. 이 영화는 아웃포커스를 가장 창의적으로 이용한 영화라고 생각해요. 어떤 장면을 보면 정말 탄복하게 돼요. 지금 말씀드린 장면도 그렇고, 딸이 한 여자와 키스하는 장면도 완전히 아웃포커스된 상황에서 원경으로 걸어 나오는 모습을 보여줍니다. 남잔지 여잔지도 잘 몰라요. 그다음, 근경에 오게 되면 두 사람에게 초점이 맞춰지면서 두 여자가 키스하는 장면이 클로즈업되죠. 이런 장면이 한 번 더 있어요. 소변보고 나서 거울을 볼 때 아웃포커스된 상태에서 카메라가 들어오면 초점이 맞춰지고 여자의 얼굴이 갑자기 클로즈업되죠. 이건 시각적으로 굉장한 표현력을 갖고 있어요. 뭔지 몰랐던 자기감정들이 분명해지는 것. 초점을 맞춘 채로 인물의 동선을 따라가는 게 아니라 인물을 먼저 따라간 후에 포커스를 맞추잖아요. 이런 방식이 형식적으로 굉장히 훌륭하고, 영화 내용과도 잘 맞아요. 어떤 분들은 촬영이 안 좋다고 말씀하시는데 저는 도저히 수긍이 가지 않습니다.

비스콘티의 영화를 정반대로 인용하다

관객　저는 개인적으로 영화를 보면서 문자도안에 관심을 많이 두는 편인데요. 보통 장소가 바뀔 때마다 밀라노, 산레모 등 글씨가 작게 들어가잖아요. 그런데 여기서는 화면을 크게 채우는데다 고딕체로 나오는데 그 의도가 뭔지 궁금합니다.

이동진　영화의 타이포그래피, 멋있지 않습니까? 우리가 아는 60년대 위대한 이탈리아 영화 중 비스콘티 영화를 꼽을 수 있는데, 그 감독이 저런 식의 타이포그래피를 즐겨 썼거든요. 이 영화는 영화를 좋아하는 분이라면 루키노 비스콘티를 떠올리지 않고는 볼 수 없어요. 비스콘티의 작품 중에서도 특히 〈레오파드〉, 버트 랭커스터와 알랭 들롱이 나오는 대작 영화가 많이 생각나요. 명백히 이 작품을 인용하는 방식으로 짜여 있기도 하고요. 조금만 설명해 드리자면 거기서도 악역 이름이 탄크레디예요. 알랭 들롱이 연기했죠. 흥미로운 건 이 영화는 열린 창문으로 시작합니다. 그리고 맨 마지막, 퇴장하는 버트 랭커스터의 뒷모습으로 끝나죠. 구체제에 있던 거대한 가문이 새로운 체제에 적응하지 못해 사멸해 가는 과정을 담았다는 점도 비슷해요. 그런데 저는 두 영화가 완전히 다른 영화라고 생각하는데, 그 이유는 〈아이 엠 러브〉가 닫힌 창문에서 시작해서 열린 문으로 끝나는, 세계가 사실 얼마나 아름다울 수 있는지를 보여주는 영화라면 〈레오파드〉는 정반대로 열린 문에서 시작해서 골목의 어둠 속으로 퇴장하는 버트 랭커스터의 뒷모습으로 끝나는, 굉장히 니힐리즘적이고 죽음에 관한 강렬한 인식을 담은 작품이에요. 그래서 두 영화는 세계관 측면에서 굉장히 다른 영화라고 말씀드릴 수 있습니다. 부족하지만, 이 정도로 끝낼까요?

● 2011년 2월 11일. CGV압구정

#05

마더 앤 차일드
Mother and Child

마더 앤 차일드
Mother and Child

미국, 스페인 | 2009년 | 125분

등급	청소년 관람불가
감독	로드리고 가르시아
출연	나오미 와츠, 아네트 베닝, 캐리 워싱턴
수입	바른손 영화사업본부
배급	바른손 영회사업본부
개봉	2011. 04. 28

★2011 이미지 어워드 최우수 남우조연상 수상, 최우수 각본상 후보

낳자마자 입양 보낸 딸에게 37년 동안 매일 부칠 수 없는 편지를 써온 카렌(아네트 베닝). 노모의 죽음을 겪고 세상에 홀로 남겨지면서, 비로소 딸을 찾을 용기를 내어 본다. 37세 변호사 엘리자베스(나오미 와츠). 그녀는 의도치 않은 임신으로 혼란에 빠진다. 하지만 어느새 그녀 내면에 '엄마의 마음'이 싹트고, 생애 처음으로 엄마를 찾고 싶어진다. 37년간 눈 맞추지도 안아볼 수도 없었던 엄마와 딸의 아프고도 아름다운 이야기.

Cinema Talk #05
'없는 사람'과 사는 것의 장단점

guest table
진행·**심영섭**
영화평론가

심영섭 오늘은 로드리고 가르시아 감독의 〈마더 앤 차일드〉를 가지고 여러분과 함께 이야기를 나눠보도록 하겠습니다. 제가 이 영화를 세 번 봤는데요, 세 번 다 우네요. 오늘은 정말 안 울려고 했는데, 시네마톡 준비하면서 보면 굉장히 긴장하면서 보게 되거든요? 그래서 안 울 거라고 생각했는데, 결국 울었어요. 이 영화는 왜 이렇게 슬플까요?

저는 그런 생각을 해요. 여자들, 특히 아이를 가진 여자들은 이 영화를 거의 본능적으로 이해하지 않을까 싶어요. 아기 낳아보신 분 어떠세요?(웃음) 이 영화에 대해 로드리고 감독이 했던 이야기 중 하나는 이게 입양에 관한 영화가 아니라는 거예요. 입양하지 말아야 한다든가, 입양해야 한다든가 하는 차원의 얘기가 아니고, 로드리고 가르시아 감독이 이 영화에서 제일 하고 싶었던 얘기는 '부재'에 관한 얘기라고 해요.

어떤 사람들은 '없는 사람'하고 살아요. 그게 무슨 얘기냐 하면, 유령하고 산다는 거죠. 나를 버리고 간 애인, 그런데 잊지를 못해서 그 남자 혹은 그 여자랑 계속 사는 거죠. 그런 것도 일종의 '없는 사람'과 사는 거고요. 자식을 잃거나 아니면 거

꾸로 굉장히 사랑하는 부모를 잃거나 배우자를 잃는 것도 일종의 '없는 사람'하고
사는 거거든요. 이 영화에는 그런 사람들이 나와요.

　영화 속에 등장하는 세 여자는 결핍이 있어요. 모두 그렇죠? 로드리고 가르시아
감독의 전작 〈나인 라이브즈〉도 그런 이야기인데요. 가만 보면 〈그녀를 보기만 해
도 알 수 있는 것〉도 비슷한 이야기를 하고 있어요. 이 감독 작품의 기본적인 소재
중 하나가 바로 '결핍'인 것 같아요. 삶에 어떤 구멍이 있다는 말이죠. 그런데 그걸
어떻게 메우느냐에 관해 얘기를 해요. 혹시 불임을 겪어 보셨나요? 불임을 겪어본
내담자들 얘기를 들어보면 혹시 이번 달에는 생리를 안 할까, 굉장히 기대를 하죠.
그러다가 다시 생리를 하면 실망하고. 오지 않는 아이를 기다리는 것도 가버린 아
이를 기다리는 것만큼 고통스러운 일이라고 하더라고요. 이 영화는 이런 결핍된
것에 관한 얘기라고 볼 수 있어요.

'없는 사람'과 산다는 것

심영섭 유령하고 살 때 나쁜 점과 좋은 점이 있어요. 죽은 마누라는 완벽한 거예요. 살아 있는 마누라보다 훨씬 완벽하죠. 오지 않는 아이나 죽은 아이도 정말 다정해요. 그래서 그런 사람들과 살면 다른 사람은 자기 삶에 초대하기 힘들죠. 엘리자베스하고 카렌이 딱 그렇게 살죠? 엘리자베스는 자기 욕구 외에는 아무도 초대를 안 해요. 카렌은 남편이 있죠? 같은 물리치료사죠. 어찌 보면 구애를 하는데, 전혀 안 받아주죠. 아주 쌀쌀맞아요. 자기 세계를 지켜내려고 하죠. 두 번째 좋은 점이자 나쁜 점은 유령은 자라지를 않아요. 카렌은 매일 편지를 쓰는데 상대는 매일 아기고 매일 어린애거든요. '서른일곱 살일 거야'라고 생각해도 자기 세계에선 어찌 보면 계속 어린애예요. 자기가 본 건 그것밖에 없기 때문에. 그런데 유령이 무능력하다는 걸 아는 순간, 자기 안에 있는 구멍을 보게 되죠. 또 그 구멍 속에서 바람 소리가 들려요. 왜냐하면 유령은 같이 밥을 먹을 수도 없고, 같이 쇼핑할 수도 없잖아요.

관객 감독이 어느 나라 사람인가요?

심영섭 네, 특이하게도 콜롬비아 출신이고요. 멕시코에서 자랐습니다.

관객 만약 감독이 미국 사람이었다면 이 배우들을 안 썼을 것 같아요. (심영섭: 네, 맞습니다) 영화에는 흑인도 나오고, 라틴계도 나오고, 백인도 나오는데요. 저는 그런 면에서 인종차별에 관한 메시지도 던지고 있지 않나 생각이 들었습니다. 혹시 어떻게 생각하십니까?

심영섭 제가 볼 때 인종차별 철폐까지는 아닌 것 같고요.(웃음) 로드리고 가르시아 감독 얘기가 나와서 한 말씀 드리자면, 로드리고 가르시아는 작가 가브리엘 가르시아 마르케스의 아들입니다. 가브리엘 가르시아 마르케스는《백 년 동안의 고독》을 써서 노벨상을 받은 콜롬비아 대 문호죠. 로드리고 가르시아 감독은 작가를 꿈꾼 적이 한 번도 없었다고 합니다. 아버지 때문에. 일류 작가의 이류 아들이 되기는 너무 싫었대요. 그래서 처음부터 작가는 꿈꾸지 않았고, 이 질문을 받을 때 제일 식상하다고 합니다.

또 이 영화에서 굉장히 중요한 사람이 있는데, 그건 제작자인 이냐리투예요. 알레한드로 곤살레스 이냐리투. 이 감독은 멕시코를 대표하는 감독입니다. 〈21그램〉의 감독으로 잘 알려졌죠. 아마 〈아모레스 페로스〉는 많이들 보셨을 거예요. 아주 멕시코적인 영화고, 인간의 영혼에 관한 영화이기도 하죠. 아마 두 사람 모두 인간 내면에 대한 관심, 영혼성에 대한 관심이 많았기 때문에 의기투합하게 된 것 같습니다.

이 감독은 제가 볼 때 사회 문제보다는 인간의 내면에 치중하는 감독입니다. 감정을 아주 잘 다루고 그걸 관객들에게 잘 느끼게 하죠. 그래서 좋은 감독인 동시에 좋은 시나리오 작가라고 볼 수 있습니다. 역시 피는 못 속이는 게 캐릭터를 다듬거나 대사, 상황을 만들어내는 능력이 대단해요. 놀라운 흡입력과 이야기꾼의 재능을 가진 사람입니다. 저는 이 사람이 좋은 감독이기도 하지만 좋은 시나리오 작가라는 생각을 많이 합니다.

로드리고 감독 영화의 특징 중 하나는, 라틴 계열 사람이 대단히 중요한 키key를 갖고 있다는 것입니다. 그의 영화에서 백인들은 대개 상처가 많고 외롭고 고독합니다. 그들을 아주 따뜻하게 감싸주거나 중요한 조언을 하거나 삶의 본질을 알고 있는 사람은 대부분 라틴계 사람입니다. 전작에서도 그렇고, 여기서도 그렇죠. 청소부 아줌마를 생각해보세요. 자기 딸과 본질적으로 어떤 관계를 맺고 있는지 잘 알죠. 그다음에 카렌의 남편을 생각해보세요. 역시 라틴계 남편. 주인공을 따뜻하게 치유해주는 역할을 하죠. 그다음, 딸을 생각해보세요. 역시 라틴계 배우. 아이를 찾으라고 아주 강력하게, 직설적으로 얘기해줄 힘이 있는 사람이거든요. 라틴계 배우들이 굉장히 좋은 역할, 아주 매력적인 역할로 나온다는 특징이 있습니다.

아마도 감독이 무의식적으로 그렇게 하는 것 같아요. 기존 할리우드 영화의 인종적인 편견을 타파하자, 이런 생각이 있다기보다 그걸 뒤집으려는 시도를 은연중에 하고 있다고 봅니다. 그럼에도 불구하고 감독이 관심을 갖는 건 항상 공감, 고통, 이해, 용서, 수용, 뭐 이런 것에 관한 얘기들이죠. 그러니까 어떻게 하면 관객과 배우들에게 캐릭터의 내면을 정서적인 힘으로 만나게 해줄 것이냐에 대한 관심이 많은 감독이라고 생각합니다.

영화 속 대사들이 참 좋죠? 무슨 대화가 좋았나요? 많은 게 있지만, 그중 하나를 꼽자면 이런 거예요. "네가 초경을 했을 때 누가 너한테 도움을 줬니?" 이걸 남자인 로드리고 감독이 직접 썼어요.(웃음) 어떻게 여성의 감수성을 이렇게 잘 아는지. 그는 현재 아내와 두 딸과 함께 L.A.에 살고 있어요. 혹시 이 감독이 마음에 들면, 〈그녀를 보기만 해도 알 수 있는 것들〉도 꼭 보세요. 참 쓸쓸해요.

저는 이 감독이 대단한 심리학자인 것 같아요. 왜 그런 생각을 했냐면, 이 감독이 영화는 세 편밖에 안 만들었지만, TV 드라마 감독으로 자주 참여했거든요. 그중 〈소프라노스〉가 있어요. 공황장애를 앓는 조폭 두목에 관한 드라마예요. 저는 임상심리학을 전공했으니까 레지던트 시절, 실제로 공황장애를 앓는 조폭을 몇 명본 적이 있거든요. 공황장애의 본질은 극심한 공포(intense fear)예요. 두려움 없어 보이는 조폭이 그걸 경험했다는 게 인생의 모순이잖아요. 근데 실제로 그런 경우가 있어요. 〈소프라노스〉가 그걸 다루고 있어서 너무 재미있었고요.

그다음, 우리나라에는 안 들어왔지만 저 자신은 굉장히 많은 영감을 받는 드라마가 〈인 트리트먼트〉예요. 이 드라마는 월화수목금토, 가브리엘 번이라는 배우가 환자를 다섯 명 정도 상담하는 얘기예요. 상담만 해요. 일주일에 다섯 번은 다른 내담자가 와서 그에게 온갖 상담을 하고, 그걸 그대로 보여줘요. 다이얼로그도 아주 리얼해요. 제가 상담할 때 쓰는 용어를 많이 쓰거든요. 더 백미는 토요일이 되면 그 자신이 다른 사람한테 상담을 받는다는 거예요.(웃음) 듣고 있으면 대단히 놀랍고, 인간에 관한 깊은 통찰이 느껴져요. 어쨌든 그런 작품을 만든 감독이에요. 내공이 느껴지시죠? 네, 사람에 대해 내공이 있어요.

또 로드리고 감독의 장기 중 하나가 유명 배우들을 엄청 떼거리로 모을 수 있다는 건데요. 감독이 이렇게 얘기했어요. 메릴 스트리프과 로버트 드니로가 출연하고 싶을 정도의 시나리오를 써라. 물고기들이 모이기 위해서는 엄청나게 큰 미끼를 넌져줘야 한다. 이런 말을 할 정도로 시나리오를 잘 써요. 그래서 그의 영화들은 쟁쟁한 배우들의 연기 경연장이에요. 〈나인 라이브즈〉도 그렇고 〈그녀를 보기만 해도 알 수 있는 것들〉도 그렇고. 여기서는 사람이 좀 줄어들었죠. 그래서 세 명의 배우로 압축되었는데 한 명이 나오미 와츠, 한 명이 아네트 베닝. 또 하나가 캐리 워싱턴이에요. 모두 연기를 너무 잘해요.

아버지의 재능을 물려받은 아들

심영섭 또 영화적으로 궁금하신 것 없으세요? 이 영화는 불 켜고 침대에서 시작해서 불 끄고 침대에서 끝나요. 주인공들이 너무 자주 누워 있잖아요?(웃음) 특히 카렌이 계속 누워 있어요. 물론 서 있을 때도 있지만,(웃음) 이 영화에선 침대가 대단히 중요한 장소예요. 가정을 그릴 때, 감독 별로 어떤 장소를 강조하느냐가 다르잖아요. 주방을 강조할 때도 있고, 거실을 강조할 때도 있고. 그런데 제가 보기에 로드리고 감독은 침대를 굉장히 강조해요. 침대가 무슨 의미냐면 무의식적인 장소, 훨씬 자기 방어가 없는 표정이 나오는 장소거든요.

가장 인상 깊었던 장면은 나오미 와츠와 사무엘 잭슨이 벌인 정사 장면이고요.(웃음) 굉장히 인상적이었습니다. 어떻게 그렇게 하나.(웃음) 엘리베이터 장면도 되게 좋아요. 잘 만든 장면이죠. 아주 상징적인 것 같아요. 바보나 시각장애인이 역설의 캐릭터라는 건 잘 아시죠? 바보가 오히려 똑똑한 사람보다 더 똑똑하고, 시각장애인이 앞을 볼 수 있는 사람보다 더 세상을 잘 보고 그렇잖아요. 이 맹인 소녀가 눈 뜬 사람보다 더 세상을 잘 봐요. 어찌 보면 이 소녀는 엘리자베스나 카렌의 어린 시절을 상징하는 것일 수도 있어요. 확대 해석을 하자면 그렇다는 거죠.

로드리고 가르시아 감독이 항상 중요하게 생각하는 건 '관계성'이에요. 인간이 인간이기 때문에 연결돼 있다는 거죠. 이 사상을 굉장히 믿고, 이런 얘기도 해요. "저 달을 봐라, 저 달을 예수도 봤겠지. 마호메트, 석가, 부처도 봤을 거야. 그러므로 저 달을 쳐다보는 나는 마호메트, 석가, 부처, 예수와 연결이 돼 있어." 진짜로 그렇게 생각을 한대요. 모든 사람이 다 연결되어 있다고.

영화 마지막에 자기 바로 앞집에 손녀가 산다는 게 이상하죠? 작위적이잖아요. 그런데 로드리고 감독의 가치관은 그런 것 같아요. 멀리 떨어져 있는 사람도 가까이 있고, 가까이 있는 사람도 멀리 떨어져 있을 수 있다. 우리는 인간이기 때문에, 멀어질 수 없는 인연의 끈을 가지고 있다. 그걸 믿는 사람이기 때문에 항상 모든 영화에 따로 떨어진 듯 연결된 단편을 보여줘요. 〈나인 라이브즈〉도 마찬가진데, 아홉 명의 여자가 나와요. 연결이 안 될 것 같은데 서로 이런 식의 연결이 다 되어 있는 거예요. 그런 구성이 로드리고 감독 영화의 특징이라고 볼 수 있어요.

감정을 이미지로 표현하는 촬영

심영섭 이 영화에서 중요한 것 중 하나는 촬영이에요. 카렌이나 엘리자베스는 거의 문하고 문 사이, 닫힌 미장센으로 그려지는데, 그래서 두 세계 사이에 끼어 있는 듯한 느낌이 들어요. 되게 답답한 느낌이 들도록 미장센을 짜놨어요. 로드리고 감독은 이번 영화에서뿐만 아니라 다른 영화에서도 심리적 상처가 있는데 잘 안 보여주려고 하는 인물들을 잡을 때 이 방법을 즐겨 써요. 이건 로드리고 감독만의 '인장'이라고 볼 수 있고요. 아주 결정적인 순간, 한 방 같은 것들이 있는데, 마지막에 카렌이 한 블록 정도 되는 손녀 집을 찾아가는 장면이에요. 카메라를 한 번도 안 끊고 쭉 들어가서 카렌을 잡고 그다음 뒷모습을 잡잖아요. 롱 테이크죠. 이게 저는 이 영화에서 제일 인상적인 장면이었어요. 이유는 처음으로 수평 트래킹숏이 나온 장면이기 때문이에요. 어떤 막을 수 없는 사람과 사람 간의 관계와 인연을 시각적으로 잘 보여주는 느낌이랄까. 형식과 내용이 멋지게 어우러진 장면이고, 그걸 찍기 위해 어떤 노력을 기울였는지, 스크린 밖에 레일이 보이는 거죠.(웃음) 저 레일이 저기서부터 저기로 이어져 깔렸겠구나. 그렇게 찍었겠구나. 이런 생각이 들었던 인상적인 장면이에요.

이 영화 보니까 빨리 집에 가서 딸을 보고 싶네요. 아까 저 뒤에 앉아 있는데 우리 딸이 전화했더라고요. "엄마 언제 와?" 전화를 끊고 빨리 집으로 가서 잠든 딸의 머리카락을 쓰다듬었으면 좋겠다는 생각을 했습니다. 오늘 시네마톡 여기까지 할게요. 감사합니다.

● 2011년 4월 27일, CGV강변

#06

옥희의 영화
Oki's Movie

옥희의 영화
Oki's Movie
한국 | 2010년 | 80분

등급	청소년 관람불가
감독	홍상수
출연	정유미, 이선균, 문성근
제작	영화제작 전원사
배급	스폰지이엔티
개봉	2010. 09. 16

★2010 베니스영화제 오리종티 부문 폐막작, 2011 부일영화상 여우주연상 수상
영화과 학생 옥희(정유미)는 자신이 사귀었던 한 젊은 남자(이선균)와 나이 든 남자(문성근)에 대한 영화를 만든다. 두 남자가 한 번씩 찾아왔던 경험을 영화적으로 구성한 작품이다. 비슷한 공간에서 벌어진 다른 행동과 대화, 그들의 모습이 띄엄띄엄 연결되면서 두 경험의 차이와 비슷한 지점을 보게 된다. 그리고 옥희와 두 남자의 관계에 대한 총체적인 그림이 그려진다.

Cinema Talk #06

두 개의 변수를 통과해 가는 상수

guest table
진행 · **이동진**
영화평론가

이동진 　오늘은 홍상수 감독의 열한 번째 영화 〈옥희의 영화〉가 왜 그의 작품 중 가장 중요하게 이야기되어야 하는가에 대한 의문을 풀려고 해요. 먼저 이야기를 가볍게 풀기 위해 이 영화가 만들어진 순서에 대해 이야기해드리는 게 도움이 될 것 같아요. 홍상수 감독은 열 번째 영화로 〈하하하〉라는 작품을 만들고 나서, 〈옥희의 영화〉를 만들기로 했습니다. 그런데 홍상수 감독이 항상 그렇듯 명확한 스토리는 갖고 있지 않았죠. 그런 상황에서 아주 간단한 구상을 했는데, 그게 영화 1부의 이야기에요. 이선균 씨를 캐스팅해야겠다, 해서 전화를 걸고 1부를 찍게 된 거죠. 그때 홍상수 감독은 개인적으로 건강 상태가 안 좋았고 정신적으로도 굉장히 안 좋은 시기였대요. 안 좋을 때 찍으면 영화가 어떻게 나올까 궁금한 마음도 있었고, 그래서 아주 간단한 구상을 거쳐 1부를 찍게 된 거죠. 배우들도 이 영화가 어떤 내용인지 뚜렷이 모르는 상황이었고 그때까지만 해도 정유미 씨는 영화에 발을 들여놓지도 않은 상황이었어요. 영화 제목도 〈옥희의 영화〉가 아니었겠죠? 그렇게 완성한 작품이 1부인데, 하고 싶은 이야기를 다 찍었는데도 러닝타임이 30분이 안 되더라는 거예요. 〈첩첩산중〉처럼 단편으로 발표할 수도 있겠지만

30분밖에 안 되기 때문에 얘기가 좀 미진하기도 했고 그 순간 떠오른 게 〈첩첩산중〉이었대요. 〈첩첩산중〉이란 단편을 보면 세 배우가 그대로 주인공으로 등장합니다. 인물들 관계는 비슷한데 대응방식이 굉장히 과격하죠. 〈첩첩산중〉을 떠올리면서 홍상수 감독은 그 단편에서 표현되었던 것들을 신작을 통해 '소진하고 싶다'라는 마음이 들었다고 해요. 그렇게 해서 어차피 1부에 문성근 씨가 나왔으니까, 정유미 씨만 캐스팅하면 되겠다 싶어서 전화를 걸어 "유미야 너 요즘 뭐하니?" 묻고 〈내 깡패 같은 애인〉이란 영화 찍는다고 하니까, 매일 찍냐고 묻고, 일주일에 다섯 번 찍는다고 하니까, 잘됐다 두 번만 나와라, 해서 이 영화를 완성했다고 해요. 이게 실제 통화 내용이라고 하더라고요.(웃음)

그렇게 해서 정유미 씨가 등장하는 2부를 찍은 거예요. 여러분이 보신 것처럼 굉장히 모호하게 찍었죠. 1부와 2부의 관계가 굉장히 이상하잖아요? 2부까지 찍고 나서, 좀 더 완결된 형식으로 하고 싶어서, 찍은 게 4부에요. 〈옥희의 영화〉까지 찍게 된 거죠. 사실 내러티브만 따진다면 이 영화에서 3부는 빼도 되지 않습니까? 3부를 빼도 아무 이상이 없잖아요. 근데 불행히도 1부, 2부, 4부를 다 찍었는데 러닝타임이 60 몇 분밖에 안 나왔다는 거예요. 프로듀서한테 물어봤대요. 몇 분 이상이어야 장편영화라고 할까? 최소 80분은 넘어야 할 것 같은데요. 그래서 하나 더 찍자고 하고 3부를 찍으려고 했는데, 마침 그때가 1월 4일이었어요. 서울에 104년 만의 폭설이 내린 날이에요. 기억나시죠? 엄청났잖아요? 폭설을 영화 배경으로 정하고 하루 만에 찍었죠. 결과적으로 4부는 이틀 만에 찍었고요, 3부는 하루 만에 찍었어요. 그렇게 3부를 찍기로 하고 당일 아침 떠오르는 15가지 질문을 나열해서 잊지 못할 장면을 만든 거죠. 그렇게 1부, 2부, 3부, 4부가 연결돼서 〈옥희의 영화〉가 완성됐다고 합니다.

두 개의 변수를 통과해 가는 상수

이동진   일단 배우에 관해 말씀드리면, 저는 여기 나온 배우들을 다 좋아하는데요. 이선균 씨는 영화에서 본 모습 중 이 영화가 최고인 것 같아요. 연기를 굉장히 유연하게 잘해요. 이선균 씨가 홍상수 감독님 영화에 처음 나온 게 〈밤과 낮〉인데, 특이하게 여기선 파리에 있는 북한 유학생으로 나오죠. 비중도 크지 않고 굉장히 이상한 역인데도 이선균 씨가 혼신의 힘을 다해 자신을 희생하면서까지 파리에 와서 찍었대요. 홍상수 감독이 너무 고마웠던 기억이 있다고 하고, 그때 두 분의 인연이 시작된 거죠. 그리고 이 영화에도 등장하지만 홍상수 감독의 남자 주인공들이 늘 그렇듯이 굉장히 찌질하잖아요.(웃음) 저 인물을 만약에 김상경 씨가 연기했다고 가정하면 찌질한데 귀여운 느낌은 없었을 것 같아요. 그런 게 어떤 영화냐면, 〈극장전〉이에요. 찌질하다 못해 한 대 때려주고 싶은 기분이 들잖아요. 그런 뉘앙스가 살았을 거라고 생각하는데, 이 영화에서 이선균 씨는 굉장히 찌질한 데도 귀여운 맛이 있는 연기를 했던 것 같아요.

정유미 씨는 뭐랄까, 홍상수의 모든 여성 캐릭터 중에서 가장 당당한 인물 같아요. 심하게 이야기하면 두 남자를 양손에 갖고 노는 인물. 옛날에 그런 표현을 쓴 것 같은데, 이 영화에서 옥희는 '상수' 같아요. 홍상수 할 때 '상수'이기도 하고 변하지 않는 항상 상常 자를 쓴 상수常數이기도 해요. 반면, 송 교수와 진구는 변수變數 같은 인물이죠. 옥희라는 상수를 두 변수가 통과해 가는 과정을 그린 영화라는 느낌이 들거든요.

문성근 씨는 제 느낌으로 지난 10년간 연기 중 최고인 것 같아요. 홍상수 감독 영화에 나오는 문성근 씨를 좋아하거든요. 이 영화 3부에서 특히 문성근 씨 연기, 굉장히 좋았다고 생각하고요. 문답을 열다섯 개 주고받잖아요? 이때 문성근 씨 보면 대사를 끊거나 앞사람 쳐다보거나 눈빛을 회피하거나 표정이 다양해요. 저는 지금 세 번째 보는데요. 세 번째 볼 때 그게 더 잘 느껴지더라고요. 굉장히 훌륭한 연기라고 생각합니다.

쓸쓸하고 처연한 느낌, 이 감정은 뭘까?

이동진 이 영화를 본격적으로 이야기해보면, 처음 봤을 때 무척이나 영화가 쓸쓸했어요. 쓸쓸하고 처연하단 생각이 들어서, 아 이제 나도 늙었나 보다, 싶었죠. 홍상수 영화를 보고 처연한 느낌이 든 건 사실 처음이었거든요. 부분적으로 처연한 영화늘은 있었어요. 〈해변의 여인〉의 어떤 부분이나 〈극장전〉의 마지막 부분. 그건 처연하다기보다 이상한 감정에 빠진 거였는데, 이 영화처럼 정서적으로 강한 자극을 받은 홍상수 영화는 처음이었어요. 이 영화는 왜 이렇게까지 쓸쓸하고, 처연하고, 슬픈 걸까. 저는 영화평론이 영화를 본 뒤 자신이 느꼈던 감정에 대한 사후적 탐구 혹은 논리적 증명 의식이라고 생각하거든요. 예를 들어 〈라스트 갓파더〉 같은 영화 봤을 때 제 심정은 그냥 '딱 세 번만 저를 웃겨 주세요' 이런 마음이었거든요. 근데 한 번도 못 웃었어요. 속으로 생각을 하는 거죠. 왜 나는 이 영화를 보고 못 웃었을까. 혹시 나는 심형래 감독에 대해 편견이 있을까. 거기에 대해 논리적으로 나를 설득하는 방식으로 적어보는 결과물이 영화평이라고 생각하거든요. 마찬가지로 홍상수 감독의 영화가 쓸쓸하고 처연하다는 느낌이 들었을 때, 평론가로서 도전 정신? 일종의 자의식이 발동되는 거죠. 제 결론은 뭐냐면 이 모든 것은 '시간' 때문인 것 같아요. 다른 평론가들은 그런 이야기를 잘 하지 않았는데, 제 생각엔 이 영화의 특징이 '시간성'인 것 같아서 제 견해를 말씀드리고 싶어요.

설명해 드리기 위해서는 홍상수 감독의 작품 세계를 먼저 간단히 요약해야 할 것 같은데요. 저는 〈옥희의 영화〉가 시간에 관한 홍상수의 첫 영화라고 생각하거든요. 그게 무슨 뜻이냐면, 홍상수 감독은 영화를 만들 때 공간과 구조를 굉장히 중요하게 생각하는데, 시간과 정서는 배제하는 방식으로 열 편의 영화를 만들었어요. 그래서 홍상수 감독의 영화는 대부분 로드무비처럼 보이죠. 항상 어디에 가요. 제천과 제주, 춘천과 경주. 혹은 영화 속과 영화 밖 공간이 대비되기도 하죠.

제가 볼 때 길 떠나는 주인공이 나온다고 해서 홍상수 영화를 로드무비로 보는 건 무리예요. 길이 나오지만 방향이 중요한 게 아니에요. 지방을 돌아다니도록 설정하는 이유는, 일종의 대체 형식이라고 생각해요. 현실을 두 번 다루면서 맞붙이고 싶은데, 한 공간에서 두 번 다루면 다른 것들이 끼어들 여지가 있기 때문에 제천과 제주로 바꾸거나, 통영에 갔던 두 남자의 이야기로 바꾸면서 변주를 하는 거죠. 어쨌든 홍상수 감독은 공간을 적극적으로 변주하면서 영화를 만들어왔어요. 반면 신기할 정도로 시간을 축소하고 최대한 억누르면서 영화를 만들었죠. 홍상수 감독의 영화 중 극 중 벌어지는 시간이 가장 긴 영화가 〈해변의 여인〉이거든요. 김승우 씨가 신두리 해변에 두 번 가는데 앞부분과 뒷부분의 간격이 2주예요. 그게 홍상수 감독 영화 중 시간이 가장 긴 영화예요.

또 한 가지 특징은, 홍상수 감독의 영화에는 인물이 죽는 순간이 없어요. 〈돼지가 우물에 빠진 날〉에만 처참한 살인사건이 나오는데 그건 홍상수 감독이 각본을 쓰지 않았고 또한 원작 소설이 있었던 유일한 작품이며 데뷔작이에요. 왜 그런가 하면 저는 홍상수라는 사람이 일상에 달라붙어 있는 인간을 인간답지 못하게 만드는 수많은 통념과 편견에 예술적으로 싸워나가는 전사라고 생각하거든요. 일상에서 우리는 수없이 나 아닌 방식으로 생각하거나 말하잖아요. 이런 것들을 영화 속에 드러내고 싶어 한다는 거죠. 그게 홍상수 감독이 여태까지 해온 영화적 방식이죠. 그럴 때 거기에 시간이란 변수를 넣게 되면 일상의 편린을 포착하는 게 상당히 어려워져요. 그래서 시간을 최대한 줄이는 거예요. 홍상수라는 예술가는 극 중 내러티브를 실험실 같은 환경에 놓고 싶어 한다고 저는 생각하고요. 그럴 때 변수를 다 제거해야 하는 것 아닙니까? 그래서 시간적 반응을 최대한 발라내는 방식으로 영화를 만든 거죠. 열 번째 〈하하하〉까지 그런 영화였어요.

죽음이 나오지 않는 이유도 마찬가지입니다. 홍 감독이 절대 사람을 안 죽이는 이유가 뭔가 하면 자기가 만든 인물을 죽이려면, 설명이 필요해요. 인물이 극 중에서 죽어버리면 내러티브가 급격하게 그 죽음을 기점으로 왜곡되어버리거든요. 사망은 굉장히 큰 사건이지 않습니까? 그래서 죽음에 대해 어떤 식으로든 설명하고 의미를 부여하고 중요하게 다뤄야 하는데 그렇게 하다 보면 홍상수 감독이 짜놓은 실험실적인 환경이 부서지고 마는 거죠. 홍상수 감독은 그런 환경이 타격을 받을까 봐 시간도 배제한 예술가인데 죽음을 허용할 리가 없잖아요.

시간성이 가미된 최초의 영화

이동진 어쨌든 그게 이제까지 홍상수 감독의 영화 세계였다면 〈옥희의 영화〉는 시간성이 가미된 최초의 영화예요. 1부를 처음 봤을 때는 '좋네, 우리가 아는 홍

감독 세계잖아' 이런 느낌이었어요. 1부 이야기는 홍상수 감독님 영화에서 10번은 본 이야기잖아요? 홍상수 감독으로 치면 평작이 나왔구나 싶었고요. 2부를 보는데 '어, 이게 뭐야' 싶었고, 정신적으로 얼얼했어요. 그다음 3부를 보면서 굉장하다고 생각했고 4부까지 보고 나선 '아, 이건 홍상수의 최고작'이라고 생각하게 됐어요.

시간에 대한 얘기를 조금만 더 설명하면, 1부와 2부의 관계를 한 번 생각해 보세요. 1부는 주문을 외운 어떤 하루의 일이죠. 그 주문이 홍상수 감독님이 실제 외우는 주문이래요. 일곱 글자가 한 줄씩 뭘 의미하는데 앞글자를 딴 거죠. "추리해볼까요?" 하니까 제발 그것만은 하지 말라고 하시더라고요.(웃음) 어쨌건 1부와 2부의 관계를 생각해보면 저 인물들이 분명 같은 인물임에도 불구하고 자기 동일성이 묘하게 파괴되어 있잖아요. 예를 들어 1부에서 송 교수는 정교수잖아요. 그런데 3부에선 시간강사잖아요. 1부에서 이선균은 가르치는 사람인데 2부에선 학생이잖아요. 그렇다고 해서 2부가 1부의 과거냐, 그것도 아니잖아요. 묘하게 어긋나는 부분이 있죠. 그런 부분이 굉장히 많아요. 거기에 대한 감독의 답도 없습니다. 추론해보면 2부, 3부, 4부를 1부의 플래시백으로 볼 수 있어요. 1부가 가장 미래

의 얘기잖아요. 이선균을 생각하면 1부에서 이선균이 GV(Guest Visit, 게스트와의 대화) 같은 데 가서 이상한 질문을 받고, 기분이 다운돼서 욕을 했을 때 2, 3, 4부가 플래시백 역할을 하는 거죠. 그렇게 볼 수도 있고요. 2부 입장에서 보면 1부는 꿈일 수도 있어요. 2, 3, 4부는 시기적으로 그가 대학생 때 이야기니까. 1부만 떨어진 이야기잖아요. 4부를 보면 여태까지 했던 모든 얘기가 4부 영화의 부분일 수도 있고요. 이런 식으로 1, 2, 3, 4부가 묘한 긴장을 가지고 서로 견제하는 역할을 하고 있고요. 일단 구성은 둘째 치고 그 속에서 처음 시간이라는 변수가 적극적으로 개입하기 시작했다는 거예요. 1부와 2부 사이에 최소한 십수 년의 차이가 있고요, 4부만 놓고 봐도 홍상수 감독의 표현에 의하면 무려 366일의 차이가 있어. 12월 31일과 한해 건너뛰고 1월 1일이니까, 366일이라는 차이.

〈오, 수정!〉의 경우, 앞에서 떨어뜨린 건 스푼인데 뒤에서 떨어뜨린 건 포크죠? 그랬을 때 그것은 관객이 알면 좋고 몰라도 크게 상관없는 방식을 썼어요. 두 가지 차이를 한 시간이나 띄워놨으니까. 그런데 여기서는 모를 수 없게 붙여놓고 있잖아요. 시간의 간격을 붙여놓는 거죠. 그런 방법을 썼을 때, 저는 시간이라는 변수를 고려하면 정서라는 게 생길 수밖에 없다는 입장이에요.

시간이라는 변수를 줄이면 정서보다 중요한 게 욕망이 되죠. 당장 오늘 밤 내가 이 여자랑 어떻게 해서 잘해볼 수 있을까라는 '욕망'을 다루게 돼요. 그런데 이것을 〈옥희의 영화〉에서 굉장히 기이한 방식으로 늘려버렸다는 거죠. 시간의 단위를 늘려버리니까 그 속에 수많은 것들이 끼어드는데, 그 결과물이 〈옥희의 영화〉라는 거고요. 이때 가장 주목할 만한 것은 '정서'라는 거죠. 우리가 쓸쓸하다고 할 때 그 쓸쓸함은 뭔가, 생각해보면 어떤 것이 더 이상 없다, 혹은 어떤 것이 더 이상 아니라는 감정이라고 생각하거든요. 쓸쓸하다는 감정은, 유한한 시간성 안에서 인간이 느끼는 굉장히 실존적이고 근원적인 감정이에요. 그래서 이 영화가 쓸쓸하다고 하는 건 시간을 미학적으로 굉장히 중요하게 다루고 있기 때문이라고 보는 거죠. 또 우스갯소리지만 모텔이나 호텔이 나오지 않는 최초의 홍상수 영화이기도 해요. 키스 신이 베드 신보다 중요한 홍상수 최초의 영화고요. 왜 그렇게 됐는지를 생각해 보면 지금 말씀드린 것과 무관하지 않다는 거예요. 이제 시간이 얼마 안 남았으니 관객 질문을 받도록 할게요.

감독과 친하면 영화가 더 잘 보일까?

관객　안녕하세요. 영화에 대한 이야기는 아닌데요. 말씀 듣다 보니 궁금해서 여쭤보는 겁니다. 감독과 직접 이야기할 수 없으면 영화 보면서 더 상상하게 되잖아요. 어떤 의도일까. 그런데 이동진 평론가님은 감독님과 자주 이야기할 수 있잖아요. 이야기를 나눠서 안 좋은 것도 있을 텐데, 혹시 있으면 그 이야기를 듣고 싶네요.

이동진　저도 고민해본 적이 있어요. 그런데 홍상수 감독님을 비교적 자주 만나지만, 이분이 자기 영화를 해설하는 분은 아니고요. 만나서 영화 이야기도 전혀 안 하세요. 영화 이야기는 하지만 그 장면에서 숨겨진 의미가 사실은 이거고, 관객들이 70%만 받아들였다, 이런 식의 이야기는 전혀 안 하시고요. 원론적으로 말씀드리면 저도 직업적으로 이 일을 꽤 오래했는데, 영화에 의미가 있다면 그것에 대해 감독이 모범 답안을 가진 게 아니라고 생각해요. 설사 감독이 전혀 의도하지 않았고 자기는 그냥 날이 추워서 그렇게 찍은 거라도 이를 보면서 어떤 평론가가 홍상수 영화에서 추위에 대한 고찰에 관해 썼다면 그것이 오버냐, 그렇게 생각하지 않거든요. 다만 글을 읽는 사람을 설득하면 된다고 생각해요.

이동진 평론가와 함께하는
CGV 무비꼴라쥬 시네마톡!!

이동진이 뽑은 2010 한국영화 BEST

관객   저는 〈옥희의 영화〉를 두 번째 봤는데요. 궁금증이 해결 안 되는 부분이 있어요. 마지막 대사 중에 실재 인물과 유사한 배우를 써서 촬영했는데 반감됐다는 대사가 있잖아요. 계속 생각해봐도 그 의미를 잘 모르겠어요.

이동진   저는 그 장면을 굉장히 좋아해요. 진구와 함께 걸어 나오면서 내레이션이 흐르고 나면 인물이 프레임아웃되고 텅 빈 공간에서 영화가 끝나잖아요. 저는 굉장하다고 생각하고요. 멋진 강줄기를 타고 가다 바다를 만나서 확 퍼지는 느낌을 받았어요. 일단 그 장면은 옥희가 만든 영화잖아요. 옥희라는 사람이 자기가 겪은 일을 토대로 나이 든 유부남과 젊은 진구, 두 가지 러브 스토리를 영화로 만들려고 했어요. 자신의 일을 영화로 찍어서 외형화하고 싶었던 거죠. 객관화해서 자기를 들여다보고 싶었고요. 그래서 최대한 자기가 사귀었던 남자랑 비슷한 사람들로 캐스팅한 건데 비슷한 사람이지만 그 사람들은 어쨌건 배우잖아요. 그래서 효과가 절감되고 말았어요. 객관적으로 보고 싶었지만 비슷한 배우를 기용했기 때문에 객관적으로 외형화할 수 없었던 거죠. 근데 그게 또 자기 삶이 아니라 그 삶의 토대 위에서 만든 허구잖아요. 저는 그게 영화에 관한 감독의 코멘트라고 생각해요. 홍상수 감독이 그런 식으로 영화를 만들어요. 자기 경험을 담는다는 뜻이 아니라 텍스트를 가져와서 펼쳐놓는 식으로 만들어요. 현실과 완전히 떨어져 있는 것도 아니고 그렇다고 완벽하게 실험적으로 만들어진 것도 아니고. 홍상수 감독이 여태까지 해온 작업에 대한 스스로 고찰이랄까? 이런 게 들어가 있다고 생각해요.

이야기가 너무 길어져서 이 정도로 마무리해야 할 것 같습니다. 긴 시간 들어주셔서 감사하고요. 어쭙잖은 이야기, 끝까지 경청해주셔서 감사합니다.

● 2011년 1월 6일, CGV압구정

#07

법정 스님의 의자
An Empty Hand

법정 스님의 의자
An Empty Hand
한국 | 2011년 | 75분

등급	전체 관람가
감독	임성구
출연	최불암(내레이션)
제작	KBS미디어, 포춘미디어
배급	키노아이DMC
개봉	2011. 05. 12

★故 법정 스님의 일대기를 다룬 휴먼 다큐멘터리

산속 작은 암자에서 평생 홀로 살며 무소유의 삶을 실천했던 故 법정 스님. 법정 스님의 일생이 담긴 휴먼 다큐멘터리 〈법정 스님의 의자〉는 삶의 의미를 잃어가는 모두에게 진정한 행복을 일깨워 주며 험한 세상을 헤쳐나갈 무한한 용기와 가슴 벅찬 희망을 전해준다. 나눔, 소통, 자비의 삶을 통해 참된 행복을 일깨워준 법정 스님의 무소유에 대한 가르침이 영상으로 살아나 다시금 맑고 향기롭게 피어난다.

Cinema Talk #07

마음의 쓰레기는 제발 버리세요

guest table
진행 · **김홍신**
작가

김홍신   무슨 말이 더 필요할까요? 여러분, 얼마 전 어느 지역 마늘 밭에서 백십 억여 원이 나온 거 기억하시죠? 지금 그곳에 사람들이 관광하듯 굉장히 많이 와요. 거기에 돈이 많이 묻혀서 '재운'이 있을 거라며 무당들이 사람들을 데려가서 기도하고 흙을 가져가요. 그런 지경입니다. 우리가 그런 세상에서 살고 있는데, 스님께서는 무소유를 말씀하셨죠. 젊은 시절, 어떻게 현실에서 소유하지 말고 살란 말인가, 생각했습니다. 그런데 결국 무소유는 그 뜻이 아니었습니다. 가질 만큼 가지라는 것이고, 가지려면 노력을 하라는 것이지요. 그러니까 좋은 것을 먹고, 멋을 내고, 좋은 집에서 살고, 좋은 자동차를 사고, 그런 생활이 잘못된 것은 아닙니다. 그걸 가지려고 노력하는 건 아주 자연스러운 것입니다. 그런데 노력하지 않고 가지려고 하는 것, 모순된 두 가지 욕구를 동시에 원하는 욕심을 갖게 되거든요. 예를 들면, 밥 많이 먹고 운동하지 않고 날씬하길 바라는 것, 술 많이 먹고 운동 안하고 건강하길 바라는 것, 공부 않고 좋은 대학 가기 바라는 것. 스님께서 말씀하신 건 그런 마음과 자세가 잘못됐다는 거예요.

스님은 사람이 아니라 한이다

김홍신 엊그제 절에서 제가 축사를 하게 됐어요. 그때 이런 이야기를 했어요. 저도 보살이 되고 싶습니다. 근데 아무리 노력해도 안 될 것 같아요. 그때 느낀 감정은, 보살은 사람이 아니라 행위라는 거예요. 한이다. 스님의 외모를 보세요. 아까 어떤 분이 말씀하셨죠? 굉장히 딱딱해 보인다고. 그러셨을 거예요. 스님의 표정을 보면 평온하지 않아요. 그 앞에 가면 할 말도 못할 것 같아요. 간디의 얼굴도 실제로 평온해 보이지는 않는듯해요. 그런데 큰 존경을 받았어요. 만약 스님께서 다시 오신다면 스님 옷자락을 붙잡고 이렇게 말씀드리고 싶어요. 스님 제발 이번 생에는 재미있게 놀다 가세요.

그러니까 우리 시대에 화두는 참으로 엄청납니다. 본인은 정말 즐겁게, 재미있게 안 사셨어요. 그것이 결국 우리에게 어떤 법어를 남기신 거죠. 여러분, 인생은 한 번밖에 못 삽니다. 그러니까 인생은 정말 근사하게 살아야 할 의무가 있습니다. 젊은이들은 한번 생각해보세요. 세상이 복잡할까요? 내 머릿속이 복잡할까요? 어떤 것 같아요? 내가 복잡한 거예요. 내가 복잡하면 세상도 복잡하고 내가 편안하면 세상도 그래요. 그럼 행복은 어디에 있을까요? 내 마음에 있다고 하겠지만 묻지 않으면 마음 밖에 있어요. 젊은이들은 인생의 슬픔, 고통, 두려움, 아픔, 이것에 굴복하면 절대 안 됩니다. 인생을 건실하게 살아야 할 의무도 있고, 실수할 특권도 있고, 용서받을 특권도 있어요. 희망을 포기하지 않아야 할 책임도 있고요. 스님이 너무 많은 걸 남겨주셨지만, 이것을 몇 마디 말씀드린다고 우리가 어찌 그 깊은 뜻을 다 알 수 있겠습니까? 이제 여러분의 느낌을 듣고 싶습니다. 과감히 느낌이나 감상을 말씀해주시면 어떨까요?

관객 여기 오신 분들은 나이가 적은데, 저는 나이가 많습니다. 더 늦기 전에 법정 스님 책을 읽으면서 많은 것을 깨달았습니다. 마침 이런 기회가 있어서 반갑습니다. 제가 육십 평생 살아오면서 법정 스님 말씀처럼 살기가 너무 어렵고 힘들다고 생각했는데요. 앞으로 스님 말씀대로 살도록 노력은 해야겠다고 생각했습니다. 스님이 돌아가시고 난 뒤 아쉬웠던 것은 스님께서 책을 더 이상 발간하지 말라고 하셨던 거예요. 이 좋은 말씀들을 더 많은 세대에게 알려야 하는데, 아쉽더라고요. 직장에 다니면서 지하철을 탈 때 스님 책을 아침저녁 한 권씩 보는 게 즐거웠습니다. 스님께서 소박하게 사신 모습에 정말 감사하고, 이런 영화를 만들어주신 분들께 감사합니다.

김홍신   지금 말씀하신 대로, 저도 충격을 받았습니다. 스님께서 책을 더 이상 발간하지 말라고 하셔서. 저는 그렇게 할 수 있을까 생각했는데, 안 될 거 같아요. 저는 그냥 살려고요.(웃음) 저 같은 사람은 그냥 살아야 스님의 뜻이 더 빛날 것 같습니다. 다른 분 말씀해주세요.

상처가 있어야 아름다워진다

관객   영화를 보면서 제일 기억에 남는 말이 "아름다움을 추구하는 걸 놓기가 제일 힘들었다."라는 거예요. 아름다움을 추구하는 마음마저 버리긴 힘들었다는 말씀이 정확히 어떤 아름다움을 말하는 걸까, 궁금했고요. 또 자본주의 사회에서 진정한 무소유를 추구하긴 너무 어려운데, 그렇다면 어떻게 속세를 살아야 하는지, 김홍신 선생님과 관객 분들께 여쭤보고 싶습니다.

김홍신   네. 법정 스님이 가지고 있는 큰 뜻을 속세에 사는 우리가 쉽게 알아듣

기는 어렵습니다. 다만 저는 그렇게 생각했습니다. 제가 참 미련하게도 한 집에서 27년을 살고 있는데, 마당에 소나무가 몇 그루 있어요. 글을 쓰다가 답답하면 마당으로 나오는데 솔 향이 참 은은합니다. 어느 날, 솔 향이 너무 향기롭고 짙어서 올려다보니까 가지가 부러져 있었어요. 상처가 나 있습니다. 스스로 보호하기 위해 송진이 나와서 향이 그렇게 짙어진 거예요. 사람도 상처가 있어야 향기롭습니다. 상처가 없으면 향기가 나기 정말 어려워요. 그 상처가 무엇이냐면 실패, 좌절, 근심, 걱정, 아픔, 고통, 두려움, 뭐 이런 것들이죠. 사람이 상처가 났을 때, 우리 영혼, 마음에 상처가 났을 때. 그것을 누가 보호할 것인가? 나밖에 없습니다. 스님께서 말씀하신 '향기롭다, 아름답다.'라는 말의 뜻은 아마 어떤 사물이기보다 내 생각과 영혼의 아름다움일 거라고 생각합니다.

법정 스님의 의자

또 하나의 질문에 대한 답은, 속세를 살면서 무소유로 살 재간은 없을 것 같아요. 하지만 스님 말씀은 아예 없이 살라는 뜻이 아니에요. 즐겁고, 재미있고, 건강하고, 당당하게 살아라. 그러려면 버리고 쓰는 것도 당당하고 정당하게 써라, 아마 이런 말씀일 겁니다. 다른 의견 있으면 말씀해 주세요.

마음의 쓰레기는 제발 버리세요

관객 안녕하세요. 예전에 〈무릎팍 도사〉 나오셨죠? 인상 깊게 봤습니다. 부처님께서 보리수나무 아래서 해탈하셨죠? 그때 끝까지 버리지 못해 결국 마지막에 버린 욕심이 하나 있었다고 들었습니다. 그것이 물질에 의한 욕구가 아닌 존경 받고 싶은 욕구, 즉 명예욕이라고 하던데요. 법정 스님 말씀 가운데 물질이라는 것은 어떻게 보면 부처님께서 고뇌하던 것에 비하면 사사로운 것이라고 봅니다. 부처님께서 말씀하셨듯이 모든 사람이 다 출가하면 사회가 유지될 수 없습니다. 그래서 부처님께서도 그런 질문을 받으셨다고 해요. 그때 부처님께서 말씀하시길 출가해서 개인의 욕심을 버리고 사는 사람도 있고, '재가불자'라고 해서 결혼해서 자식도 있지만, 부처님의 가르침을 실천하며 사는 사람도 있다고. 요즘 같은 세상에 불심을 가지고 살아가는 게 어떤 의미인지 생각해보면, 자본주의 사회에 살면서 작은 것이라도 해하지 않으려 노력하는 것, 내가 돈을 벌기 위해 다른 사람의 피눈물과 고통을 모른 척하면서 재물을 탐하지 않는 것, 재물을 얻었을 때, 얻은 재물을 내 행복을 위해서만 쓰지 않는 것, 그중 조금이라도 내가 모르는 사람들을 위해 나눠줄 수 있는 마음을 가지면 되지 않을까 생각합니다.

김홍신 네. 고맙습니다. 좋은 말씀에 저도 깊이 공감했습니다. 제가 대학에서 학생들에게 시험문제를 낼 때, 한 줄밖에 내지 않아요. 시험 감독도 안 합니다. '왜 사느냐'라고 내면 학생들이 손을 들고 항의합니다. 어려워도 좋으니 책에서 시험문제를 내달라고.(웃음) '왜 사느냐.' 저도 왜 사는지 대답하려면 정말 어렵습니다. 우리는 쳇바퀴 돌듯 살아요. 그러다가 인생을 확 바꾸려면 못 바꿉니다. 그래서 조금만, 살짝 비키면 됩니다. 조금만 바꾼다는 것은 마음을 슬쩍 바꾸면 되는 거예요. 제가 꽃바구니를 드린다면, 꽃바구니를 가져가겠죠? 그런데 제가 썩은 쓰레기를 드린다고 생각해보세요.(웃음) 받기 싫죠? 쓰레기는 가져가는 게 아니라 버리는 거죠. 우리는 쓰레기를 매일 버리면서 마음의 쓰레기는 가슴에 묻고 살아요. 그것이 근심, 걱정, 화, 불안, 짜증, 두려움 같은 것들이에요. 그런데 이렇게 말씀드리는 저도 잘할 수 있을까요? 무지하게 안 돼요. 이 영화를 보고 나서 마음을 바로 놔야지 하지만 며칠 못 갑니다. 그래서 한 달에 한 번이라도 이걸 되짚어 볼 필요가 있어요.

1995년, 코넬대학에서 1992년 올림픽 수상자를 대상으로 연구를 했어요. 심리학 전문가들을 총동원해 메달을 받은 선수들을 비교, 정리했는데 은메달을 받은 선수들은 아쉬운 표정이고 동메달을 받은 선수들은 기쁨에 들뜬 얼굴이에요. 은메달 받은 사람들은 내가 조금만 더 노력했으면 금메달을 땄을 텐데 하며 안타까워하고, 동메달을 받은 사람들은 '아이고, 내가 까딱했으면 메달을 못 받을 뻔했구나 하면서 안도하고 즐거워했대요. 그러니까 행복이라는 게 '내가 있다, 가졌다, 높다'가 아니고 내가 가진 것 안에서 찾아야 한다는 거예요. 이집트 말에 사람이 죽어서 하늘로 올라가면 두 마디밖에 안 묻는대요. '살아 있는 동안 행복했느냐, 남도 기쁘게 했느냐.' 둘 다 그렇다고 하면 천당, 둘 중 하나라도 아니라고 하면 지옥에 간다고 하는데 괜히 만든 말은 아닌 것 같아요. 여러분도 마찬가지로 나 혼자 행복할 재간은 없습니다. 더불어 행복해야 합니다. 그래서 스님의 가르침은 그런 것이었을 거라고 생각합니다. 또 다른 의견은 어떤가요?

무소유는 집착을 버리라는 뜻

관객   법정 스님의 '무소유'에 대해 생각을 좀 했는데요. 아까 관객 분께서 질문하신 것에 답하겠습니다. 제 생각에 무소유는 아무것도 가지지 말라는 것이 아니라 집착을 버리라는 뜻인 것 같아요. 집착하지 않을 때 마음이 자유로워진다는 것 같고. 아름다움에 대해 이야기하신 것은 아마 법정 스님께서 글을 쓰셨기 때문에, 글 쓰는 사람들이 어쩔 수 없이 아름답게 쓰려고 집착하게 되는데, 그걸 놓기 어려웠다는 뜻에서 이야기하신 것 같습니다.

김홍신   네, 고맙습니다. 좋은 말씀 해주셨습니다.

관객   저는 불교 신자는 아니지만, 불교에 관심을 많이 가진 사람인데요. 어떤 글에서 보니까 스님의 모습은 한 가지가 아니라 두 가지라고 합니다. 한 가지는 엄숙형이고, 또 한 가지는 미소형. 이 글을 보는 순간, 제가 가지고 있던 스님에 대한 혼란이 정리됐습니다. 엄숙형의 대표적인 스님이 성철스님, 법정 스님, 미소형의 대표적인 스님이 몇 년 전 열반하신 청화 스님인 것 같습니다. 제가 여행을 좋아하다 보니 사찰이나 암자, 마애불을 많이 찾았는데요. 여러분, 통영에 가시면 영화에 나온 '미래사'라는 절에 꼭 가보시기 바랍니다. 굉장한 감동을 느낄 수 있습니다. 법정 스님을 직접 뵙지는 못했지만 몇 년 전에 청광사 불당에 간 적이 있습니다. 부처님의 사상을 직접 실천하신 분 중 법정 스님이 대표적인 것 같은데요, 부처님의 사상이 무엇이냐면 바로 '자비'인 것 같습니다. '자비는 마음을 깨끗하게 하고 남을 돕는 것입니다.' 자비에 관한 글을 읽는 순간, 혼란스럽던 개념이 확실하게 정리가 됐습니다. 법정 스님이야말로 부처님의 자비를 직접 실천하신 분인 것 같습니다. 영화 마지막에 나오는 이문세의 〈가로수 그늘 아래 서면〉도 너무 좋

있습니다. '가로수 그늘'이 바로 법정 스님을 뜻하는 게 아닌가 생각합니다. 법정 스님의 말씀 중 제가 좋아하는 구절을 말씀드리자면 '우리가 진정으로 만나야 할 사람은 그리운 사람이다. 그리운 사람은 때때로 만나야 한다.'입니다. 그런데 우리는 이제 법정 스님을 그리워하지만 만날 수가 없습니다. 그래서 제일 안타깝습니다. 대신 김홍신 선생님을 이렇게 만나게 되어 대단히 반갑습니다.

김홍신　네. 감사합니다. 오늘 말씀 들으니까 도처에 부처가 계셔서 정말 행복합니다.(웃음)

관객　저도 아까 말씀하신 분께 대답을 하면, 무소유는 소유하지 말라는 것이 아니라 욕심을 버리라는 것 같아요. 제가 흔히 쓰는 말 중에 욕심의 문을 연다는 말이 있어요. 그리고 아름다움이란 문학가로서의 아름다움도 있지만 모든 아름다움에 관한 욕심을 뜻하는 것 같습니다.

김홍신　고맙습니다.

관객　《무소유》를 스무 살 때 읽고 1년 뒤 다시 읽게 됐어요. 그때 굉장히 많은 고민을 했는데, 제가 너무 많은 욕심을 부리고 산다고 생각했습니다. 그리고 나중에 《열반》이라는 책을 읽었는데, 이 책을 읽다가 중간에 관두고 말았어요. 나는 그런 삶을 살 수 없다고 생각했기 때문이죠. 그런데 알고 보면 법정 스님께서도 말씀하셨듯이 자신의 위치에서, 자신의 삶을 사는 게 중요한 거잖아요. 그 말씀을 듣고 제 자리에서 최선을 다하려고 하는데 그게 또 잘 안 되는 것 같아요.(웃음) 아름다움에 대한 건, 제 생각에 이렇습니다. 법정 스님께서는 매화꽃을 보면서 차 한잔을 즐기는 간소한 행복조차 죄책감을 느끼시는 게 아닐까, 생각해봤습니다.

김홍신 영화를 보면서, 제가 너무 폼 재며 사는 것 같은 생각이 들어서 정신적으로 자극이 됐는데요. 법정 스님의 말씀은 흔들리는 우리 사회의 방향을 바로 잡아주는 하나의 엄중한 표현이 아닌가, 하는 생각이 들었습니다. 말씀 고맙습니다. 그리고 사실은 우리 인생 전체가 법정 스님의 인생처럼 될 수는 없지만, 여기 계신 분들의 삶도 단면 단면 따져보면 법정 스님과 같다고 생각합니다. 제가 자랑하려는 건 아닌데, 제 나이에 시골에서 유치원 다녔다고 하면 안 믿습니다. 당시 성당에서 운영하는 유치원에 다녔는데, 의사 자녀들이 운동화를 신고 다니는 거예요. 저는 고무신을 신었는데. 운동화가 너무 신고 싶어서 고무신을 일부러 찢었어요. 어머니께서 그걸 보시더니 아무 말씀 안 하시고 골무를 꺼내서 가죽을 대고 바늘로 꿰매시는 거예요.(웃음) 그때는 어머니가 원망스러웠는데 세월이 지나고 보니까 그 순간만큼은 우리 어머니가 부처이지 않았나 싶어요.

우리 인생에도 그런 순간들이 참 많습니다. 제가 강연을 많이 다니는데요. 명지대학에 일반 시민도 들어갈 수 있는 화장실이 있어요. 거기가 너무 깨끗해요. 알고 보니 거기에도 부처님이 계시더라고요. 화장실 벽에 학생들이 딱 한 줄을 적어놨어요. '우리 어머님들이 청소하고 계셔요.' 그 말 한마디에 모든 사람이 화장실을 깨끗하게 쓰고 있더라고요. 그 말 한마디에 화장실을 깨끗하게 쓰고 있는 사람도 부처님이 아닐까요?

오늘 이 영화가 우리에게 주는 의미는 이렇습니다. 모든 분이 부처다. 저는 사실 가톨릭 신자인데, 인도 여행을 하면서 부처님의 이야기를 소설로 쓰려고 공부를 시작했어요. 그런데 한도 끝도 없어요. 못 쓸지도 몰라요. 사상이 너무 깊어서. 근데 다행스럽게도 이런 영화가 만들어졌어요. 어쩌면 졸릴 수도 있어요. 그런데 여러분이 아주 경건한 마음으로 움직이지도 않고 영화를 보네요. 그 마음속에 이미 무엇이 들어 있을까요? 그것이 부처이고, 보살이고, 자비이고, 향기이고, 아름다움이 아닐까요? 제가 오늘 여기 앉아서 여러분이 움직이지 않고 영화를 보는 모습을 보며 그런 느낌을 받았습니다. 그래서 오늘 참 고맙습니다.

● <u>2011년 5월 17일, CGV압구정</u>

08

대부 2

Mario Puzo's The Godfather Part Ⅱ

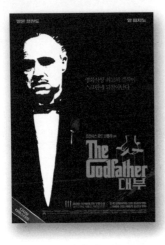

대부 2
Mario Puzo's The Godfather Ⅱ
미국 | 1974년 | 200분

등급	청소년 관람불가
감독	프랜시스 포드 코폴라
출연	로버트 드니로, 다이앤 키튼, 로버트 듀발, 알 파치노
수입	예지림엔터테인먼트
배급	예지림엔터테인먼트
개봉	1978. 04. 20
재개봉	2010. 10. 07

★1975 아카데미상 최우수 작품상, 감독상, 각색상, 미술상, 음악상, 남우조연상 수상

비토(로버트 드니로)의 아버지는 마피아 두목을 모욕했다는 이유로 살해된다. 아버지의 장례식 중 맏아들이 총에 맞아 죽고, 비토 콜리오네는 겨우 도망쳐 미국으로 건너온다. 대부로 성장한 비토는 다시 마피아를 찾아 복수를 감행한다. 새롭게 등장한 젊은 대부 마이클(알 파치노)은 반대파들을 제거하고 조직을 확대해 나간다. 냉정하고 치밀하기 그지없는 마이클과 인간적인 보스로 성장해가는 과거의 비토가 대조된다.

Cinema Talk #08

미국 자본주의에 관한 거대한 은유

guest table

진행 · **김영진**
영화평론가

김영진　안녕하세요. 영화가 좀 무겁죠? 저는 이 영화를 중학교 2학년 때 삼류 극장에서 처음 봤는데요. 그땐 되게 어렵더라고요. 내용이 잘 파악이 안 됐고, 필름이 많이 마모돼서 잘린 부분도 많고, 여하튼 어려웠어요. 비토 콜리오네가 나오는 부분만 재미있고 마이클 나오는 부분은 좀 어둡고. 이해를 잘 못했는데, 나중에 몇 차례 비디오와 DVD로 보면서 작품적 깊이를 느꼈죠. 극장에서 보니 확실히 잔상이 굉장히 크네요. 제가 오늘 수업이 있어서 좀 늦게, 후반부만 봤는데 거의 1편과 비슷한 결말로 치달으면서 1편의 에코가 새겨지잖아요. 케이를 너머에 두고 문 탁 닫는 장면, 1편에서 그렇게 끝나는데 2편에선 몇 개의 암살이 나오고 마지막 진주만 습격이 있던 날, 크리스마스 파티가 성대하게 끝난 다음 마이클이 앉아 있을 때 카메라가 들어가지 않습니까? 거기서 광선이 너무 절묘하게 떨어지는 것 같아요. 클로즈업으로 잡았을 때 얼굴의 반이 어둠에 잠기는 모습. 아, 이걸 극장에서 다시 보니까 진짜 확실하게 인장이 새겨지네요.

역사상 가장 성공적인 속편

김영진　이 영화는 역사상 가장 성공적인 속편으로 평가받고 있고, 코폴라 자신도 굉장한 자긍심을 갖는 작품이에요. 영화가 기록적인 흥행을 거둔 후, 감독이 받게 되는 가장 큰 보너스는 자기 마음대로 영화를 찍을 수 있다는 게 아닐까 싶어요. 무한한 예술적 권력을 누리게 되죠. 근데 대개 이렇게 찍으면 다음 작품은 망하게 되는데, 이 영화는 거의 유일한 성공 사례가 아닌가 싶습니다. 아시는 대로 1편 찍을 때 코폴라가 너무 구박을 받아서 1주일 단위로 해고 위협을 받았거든요. 심지어는 다른 감독이 촬영장에 항시 대기하고 있었대요. 찍다 보면 저쪽에서 다른 감독이 의자에 앉아 "언제 해고되냐?"라고 묻고, 매주 한 번씩 러시 필름을 중역들이 보고 "이 감독을 잘라, 말아?"라며 회의했다는 이야기도 들려요. 그런데 와이드 릴리즈로 개봉해서 아주 기록적인 흥행을 거뒀거든요. 영화사는 감독을 구박한 게 너무 찔리니까, 백지수표를 줬대요. 코폴라가 서른두 살 때 일이죠. 꿈에도 생각지 않았던 성공을 거둔 후 백지수표를 받고 처음 한 일이 페라리를 사러 간 거예요. 그 차가 되게 비싸잖아요. "여기서 제일 비싼 차가 뭐요?" 묻고, 제일 신형 차를 산 거죠. 결제할 때 백지수표를 줬더니 갑자기 모든 영업 사원이 나와서 90도로 인사를 하고 그랬대요. 근데 그날 저녁, 페라리를 완전 전파시켰답니다. 몰고 나가서 어디서 술 먹고, 인생 뭐 있나, 이러다가 차를 왕창 부숴먹었다는 얘기가 있어요. 아무튼 그 정도로 느닷없는 성공을 거둔 것이죠.

코폴라는 자신의 경력이 〈대부〉로 끝날 거라는 비관적인 생각을 하고 있었다고 해요. 이후 정말 원 없이 2편을 찍었는데, 완성된 버전을 공개하기 전 성대한 시사회를 열었대요. 모든 관객이 코폴라가 인사를 하자 기립 박수를 쳤어요. 근데 영화 시작하고 두 시간쯤 지나니까 반 정도 나갔답니다. 그래서 코폴라와 제작자가 너무 당황해서 편집을 다시 한 게 지금 버전이에요. 과거의 낭만적이고 미화된 노스

탤지어 신을 강조해서 밸런스를 맞춘 거죠. 그래서 1편보다 상영시간이 길어진 건데, 코폴라가 1편을 찍을 때부터 명확하게 갖고 있던 콘셉트가 뭐냐 하면 미국 자본주의를 은유한다는 거예요. 이게 굉장히 창의적인 콘셉트죠.

마피아는 미국 자본주의의 은유

김영진 사실 이 소설이 지금은 고전이 됐지만, 당시엔 베스트셀러로 끝날지도 모르는 작품이었어요. 그래서 베스트셀러의 열기가 식기 전에 빨리 찍어야 한다고 해서 이탈리아 이민자인 코폴라가 연출을 맡았던 거예요. 무지하게 많은 감독이 물망에 올랐는데 감독에 관한 뉴스만 나오면 마피아한테 전화가 와요. "크랭크인 하는 날이 너의 제삿날이 될 것이다." 이런 식이죠. 1편의 말 머리 복수 장면처럼. 코폴라는 이탈리아 이민자 출신이니까 설마 조상님을 욕되게 하진 않겠지, 싶어서 이런 논리로 연출의 기회를 잡게 된 건데 코폴라 자신도 처음엔 유럽식 아트 영화를 찍을 자신이 없었습니다. 이런 싸구려 깽패 소설을 가지고 대단한 걸 만들 수 있을까 자괴감을 갖다가, 마리오 푸조 소설의 장점이 머리로 쓴 게 아니라 취재를 해서 현장감이 있다는 걸 발견했습니다. 거기에 무슨 콘셉트를 강화시켰냐면 마피아 두목을 미국 자본주의의 은유로 보자. 코폴라가 명확한 각을 세웠던 거죠.

코폴라 주장을 따르면 마피아 패밀리와 미국 자본주의의 공통점은 세 가지예요. 첫째는 자신의 이익을 위해 무자비하게 적을 살해하는 집단이라는 것, 두 번째는 그럼에도 불구하고 세상에서 자기들이 가장 정의로운 집단이라고 믿는다는 것, 그리고 세 번째는 철저하게 자본주의적인 이윤 동기로 행동 패턴이 결정된다는 것.

1편은 이런 주제로 밀고 나가긴 했지만, 낭만적으로 미화된 부분이 있어요. 특히 비토 콜리오네에 관해선 더욱더. 인과응보의 룰을 대신해주는 우리의 대부, 비토 콜리오네. 우리도 살다 보면 그렇게 느낄 때가 있잖아요? 내게도 대부가 있었으면, 그럼 억울할 때 대부가 어떻게 해줄 텐데. 시스템을 보호해주는 절대 권력자로서의 대부. 굉장히 인자한 가부장으로 미화하는 시선이 있는데, 2편에 와서는 그런 부분을 거의 탈색시키죠.

낭만주의를 넘어서는 통찰

김영진 이게 일종의 권력 승계 드라마잖아요. 비토가 마이클에게 권력을 넘겨주고, 마이클은 비토만큼 열심히 하는데도 아버지처럼 패밀리를 운영하진 못해요. 패밀리는 두 가지 의미잖아요. 마피아들도 패밀리고, 가족도 패밀리고. 그래서 결국 혼자가 되는 이야기예요. 물론 1편도 혼자가 돼가는 과정이죠. 이를테면 〈대부〉 초반에서 무시무시한 비토의 부하들 얘기를 하면서 케이가 이상한 시선으로 쳐다보니까 "난 아니야"라고 하죠. 그랬던 그가 패밀리를 맡으면서 변해가는 얘기죠. 패밀리를 위해 헌신하고 더 냉철하게 사고하면 할수록 패밀리가 와해하는 모순을 보여주죠. 고전적인 갱 영화에서는 검열 탓도 있겠지만 대개 갱 자신의 어떤 도덕적 결함이나 성격적 결함 때문에 나중에 파멸에 이르게 되는 게 일종의 패턴인데 〈대부〉에선 주인공이 그걸 사회 시스템과의 관계 속에서 고찰하는 거죠.

누구나 납득할 만한 전략의 과정을 보여주는데, 1편에 비해 2편이 더 뛰어난 것은 1편에는 과정이 아주 정교하게 묘사되어 있진 않아요. 그리고 굉장히 정서적이에요. 간접적으로 표현되거든요. 1편에서 제가 제일 좋아하는 장면은 비토가 죽기 직전 정원에서 대화를 나누는 장면이에요. 대화를 보면 굉장히 따뜻한 대사와 비즈니스 얘기를 번갈아 하고 있어요. 안소니가 세 살인데 만화를 읽어요. 그러면서 막 좋아해요. 그런데 "도청 장치는 다 했냐?" 묻고 "아, 걱정하지 마세요." 하니까 또 아들에 대한 얘기를 시작하죠. "난 네가 우리 가업을 잇지 말고 상원의원이나 그런 높은 사람이 돼서 인형을 조종하는 사람이 되길 바랐다."라고 하니까 마이클이 "괜찮아요, 저는 지금도 좋아요." 그러다가 돌아서면서 이렇게 말해요. "참, 내가 죽고 나서 상대편과 화해를 주선하는 사람이 나타날 거다. 그 사람이 배신자다." 엄청난 대사들이 거기 응축돼 있어요. 아주 따뜻한 것들과 사업에 관한 것들이. 그렇게 하나에 응축된 것들이 정서적인 톤으로 묘사되기 때문에 부자간의 정처럼 정감 어리게 다가오죠.

2편은 그것보다 훨씬 정교하게 병치를 시켜놨어요. 굉장히 혁신적인 콘셉트인데, 비토 콜리오네는 계속 성공을 향해 가고 있잖아요. 그게 마이클 시대로 오면서 떨어져요. 그다음 또 비토가 나오면 다시 올라가고, 또 떨어지고 이런 구성이에요. 두 명이 일직선으로 쭉 가면서 클라이맥스를 형성하고 거기서 확실한 동일화와 카타르시스를 느끼게 돼 있는데, 감정적인 온도는 계속 떨어지고 있어요. 특히 마이클 부분에서, 화면의 색조가 달라요. 비토 때는 3, 40년대 분위기를 자아내는 노스탤지어 가득한, 색도가 풍부한 색조인데 마이클 시대로 오면 회색, 청색 이런 건조한 톤으로 묘사돼요. 이런 것들이 절묘하게 맞물려요. 비토가 성공의 정점에서 복수하러 가잖아요, 시칠리아로 가서 막 잔치하고, 거기서 자기 어머니를 죽인 사람을 죽이고, 복수한 다음 기차에 타서 "마이클, 작별인사해야지" 이러면 커트가 어떻게 바뀌느냐면 마이클이 어머니의 장지에서 관을 바라보고 있는 식으로 편집되어 있어요. 과거와 현재를 오가는 게 마치 현재 마이클의 상황에 대한 비통한 대꾸라고 할까, 이런 것과 맞물리게 편집을 해놨어요.

여기서 유명한 장면이 있어요. 비토 시퀀스 초반에 적을 무자비하게 죽이는 장면이 있잖아요. 파누치인가 하는 두목을 죽이는 것도 그렇고 복수할 때 거의 할복에 가깝게 죽여요. 칼로 찌르는 정도가 아니라 배를 갈라서 죽이잖아요. 성능이 안 좋아서 그랬겠지만 아주 잔혹하게 죽이죠. 그러고는 집에 와서 양탄자에서 놀고 있는 마이클을 껴안죠. 이런 보스로서의 자질, 가정에서는 선하고 밖에 나가서는 냉혹한 경쟁 사회에서 적들을 다 제거하는 패턴을 했는데 마이클도 똑같이 하는 거예요, 아버지를 따라서. 저 세계에서는 한 번 배신하면 계속 배신하니까…. 1편에서 조짐이 보였는데 2편에서 또 그러니까 죽여 버리잖아요. 형이지만.

영화는 사회 시스템과 가족 공동체의 갈등을 그리는데, 사회 시스템에 충실할수록 가족 공동체가 와해해요, 조직이나 가족이나. 극 중 프랭크랑 닉도 얘기하잖아요. "우리도 과거에 로마제국 같던 시절이 있었지"라고. 하지만 지금은… 아버지 시절엔 가능했지만 이젠 그게 안 된다는 거예요.

교차편집의 묘미

김영진   2편에서 또 하나 특기할 만한 것은 쿠바에 관한 얘기예요. 아주 상징적인 장면이 나와요. 갱, 하면 좀 있어 보이지만 사실은 깡패잖아요. 이 깡패들하고 쿠바의 타락한 정치가들과 관료들이 이권을 나눠 갖는 거래를 하잖아요. 쿠바가 그려진 케이크를 가지고 와서 자르는 장면이 있죠. 아주 상징적인 장면인데, 그게 과거의 얘기만은 아니고 지금도 마찬가지예요. 보이지 않고 누가 말해주지 않아서 그렇지 지금도 똑같은 일이 벌어지고 있는데…. 거기서 마이클은 충격을 받아요. 혁명이 일어나는 것 아닙니까. 코폴라가 마르크스주의자는 아닌데 그런 식의 직관이 있는 것 같아요. 혁명이 일어나는데 거리에서 사람들을 보고 마이클이 충격을 받아요, 마비가 오는 것 같잖아요? 돈 말고 다른 것 때문에 사람들이 저렇게 행동할 수 있는 건가, 하는 표정이에요. 거기에 프레도의 배신을 알게 되면서 이중의 충격을 받는데 이런 것들이 함축적으로 깔렸어요. 마피아를 자본주의의 메타포로 병치하고, 교차편집을 이용해서 내러티브를 체계적으로 절단하고, 주제를 깊이 파고 들어가는 면에서 코폴라 형식의 최절정을 보여준다고 말할 수 있죠.

이 사람, 교차편집을 진짜 좋아해요. 1편에서도 충격적인 장면이 그거잖아요. 세례받는 시퀀스하고, 암살하는 시퀀스. 선악의 양면성이 별개가 아니라는 것, 동전의 양면처럼 붙어 있다는 걸 보여주는 걸 좋아해요. 〈지옥의 묵시록〉에서도 똑같은 교차편집이 나오죠. 거기서도 말런 브랜도는 바이런의 시를 읊으면서 사람의 멱을 따는 걸 표현했죠. 보통 주입된 생각으로는 사람이 그럴 수 없다고 생각하거든요. 그런데 그럴 수 있다는 거죠. 1, 2편에는 안 나왔지만 〈대부〉를 연대기로 편집한 버전이 또 있어요. 그건 별로 재미가 없어요. 그래서 형식이라는 게 중요한 건데, 거기 나오는 장면 중 하나가 뭐냐면 갱들이 딱 들어온 거예요. 그런데 비토 아버지는 사실 갱들한테 기관총을 대주고 있었거든요. 비토가 플루트를 불고 있는데 갱들이 '쟤 뭐야' 하는 표정으로 쳐다봐요. "걱정하지 마십시오, 제 아들입니다. 애가 음악을 하는데 곧잘 해요." 하니까 계산할 때 돈을 더 주고 가요. 음악 공부 하는 데 보태 쓰라고.

〈대부 2〉 개봉 직전에 〈사이트 앤 사운드〉지와 한 인터뷰에서 보면 코폴라가 그 장면을 굉장히 좋아하더라고요. '굉장하지 않습니까?' 하면서 동의를 구해요. 그런 선과 악이 공존하는, 복합적으로 얽혀 들어가는 장면을 좋아하고 복합체로서의 시스템이 자본주의고 갱 사회라고 얘기하는 거예요. 가톨릭에 대해서도 상당히 복합적이에요. 파누치 죽일 때도 무슨 성인 기념행사 때 죽이잖아요. 범죄자에겐 아주 최적의 조건이에요. 사람들의 관심이 전부 그쪽에 쏠려 있으니까. 시칠리아에 가서도 사람 죽이고 나서 성당 앞에서 가족사진 찍고. 스콜세지도 이탈리아 이민자인데, 비슷한 이야기를 했어요. 자신이 리틀 이탈리아라는 빈민 지역에서 자랐는데, 공을 차다 보면 쓰레기통 옆에 무슨 봉지가 있다는 거예요. 축구를 하다 그걸 잘못 차서 보면 사람 머리래요. 전날 마피아가 죽인 사람 머리를 쓰레기통에 버린 거예요. 그런데 그 주 일요일에 성당에 가면 분명히 범죄를 저질렀을 것으로

추정되는 갱 아저씨들이 경건하게 미사를 드리고 있다는 거예요. 그리고 고해성사를 하고요. 신부님은 그러니까 다 알고 있어요. 그 주의 살인사건 범인이 누구인지 알고 있어요. 그런데 그걸 또 참회하고 눈감아주고. 성과 속이 공존하면서 사는 거죠. 이방인의 눈으로 보면 전혀 낯선 두 세계가 공존하는 부분들이 〈대부 2〉에 자연스럽게 드러나 있는 거죠.

스타 배우의 탄생

김영진   곁가지로 말씀드리면 로버트 드니로는 이 시기에 무명 배우였어요. 이름 나오는 걸 보면 로버트 듀발, 다이앤 키튼 뒤에 나와요. 이게 로버트 드니로라는 스타 배우의 탄생을 목격하는 순간인데, 그전에도 이미 〈비열한 거리〉 같은 영화를 찍으면서 연기 잘하는 배우로 소문이 나 있긴 했지만, 이 영화는 수준이 달랐죠. 본격적으로 스타 반열에 올랐어요. 〈대부 2〉에서 말런 브랜도 흉내를 너무 잘 내잖아요, 목소리 하며, 몸짓하며.

코폴라가 배우 보는 눈이 뛰어난 게, 1편 때도 알 파치노를 발견했잖아요. 지금 알 파치노는 연기파의 대명사로 알려졌지만, 〈대부〉 DVD를 보면 서플먼트에서 알 파치노가 그런 얘기를 해요. 코폴라의 해고 사유 중 하나가 알 파치노를 캐스팅한 것 때문이라고요. 뭐 저런 놈을 캐스팅하나, 키도 작고, 얼굴도 잘생긴 게 아니고, 그렇다고 연기를 잘해? 하다못해 연기도 못 하잖아, 이런 반응이었대요. 알 파치노가 연기를 하고 있으면 뒤에서 스태프들이 수군거리는 소리가 들렸대요. 노골적으로 저걸 연기라고 하냐고. 참 무섭죠. 사람들의 선입견이라는 게. 그런데 개봉하자마자 바로 "저런 배우는 어디서 나왔나" 이렇게 된 거예요.

말런 브랜도도 마찬가지예요. 당시 말런 브랜도가 너무 골치를 썩여서 할리우드의 기피 인물이 되어 있었는데, 이 사람을 캐스팅하겠다고 하니 스튜디오에서 반대를 심하게 하다가 그럼 오디션을 보라고 했대요. 근데 아무리 그래도 어떻게 말런 브랜도한테 오디션을 보자고 합니까. 그래서 코폴라가 (말런 브랜도에게) 한번 찾아뵙겠습니다, 하고 집에 갔는데, 이 사람이 눈치를 채고 분장을 하고 있었다고 해요, 비토 분장을. 그중 결정적인 게 불도그처럼 보이는 분장, 볼 양쪽에 은박지를 물고 "안녕하시오" 이렇게 감독을 맞이한 거예요. '이건 비토다!' 해서 이걸 찍어서 영화사 중역들에게 보여주지 않았습니까. 그렇게 해서 간신히 캐스팅됐다는 겁니다. 이 영화에서 로버트 드니로도 조금 모험적인 캐스팅이었는데, 그 이유가 처음엔 외모가 별로 안 비슷하다는 거예요. 그래서 "말런 브랜도가 살이 빠지면 이 외모다."라고 주장해서 관철시켰다고 해요.

흥행과 비평을 한 손에

김영진 흔히 이 영화를 두고 비평과 흥행에서 모두 성공했다고 하죠. 사실 그런 영화는 별로 없거든요. 〈대부 2〉는 역사상 가장 성공한 속편이자 비평과 흥행에서 모두 성공한, 드문 사례에 속해요. 그러니까 감독으로서 가장 행복한 사람이죠. 코폴라가 결국 이 영화를 능가하는 작품을 평생 찍지 못했어요. 그러니 사람이란 젊을 때 공력을 다 써버리면 안 되나 봐요. 그 후 이 영화에 대한 부연 설명 같은 것들을 계속 만들었죠. 3편 때는 스케일도 커져서 바티칸까지 끌어들여 영화를 찍었죠. 아주 놀라워요. 3편도 괜찮긴 했는데 유일한 아쉬움이라면 자기 친척들을 다 끌어들였다는 거예요. 특히 딸. 〈대부 2〉에서는 통했거든요, 코니 역을 맡은 배우가 코폴라 여동생이잖아요. 그거까진 괜찮았는데, 3편에서는 자기 딸을 출연시켜서 알 파치노와 춤을 추게 하거든요. 1편에서는 말런 브랜도가 코니하고 춤을 췄잖아요, 결혼식 장면에서. 3편에서는 소피아 코폴라와 춤을 추는데, 그때 많은 사람이 경악한 거죠. "아무리 딸을 사랑한다고 해도 그렇지, 저럴 수 있냐. 도대체 그림이 안 나온다." 3편은 훨씬 장식적이고 오페라적이지만 역시 관통하는 주제는 끝까지 끌고 가는 영화입니다. 소피아 코폴라는 그 뒤 배우를 안 하고 감독으로 전향했죠. 이번 67회 베니스 영화제에서 〈썸웨어〉로 상을 받았어요. 그것도 최고인 황금사자상을. 그런데 타란티노가 심사위원이더라고요. 두 사람이 전에 애인이었거든요. 그래서 타란티노가 상을 주고 욕을 엄청 먹었어요. 세계 언론이 "야, 해도 너무한다." 했어요. 저도 뭐, 친인척 봐 주는 게 우리나라에만 있는 게 아니구나, 싶었죠. 이건 농담 삼아 말씀드린 거고요.

〈대부〉 시리즈가 걸작인 이유

김영진 〈대부 2〉는 미국 영화의 계보에서 거의 〈시민 케인〉에 버금가는 걸작 반열에 오른 작품이죠. 중요한 것은 이게 70년대라는 사회가 만들어낸 걸작이라는 겁니다. 당시 대학생들이 굉장히 비판적이었기 때문에 기존 사회에 동의하지 않았어요. 레이건 시대가 열리기 전, 그때가 가장 격동의 시대였기 때문에 〈대부〉가 주는 메시지에 깊이 공감했다는 거죠. 인류 역사상 그런 세대가 없어요. 젊은 세대가 사회의 주류가 돼서 뭔가를 바꾼 시절이 없다는 거죠. 유일하게 6, 70년대가 그런 시대예요. 그런 분위기에서 어떻게 서른한 살의 젊은 감독이 이런 대작을 맡았겠습니까. 스튜디오 중역들은 젊은이들의 취향을 몰랐어요. 그런데 〈이지 라이더〉 같은 작품이 성공하니까, 나는 뭔지 모르지만 젊은 사람끼리 통하는 뭔가가 있을지도 모른다 싶어서 연출을 맡긴 거죠. 이런 시대가 1979년 무렵까지 지속됐어요.

코폴라는 〈지옥의 묵시록〉으로 한번 주춤한 뒤(이 영화는 엄청나게 많은 돈을 들였는데

딱 본전 정도의 수익을 거뒀죠) 거기서 만족하지 않고 또 계속 영화를 찍었어요. 〈마음의 저편One From The Heart〉이라고 역사상 가장 많은 돈을 들인 영화였는데, 가장 적은 관객 수를 기록했죠. 재미있는 건, 프랑스 〈르몽드〉지가 1985년 전 세계 영화 감독 100명에게 설문을 했어요. "당신은 왜 영화를 만드십니까?"라고. 이 신문 특집 기사에 코폴라는 딱 한 줄의 답변을 보내왔어요. "영화를 찍기 위해 진 엄청난 빚을 갚기 위해 오늘도 영화를 만듭니다." 예술적 모험을 할 수 있는 시대가 80년 대에 그렇게 저문 거예요. 〈지옥의 묵시록〉 찍고 나서 그런 얘기를 했어요. "우리는 지금 베트남 전쟁에 관한 영화를 찍은 것이 아니다. 우리는 베트남 전쟁을 했다."라고요. 이런 얘기를 할 정도로 어마어마한 돈을 쓰면서 비평적 시각을 견지한 영화를 찍던 시대가 70년대였고, 그중 가장 높은 자리에 올라 있던 작품이 〈대부 2〉였죠. 시대가 좋아서 이렇게 복원도 되고 극장에서 다시 보니까 좋네요. 늦은 시간까지 보신 보람이 있을 겁니다. 그렇죠? 혹시 질문 있으면 하나만 받아볼게요. 영화가 너무 길어서 남은 시간이 별로 없어요.

시네마톡

관객　아까 얘기하실 때 감독이 마이클의 패밀리와 자본주의를 결부시켜서 비판적으로 보고 있다고 하셨잖아요. 그런데 2편에서는 자본주의의 틀을 비판한 겁니까? 아니면 자본가들의 특성을 비판한 겁니까? 어떤 부분에서 그런 비판을 한 건지 잘 모르겠거든요.

김영진　얘기가 점점 어려워지는데.(웃음) 자본주의 시스템 자체를 비판한 거죠. 맨 마지막에 마이클은 원래 그런 애가 아니었다, 심지어 가족의 사업을 물려받을 생각도 없었다, 그런 뉘앙스가 나오잖아요. (캐릭터가)국정 교과서예요. 그래서 아무튼 군대에 가잖아요. 집안에서 힘 써준다고 하는데도 마이클은 국가를 위해 군대에 자원하는 그런 사람이에요. 그랬는데 깡패의 가업을 잇게 되었고, 괴물이 되잖아요. 왜 괴물이 됐느냐? 주어진 조건에 적응하기 위해 그렇게 됐다는 거죠. 하이먼 로스 같은 캐릭터를 보세요. 그런 캐릭터를 상대해야 하니 얼마나 힘들겠어요. 적에게 빈틈을 보이지 말아야죠. 근데 싸움에서 이기기 위해 보스로서 가장 합리적으로 처신하려고 하면 할수록 자기 패밀리를 와해시켜 버리죠. 그런 관점에서 시스템에 대한 비판적 시선이 있다고 말씀드리는 거고요. 사실 영화는 그런 것 같아요. 어떤 장면과 이미지로 기억되는 거예요. 그런 것들이 몸 안에 들어와 기억되는 것. 그게 영화의 훌륭한 점인 것 같아요. 이걸 말로 하면 굉장히 시시해져요. 앞으로 여러분이 살아가면서 이 영화를 떠올릴 때마다 어떤 장면들이 기억나실 거예요. 저도 그래요. 모방도 하게 되고, 괜히 앉을 때 알 파치노처럼 (폼 잡고) 앉고. 근데 이런 걸 실생활에서 하면 큰일 납니다. 그런 장면을 포함해서 마이클의 이미지들이 많이 기억에 남는데, 우리 안에 뭔가를 환기해주는 것도 있겠죠. 그래서 이미 이 영화는 고전이 됐고 앞으로도 고전으로 남을 겁니다.

● 2010년 10월 7일, CGV강변

토크쇼
Talk Show

새로운 사람,

색

영화 이야기

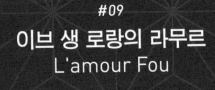

#09
이브 생 로랑의 라무르
L'amour Fou

이브 생 로랑의 라무르
L'amour Fou
프랑스 | 2010년 | 96분

등급	전체 관람가
감독	피에르 쏘레통
출연	이브 생로랑, 피에르 베르주, 베티 카트루스
수입	찬란
배급	찬란
개봉	2011. 04. 21

★2011 토론토국제영화제 국제비평가상

20세기 최고의 패션 디자이너 이브 생로랑의 삶과 사랑 그리고 그가 남긴 모든 것에 관한 이야기. 그에 관한 추억과 회고가 때로는 아련하고 때로는 쓸쓸하고 때로는 드라마틱하게 담긴 다큐멘터리다. 화려한 패션계에서 성공을 거두고 창작의 고통에 시달리다 영광스럽게 죽음을 맞이하기까지, 그가 관통해온 시간은 20세기 패션의 역사이기도 하다.

Cinema Talk *#09*

여성에게 강인함을 선사한 남자

guest table

진행 • **신지혜**
아나운서

초대 • **로건**
패션디자이너

신지혜   최근 레드 카펫 드레스 디자인으로 상당히 유명해진 디자이너 로건 선생님입니다. 우리나라 여배우들의 레드 카펫 드레스가 상당수 선생님 작품인데요. 선을 많이 자르거나 절개하지 않고 자연스러운 기법으로 디자인된 옷을 여배우들에게 입히신 걸로 유명합니다. 오늘 〈이브 생 로랑의 라무르〉라는 영화에 가장 걸맞은 게스트가 아닐까 생각합니다. 이 자리는 여러분에게 일방적으로 말씀을 드리는 시간이 아니고, 여러분의 감상과 궁금증을 함께 나누는 자리인데요. 여러분이 생각을 정리하는 동안, 로건 선생님의 감상을 먼저 들어볼게요. 패션 디자이너로서, 혹은 영화를 좋아하는 한 사람으로서 어떤 생각을 하셨을지 궁금합니다.

이브 생로랑은 패션 예술의 완성자

로건   일단 이 영화의 게스트로 초대되어 행복합니다. 제가 파리에 가서 공부를 막 마쳤을 무렵 이브 생로랑이 은퇴했어요. 퐁피두센터에서 마지막 패션쇼를 여는데, 졸업한 학생이라 티켓 없이 큰 화면으로 보고 있었죠. 그 심정이, 지금 다시 한 번 느껴지는 것 같아요. 일단 디자이너 입장에서 봤을 때, 피에르 베르주 같은 파트너가 있으면 정말 행복하겠구나, 싶어요. 디자인만 할 수 있게 만들어 준 사람이잖아요. 사업하다 보면 디자인을 하다가도 뒤에 가서 돈 계산을 해야 하는 경우가 종종 있는데(웃음) 그런 부분을 전혀 신경 안 쓰게 도와주고, 앞에서 바람막이가 되어주고, 사랑하다 멀어졌을 때도 계속 그를 지켜줬다는 게 정말 대단하게 느껴졌어요. 참 큰 사람이에요. 비즈니스맨인데도 조각을 사랑하고 이브 생로랑의 아트를 사랑했다는 건 어렸을 때부터 문화 속에서 보고 듣고 느낀 게 많았다는 거잖아요. 그래서 예술을 그토록 사랑할 수 있었던 게 아닐까 싶어요.

신지혜 모두 공감하시는 것 같네요. 보세요, 고개를 끄덕이시잖아요. 이제 여러분의 감상을 들어볼까 하는데 어떤가요? 처음에는 항상 손을 잘 안 드시더라고요. 그래서 저희가 미끼를 준비하죠. 영화 티켓 두 장 드리겠습니다. 어느 분 먼저 감상을 나눠주실까요? 〈이브 생 로랑의 라무르〉는 이브 생로랑의 일대기를 피에르 베르주라는 사람의 시각으로 바라보고 있어요. 여기서 잠깐 이야기를 쉽게 풀어 볼까요? 이브 생로랑, 하면 제일 먼저 뭐가 떠오르나요? 같은 이름의 명품 브랜드? 사실 저도 이브 생로랑 하면 명품으로 알려진 사람 정도로 생각했어요. 그런데 영화는 이브 생로랑을 브랜드이기 이전에 한 사람으로 바라보고 있어요. 다큐멘터리에도 나왔지만 이브 생로랑은 참여운동가이자 좌파정치인을 지지하는 사람이었어요. 그래서 프랑수아 미테랑이 대통령에 당선됐을 때도 굉장히 기뻐하고 사회적인 참여에도 큰 관심을 보인 진보적인 예술가예요. 몇 년 전에는 프랑스 대표 저널인 〈르몽드〉를 보수언론이라 비판할 만큼 언론에 대해서도 많은 생각을 하는 사람이고요. 〈이브 생 로랑의 라무르〉는 이런 그의 삶을 조명하면서, 평생 그의 그림자로 서 있었던 피에르 베르주라는 사람에 대해 함께 돌아보는 영화라는 생각이 들더라고요. 두 사람의 관계, 50년이라는 세월을 함께 지낸 두 사람이 정말 대단하다는 생각이 들어요. 여기에 덧붙여 로건 선생님의 말씀을 한 번 더 들어볼까요? 흔히 이브 생로랑은 패션 예술을 완성했다고 많이 얘기하잖아요. 그런 면에서 보충 설명을 좀 더 부탁드리겠습니다.

여성에게 강인함을 선사하다

로건　영화를 보면서 이브 생로랑은 사람을 너무 사랑했고 애정결핍을 많이 느낀 사람이 아니었나, 생각했습니다. 화면 상으로는 얼핏 차가운 사람이라는 느낌도 드는데요. 여러분도 아시다시피 샤넬은 여성에게 자유로움을 선사했고, 이브 생로랑은 여성에게 강인함을 선사했습니다. 남성복을 여성에게 만들어 입히면서 힘 있는 여성의 이미지를 보여주기도 했고요. 사회운동을 많이 한 건 피에르 베르주의 영향 때문이기도 합니다. 이브 생로랑의 쇼를 보면 굉장히 우아하면서도 목근육이 살아 있다는 평을 많이 하는데, 그만큼 절대 밟히지 않는 여성의 자신감을 표현했다는 겁니다. 아프리카 여성을 모델로 쓰기도 했는데, 당시에는 흑인 모델을 세우는 게 거의 있을 수 없는 일이었거든요. 그때 그는 당당히 흑인 모델을 기용했고, 그만큼 새로운 것에 대한 시도와 열정이 많았던 사람이었습니다.

신지혜　여러분이 여기에 감상을 얹어 주시면 정말 멋질 것 같지 않나요? 자신 있게 손들고 말씀해주세요.

관객　이브 생로랑은 많은 것을 가졌고, 많은 것을 이룬 것 같아요. 하지만 그 이면에 고독이나 외로움도 많이 느낀 것 같습니다. 영화에서 화려함의 이면에 숨어 있는 고독을 많이 느낄 수 있었는데요. 예술가는 정점에 이르기 위해 결국 이런 희생을 감수해야 하는 건가, 궁금증이 생겼습니다.

신지혜 로건 선생님이 할 말이 많으실 것 같은데요. 디자이너이기 때문에 창작의 고통을 많이 느끼실 것 같아요.

로건 저는 즐겁게 일하려고 노력하는 사람 중 하나에요. 이브 생로랑은 워낙 내성적이라 고통을 많이 느꼈던 것 같네요. 은퇴하기 2년 전 즈음, 이브 생로랑의 머리가 멈췄다는 소문이 파리에 파다했어요. 그러고 나서 본인이 알아서 은퇴했죠. 마지막엔 몸도 못 움직이고, 말도 잘 못하고. 근데 그가 떠날 때 이브 생로랑의 옷을 입었던 배우와 가수들이 화장이 지워지든 말든 눈물을 흘리면서 애도하는 모습을 보니까, 그들이 이브 생로랑의 마음을 잘 이해한 게 아닌가 싶었어요. 자신들을 진심으로 사랑했다는 걸 느꼈기 때문에 그렇게 슬퍼하는 거죠. 저랑 제 아내의 경우는 항상 "즐거워야 해, 가벼워야 해" 이런 철학으로 옷을 만드는데, 여기에 대한 스트레스가 있어요. 언제나 즐거워 보이려고 노력하는 것도 참 힘든 일이에요.

예술가에게 고통은 필연

신지혜 영화 속에도 나오는데요, 한 번의 런웨이를 위해 4만여 장의 스케치를 했다는 건 정말 대단하네요. 우리는 어떤 사람이 이뤄놓은 결과물을 너무 쉽게 판단하는 것 같아요. 그 사람이 거기까지 도달하기 위해 거쳤던 '과정'에 대해선 모른 척하거나 폄하하는 경향이 있잖아요. 그게 예술가들에게는 큰 고통일 것 같아요. 이브 생로랑도 아주 일찍 디자인계에 입문했는데요. 열일곱 살 때 입문해서 스

물한 살에 당시 최고 디자이너였던 크리스티앙 디오르의 조수로 일했죠. 천재들의 운명일까요? 〈앙드레 마티유〉 같은 영화에도 보면 천재성을 가지고 태어난 사람은 너무 빨리 세상 사람들에게 재능이 알려지니까 분열감이 크더라고요. 다행히 이브 생로랑은 옆에 피에르 베르주라는 든든한 버팀목이 있었기 때문에 그나마 흔들리다가도 다시 일어날 수 있었구나 싶어요.

로건 어린 나이에 직업의 세계에 들어가면, 거기서 성격이 형성돼요. 또 피에르 베르주가 울타리를 쳐줘서 그런지 정작 이브 생로랑 자신은 할 줄 아는 게 별로 없잖아요. 한 부분만 파고들었기 때문에 다른 것들은 하지 못했다는 데 대한 안타까운 마음이 들더라고요.

관객 우리나라에선 유명 디자이너의 이야기를 이렇게 심층적으로 다루지 않잖아요. 이브 생로랑의 은퇴식을 보면서, 과연 우리나라라면 이런 일이 가능했을까, 싶더라고요. 그런 면에서 프랑스의 문화적 층위 같은 것을 느꼈고. 다만 저는 제목이 〈이브 생 로랑의 라무르〉인데 좀 더 이브 생로랑의 관점에서 이야기가 다

뤄져야 하지 않을까 싶었어요. 영화는 주로 피에르의 관점에서 다뤄진 것 같아요. 만약 포커스를 이브 생로랑에 맞췄으면 사회적인 측면에서 조명해야 할 부분도 많았을 텐데, 그런 점이 좀 아쉽네요.

신지혜　예술이라고 하면 뭔가 현실과 동떨어진 느낌을 많이 받잖아요. 약간 높은 곳에 있는 범접하기 어려운 것. 하지만 진정한 예술은 생활 속에 녹아 있거든요. 제 생각엔 그것을 확실하게 일깨워준 사람이 바로 이브 생로랑이 아니었나 싶습니다. 그래서 '패션 예술'이라는 어휘를 이 사람이 끄집어낼 수 있지 않았을까요?

유명 디자이너는 왜 대부분 게이일까

관객　영화에 나왔던 두 사람처럼 세계 유수의 디자이너들이 동성애 성향을 갖고 있잖아요. 마크 제이콥스나 톰 포드, 알렉산더 맥퀸, 존 갈리아노처럼. 저는 이런 성적 정체성을 가진 분들이 환상을 더 잘 구현하지 않나 싶은데요. 영화에서 핑크색 춤추는 인형이 돌아가는 장면도 그런 맥락에서 볼 수 있다고 생각해요. 굳이 여성의 입장이 되어 보지 않더라도 본인 안에 있는 환상이 여성의 취향과 잘 맞아떨어지기 때문에, 그 점이 디자이너로서 강점이 되지 않나 싶어요. 로건 선생님은 이 점에 대해 어떻게 생각하시나요?

로건　저도 밖에 나와 와이프 얘기를 안 하면 게이인 줄 아시더라고요.(웃음) 한국 와서 많이 느꼈던 것은 너무 사람을 분류하려고 한다는 거예요. 남성, 여성, 게이, 레즈비언…. 근데 패션 업계에 있다 보면 모두 그냥 '사람'이라는 생각이 들어요. 게이 커플은 부양해야 할 아이가 없다 보니 일에 열정을 쏟을 시간이 더 많잖아요. 그건 분명 장점이죠. 또 이브 생로랑처럼 아름다움을 추구하려는 열정이 많은 편이기도 하고요. 여성 디자이너들은 착용 가능한 옷을 만드는 걸 정말 잘해요. 반면 남성 디자이너들은 살짝 건축적인 디자인, 조금 더 외각 형태가 시원하고 굴곡이 있고 시각적으로 봤을 때 '와' 하는 느낌이 드는 디자인을 잘하는 것 같아요. 근데 그게 꼭 성적 취향이나 성별의 차이 때문에 나타나는 현상은 아니에요.

신지혜 이제 마무리해야 할 것 같은데요. 생각을 정리할 수 있도록 한 말씀 드릴게요. 저는 이 시대가 원하는 게 영웅이라는 생각을 했어요. 여러 영웅이 있지만, 이 시대의 영웅은 선망의 대상이 아니라 희망의 대상이 되어야 한다는 생각이 들었어요. 선망의 대상은 나는 결코 도달할 수 없을 것 같은 느낌이지만, 희망의 대상은 나도 노력하면 할 수 있을 것 같은 꿈을 주잖아요. 그래서 희망의 상징이 될 수 있는 영웅이 이 시대의 진정한 영웅이라는 얘기를 들었어요. 영화를 보면서 이브 생로랑을 자연인으로 느끼게 됐어요. 그는 굉장히 내성적이고 섬세하고, 예민하고, 그래서 더 나약했을 수도 있겠구나, 싶어요. 영화의 원래 제목은 '라무르 푸L'amour fou'인데, 프랑스어로 '푸fou'는 '미치광이'라는 뜻이에요. 그건 굉장히 함축적인 의미인데, 이브 생로랑이 그만큼 열정적이었다는 뜻일 거예요. 재능을 계발하기 위해 무한한 열정을 기울였다는 것. 그런 의미에서 이브 생로랑은 이 시대의 진정한 영웅이 아닐까 생각합니다. 마지막으로 로건 선생님의 소감을 들어볼게요.

로건 저는 '라무르 푸'를 '불같은 사랑'이라고 표현하고 싶어요. 이 사람은 사람이든, 물건이든, 정말 모든 것을 미치도록 사랑했거든요. 여러분도 자기가 하는 일에 대해 불같은 열정만 갖고 있다면 제2, 제3의 이브 생로랑이 될 수 있지 않을까 싶습니다.

● 2011년 4월 28일, CGV압구정

#10
소라닌
ソラニン

소라닌
ソラニン, Solanin
일본 | 2010년 | 125분

등급	12세 관람가
감독	미키 타카히로
출연	미야자키 아오이, 코우라 켄고
수입	스폰지이엔티
배급	스폰지이엔티
개봉	2010. 08. 26

★일본 만화잡지 〈주간 영선데이〉에 연재되었던 아사노 이니오의 동명 만화가 원작

메이코(미야자키 아오이)와 타네다(코우라 켄고). 두 사람은 하루하루가 지겹기만 한 이십 대 동거 커플이다. 자유를 만끽하기 위한 여행을 떠나지만 메이코는 불투명한 미래에 대한 불안감을 키우고, 타네다는 현실의 가혹함에 꿈을 접은 채 다시 일상으로 돌아온다. 서로에 대한 불만으로 크게 다툰 어느 날, 산책하러 나간 타네다가 돌아오지 않고 며칠 뒤 오토바이 사고로 세상을 떠났다는 소식을 듣는다.

Cinema Talk *#10*

나에게 힘을 주는 음악

guest table

진행·**송지환**
〈무비위크〉 편집장
초대·**이상은**
가수

송지환　안녕하세요. 〈무비위크〉 송지환 편집장입니다. 오늘은 가수 이상은 씨와 함께 대화를 나눠보겠습니다. 영화를 어떻게 보셨는지 간략하게 소감을 들어볼까요? 원래 이렇게 시작하는 거 맞죠?(웃음)

이상은　모르겠어요.(웃음) 너무 보고 싶어서 달려왔는데 시간이 아깝지 않아서 정말 다행이에요. 되게 좋네요, 영화. 어떻게 말해야 할지 잘 모르겠어요. 저는 음악을 표현하는 영화들이 이렇게까지 설득력 있게 내면을 잘 설명하고 감동까지 주는 경우를 많이 못 봤거든요. 근데 이 영화를 보면서 '아 그렇지, 저런 면 때문에 음악이 참 좋은 거지' 하는 느낌이 들어서, 그런 설명을 영화가 대신해주는 것 같아 되게 뿌듯했습니다.

송지환　이게 감독님의 장편 데뷔작으로 알고 있거든요. 그러다 보니 할 말이 많으셨던 것 같아요.

이상은   나이가 어떻게 되세요?

송지환   글쎄요. 찾아볼게요. 나이가 그렇게 많은 분은 아닌 것 같고.

이상은   그렇다고 어린 것 같지도 않고.

송지환   이게 원작이 있는 영화예요.

이상은   아, 책이 있는 것 같아요.

관객   만화책이요!

송지환   74년생이군요. 그러면 대략 먹을 만큼 먹었단 얘기죠. 나름 늦게 데뷔한 편이 아닐까 싶은데…. 오늘은 음악뿐 아니라 책도 많이 쓰고 문화 쪽으로 많은 활동을 하는 이상은 씨와 함께 영화와 음악 이야기를 나눠보도록 하겠습니다. 여

러분, 소라닌이라는 뜻, 다 알고 보셨나요? 영화에 나오긴 하죠? '감자의 싹'을 영어로 '솔라닌'이라고 하죠. 감자 싹에 든 독성분을 말하는 거고요. 많이 먹으면 죽는대요. 대신 소량은 성장을 촉진하는 치료제로 사용된다고 합니다. 특히 멍든 데 특효라고 하고요. 영화에 대해 혹은 음악에 대해 더 말씀해주실 대목이 있나요?

이상은　글쎄요.

송지환　자막을 깔아줘서 가사가 좋다는 생각을 했는데, 음악도 나쁘지 않았어요.

이상은　저는 여러분이 어떻게 느끼셨는지 들어보고 싶어요.

송지환　그건 이따 할 거고요. 그전에 우리끼리 토크 좀….

이상은　아 그렇군요.(웃음) 그래요.

송지환　여담으로 여주인공 언니 이름이 뭐였죠? 미야자키 아오이. 이분 젊은데 결혼한 지 좀 됐어요. 일찍 결혼했죠. 노래하는 장면 보니까 그전엔 몰랐는데 입이 엄청 크네요. 그래서 노래를 잘하나 봐요.(웃음) 근데 혹시 이 자리에 음악을 하시는 분이 계신가요? (관객: 네~) 그런 분들도 와 계시대요. 그러니까 음악 이야기도 좀 하면 좋겠어요.

어른이 된다는 것의 의미

이상은　네, 뭘 어떻게 해야 하나. 우리는 어른이 되는 것이나 사회인이 된다는 것에 대해 저렇게까지 의식하며 살진 않잖아요. 근데 제가 일본에서 7년 정도 살았고, 특히 20대를 일본에서 보내면서 가장 놀라웠던 게 뭐냐면, 일본 사람들은 어른이 된다는 걸 정말 많이 의식하며 살아요. '오토나니 나루(大人になる, 어른이 되다)'라는 용어가 있는데, 단순히 직장 나가서 돈 버는 차원의 문제가 아니라 사회 입문 의례처럼 아주 신성시한다고 해야 하나, 심각하게 여기는 걸 보고 참 놀랐어요. 그런 분위기가 사회 전반에 무섭게 깔려 있어서 그 흐름과 다른 방향으로 가는 것 자체가 운명에 크게 역행하는 분위기예요. 현대사회라는 게 원래 한 사람의 노동력이 중요하기 때문에 그런 이데올로기가 강조돼서 뭔가 자기 꿈을 향해 가는 것보다 인간으로서 돈을 벌어야 한다는 의식이 우리보다 심한 것 같다는 생각이 들었고요. 결국 우리나라도 점점 일본처럼 개인이 꿈을 펼치는 게 힘들어지지 않을까 싶어서, 젊은이들이 불쌍하다는 생각이 많이 들었어요. 예전에는 정치적인 탄압 같은 게 있었다고는 해도, 자기가 하고 싶은 것을 찾아가는 과정이 고통스러워서 밴드를 못하고 자살한다는 이야기는 들어본 적이 없잖아요. 사회가 참 살기 어려워져 가고 있구나, 그런 생각을 했습니다.

불혹의 보헤미안에게 음악이란

송지환　저는 이상은 씨에게 이런 질문을 하고 싶어요. 내키든 내키지 않든 불혹의 보헤미안(웃음)이 되셨잖아요. 음악에 대한 생각이 달라지는 게 있나요?

이상은　저는 나이에 대해 아무렇지 않아요. 똑같아요. 어떤 상황에서 조금 더 재간이 많아지고, 재주가 조금 더 늘어나고, 하던 일을 조금 더 잘하게 되는 게 나이가 드는 일이 아닌가 싶어요. 나이가 든다고 해서 유혹에 넘어가지 않는 것도 아니고. 다만 저는 우리 사회가 나이가 들어가는 것에 대해 설명을 너무 안 해준다는 생각이 들어요. 예전에는 대가족 안에서 삼촌들이 다 가르쳐주고 다음에 어떻게 해야 하는지 알려줬는지 모르겠는데 요즘은 나이 먹었을 때 느낌이 어떤 것인지, 그런 얘기 해주는 어른도 없고. 사실은 저렇게 불안해할 필요가 없는데 말이에요. 어떻게 보면 나이 먹어도 계속 불안하거든요? 인간은 원래 불안한 존재잖아요.

　근데 이 영화 보면서 가슴이 떨렸던 건 음악이 뭔가 탈출구로 존재한다는 거였어요. 답답한 사회, 그 안에서 키워가는 자신의 꿈, 인간으로서 원래 갖고 있는 열정이라든가 폭발적인 에너지, 창조성 같은 것을 분출하고 싶은 욕망을 밴드라는 키워드로 풀어냈다는 게 좋아요. 음악이 일종의 구원이 되는 상황인데, 저는 충분히 음악이 구원이 될 수 있다고 생각하거든요. 문제는 음악을 듣고 진짜로 지독하게 감동해볼 만한 기회가 많아야 하는데 우리나라는 일본과 비교했을 때 지독하게 감동할 만한 음악을 라디오에서 잘 틀어주지 않아요. 그런 지가 아주 오래됐죠? 그런 거 틀면 사람들이 헷갈릴까 봐 그런가 봐요.(웃음)

송지환　예를 들면 어떤 음악이요?

이상은　80년대에는 '어떤 날'이나 '들국화'의 노래를 틀었잖아요.

송지환　아, 이 가수들 좋죠.

이상은　우리, 같은 세대인 것 같아요.(웃음) 그땐 가슴을 후벼 파는, 혹은 인생에 대해 깊이 있는 공감을 얻어낼 만한 곡이 많이 있었죠? 이제는 젊은 세대들이 사회 분위기를 좀 바꿔나갔으면 하는 생각이 들어요. 일본도 우리보다 조금 빨랐다 뿐이지 학생운동이 있었고, 6, 70년대 뉴뮤직 붐이라고 해서 학교에서 밴드 동아리 활동하고 데모송 부르고 그러다가 졸업하면 전공에 대해 아무것도 모르고, 취직도 안 되고 그래서 기획사들을 만들기 시작하고 지금 굴지의 아티스트, 싱어송라이터, 록밴드를 키웠거든요. 예를 들어 '미스터 칠드런'이나 '스피츠' 같은 밴드들. 음반 한 번 나오면 100만 장씩 나가는데 그런 팀들이 모두 이런 종류의 인생을 노래하는 밴드예요. 아무튼 일본의 음악 분야는 한국보다 인프라가 잘 구축되어 있어요.

송지환　혹시 하고 싶은 말 있으신 분들은 이야기해주세요.

이상은　시간 다 되지 않았나? 뭘 물어봐요?(웃음)

송지환　영화에 대해 궁금한 것 없으면, 이상은 씨에 대한 질문도 됩니다.

이상은　검색하면 다 나오는데. 뭐 하러 물어봐요.(웃음)

내가 좋아하는 음악을 만드는 게 중요해

관객 이상은 씨는 처음 음악을 해보고 싶다고 마음먹은 계기가 뭔가요?

이상은 아, 제 얘긴 묻지 마세요. 너무 웃겨요. 영화 속에선 음악을 하는 계기가 되게 멋있잖아요. 남자 친구가 죽어서 노래를 부르게 됐다, 이런 거. 전 어렸을 때 소풍 가서 노래를 불렀는데 반응이 좋아서, 와 노래 부르니까 사람들이 너무 좋아하네, 너무 행복해, 그 전율이 대단하기에 제가 음악을 좋아한다는 걸 처음 알게 됐어요. 장기자랑 때문에.(웃음)

관객 저는 이상은 씨 팬이고요. 콘서트도 몇 번 갔습니다. 저도 한때 대학에서 밴드 활동을 하기도 했고요. 저는 영화에서 주인공 남자친구를 아티스트의 길로 이끌었던 기획사 임원이 한 말, 너희 음악은 누가 듣냐, 했던 말이 인상 깊었는데요. 자기 음악을 들어주는 사람들이 없어도 계속 음악을 하고 싶다고 치기를 부리지만 사실 그게 말처럼 쉬운 건 아니거든요. 들어주는 사람이 없어진 순간에도 음악을 한다는 게 어떤 의미인지 같이 생각해봤으면 좋겠어요. 듣지 않는 음악을 하는 것도 의미가 있다고 생각하시나요?

이상은 듣지 않는 음악이라는 말이 여러 가지 의미로 해석될 수 있죠. 영화 안에서도 두세 가지 의미로 나오는 것 같고요. 저의 경우, 만약 제 음악을 누군가 듣지 않게 되었다고 말할 때, 제 입장에서 받아들이는 건 또 다른 의미일 거예요. 저는 저도 좋아하지만 사람들도 좋아하는 노래를 만들어야겠다고 생각할 것 같아요. 거기서 중요한 것은 '나도 좋아하고'예요. 진심으로 진정성을 갖고 노래하는 게 아니라 나는 없고 많은 사람이 좋아할 것 같으니까 그냥 만드는 경우도 있거든요?

상품인 거죠. 자긴 소외되고. 엔터테인먼트적인 음악도 있겠지만, 저는 제 이야기를 하고 싶은 것 같아요. 결국은 그 줄다리기, 두 가지 힘 사이에서 어떻게든 좋은 작품을 만들어내려고 치열하게 노력해야 하는 것 같아요. 그 과정을 계속할 수 없다면 음악은 못하는 거예요. 예술을 한다는 건 되게 힘들어요. 남들이 들어준다 안 들어준다 그런 걸 생각할 여유도 없어요. 그냥 내가 믿고 있는 신념을 가지고 비가 오나 눈이 오나 계속 뭔가 해나가야 하는 거거든요. 그 전쟁을 하기 싫으면 못하는 거죠. 답이 됐는지 잘 모르겠네요.(웃음)

송지환 답을 요구하셨다기보다 이런 문제를 같이 생각해보고자 하셨던 것 같아요.

이상은 이제 여러분의 소감을 들어보면서 마무리하는 건 어떨까요?

송지환 네, 이야기해주실 분 계세요?

나에게 힘을 주는 음악은

관객 직장 언니랑 같이 왔는데, 언니가 제일 좋아하는 가수가 이상은 씨예요. 전 평소 음악을 좋아하고 많이 듣는 편인데. 개인적으로 9년 전에 안 좋은 일이 있을 때 사촌 오빠가 〈외롭고 웃긴 가게〉 앨범을 사줘서 굉장히 감동적으로 들었어요. 특히 〈어기여 디어라〉가 좋았는데. 이 음악이 만들어진 사연을 말씀해주시면 좋겠어요. 영화랑 관련이 없어서 좀 그런가요?(웃음)

송지환 정말 영화랑 관련이 하나도 없네요.(웃음)

이상은 관련 없어도 되잖아요?

송지환 그 노래로 활동 접은 지 한 9년 정도 되지 않았나요?

이상은 아니에요. 요즘도 불러요, 공연 때마다. 그 노래는 일본에서 만들었고요, 제가 일본을 되게 미워했어요. 마음속으로. 어쩌다 보니 일본에 가서 활동하게 됐는데 너무 짜증이 나는 거예요. 실제로 가서 살아보니까 힘들고 그랬는데, 어느 순간 갑자기 이렇게 미워하면 안 되겠다 싶었어요. 손을 잡고 같이 갈 수 있으면 좋겠다는 생각도 들었고요. 저에게는 배에 탄 두 사람이 한국하고 일본이거든요. 같이 화해하고 잘 지내보자 그런 마음으로 쓴 곡이었는데, 용케도 그걸 알았는지 일본 사람들이 이 노래를 정말 좋아해 줬어요. 사실 이 노래는 저 자신을 치유하기 위한 노래였죠. 이제 그만 마음을 열어보자, 그런 마음으로 쓴 노래였어요.

송지환 좋은 이야기네요. 이제 한 분만 더 질문을 받고 정리할까 합니다.

관객 작년 여름 처음 만화책을 봤는데, 되게 좋았어요. 친구들에게 선물도 해주고 그러다가 영화로 만들어진다는 이야기를 듣고 살짝 걱정하기도 했습니다. 만화책이 원작인 영화가 호평받기가 쉽지 않잖아요. 그런데 느낌이 참 좋았습니다.

송지환 표현이 잘 됐나요? 전 원작을 안 봐서….

관객 몇 가지 설정이 살짝 바뀐 것 말고는 비슷한 느낌을 받은 것 같아요. 그래서 감독님께 되게 감사하고요. 질문하자면, 두 분께 힘이 나는 음악을 추천받고 싶어요. 뭔가 힘을 북돋아 주는 음악. 저희가 찾아들을 수 있도록.

송지환 어떤 음악이 힘이 날까요? 아무래도 뮤지션이니까, 좀 멋진 답이 나올 수 있도록 생각할 시간을 드리는 게 좋겠죠? 제가 먼저 대답할게요. 제게 힘이 나는 음악은… 일단 사람의 힘을 키워주는 음악은 국민체조 음악이 아닐까 싶고요.(웃음) 힘이 나야 부를 수 있을 만한 음악은 크라잉넛의 〈말달리자〉 정도? 개인적으로 생각을 많이 안 해봐서, 죄송해요.

이상은 저는 무지하게 좋아하는 밴드가 하나 있긴 해요. 미친 듯이 광팬인 밴드. 만약 스물일곱 살 때 이 밴드를 몰랐으면 어떻게 인생을 살았을까 할 정도로 고마운 밴드죠. 지금은 그 밴드가 해산했고 리드 싱어가 솔로 활동을 하고 있어요. 'The Verve'라는 영국밴드예요. 제가 97년도에 런던에서 레코딩할 일이 있었는데, 그때 〈Bitter sweet symphony〉라는 곡을 레코딩하는 스튜디오의 커다란 TV 에서 The Verve의 공연을 보고 친구랑 기절을 하면서 그다음부터 광팬이 돼서 공연을 여러 번 보러 갔어요. 그의 음악이 없었으면 진짜 잘 견뎌내지 못했을 거 란 생각이 들 정도로 너무 좋아하고요. 2000년도에 직접 만난 적도 있어요. 일본 에서. 그때 정말 행복했죠.

송지환 찾아 들어봐야겠네요.

이상은 네, 유튜브 들어가셔서 뮤직비디오 꼭 보셔야 해요.

송지환 여러분도 찾아보시면 괜찮을 것 같습니다. 15집은 언제 나오나요?

이상은 이제 또 슬슬~.

송지환 시동 거셔야겠네요. 15집 미리 축하 한 번 할까요?(박수) 책은 잘 나가나요?

이상은 네, 염려 안 하셔도 잘~. 저는 힘든 고비 다 넘기고 잘살고 있습니다.(웃음)

송지환 장시간 고생 많으셨고요. 감사합니다. 오늘 자리 마칠게요.

이상은 수고하셨습니다. 근데 뭔지 모르겠어요.

송지환 이렇게 하는 거 맞아요.(웃음)

● <u>2010년 8월 26일, CGV상암</u>

11

헤어드레서
Die Friseuse

헤어드레서
Die Friseuse, The Hairdresser
독일 | 2010년 | 106분

등급	15세 관람가
감독	도리스 되리
출연	가브리엘라 마리아 슈마이데,
	나타샤 라비주스, 김일영
수입	포커스앤컴퍼니
배급	영화사 진진
개봉	2011. 07. 14

★2011 서울국제여성영화제 개막작

남편을 버리고 딸과 고향으로 돌아온 카티(가브리엘라 마리아 슈마이데)는 취업 센터에서 헤어드
레서 일을 소개받는다. 그러나 무조건 채용하겠다던 미용실 원장은 면접을 보러 온 카티에게
너무 뚱뚱해서 미용 산업에는 어울리지 않는다며 퇴짜 놓는다. 부당한 대우에 화가 난 카티
는 자신만의 미용실을 열기로 결심하고 돈을 모을 방법을 궁리한다.

Cinema Talk #11

뚱뚱한 몸을 그대로 보여주기

guest table

진행 · **송지환**
〈무비위크〉 편집장
초대 · **이해영**
감독(〈페스티발〉,
〈천하장사 마돈나〉)

송지환 도리스 되리 감독의 〈헤어드레서〉는 2011년 서울국제여성영화제 개막작으로 상영되었던 작품입니다. 그때 보셨던 분들이 계신지 모르겠는데, 이해영 감독님은 그때 한 번 보시고 오늘 다시 보셨다고 하네요. 어떻게 보셨나요?

이해영 그때가 아마 디지털 상영이 아니었을 거예요. 그래서 화질도 나빴고 사운드도 안 좋았는데, 관객들의 반응은 정말 뜨거웠어요. 전체적으로 객석이 술렁술렁하고 마지막에 춤추면서 파티하는 느낌으로 끝났습니다. 그땐 이 영화가 관객들에게 그런 느낌을 주나 보다 했는데, 이번에는 상영 조건이 더 좋았는데도 너무 숙연하게 보시니까 약간 헷갈리네요. 그때는 정말 오락영화 보는 기분이었는데, 오늘은 굉장히 어려운 예술영화 보는 느낌이라고 할까요? 저는 그때보다 조금 더 캐주얼하게 본 것 같아요. 그땐 여성영화제다 보니까 관객이 거의 여성이었거든요. 여성분들이 빵빵 터지는 대목에서 왜 웃는지 이해가 안 가서 약간 괴리감도 느꼈고요. 오늘은 그때보다 훨씬 가벼운 마음으로 즐겼고, 몸을 던져 연기하는 여배우의 연기, 처음 봤을 때도 감동이었습니다만 오늘도 그렇습니다.

독일의 영화 제작 환경에 관한 부러움

송지환 정말 이런 여배우 만나기가 흔치 않을 것 같네요. 배우에 대해 잠시 말씀 드리자면, 이름은 가브리엘라 마리아 슈마이데이고, 이 작품 시나리오 작가와 이 전에 한 번 작업했고, 열정과 매력을 느껴 이번 작품을 함께 하기로 했다고 합니다. 참고로 〈헤어드레서〉는 도리스 되리 감독이 다른 사람의 시나리오로 연출하는 첫 번째 작품이라고 해요. 이해영 감독님이 〈페스티발〉을 연출하셨던 건 다들 알고 계시죠? 〈헤어드레서〉와 〈페스티발〉을 굳이 연결해서 이야기하자면, 캐릭터의 연관성을 이야기할 수 있을 것 같습니다. 캐릭터가 영화에 어떤 영향을 줄 수 있는지 이야기해주세요.

이해영 〈페스티발〉과 이 영화를 연관하는 건 일단 복이 아닐까 싶네요.(웃음) 제가 여성영화제 심사위원 중 한 명으로 이 영화를 봤는데, 영화 끝나고 다들 제가 이 영화를 어떻게 봤는지 궁금해 하더라고요. 그래서 나중엔 제가 더 궁금했어요. 왜 제 반응이 궁금한지. 아마 〈천하장사 마돈나〉 캐릭터하고 이 영화 캐릭터가 닮은 부분이 있나 봐요. 제 생각엔 〈페스티발〉보다 〈천하장사 마돈나〉가 직접적인 공통성과 연관성을 찾을 수 있는 영화예요. 〈천하장사 마돈나〉 끝나고 뚱뚱한 여인들의 아름다움을 설파하는 행사 측에서 연락이 와서 참석하고 그랬는데요. 어쨌건 이 영화가 독일에서 크게 흥행했다는 얘기를 듣고 사실은 굉장히 부럽고 놀라웠어요. 만약 동일한 시나리오로 우리나라에서 촬영했다면, 글쎄요, 가장 베스트 캐스팅은 아마도 양희경 씨 정도? 이 영화도 큰 예산을 들이진 않았지만, 우리나라에서 만들었다면 보나 마나 3~5억 원 정도의 저예산으로 만들어졌을 테고, 배급도 첫 주 개봉할 때 열 개 관 정도에서 하고 아마 1만 명 넘어도 잘됐다고 축하파티를 하지 않았을까 싶어요. 근데 독일에선 사람들의 호응이 이렇게까지 좋

을 수 있다는 게 놀라웠습니다.

이유는 이런 것 같아요. 보통 우리나라에서는 투자하기 좋은 조건을 많이 따져요. 그중 하나가 주인공이 예쁘냐, 이런 거예요. 당시 싸이더스의 차승재 대표님이 〈천하장사 마돈나〉 시놉시스를 보고 제일 먼저 하셨던 말씀이, 꼭 씨름이어야 되냐, 이거였어요. 씨름이면 뚱뚱한 아이가 나와야 하고 뚱뚱한 사람이 나온다는 건 비호감이고 그러면 투자받기 어려울 텐데. 지금은 안타깝게도 고인이 되셨는데, 영화사 아침의 정승혜 대표님께서도 처음 트리트먼트를 보셨을 때 거의 같은 말씀을 하셨어요. 꼭 이렇게 변태들만 나와야 하니, 여기에 정상인 한 명만 끼워주면 안 돼? 역시 똑같이 투자에 대해 이야기하셨죠. 사실 이 영화엔 온통 소수자와 비주류만 나오잖아요. 소위 말해서 예쁜 사람이 하나도 안 나오는 영화잖아요. 이렇게 비주류 감성을 가지고 있는 캐릭터들을 데리고 이 정도로 흡입력 있는 화법으로 시장에서 사랑을 받았다는 게 놀랍고 부러웠습니다.

소수자를 과잉보호하지 않는 영화

송지환　투자를 받아 연출해야 하는 감독님이라 이런 관점을 가지시는 것 같은 데요. 상업영화에서 접하기가 힘든 이야기들을 많이 접할 수 있는 채널이 열렸으면 합니다. 이해영 감독님은 혹시 사회적으로 억압된 자와 억누르는 자의 관계에 대한 영화를 하신다면, 다루고 싶은 분야가 있으신지요?

이해영　제가 두 편의 영화를 연출하고 마치 차별받는 소수자들을 대변하는 인권운동가처럼 되었고, 비상업적인 감독으로 분류되고 있거든요.(웃음) 일단 이 영화에서 '차별'은 굉장히 재밌는 것 같아요. 재밌는 이유가, 소위 말해 차별을 받는 여성이 자아를 찾고 자신감을 찾는 맥락의 이야기라고 볼 수 있는데, 그러기에 영화 속에 굉장히 뻔뻔한 농담들이 많이 나오죠. 예를 들면, 이 여자가 자기를 맘에 들어 하는 뚱뚱한 남자를 피하면서, "너 같으면 저런 뚱뚱한 남자를 사귀겠니?"라고 말하는 것. 사실 이게 차별적이죠. 근데 저는 차별받는 사람을 다루는 영화치고 너무나 뻔뻔스럽게 차별적인 어휘들을 자유롭게 사용하는 태도가 굉장히 흥미로웠습니다. 이것이 도리스 되리 감독이 관객들과 자유롭게 소통하는 기법이 아닌가 싶어요.

제가 보기에 〈페스티발〉은 일종의 변태 성향이 있는 사람들 이야기인데, 이 변태들이 영화 속에서 상처받지 않고 어떤 누구에게도 비난받지 않게끔 보호하고 싶은 제 애정이 과했던 것 같아요. 과잉보호를 했던 거죠. 영화가 정치적으로 바라야 한다는 생각 때문에 캐릭터를 옥죄기도 하고 결국 영화까지 옥죄었다는 생각이 듭니다. 그래서 결과적으로는 영화가 스스로 진정성을 얘기하는 순간, 진정성은 이미 없는 거나 마찬가지가 되어버렸죠. 영화가 계속 진정성을 울부짖으면서 그 자체로 굳어져 버려서, 좀 평범한 사람들과의 소통에 장애로 작용하지 않았나 반성했어요. 〈헤어드레서〉의 주인공처럼 뻔뻔하고 수다스럽고 막무가내로, 또 어떻게 보면 좀 무례하기도 한 요소를 자유롭게 넘나드는 도리스 감독의 시선이, 제가 보기엔 〈페스티발〉처럼 너무 과잉보호하려는 태도보다 훨씬 더 성숙하다는 생각이 들어요.

송지환 상업적 부담을 많이 느끼셨나요?

이해영 오히려 도리스 되리 감독의 태도가 훨씬 상업적이죠. 저는 상업적인 전략이라기보다 제가 사랑하는 캐릭터들이 상처받을까 봐 과잉보호한 거고요, 도리스 되리 감독은 그걸 자유롭게 풀어나가도 주제가 더 단단해지고 소통이 잘 될 거라는 자신감이 있었던 것 같아요.

뚱뚱한 몸을 그대로 보여주기

송지환 저는 〈페스티발〉을 재밌게 봤어요. 특히 류승범과 백진희 커플을 너무 사랑하는 사람 중 하나예요. 농담인데, 누가 트위터에 하루만 못생겼으면 좋겠다는 이야기를 올려놨더라고요. 짧지만 굉장히 충격적인 표현이었거든요. 이참에 외모에 관해 얘기해봤으면 합니다.

이해영 재밌네요. 저는 이 영화에서 굉장히 신선했던 부분이 이 배우가 뚱뚱한 몸을 여과 없이 보여준다는 데 있는 것 같아요. 개인적으로 그녀가 가장 아름다워 보였던 부분은 샤워하고 몸을 말린 다음, 살이 접힌 부분에 파우더를 뿌리는 장면이에요. 그게 사실은 전개에 별로 필요도 없고, 뺀다고 해서 이야기가 안 되는 것도 아니고, 캐릭터가 없어지는 것도 아닌데, 저는 조그만 욕조에 끼어서 목욕하고

있는 모습이 진짜 많은 걸 보여주는 것 같아요. 아름다움이라는 것, 뚱뚱한 여자가 나와서 아름다움은 이렇고 저렇고 설파하지 않고 그냥 뚱뚱한 몸 자체를 보여주는 것으로 편견을 깨는 느낌이 컸던 것 같아요. 우리나라에선 보통 '설정상' 못생긴 주인공이 대부분이잖아요. 예를 들어 신민아 같은 배우가 나와서 설정상 못생겼다고 우기거나, 잘생긴 미남 배우 캐스팅해서 송곳니 하나 끼워놓고 못생긴 남자라고 우기고. 이 영화는 정말 뚱뚱한 사람의 아름다움을 찾으려 하기 때문에 울림이 있는 것 같아요. 감독님이 실제로 〈헤어드레서〉 여주인공과 비슷한 분위기가 나더라고요.(웃음)

송지환 작품 들어가기 전 주인공 체중에 맞게 몸집을 불리고 분장한 상태로 돌아다니는 체험을 했다고 해요. 울기도 많이 했고요. 사회적으로 사람들에게 이식된 '미의 기준'에 대해 많은 생각을 하게 되었답니다.

예상을 뛰어넘어 계속 직진하는 영화

관객 감독님의 전작을 보면 여성성에 관한 문제를 많이 다루신 것 같아요. 〈헤어드레서〉의 여성성과 감독님이 보여주는 여성성이 어떻게 다른가요?

이해영 〈페스티발〉은 여성성을 다뤘던 것 같지는 않아요. 메인 캐릭터라고 할 수 있는 사람 중 엄지원의 경우, 여성성을 얘기하기보다 남자와 오랫동안 동거를 하면서 어떻게 남녀가 서로 협조를 할 것인가, 이런 문제를 다뤘죠. 이 영화에서 유일하게 자아 찾기를 하는 심혜진 선배의 경우도, 여성성이라기보다 억눌렸던 욕망을 어떻게 터트릴 것인가의 문제였고요. 물론 〈천하장사 마돈나〉는 여성성이

주요 테마였죠. 두 영화를 하나의 테마로 묶어서 본다면, 여성성이라기보다 '자아 찾기'의 맥락이 아니었을까 싶어요.

저는 개인적으로 이런 생각을 해요. 이 영화는 여성성에 관한 영화처럼 보이지 만, 막상 따져보면 사실은 그녀가 얻은 게 없어요. 도리스 되리의 영화는 의뭉스러 운 부분이 있는 것 같아요. 시나리오 형태로 이야기한다면, 감독들이 보통 동그란 구형으로 이야기를 많이 만들잖아요. 초반의 설정이 있다면, 그것을 눈사람 만들 때처럼 굴려서 거대하고 둥그런 형태로 만드는 게 일반적인데, 도리스 되리의 영 화는 원통형 같은 느낌이 있어요. 초반의 출발점은 여기인데, 예상을 빗나가고 계 속 직진하는 느낌. 갑자기 베트남 사람들이 등장하고, 엉뚱한 이야기들이 나오고, 심지어 마지막에 결국 미용실을 차렸다는 건지 어쨌다는 건지 알 수 없어요. 너무 나 엉뚱하게 춤을 추면서 끝나죠. 보통 영화에서 마지막에 춤을 춘다는 건 뭔가를 극복하는 정서의 마무리 같은 것인데, 이 영화에서 춤은 뭔가 확장되는 느낌이기 도 하고 갑자기 이야기가 단절되는 느낌이기도 해요. 이야기를 다루는 태도가 어 떻게 보면 보헤미안 같아요. 그녀의 영화는 도리스 되리라는 사람의 느낌과 존재 감이 계속 느껴지는 것 같아요. 21세기 독일 감독 중에 우리가 아는 감독이 거의 없죠. 도리스 되리 감독은 거의 독보적으로 영화를 만드는 독일의 여성감독인데 요. 그녀의 아이덴티티가 영화 전체를 장악하고 있고 버팀목 역할을 든든히 하고 있기 때문에, 제 영화와는 다른 맥락으로 받아들여지는 것 같습니다.

신기한 영화적 체험

송지환 질문하실 것 없으면, 감독님의 마지막 정리 말씀을 들을까 합니다.

이해영 이 영화는 저한테 약간 신기한 영화예요. 저런 시나리오를 쓴다는 것에 대해 신기하고, 감독과 배우가 작업할 때 저 정도까지 가려면 어떻게 설득을 해야 할까라는 감이 잘 잡히지 않아 신기하고, 남성감독으로서 여성 관객들의 마음은 도대체 어떤 것인지 그런 궁금증과 신기함도 있어요. 오늘 극장에서 두 번째 이 영화를 본 건데, 저한테는 굉장히 좋은 경험이었습니다. 너무 극장에서 제시하는 차림표대로 소극적으로 영화를 선택하지 마시고 좀 더 적극적으로 좋은 영화 많이 봐주세요~.

송지환 감독님, 다음 작품은 어떻게 되는지요?

이해영 고민 중이에요. 세 번째 작품에서 흥행을 못하면, 전 어디로 가야 하나요?(웃음) 흥행을 해야 한다는 생각을 많이 하는데, 그 생각 때문에 네 맛도 내 맛도 아닌 시나리오, 네 맛도 내 맛도 아닌 장르에 덤벼드는 건 멍청한 일이라고 생각합니다. 그나마 제가 잘할 수 있는 것 중에서 흥행 코드가 많은 작품을 준비하고 있습니다.

송지환 오늘 좋은 말씀 많이 해주신 감독님께 박수 보내드리죠.

● 2011년 7월 11일, CGV상암

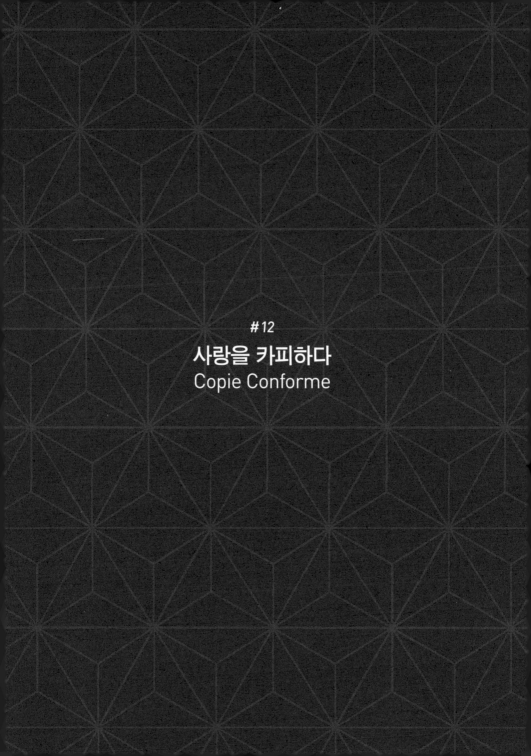

#12

사랑을 카피하다
Copie Conforme

사랑을 카피하다
Copie Conforme, Certified Copy
프랑스 | 2010년 | 106분

등급	15세 관람가
감독	아바스 키아로스타미
출연	쥘리에트 비노슈, 윌리엄 쉬멜
수입	미디어소프트
배급	마운틴픽쳐스
개봉	2011. 05. 05

★2010 칸영화제 황금종려상 후보, 최우수 여자연기상 수상

영국인 작가 제임스 밀러(윌리엄 쉬멜)는 새로 펴낸 〈기막힌 복제품〉이란 책의 강연차 들른 이탈리아에서 그녀(쥘리에트 비노슈)를 만나게 된다. 그녀는 제임스의 책 〈기막힌 복제품〉의 팬이다. 그의 책에 매료된 그녀는 하루 동안 투스카니의 시골지역을 소개해 주겠다고 자청하고, 두 사람은 '진짜 부부'인 척하는 장난스러운 역할극을 시작한다. 가벼운 마음으로 시작한 역할극은 점점 진지해지고, 진실과 거짓이 모호한 감정의 소용돌이 속으로 휘말리기 시작한다.

Cinema Talk *#12*

사랑과 진짜 사랑의 차이

guest table

진행 · **신지혜**
아나운서

초대 · **김영창**
〈맥스무비〉 기자

김영창　안녕하세요. 〈맥스무비〉의 김영창 기자입니다. 반갑습니다.

신지혜　영화가 어딘가 모르게 생각할 거리를 많이 만들어주죠? 먼저 김영창 기자의 의견을 들어볼까요?

김영창　이란의 거장이죠. 아바스 키아로스타미 감독. 국내에서 오랜만에 그의 영화가 정식 개봉되는데요. 개인적으로 멜로가 아닌 장르에서 일가를 이룬 감독이 만드는 '멜로영화'는 어떤 느낌일까, 궁금했어요. 키아로스타미는 그동안 이란 사회를 다룬 픽션과 다큐멘터리, 그 경계에 있는 작품을 주로 만들었는데요. 이 영화를 보니까 기대만큼 멋진 아바스 키아로스타미 스타일의 멜로영화가 나온 게 아닌가 싶습니다.

부부인가, 부부인 척하는 것인가?

신지혜 먼저 감상 나눠 주실 분?

관객 영화 재미있게 봤습니다. 제일 궁금한 건 이 커플이 처음부터 부부였나, 아니면 부부인 척하는 것인가, 하는 거예요.

신지혜 김영창 기자의 의견을 먼저 들어보죠.

김영창 네. 일종의 열린 결말이라는 생각이 들고요. 어떤 확고한 답을 주기보다 관객 여러분이 상상해야 할 몫을 남겨준 것 같습니다. 표면적으로는 작가와 팬으로 만나서 카페에 갔다가 우연한 계기로 부부인 척 연기를 하게 되는 건데요. 또 다른 해석이 가능한 게 이 사람들이 원래 부부였고 애초에 작가와 팬은 설정이라는 거죠. 역할극은 그때 이미 시작했는데 나중에 부부인 척한 것이 실제 그들의 관계가 되는 거죠. 저에게 두 가지 중 하나를 선택하라면, 아마 후자 쪽이 아닐까 싶습니다. 그래야만 나중에 두 사람의 디테일한 대화의 아귀가 맞지 않을까 생각합니다.

신지혜 이 영화, 어떤 영화와 닮지 않았나요? 〈비포 선셋〉. 처음 만난 장소가 서점이라는 것, 만나서 거리를 걸으면서 카페에 들어가 차를 한 잔 마시고 계속 걸으면서 이야기를 한다는 것. 〈비포 선셋〉을 보면 마지막에 가야 하는데 남자가 기타를 치면서 노래를 불러주잖아요. 못 갔을 거예요, 아마. 그렇지 않을까요? 이 영화도 마지막에 한 시간 남았는데, 30분 넘게 걸리는 거리에 와 있잖아요. 과연 갈 수 있을까요? 그런 생각을 하면서 김영창 기자가 지금 한 말처럼 실제로 부부가 아니었을까, 생각해봤어요. 그런데 저는 솔직히 두 개 중 하나를 고르라면 전자에요. 왜 그러냐 하면….

김영창 좀 더 로맨틱해서?(웃음)

신지혜 로맨틱은 아니고.(웃음) 처음을 집중해서 볼 필요가 있을 것 같아요. 처음 두 사람이 만나서 "여기 말고 바깥 날씨가 좋으니 나갑시다. 차가 있으니까. 그러면 우리, 교외로 나가 볼까요?" 그러죠. 카메라가 차창 밖에서 두 사람을 찍어요. 프레임 안에 자동차 유리의 프레임이 있어요. 처음 만난 사람들, 굉장히 어색하잖아요. 어색한 거리를 보여줘요. 이야기를 시작하면서 카메라가 점점 차 안으로 들어와요. 여전히 프레임 안에는 자동차 프레임이 있고요. 시골 마을에 가서 두 사람이 길을 걸으며 이야기를 하고 카페에 들어갈 때도, 유리문이나 거울이 자주 보이잖아요. 거울이나 유리에 비친 모습이 좌우가 바뀐 이미지를 투영하는 게 아니라, 프레임을 나눠주는 역할을 하는 것 같아요. 그래서 카페에 들어갈 때, 유리문이 옆에 있을 때, 남자는 이쪽, 여자는 저쪽으로 프레임이 나누어져요. 결국 이 사람들은 가까워지지 못하는 뭔가가 있구나 싶죠. 마지막 부분은 실제로 부부인데 역할극을 하는 게 아니라 반대로 생각할 수 있다고 봤어요. 김영창 기자 의견에 동의하는 분도 있을 테고, 제 의견에 동의하는 분도 있을 텐데요. 아무튼 어떤 사고를 열어주는 굉장히 기발한 영화라는 생각이 들어요.

진품과 모사품의 의미

김영창 그들은 대체 왜 그런 역할극을 했을까요?

관객 저는 TV 프로그램 〈우리 결혼했어요〉가 떠올랐어요. 가상 부부인데, 저 역할에 몰입하면서 정말 착각할 수도 있겠구나, 싶었거든요. 두 사람도 그러지 않았을까 생각해요. 궁금한 것은 처음 두 사람이 만났을 때 서로에게 존대하잖아요. 근데 영화가 중반으로 가면 남편은 말을 놓고 여자는 계속 존대하다가 마지막에 가면 서로 편하게 말을 해요. 이게 번역상의 기법이 아니라 영화에서도 어떤 뉘앙스가 있었는지 궁금합니다.

신지혜 네. 한 분의 얘기를 더 들을까요?

관객 앞부분에선 모사품과 원본에 관한 이야기를 주로 하다가, 갑자기 역할극으로 넘어가는데요. 어떻게 보면 실제로 뭐가 원본이고 모사품인지 모호해지는 상황이잖아요. 이게 부부인지 아닌지에 대한 문제라기보다, 사랑에는 항상 진정한 사랑이냐 아니면 사랑의 모사냐에 대한 고민이 따르는데, 영화는 허를 찌르듯 예술품과 사랑을 매치시키고 있지 않나 생각이 듭니다. 사실 〈사랑을 카피하다〉는 제목이 처음엔 좀 유치하지 않나 싶었는데, 보고 난 뒤에는 굉장히 번역을 잘했다는 생각이 들어요. 어떻게 해석을 해도 모호하잖아요.

신지혜 공감합니다. 영화를 보면 명품과 가짜, 진품과 모조품 같은 이야기가 많이 나오는데 영화를 보면서 그런 장면에 대해 많이 생각하셨을 것 같아요.

김영창 그들이 가짜 부부인 경우와 진짜 부부인 경우를 나눠서 생각해보면, 만약 진짜 부부라면 이들이 역할극을 하게 된 계기는 오래된 부부 생활에서 찾아오는 권태를 극복하려는 의도이지 않을까 싶어요. 이들은 역할극을 하는 와중에 서로의 진심을 알게 되는데, 진짜 부부 관계로 돌아왔을 때 서로의 진심을 파악하게 되는 거예요. 또 반대의 경우, 진짜 이들이 가짜 역할극이었다면, 여자 입장에서는 처음 만난 남자를 자기 남편이나 연인으로 대상화해서 타인의 힘을 빌려 자신의 문제를 해결하는 실마리를 찾는 거죠. 저는 두 가지 해석을 가지고 모조와 진품, 둘 다를 긍정하는 게 아닐까 생각해봤어요.

신지혜 저는 사실 모조품에는 가치를 두지 않는 편이거든요. 진정한 오리지널만이 가치가 있는 게 아닌가, 이런 생각이었는데.(웃음) 영화를 보면서 그런 생각이 많이 허물어지더라고요. 그 부분이 바로 지금, 기자님이 지적해 준 바로 그 부분인 것 같아요. 중간에 아들하고 엄마가 다비드상 앞에서 이야기를 나누는데 무슨 이야기인지는 잘 모르겠지만, 남자가 중간에 카페에서 이야기하잖아요. 엄마가 아들에게 "이 작품은 진품이 아닌 가짜야."라는 이야기를 하지 않았기 때문에 아들은 진품을 바라보는 것처럼 경외에 차서 모조품을 바라보죠. 그런데 굳이 "그것은 모조품이야."라고 이야기를 해야 했을까? 굳이 그렇게 안 해도 됐다는 거죠. 그렇다고 모조랑 복제를 그렇게 찬성하는 편은 아니지만, 진짜냐 가짜냐가 중요하다기보다 이것이 왜 복제가 되어야만 했는지, 거기에도 의미가 있지 않을까 생각하게 되는 것 같아요.

키아로스타미가 반복하는 주제

김영창 아바스 키아로스타미 감독은 〈체리 향기〉나 〈내 친구의 집은 어디인가〉에서 실재 이야기인지 허구인지 알쏭달쏭한 기법을 자주 사용하셨고, 또 최근에는 미니멀리즘 촬영 방식으로 다큐멘터리 작업을 하신 걸로 알고 있어요. 〈사랑을 카피하다〉의 경우는 오랜만에 만든 극영화고 굉장히 드라마틱한 멜로영화인데, 감독이 다큐멘터리와 극영화, 두 개의 장르를 바라보는 시각이 많이 투영된 게 아닌가 생각해봤습니다.

신지혜 우리가 아바스 키아로스타미를 만난 지 약 10년이 조금 넘은 것 같아요. 〈내 친구의 집은 어디인가〉라는 독특한 영화를 만들었는데, 영화를 본 사람들의 소문이 퍼지면서 우리 마음속에 깊이 들어오게 되었죠. 그 후 우리는 속편 같은 영화를 내리 보게 됐어요. 〈올리브 나무 사이로〉 기억하시나요? 아까 기자님이 말씀하신 것처럼 극영화인지 다큐멘터리인지 경계가 모호한 영화예요. 이게 〈그리고 삶은 계속된다〉, 〈체리 향기〉까지 이어지면서, 사람들은 영화가 우리에게 주는 힘이 무엇인지 궁금하게 되었죠. 그게 김영창 기자가 집어준 포인트라고 생각해요. 경계를 허물어버리는 것. 여기서 좀 더 확대 해석을 하면 영화 자체가 복제품이잖아요. 이 영화에선 특히 그런 점들을 굉장히 많이 건드리는 것 같아요. 영화는 우리 인생의 복제잖아요. 영화와 현실, 진실과 거짓의 경계를 모호하게 만들어버리면서 우리의 생각을 이끌어가지 않나 싶어요.

관객 저는 영화를 보면서 〈인셉션〉 생각이 났어요. 〈인셉션〉이나 '장자의 나비' 같다는 생각, 현실과 꿈의 경계에 대한 생각이 많이 들었어요.

신지혜 참 재미난 감상평이죠? 크리스토퍼 놀란, 개인적으로 굉장히 좋아하는 감독인데. 지금 말씀하신 것처럼 이 영화도 어디까지가 진짜인지 허구인지 나눌 수 없는 부분이 있는 것 같아요. 아까 제가 영화 속 프레임에 대해 이야기했는데, 마지막 부분에 남자가 화장실 거울에 비친 모습, 여자가 화장실에 가서 립스틱을 칠하고 귀걸이를 하는 모습을 담은 거울, 프레임 안의 프레임을 자주 보여줘요. 그런 기법을 통해 현실과 허구의 모호함을 보여주는 것 같아요. 그런 면에서 〈인셉션〉과 통하는 면이 있는 것 같네요. 굉장히 기발한 아이디어예요.

관객   개인적으로 이야기가 산으로 간 느낌이 드네요. 남자의 책은 이 영화의 원제와 같잖아요. 그 제목에 대해 생각해 봐야 할 것 같아요. 카피냐 원본이냐, 이게 중요한 것이 아니고; 이 커플이 부부인가, 역할극인가도 중요한 게 아니에요. 모조품과 원본의 개념을 통해 남녀의 관계를 엮어낸 것 같아요. 원본과 복제품처럼 남녀 사이도 알 수 없게 흐른다는 것을 이런 형태를 빌려 말하고자 하는 것 같아요. 사랑의 형태가 변해가는 상황. 이 인물들의 관계를 보면, 감독이 말하고 싶었던 것은 결국 사랑과 관계에 대한 것이 아닌가 싶어요.

신지혜   여러분도 이미 말씀해주셨다시피 이 영화는 우리에게 찬반을 불러일으키는 영화라기보다 우리 내면에 대해 생각할 거리를 멜로라는 형식으로 살짝살짝 전해주는 영화가 아닐까 하는 생각을 해봤습니다. 지금 말씀하신 것을 들으면서 지난달에 봤던 〈네버 렛 미 고〉 생각도 해봤는데요. 거기서 보면, 복제인간이라는 게 중요한 게 아니라 사람들이 가진 감성, 관계, 운명이 중요하잖아요. 영화 자체에 대해 결코 '이것이 답이야'라고 한 줄로 끌어낼 수 있는 문장은 없을 것 같아요. 이 자리에서는 서로의 감상을 나누면서 나름 생각을 정리할 수 있지 않을까 싶어요.

사랑을 대하는 남녀의 차이

김영창   마지막으로 말씀드리고 싶은 것은 정작 이 영화가 들려주고 싶은 것은 사랑을 대하는 남녀 간의 차이라고 봐요. 그게 감독님께서 하고 싶었던 이야기 중 가장 중요한 부분이 아닐까 싶습니다.

관객   이야기 잘 들었는데요. 영화에서 쥘리에트 비노슈가 질문을 하러 분수

대 쪽으로 자리를 옮기고, 제임스가 오토바이 주변을 배회하는 장면에서 앞에 있는 거울이 눈에 들어오거든요. 쥘리에트 비노슈와 이야기하는 부부의 장면이 보이고요. 그런 디테일까지 신경 쓴 부분이 참 좋았고요. 마지막에 호텔 화장실에서 제임스가 거울을 한참 보고 있을 때 종이 치는데 저도 같이 세고 있었어요.(웃음) 여덟 번 울리는데 아무래도 기차 타기 어렵겠구나, 그런 생각이 들더라고요. 그다음 화장실에서 거울을 한참 보고 있다가 불을 끄면서 영화가 끝나잖아요. 저는 마치 한 편의 연극이 끝나고 커튼이 쳐진 것 같은 느낌을 받았어요. 아무래도 영화 중간에 깔리는 사운드 등 전반적인 느낌이 싸해서 마지막에 그런 느낌을 받았던 것 같아요.

신지혜   사실, 우리가 상업영화를 자주 봐왔잖아요. 이 영화가 만약 할리우드에서 만들어졌다면 다른 영화가 되었을 것 같아요. 유럽영화에 익숙한 사람들은 열린 결말이 어색하지 않아요. 근데 미국 영화는 내러티브를 강조하잖아요, 유럽영화는 태초에 미장센을 중시하죠. 프레임 안에 프레임, 격자 이런 것들은 사실 미장센이거든요. 그래서 연극을 본 것 같은, 그런 느낌이 더 강화되었고요. 이런 미장센이 몰입보단 방해를 줘서, 우리는 오히려 영화를 보면서 더 많은 이야기를 나눌 수 있고 콘텍스트들을 공유할 수 있는 것 같아요. 이제 마무리할까요? 여러분, 오늘 함께 해주셔서 감사합니다. ● <u>2011년 5월 12일, CGV구로</u>

13

일루셔니스트
L'Illusionist

일루셔니스트
L'Illusionist, The Illusionist
프랑스 | 2010년 | 80분

등급	전체 관람가
감독	실뱅 쇼메
출연	장-클로드 돈다, 에일리 란킨, 던컨 맥닐(목소리)
수입	에스와이코마드
배급	에스와이코마드
개봉	2011. 06. 16

★2011 아카데미상 최우수 장편 애니메이션상 후보, 2010 유럽영화상 최우수 애니메이션상

세월이 흘러갈수록 설 자리를 잃어가는 일루셔니스트는 자신이 설 무대를 찾아 이곳저곳을 떠돌다가 앨리스라는 한 소녀를 만나게 된다. 일루셔니스트의 무대에 반한 소녀 앨리스는 다음 무대를 찾아 떠나는 일루셔니스트와 함께 여행을 나서고 뒤이은 모험은 그들의 삶을 완전히 바꾸어 놓는다.

Cinema Talk *#13*

프랑스 애니메이션의 매력

guest table

진행 · **신지혜**
아나운서

초대 · **추혜진**
영화제 프로그래머

신지혜   오늘은 특별히 추혜진 프로그래머를 모시고 영화에 대한 이야기를 나눠 보도록 하겠습니다. 조금 낯선 이름인데, 실뱅 쇼메 감독에 대한 소개를 부탁드릴 게요.

추혜진   실뱅 쇼메 감독은 프랑스에서 태어났고 1963년생입니다. 20여 년간 애니메이션을 해왔지만 작품 수는 그리 많지 않습니다. 1998년 〈노부인과 비둘 기〉라는 단편 작품을 처음 선보였는데, 이 작품이 안시와 아카데미 애니메이션 부 문에 노미네이트되어 이름이 조금씩 알려지기 시작했죠. 2003년 첫 장편 〈벨빌의 세 쌍둥이〉로 역시 아카데미에 노미네이트되면서 주목받는 감독이 되었고요. 〈일 루셔니스트〉는 거의 7년 만에 만든 두 번째 장편 애니메이션입니다. 일단 스토리 는 알고 계신다는 전제로 간략히 소개할게요. 애니메이션의 배경은 1950년대, 영 국에서 한창 로큰롤이라는 새로운 장르가 대중문화의 아이콘으로 자리 잡기 시작 할 무렵이에요. 주인공인 마술사는 점점 밀려오는 밴드들에 의해 마술을 선보일 무대를 잃게 되면서 파리에서 런던으로, 런던에서 스코틀랜드로 옮겨 가게 되죠.

스코틀랜드의 한 섬에 있는 작은 바에서 공연을 펼치며 어지 주인공인 앨리스와 만나고, 그들의 여정이 시작됩니다. 인생의 뒤안길, 마지막 여정을 걷는 한물간 마술사와 새로운 여정을 시작해야 하는 소녀 앨리스. 두 사람의 찬란한 여정이 교차하면서 이야기가 진행되죠. 낯선 사람으로 만났지만 마치 아버지와 딸처럼 유대감이 생기면서 마술사는 앨리스가 원하는 대로 다 해주고 싶어 하고, 앨리스는 철모르는 딸처럼 아버지한테 무조건 많은 것을 바랍니다. 변화하는 주변 환경에 따라 앨리스의 외모도 화려하게 변해 가지만, 계속 흐르고 있는 주요 테마는 아버지가 딸에게 보내는 사랑의 메시지, 소녀에서 여인으로 성장해가는 딸을 떠나보내야 하는 아버지의 애잔한 마음입니다.

스포츠 팬터마임의 대가, 자크 타티

신지혜 설명을 너무 완벽하게 해주셨네요. 지금 해주신 이야기들이 바로 〈일루셔니스트〉라는 작품에 관한 가장 충실한 설명인 것 같습니다. 덧붙여 자크 타티라는 인물에 대해서도 잠깐 설명해 드릴게요. 혹시 오프닝 크레디트 올라갈 때 자크 타티라는 이름을 보셨는지 모르겠는데요. 영화에 관심이 있는 분들은, 충분히 이름 정도는 알고 있지 않을까 싶습니다. 자크 타티는 프랑스 희극배우이자 감독입니다. 우리는 영화사에서 가장 뛰어난 희극배우로 두 사람을 꼽습니다. 찰리 채플린과 버스터 키튼. 자크 타티에 대해서는 그리 많이 알려지지 않았는데요, 사실 자크 타티는 채플린, 키튼과 어깨를 나란히 할 정도로 대단한 인물입니다. 각자 스타일이 달랐을 뿐이죠. 찰리 채플린은 약간 뒤뚱거리는 걸음걸이, 중절모와 지팡이로 세상을 사로잡았고, 버스터 키튼은 약간 건조한 느낌의 코미디를 지향했습니다. 자크 타티의 경우는 원래 스포츠를 했기 때문에 〈일루셔니스트〉의 마술사를 봤을 때, 자크 타티와 흡사하다는 생각을 하게 됩니다. 영화 속 마술사가 스포츠를 하듯 몸을 굉장히 잘 이용하잖아요. 자크 타티는 '스포츠 팬터마임'이라는 자기만의 분야를 개척한 사람입니다. 그가 만든 가장 유명한 작품은 〈윌로 씨의 휴가〉인데요, 이 작품은 주변에 있는 한두 사람을 웃기는 게 아니라 그 웃음이 퍼져 나가 곁에 있는 수십 명의 상인, 나아가서 휴양객 전체를 웃게 만드는 그런 개그에 관한 이야기입니다. 어쩌면 이것이 '자크 타티의 일루션'이 아닐까 생각해봅니다. 자크 타티는 한두 사람이 아니라 화면 전체, 나아가서 관객 모두에게 웃음이 전염되기를 꿈꾸지 않았을까요?

영화를 보고 난 후 저는 개인적으로 많이 쓸쓸했습니다. 자크 타티도 TV가 등장하면서 퇴로를 걸었잖아요. 이 영화 보면서 무성영화 시대의 영화인들이 많이 떠오르더라고요. 무성영화 시대에 대단한 스타였지만 유성영화 시대로 넘어오면서 설 자리를 잃어버린 사람들. 그전에 연기를 굉장히 잘하는 멋있는 배우였는데, 목소리가 안 좋아서 사라져간 배우들이 참 많거든요. 그런 모습들이 〈일루셔니스트〉에 잘 투영되어서, 왠지 모르게 마음이 찡해지고 코끝이 찡해졌습니다. 이제 여러분의 감상을 나눠주셨으면 좋겠는데요. 질문하셔도 좋습니다.

프랑스 애니메이션의 매력

관객   말이 필요 없는 영화인 것 같아요. 우리 아들이 그러네요. 재밌게 봤는데 왠지 슬프대요. 이 한마디로 영화에 대한 감상을 요약할 수 있을 것 같습니다. 이 땅의 모든 아버지의 뒷모습을 보는 것 같아 아버지 입장에서 저도 가슴이 쩡했습니다.

추혜진   실뱅 쇼메 작품들의 특징은 장편임에도 불구하고 대사를 굉장히 아낀다는 겁니다. 감독은 한 인터뷰에서 대사들이 하나의 배경음처럼 들렸으면 좋겠다고 했는데요. 배경음을 노래 삼아 캐릭터가 움직이는 모습을 관객들이 즐겁게 감상하길 바랐다는 말이 인상적이었습니다. 감독은 사실 그림을 굉장히 잘 그리고, 음악적 감각도 뛰어난 사람입니다. 전작의 주제곡을 직접 작곡했고 이번 작품에서도 작곡에 직접 참여했습니다.

신지혜   얘기를 듣다 보니 실뱅 쇼메야 말로 애니메이션계의 자크 타티라는 생각이 들어요. 왜냐하면 자크 타티가 아까 말씀드렸던 스포츠 팬터마임 외에도 음향을 많이 살린 코미디를 지향했던 사람이잖아요. 나이프와 포크가 떨어지는 소리, 일상에서 쉽게 접할 수 있는 음향에 관심이 많아서 자신의 작품에 이를 굉장히 많이 활용했다고 합니다. 이것은 어쩌면 프랑스이기 때문에 가능하지 않았을까 싶은데요. 프랑스 영화들은 내러티브를 중시하는 미국 영화에 비해 미장센과 실험적인 면을 강조하는 편이거든요. 프랑스 애니메이션에 대해 소개해주시겠어요?

추혜진   대부분 프랑스 애니메이션을 어렵다고 생각하는데, 한 번 접하게 되면 사랑할 수밖에 없는 애니메이션이 또 프랑스 애니메이션입니다. 〈일루셔니스

202

트〉는 자크 타티 감독에 대한 오마주이고, 원작을 그대로 그림으로 옮긴 애니메이션입니다. 사실 그전에 감독의 전작 〈벨빌의 세 쌍둥이〉를 보셨던 분들은 화려한 카메라워크와 연출을 많이 기억하실 텐데요, 이번에는 카메라가 거의 고정되어 있다는 것을 느끼셨을 거예요. "타티의 원작을 각색한 것이기 때문에 굉장히 관조적인 입장에서 이번 작품을 연출해보고 싶었다."라는 게 감독의 변이에요. 대신 마지막에 한 번, 굉장히 화려한 카메라워크를 연출하는데 혹시 기억하시겠어요? 토끼를 놔주는 장면에서 카메라가 360도로 돌아가면서 화려한 연출을 보여줍니다. 감독은 관객들이 연극무대를 보듯 영화를 봤으면 하는 입장에서 연출했다고 해요. 하지만 마지막 부분, 하이라이트 부분에선 일부러 화려하게 영화적인 연출을 했다고 해요.

흥미로운 애니메이션 연대기

신지혜 여기서 돌발 퀴즈 하나 드릴게요. 애니메이션이 제일 먼저 만들어진 나라는 어디일까요? 눈치가 빠르면 금방 맞출 수 있어요.(웃음)

관객 프랑스요.

신지혜 맞습니다. 프랑스는 영화뿐 아니라 애니메이션도 종주국입니다. 에밀 콜이라는 사람이 1분 몇 초짜리 짧은 작품을 만들었죠. 에밀 콜은 오랜 역사를 자랑하는 프랑스 영화사인 파테 고몽에서 일하던 사람인데, 무성영화에 여러 실험 기법을 덧붙이면서 애니메이션 기법을 나름대로 터득했다고 합니다. 애니메이션은 에밀 콜이 시작했다고 해도 과언이 아닌데요, 그의 애니메이션 기법을 잘 계승하

고 발전시켜나간 곳이 바로 프랑스입니다. 우리가 알게 모르게 프랑스 애니메이션
을 많이 봤는데요, 르네 랄루를 거쳐, 2000년대 중반 〈프린스 앤 프린세스〉가 작은
반향을 불러일으켰어요. 미셸 오슬로 감독은 이후 〈키리쿠, 키리쿠〉, 〈아주르와 아
스마르〉 같은 작품들을 계속 선보여 우리와 많이 친숙해졌죠. 그리고 이제 실뱅 쇼
메가 등장하면서 판타스틱한, 정말 마술 같은 애니메이션의 세계가 펼쳐집니다.

추혜진　사실 실뱅 쇼메 감독은 주변 환경에 영향을 많이 받는 감독이에요. 본인
스스로 '컨트롤 프릭control freak'이라고 할 정도로 모든 것이 통제되어야만 직성이
풀리는 사람이죠. 저는 개인적으로 이분에게 약간 감정이 있어요. 〈벨빌의 세 쌍
둥이〉 개봉 무렵, 정말 모시고 싶어서 굉장히 러브콜을 많이 했어요. 근데 결국 안
오시더라고요. 나중에 2004년 히로시마 국제애니메이션영화제에서 만나 얘기를
잠깐 나눴는데, 이분이 굉장히 비행기 타는 것을 싫어한대요. 그때도 큰 모험을 하
면서 온 거라고 하더라고요.

신지혜 재밌네요. 실뱅 쇼메 감독이 더 나이 드시기 전에 오셔야 할 텐데…. 의외로 애니메이션 감독님 중에 비행기 못 타시는 분들이 꽤 많네요. 개인적으로 오시이 마모루 감독님 많이 좋아하는데, 비행기를 못 타서 한국에 못 온대요. 농담 삼아, 배 타고 오시지, 그랬어요. (웃음)

실뱅 쇼메의 인생 여정

추혜진 알고 보면 감독의 삶은 굉장한 여정이었어요. 80년대 초반 애니메이션에 입문하면서 프랑스에서 런던으로 옮겨왔고, 잠깐 스튜디오에서 일하다가 85년 몬트리올로 넘어가서 〈노부인과 비둘기〉를 만들었어요. 〈벨빌의 세 쌍둥이〉를 보면 아마 몬트리올에 대한 정서를 많이 느낄 수 있을 거예요. 이 영화가 2003년에 든버러 국제영화제에 초청되어 가게 되었는데, 도시의 정취에 너무 반해서 2004년 과감히 프로듀서이자 아내인 샐리 쇼메와 함께 에든버러에 와서 5년간 작업했어요. 여기 나오는 마술사는 자크 타티의 실제 모습이고, 나머지 사람들은 본인이 직접 만났던 사람들이에요. 소품 하나하나, 거리 하나하나도 모두 본인이 경험했던 것을 그대로 옮겨 놓은 거라고 해요. 원작에서는 파리와 독일을 거쳐 프라하로 가게 되는데, 감독이 프라하에 가보니까 이런 정서가 도저히 안 나올 것 같아서 과감히 배경을 바꾸었대요.

신지혜 영화 장면 장면이 참 아름다워요. 이런 게 2D 애니메이션이라고 하죠?

추혜진 사실은 3D도 조금 섞여 있어요. 자동차나 기차, 그리고 간간이 나오는 배경에 3D가 사용되었죠.

신지혜　네, 그것도 세월이 흘렀음을 얘기해주는 것 같아요. 사실 옛날에는 셀 애니메이션이라고 해서 한 장 한 장 그림을 그려 넘기는 방식이었는데, 요즘에는 컴퓨터도 많이 쓰고, 2D보다 3D가 대세잖아요. 그런 것들을 보면서 세월의 흐름을 느끼게 돼요. 저는 마지막에 두 사람이 호텔을 떠난 다음, 책장이 돌아가면서 생기는 그림자가 인상 깊었어요. 우리 어렸을 때, 정전되면 그림자놀이 같은 거 많이 했죠. 일렁거리는 촛불 앞에 손을 갖다 대면 토끼 모양도 되고 강아지도 되고 하늘을 날아가는 새도 되잖아요. 이런 것들이 아련한 추억을 전해줘요. 결국 '일루셔니스트'라는 제목답게, 이 영화는 우리 마음속에 있는 어떤 '환상'을 끄집어내 주는 것 같아요. 마음속에 환상이 있기 때문에 일상을 좀 더 아름답게 견뎌낼 수 있지 않을까 생각합니다. 또 감상을 얘기해주실 분 계신가요?

감독의 화려한 원맨쇼

관객　저는 내용보다 색채가 아름답다는 생각을 많이 했어요. 기존 애니메이션은 원색적이고 화려한데, 이 영화는 수채화처럼 색깔이 고와서 마음이 차분해지는 느낌이었어요. 실사 영화 못지않게 감정 표현이나 동작도 자연스러워서 보면서 참 잘 만들었다, 우리나라는 왜 이런 걸 못 만들까, 하는 생각도 했어요. 또 하나, 궁금한 것은 중간에 사람들이 뭐라고 말을 하는데 자막이 안 나오더라고요. 의도적으로 그런 건지 궁금합니다.

추혜진　아까 말씀드렸듯이, 이 영화의 대사는 어떤 의미 있는 말의 전달이기보다 배경음처럼 사용된 거예요. 앨리스가 하는 언어와 마술사가 하는 언어가 달라요. 비주얼로 소통하고 있거든요. 그래서 의도적으로 해석을 안 한 거고, 사실 할 필요도 없었던 거죠. 또 감독이 일러스트레이터로 활동했기 때문에 배경 색이나 캐릭터 디자인 등을 직접 했어요. 감독이 얼마나 지독하냐면, 처음 3개월 동안 애니메이터들을 모아 놓고 계속 크로키만 시켜요. 그다음 리드 애니메이터에게 〈나의 아저씨〉를 비롯해 타티의 원작들을 보게 해서 동작들이 어떻게 만들어지는지 분석하라고 해요. 그래서 이렇게 생생한 마술사의 움직임을 구현할 수 있었고요, 단 하나 굉장히 어려움을 겪었던 장면이 있는데, 그게 바로 술 취한 장면이래요. 자크 타티의 영화 어디에도 그런 얼굴이 나오지 않아서 고민했다고 해요. 여기서 퀴즈를 하나 낼게요. 원작에서 바뀐 부분이 배경만은 아니에요. 또 하나 바뀐 게 마술사와 함께 공연하는 토끼인데요, 원작에선 어떤 동물이 나오는지 아시는 분?

관객　닭이요.

신지혜　아, 맞히셨어요. 시네마톡에 오시는 분들은 저희가 어렵다고 생각하는 것을 모두 맞히시더라고요. 저는 토끼를 보면서 모자 속에 막 구겨 넣어져서 스트레스를 많이 받았겠다, 싶었어요. 얘가 성질이 사나워졌잖아요. 사람 손가락만 보면 물려고 하고. 그런 토끼가 자연으로 돌아갔을 때 어떤 느낌이었을까, 궁금했어요. 이제 추 프로그래머님이 이 작품에 대한 마무리를 해주셔야 할 것 같아요.

추혜진　감독이 이번 작업을 하면서 에든버러의 학생들을 애니메이터로 적극 기용하는, 일종의 인큐베이팅 역할을 했어요. 그리고 젊은 애니메이터들에게 드로잉을 강조하시더라고요. 손맛이 느껴지는 아름다운 애니메이션이 점점 사라져 가고 있는데, 현란한 시각적 기술도 좋지만 이렇게 손맛 나는 애니메이션도 계속 이어져야 하지 않을까 싶었습니다. 앞으로 이런 영화 지속적으로 많이 찾아 주시고, 한국 애니메이션도 많이 사랑해주세요. ● 2011년 6월 9일, CGV구로

상실의 시대
ノルウェイの森, Norwegian Wood
일본 | 2010년 | 133분

등급	청소년 관람불가
감독	트란 안 홍
출연	마츠야마 겐이치, 기쿠치 린코, 미즈하라 키코
수입	도키엔터테인먼트
배급	예지림엔터테인먼트
개봉	2011. 04. 21

★2010 베니스영화제 황금사자상 후보

친구가 홀연히 죽음을 택하고, 남겨진 와타나베(마츠야마 겐이치)는 그곳을 벗어나고 싶었다. 어느 날 와타나베에게 친구의 연인 나오코(기쿠치 린코)가 찾아오고, 둘은 서로 가까워져 사랑을 나누게 된다. 한편, 같은 대학에 다니는 미도리(미즈하라 키코)가 와타나베의 삶에 들어온다. 그녀에게서 나오코와는 다른 매력을 느낀다. 나오코의 편지가 점점 뜸해지던 어느 날, 그녀의 병세가 더욱 심해졌다는 소식을 듣게 된다.

Cinema Talk #14

여전히 어른거리는 하루키의 환영

guest table

진행 · **심영섭**
영화평론가

초대 · **임경선**
칼럼니스트
((하루키와 노르웨이
숲을 걷다) 저자))

심영섭 영화평론가 심영섭입니다. 오늘은 임경선 선생님이 〈상실의 시대〉 원작 자에 대해 도움 말씀을 많이 주실 것 같습니다. 영화와 소설 이야기를 함께 나눠 보겠습니다. 여러분은 이 영화를 어떻게 보셨나요? 일단 〈상실의 시대〉 원작을 읽 으신 분들? 상당히 많으시네요. 안 읽으신 분들? 안 읽고 보는 게 더 나을까요, 읽 고 보는 게 더 나을까요? 임경선 선생님은 어떻게 생각하세요?

임경선 안 읽고 보면 그런대로 또 괜찮을 것 같고, 읽고 보면 원작하고 비교하게 되니까 무게감이 곱절은 올 것 같습니다. 2주 전에 다시 읽었거든요.

영화로 거의 만들어지지 않은 하루키 소설

심영섭 저도 무의식적으로 하루키 감독이라고 말할 정도로 이 영화에서 하루키 의 절대적인 영향력을 느꼈어요. 트란 안 홍 감독의 필모그래피에선 굉장히 이색적인 작품인 것 같고요. 베트남에서 태어나 프랑스로 열두 살에 이주한, 베트남에 관한 기억이 거의 없는 감독이, 왜 일본어로, 일본에서, 일본 소설을 영화화했을까요? 그것도 우리나라로 치면 386세대, 일본 전공투 세대를 그린 소설을 영화화했을까요? 왜 그랬을 것 같으세요?

임경선 사실 저도 감독에 대한 정보가 많이 없어서…. 왜 그랬을까요?

심영섭 추측해보죠. 원작에 매료됐다. 그게 아니라면 트란 안 홍 감독이 이 소설을 영화화하려고 했을까요? 사실 하루키 작품은 영화화된 적이 거의 없어요. 이게 겨우 세 번째죠. 데뷔작 〈바람의 노래를 들어라〉가 1980년대, 그리고 2000년대 〈토니 타키타니〉, 그다음에 이 영화예요. 원래 이 영화를 영화화하고 싶어 했던 사람은 왕자웨이 감독이거든요. 그런데 하루키의 허락을 못 받았어요. 그래서 왕자웨이가 이 작품을 포기하고 만든 작품이 〈중경삼림〉이에요. 가네시로 타케시(금성무) 캐릭터가 이 남자 주인공과 되게 비슷하잖아요? 하루키가 자기 작품을 영화화하는 걸 원치 않았대요.

임경선 반은 추측일 수 있는데, 그 사이 많은 영화 제안을 받았는데 안 했던 이유가 저는 두려움 때문이라고 생각하거든요. 하루키가 후기를 보통 안 쓰는데,《노르웨이의 숲》에선 특별히 후기를 쓰면서 이렇게 말했어요. "왜 이 후기를 쓰는지 모르겠다. 왜냐하면 아무리 생각해도 이 작품은 개인적인 작품인 것 같다. 나 개인이 투영돼 있기 때문에 어떻게 받아들여지건 내겐 소중한 작품이다." 자신의 모습이 이 소설에 많이 담겨 있을 거라 생각하는데, 상당히 조심스럽지 않았을까요?

시네마톡

여전히 어른거리는 하루키의 환영

심영섭 저는 영화화된 작품이 하루키 씨 마음에 안 들었을 것 같아요. 〈토니 타키타니〉도 하루키가 원하는 감수성은 아닌 것 같거든요. 그리고 왕자웨이 감독 영화는 순전히 본인의 것이잖아요. 아마 자기 것 같지 않은 느낌을 받고 싶지 않았을 거예요. 그럼 진짜 상실이니까. 이 작품은 더 그랬을 것 같아요. 저는 이 영화에서 "사람들이 열여덟하고 열아홉 살을 오가는 거야. 열여덟 살이 지나면 열아홉이 되고 열아홉이 되면 열여덟이 되고. 그럼 참 편할 텐데." 이 대사가 좋았어요. 근데 이게 책에 전혀 없는 대사예요. 이거, 사실 하루키가 다시 써준 거라고 해요. 트란 안 홍이 이 작품을 하겠다고 4년 동안 졸랐어요. 그래서 하루키가 한 얘기가 시나리오 초고를 가지고 오라는 거예요. 시나리오 초고를 보내주니까 여러 가지 메모와 자상한 첨삭이 되어 있었는데, 거기 이 대사가 들어 있었다고 해요. 하루키 대사예요. 하루키가 쓴 것 같잖아요.

임경선 이 대사 되게 좋다고 생각했는데. 역시 하루키가 썼군요.

심영섭 임경선 선생님, 하루키와 《노르웨이의 숲》에 대해 이야기해주세요. 왜 이렇게 매료되셨어요? 책을 내실 만큼.

임경선 제가 책에 잠깐 이야기한 적이 있는데, 하루키가 이 작품을 로마에서 집필했다고 해요. 당시엔 컴퓨터가 없으니까 대학 노트에 이 작품을 썼다고 하고요. 로마란 도시가 치안이 엉망이니까, 중간에 노트가 없어질까 봐 계속 복사를 하러 동네를 오갔대요. 근데 이탈리아 사람들이 워낙 덜렁거려서 중간 중간 복사를 빠트리고, 다 누락되는 바람에 혼이 났다는 이야기도 들었어요.

　저는 이 소설 보면서 가슴이 아련해 오는 게 '미도리'에요. 하루키 부인이 미도리랑 비슷해요. 같은 대학 동창이고, 수업 같이 듣다가 연애했어요. 하루키가 대학 시절에 친구가 딱 두 명 있었대요. 그중 한 명이 와이프인 요코고, 또 다른 여자가 있었고. 제가 봤을 때 현재 와이프도 이불집 점포의 딸이고, 화장기 하나 없고 항상 쇼트 커트하는 게 완전 '미도리' 그 자체예요. 하루키로선 자신의 대학 생활이 모자이크처럼 들어 있어서 더욱 특별한 작품이 아니었나 생각됩니다.

일본 전공투 세대의 아픔

　심영섭　조금 덧붙이자면 하루키가 와세다 대학교 연극학과를 다녔는데요. 소설의 배경도 와세다 대학이죠. 첫 직장이 레코드 가게 점원이었거든요. 그다음 '피터 캣'이라는 카페에서 일했는데, 레코드 가게 점원으로 나오는 것도 똑같고요. 태어난 곳은 교토지만 고베에서 계속 자라서 실질적인 고향은 고베나 다름없어요. 주인공의 고향도 고베죠. 그런 것들이 거의 비슷한 것 같아요. 하루키의 자전적인 소설이라는 선생님 말씀이 영화 속에 잘 드러나요. 또 이런 얘기도 할 수 있을 것 같아요. 전공투 이야기를 하고 넘어가야 할 것 같은데. 영화에선 적게 다뤘지만, 하루키 소설 중 〈댄스 댄스 댄스〉나 무라카미 류의 〈69〉 같은 소설을 보면 60년대 말부터 70년대 초까지 일본을 휩쓸었던 전공투 세대의 흔적이 많이 남아 있어요. 하루키에게 전공투의 의미가 뭔지, 그 이야기를 먼저 하고 넘어가면 훨씬 이 영화를 이해하는 데 수월할 것 같아요.

임경선 당시, 미국 제국주의에 대항하는 일본 학생운동이 격렬했는데, 하루키는 개인주의라서 데모에 휩쓸리지 않았어요. 그렇다고 굳이 반대하는 입장도 아니었고요. 단지 그는 집단으로 움직이는 걸 싫어했습니다. 어떤 좋은 취지로 운동을 한다고 해도 집단으로 움직이다 보면 그 안에서 권위가 생긴다고 생각했거든요. 권위주의를 경기 나게 싫어했나 봐요. 그러다 보니 참여하진 않았지만 굉장히 복합적인 감정이 있었던 것 같아요. '그렇게 전공투 시절에 열심히 데모해놓고 막상 되돌아보니까 앞서 나갔던 친구들이 제일 먼저 대기업에 취직하네' 이게 '난카이 세대'죠. 넥타이 묶고 제일 열심히 나라를 위해, 기업을 위해 투신하는 기업의 투사가 되어 버린 세대. 이런 걸 보면서 굉장히 허무함을 많이 느꼈던 것 같아요. 이런 가치관이 소설에도 녹아있는 것 같고요.

심영섭 전공투라는 게 여기선 전대협이라고 번역이 되어 있네요. 우리나라식으로 번역한 것 같아요. '전국학생공동투쟁회의'의 약자예요. 한 대학에 뿌리를 둔 게 아니라 전국 대학을 아우르는 그런 조직이라고 생각하시면 되고요. 유럽에 '68 혁명'이란 게 불어왔을 때 대학 개혁도 일어났어요. 대학원도 만들고, 대학 등록금도 엄청나게 올리고. 일본에선 경제개혁이 일어났거든요. 여기에 학생들이 극렬히 저항했고, 그러면서 교토대학교 학생이 피살되는 사건이 일어났죠. 시위가 전국적으로 퍼져서 결국에는 아주 폭력적인 시위, 해방구를 만들어냈는데요. 재미있는 것은 이때 스타일, 일본말로 '풍속'이라고 하는데, 그중 하나가 여자들이 미니스커트를 입고 다니고, 남자들은 깃이 유난히 넓은 와이셔츠를 입는 거였어요. 그리고 하늘색, 빨간색 헬멧을 쓰고 다니는 게 전공투의 상징이었죠. 이런 게 전공투 분위기인데 제가 볼 때 이런 분위기가 전경화된 것 같진 않고요, 배경으로 잘 녹여낸 것 같아요. 잘 보시면 주인공이 전공투하고 반대로 걸어가요. 또 대학교에선 유달리 스테디캠 장면이 많습니다. 스테디캠이라는 게 일반 카메라보다 부드럽게 찍을 수 있는 영화적 언어예요. 스테디캠으로 주인공을 쫓아다니는데 그때 보면 주인공이 대학에서 항상 다른 사람들하고 달리, 혼자 반대 방향으로 걸어가요. 전공투에 섞이지 못하고 혼자 유폐돼 있죠. 식물적이에요.

임경선 그런데 일반적인 일본 영화와 다르게 빈티지 인테리어가 많이 나오고, 녹색과 갈색이 많이 등장해요. 그러다 보니까 일본적이면서 동시에 이국적이고, 어떤 면에선 소울적인 느낌도 들어요. 영화가 굉장히 짙어요.

심영섭 궁금한 점이 많을 거라 생각해요. 나오코랑 왜 성관계를 나눴는지, 열일곱 살 때 기즈키는 왜 자살했는지, 이해가 되세요? 내러티브가 굉장히 불친절한 영화거든요. 궁금하신 점 질문해주세요.

읽는 게 아니라 느끼는 영화

관객 하루키 너무 좋아합니다. 영화화되면서 독특한 점은 자연인 것 같아요. 치유적인 의미로서 자연이 등장하고, 또 물의 이미지도 굉장히 인상 깊었어요. 이 영화에서 물이라는 게 어떤 의미인지 궁금하고요. 상처를 치유하지 못하는, 구원 받지 못하는 청춘들에 대해 영화가 부정적인 결말을 내리지만 카메라 시선은 그들을 지켜준다는 느낌, 따뜻한 느낌이 들었거든요. 그런 느낌에 대해 궁금합니다.

심영섭　저는 이 영화가 읽어내는 영화라기보다 느끼는 영화라고 봐요. 모든 사람의 심리나 동기, 원인이나 인과관계를 이해하겠다고 하면 불친절할 수 있는 영화예요. 잔잔하기 때문에 어떻게 보면 깨끗하지만 지루할 수 있고요. 이 영화는 아플 때 아프다고 말하는 영화도 아니에요. 하루키 주인공들은 '아프다'고 얘기하는 편이 아니죠. 미도리가 그나마 제일 개방적이고 건강한데 미도리조차 그러진 않잖아요. 그럼에도 영화가 주인공에게 끊임없이 마음을 쓰고 있다고 느껴지는 건, 자연의 상태 자체가 주인공의 마음을 잘 드러내고 있기 때문이 아닌가 싶어요. 예를 들면 나오코랑 있을 때 바람 같은 게 훨씬 세요. 강렬하죠. 나오코가 죽었을 때 파도도 그렇고. 상징적인 게 동굴 안에 따뜻한 불이 피워져 있는데, 밖에는 파도가 세차게 치는 거예요. 그게 딱 와타나베의 마음이라고 보거든요. 미도리한테는 평화롭고, 여유롭고, 안정적인 느낌을 받나 봐요. 수영장의 물도 굉장히 맑잖아요. 오히려 나오코랑 만났을 때 흙탕물에 메기가 지나가고, 바다에 파도가 치고 그렇죠. 굉장히 식물적인 두 사람이 만나는데 그 안에 있는 내밀함은 더 강렬할 수 있어요. 그런 것들을 와타나베를 통해 잘 보여주고 있지 않나 싶었습니다. 물의 이미지도 단순히 물이 아니라 강도와 세기, 음향 같은 것이 다 달라요. 바람 소리, 새소리, 빗소리 이런 것들을 같이 들으면서 감수성이 터지는 느낌이 들었어요.

임경선　저는 여기서 제일 좋아하는 인물이 하스미에요. 하스미의 대사 중에 "나도 어쩔 수 없는 마음이야"라는 게 있는데, 저는 그게 영화의 많은 것을 얘기해주고 있지 않나 싶어요. 청춘의 사랑이라는 건 순수하기도 했다가, 아름답기도 했다

가, 잔인하기도 했다가, 유치하기도 했다가, 정말 어쩔 수 없는 거잖아요. 서투름 자체를 받아들이고 항복하는, 체념의 어떤 맛. 저는 그 대사를 들었을 때 '아, 하스미 얘가 보통 여자가 아니구나'라는 생각이 들었어요. 또 하나는 아까 질문하신 것에 대한 건데요. 전 하루키 소설 주인공의 공통점이 '소년다움'이라고 생각해요. 소년다움이 뭐냐 하면, 어떤 슬픔이나 힘든 일이 있어도 그것을 꿀꺽 삼키고 한 발짝씩 나아가는 것, 그것을 소년다움이라고 정의 내렸어요. 이 사람들이 힘들다고 투정부리는 게 아니라 꾹 삼키면서 묵묵히 걸어가잖아요. 그런 부분 때문에 아무리 결말이 비관적이라도 항상 희망은 있다고, 어딘가에서 힌트를 주는 것 같은 느낌이에요.

《노르웨이의 숲》에 관한 해석

심영섭   고백하면 저는 하루키 소설에 매료된 적이 한 번도 없는데, 트란 안 훙은 이걸 왜 영화화하고 싶었을까요?

임경선   어, 심영섭 평론가님, 소녀 아니세요?

심영섭   소녀라뇨.(웃음) 트란 안 훙은 정물적인 구석이 있어요. 〈그린 파파야 향기〉에서 파파야 긁을 때를 생각해보세요. 녹색 파파야, 하얀 씨앗이 박힌 그 이미지가 사실 여자의 자궁 느낌이잖아요. 그런 은밀한 것을 즐기는 감독인데, 이 소설이 되게 은밀한 구석이 있어요. 소설의 은밀함, 음흉함, 이런 걸 좋아하지 않았을까 싶고, 주인공들을 구원 못해서 좋아했을 것 같아요. 트란 안 훙 감독이 와타나베 캐릭터를 시각적으로 이미지화할 때 재미있었던 건, 절대 여자보다 앞서 가지 않는 남자로 묘사한다는 거예요. 계속 따라가죠. 한국의 마초들은 반대잖아요. 앞에서 뒷짐 지고 걸으면 여자가 뒤에서 '서방님' 하고 따라가는 이미지잖아요.

관객　제목의 뜻을 알면 어떤 영화든지 더 깊게 다가갈 수 있잖아요. 〈상실의 시대〉라는 건 우리나라에서 번역한 거고, 원제목은 비틀스 노래에서 따온 〈Norwegian Wood〉에요. '노르웨이산 목재'라는 뜻인데, 이런 제목이 붙은 이유가 궁금합니다.

심영섭　일단 일본의 'Norwegian Wood'는 오역이었어요. 비틀스 노래 가사가 대단히 흥미로워요. 어떤 남자애가 한 소녀를 만나 소녀의 방으로 들어와요. 그리고 와인을 마시고 소녀와 함께 있는데, 아침에 보니 소녀가 없어졌어요. 그런 내용이거든요? 거기서 하루키가 영감을 받았다고 해요. 영화에는 없는데, 첫 장면이 원래 회상으로 시작해요. 왜 회상장면이 없느냐고 물으니까, 트란 안 홍이 그러기 싫었다고 해요. "상처는 현재 진행형이라는 걸 보여주고 싶었다. 아물지 않는." 이라는 이야기를 했거든. 소설에는 회상장면이 있어요. 독일에 갔을 때 비행기에서 비틀스의 〈Norwegian Wood〉가 클래식으로 나오는 걸 듣고, 불현듯 옛 생각을 해요. 개인적으로 상상력을 발휘하면, 숲은 저에게 영감을 줘요. 이건 일종의 삼각관계잖아요. 그런데 트란 안 홍이 잘한 게 있다면, 진부한 연애영화나 삼각관계로 만들지 않은 거죠. 한편으로 아쉬운 건 너무 원작에 짓눌려 얌전하게 각색한 게 아닌가 싶기도 해요. 자신의 해석을 덧붙이지 않고. 벌써 20년 전의 이야기인데, 지금 이 시대, 우리가 갖고 있는 느낌 없이 너무 원작에 복종하는 느낌이라고 할까요. 이런 점들이 조금 아쉬웠어요. 근데 어쨌든 숲은 나무가 한 그루가 아니잖아요. 저는 인간관계가 그렇다고 생각해요. 나오코는 미도리를 몰라요. 미도리도 나오코를 본 적이 없어요. 와타나베라는 나무에 의해 서로 얽혀 있어요. 숲을 이루

죠. 그런데 우리는 남자, 여자로서의 관계가 둘에 의해 이루어진다고 착각해요. 어떻게 보면 사실 또 다른 사람 때문에 이 관계가 상당히 영향을 받거든요. 우리는 이 나무, 이 사람을 못 봐요. 하지만 다 얽혀 있고, 바람이 불면 서로 흔들려요. 이런 식의 미묘한 삼각관계나 인간관계들이 숲을 이루고 있는 게 이 소설의 최대 매력이에요.

하루키는 밀당의 천재

관객 저는 되게 간결한 질문인데요. 어째서 와타나베 주위에는 여자가 끊이지 않는 걸까요.(웃음) 별 매력도 없는 것 같은데, 단지 주인공이라서 그런 건가요?

심영섭 남자들은 이런 캐릭터 어때요? 아, 다들 머리를 흔드네요.(웃음)

관객 갑갑해요.(웃음)

임경선 저는 와타나베가 '밀당'의 천재라고 봐요.(웃음) 이건 거의 천부적인 재능인데. 이 캐릭터가 진짜 하루키거든요. "물론이지"라는 말을 되게 많이 쓴대요. 여자에게 부합하는 말을 입맛에 맞게 해줘요. 그러면서 항상 한 발짝 뒤로 물러나 있죠. 또 여자가 먼저 한 발짝 다가가면 그 흐름에 같이 장단을 맞춰주고요. 그 리듬감, 절묘합니다.(웃음)

심영섭 제가 볼 때 이 남자는 뭐가 있어 보여요. 여자한테 전부 드러내면 재미없잖아요. 마음의 영지에 비밀스러운 것이 있어야 여자들이 그곳을 보고 싶어 하거든요. 근데 이 남자는 그런 게 있어요. 하루키도 그렇죠. 하루키는 재즈나 클래식 음악을 좋아하는 것 같고, 작품 쓸 때 클래식 음악을 주로 듣는 사람이죠. 또 마라톤을 좋아해요. 여행도 좋아하고. 지금도 유럽에 있고, 또 번역도 좋아해요. 하루키가 좋아하는 작가 중에 스콧 피츠제럴드가 있는데, 그 사람이 쓴 《위대한 개츠비》도 번역했어요. 《제5도살장》을 쓴 커트 보니것도 좋아하고, 초창기 《바람의 노래를 들어라》는 이 사람의 영향을 받아 쓴 거예요. 《미국의 송어낚시》를 쓴 리처드 브라우티건처럼 아주 모던하고 짧고 박력 있고, 동시에 감수성 있는 소설도 좋아하죠. 일본 문학에서는 이런 취향이 대단히 이질적인 것이었고, 그게 먹혔던 것 같아요. 하루키가 그런 면이 없었다면 우리나라에서 하루키 신드롬이 일어나지 않았을 것 같거든요.

임경선 이 작품을 쓰기 전 《하드보일드 원더랜드》라는 작품을 썼는데요. 그전까진 컬트작가였어요. 아무리 많이 팔아도 20만 부가 넘지 않는, 판타지 계열의 작가로 유명했대요. 그러다가 처음 리얼리즘 소설을 써서 소위 말하는 대박이 났죠. 20만 부를 넘다 보니 안티들이 생기고, 처음으로 유명세를 치르게 됐죠. 이 작품 쓰고 나서 6개월 동안 글을 못 썼다고 해요. 폐쇄적으로 바뀐 계기가 되었던 작품이래요.

심영섭 하루키 소설에선 일상이 대단히 소중하고 섬세하게 묘사되는데, 그게 재미있어요. 우리는 일상을 모래처럼 손가락 사이로 마구 흘려버리면서 살잖아요, 이게 상실의 시대를 사는 우리의 모습이 아닐까 싶네요. 이상으로 시네마톡을 마치겠습니다. 감사합니다.

● 2011년 4월 15일, CGV강변

15

선물가게를 지나야 출구
Exit Through the Gift Shop

선물가게를 지나야 출구
Exit Through the Gift Shop
미국, 영국 | 2010년 | 87분

등급	12세 관람가
감독	뱅크시
출연	뱅크시, 티에리 구에타, 리스 이판
수입	스폰지이엔티
배급	조제
개봉	2011. 08. 18

★2011 아카데미상 최우수 장편 다큐멘터리상 후보

세계적인 그라피티 아티스트 뱅크시. 거리 미술에 매혹된 티에리는 뱅크시의 허락으로 그의
일련의 작업 과정을 집요하게 촬영한다. 작가의 의도와는 상관없이 상품화되어가는 미술계
의 세태를 지켜보던 뱅크시의 제안으로, 거리 미술의 본질을 보여줄 다큐멘터리 편집에 돌입
하는 티에리. 하지만 그의 정신병적 결과물에 경악을 금치 못한 뱅크시는 직접 영화를 만들
기로 하고, 티에리는 뱅크시가 연출한 영화의 주인공으로 전락하는 급반전을 맞이한다.

Cinema Talk #15

뱅크시, 현대 미술의 허구성을 조롱하다

guest table

진행 • **임진평**
감독(《우리 만난 적
있나요》, 《두 개의 눈을
가진 아일랜드》)

초대 • **홍경한**
미술평론가

임진평   안녕하세요. 영화감독 임진평입니다. 2008년 말 뱅크시의 책이 나온 적이 있습니다. 그전에 뱅크시의 작품을 먼저 접하게 되었는데요. 친구가 영국 여행을 하던 중, 길거리에 있는 뱅크시의 벽화를 찍어서 보내줬어요. 그 사진을 보고 재미있다고 생각해서 다른 작품을 인터넷에서 찾아보게 되었고, 더 많은 걸 알아보기 위해 책을 찾다가 마침 영국에서 출간된 그의 작품집《Banksy, Wall and Piece》를 발견했고, 반가운 마음에 이 책의 국내 출간을 직접 기획하게 됐습니다. 그리고 그게 인연이 돼서 이 자리까지 서게 된 것 같네요. 이제 영화에 대한 이야기를 편하게 나눴으면 합니다. 뱅크시가 영화감독이기 이전에 그라피티 아티스트이기 때문에 미술적으로 궁금증을 해결해줄 미술평론가 홍경한 님을 모셨습니다.

홍경한   안녕하세요. 저는 미술평론을 하고요. 얼마 전까지 월간 〈퍼블릭 아트〉에서 편집장으로 일했습니다. 지금은 대학에서 학생들을 가르치고 있습니다.

뱅크시, 현대 미술의 허구성을 조롱하다

임진평　영화 재미있게 보셨나요? 혹시 뱅크시에 대해 사전 지식을 가지고 계신 분이 계신가요? 인터넷에 찾아보면 자료가 많은데, 오늘 영화를 통해 뱅크시를 처음 알게 된 분이 있으신가요? (두리번) 그게 왜 궁금했냐면 저는 영화를 보고 굉장히 놀랐어요. 이걸 어디까지 믿어야 하나, 장르적으로는 다큐멘터리라고 하는데 영화를 하는 입장에서 어디까지 리얼리티인지 궁금했고요. 사전 지식 없이 봤을 때 어떤 느낌이었는지도 궁금했습니다. 평론가님이 먼저 영화 보신 소감을 말씀해 주세요.

홍경한　뱅크시에 대해 알고 오신 분이 많은 것 같은데요. 뱅크시가 진짜 똑똑한 사람이라는 걸 알 수 있겠더라고요. 처음에는 진지하게 그라피티의 신화적인 인물들을 등장시키면서 집중 조명한 듯한 느낌을 주는데, 결과적으로 미스터 브레인 워시라는 특별한 주연을 통해 현대 미술이 가지고 있는 허구성을 이야기하는 것 같아요.

임진평　많은 분이 사전 지식을 가지고 있긴 하지만, 그래도 뱅크시에 대해 소개 한번 해주세요.

홍경한　뱅크시는 74년생이고, 인터뷰를 참고하면 '구레나룻이 있는 백인'이라는 정도만 알려졌죠. 결혼은 안 한 것 같고. 초등학생 때 본의 아니게 억울한 폭행 누명을 써서 학교를 관두고 난 후, 정의란 무엇인가에 대해 오랫동안 혼자 고민을 해왔던 것 같아요. 내가 하는 일이 과연 올바르다고 해도 그게 진짜 올바른 평가를 받느냐에 대한 문제를 생각했던 것 같아요. 이를 삶의 기준으로 삼다 보니 반전, 평화, 자유, 생태 등 동시대적인 문제들을 보다 날카롭게 해부하는 작품을 만들게 된 거죠.

범죄는 규범을 따르는 데서 발생한다?

임진평 저는 뭘 하나 적어왔는데요. 뱅크시의 책에 이런 말이 있어요. "이 세계에 거대한 범죄는 규율을 어기는 것이 아니라 규율을 따르는 것에 있다. 명령에 따라 폭탄을 투하하고 마을 주민을 학살하는 사람이 곧 거대한 범죄를 저지르는 것이다." 저는 이 말이 뱅크시의 정체성을 적합하게 표현해주는 게 아닌가 싶었어요. 뱅크시는 길거리에 그림을 그리는 불법적인 작업을 하는데, 사실 이건 아무것도 아니고 실제로 범죄자는 명령에 따라 폭탄을 투하하는 사람이라는 것을 이야기하고 싶은 거죠. 뱅크시의 영화를 통해 이런 이야기들이 많이 회자되면 좋지 않을까 싶습니다.

홍경한 뱅크시는 세상에서 우리가 추구해야 할 진정성이 과연 무엇인가라는 화두를 늘 던지고 있습니다. 미국이 세계 보안관인 척하지만, 뒤에서 자행하는 반인류적 인권침해, 그건 과연 누가 단죄하고 심판하는가 하는 문제, 예술가도 동시대를 사는 사람들이기 때문에 그런 것에 경각심을 가져야 한다고 주장하는 거죠. 인류가 함께 추구해야 하는 삶의 진정성, 가치를 이야기하고 있다는 점에서 참 큰 작가라고 생각합니다.

임진평 저는 영화를 하는 입장에서 질투가 많이 났어요. 저도 작은 규모의 다큐멘터리를 해봤는데, 이 영화가 과연 다큐멘터리가 맞는지 잘 모르겠습니다. 아카

데미 다큐멘터리상 후보에 오르긴 했지만, 한쪽에선 페이크 다큐멘터리가 아니냐
는 말도 있거든요.

홍경한　다큐멘터리 느낌이지만 제가 봤을 때는 뱅크시가 새롭게 시도하는 또
다른 스텐실 기법이 아닐까 싶어요. 영상으로 이미지를 전달하고 스토리를 생성
하는 거죠. 뱅크시는 다큐멘터리를 빙자해 자기 생각을 표현한 게 아닐까요.

임진평　누가 "이 영화는 페이크다."라고 했더니, 그 밑에 아니라는 의견의 주욱
달렸더라고요. 실제로 쉐파드 페어리가 다른 지면에서 "이것은 진짜"라고 말했대
요. 티에리 구에타가 미스터 브레인 워시가 된 과정이 모두 실제라고. 그렇기 때문
에 쉐파드 페어리가 거짓말을 하진 않았을 거라는 의견이 지배적입니다. 또 어떤
사람은 영화 마지막에 보면 미스터 브레인 워시가 어떤 여자 리포터와 인터뷰를
하는 장면이 있는데, "그게 도대체 어떤 매체에서 한 거냐", "그런 방송 채널은 없
다."라고 주장해요. 재미있어서 눈여겨봤더니 리포터 마이크에 채널명이 명시되어
야 하는데 영화에는 그런 게 없더라고요. 제가 볼 때 그 정도는 연출의 가능성도
조금 있다고 봐요. 그게 혹시 연출이라고 해도 그로 인해 영화 전체가 '페이크'라
고 할 수는 없는 거죠.
　영화에서 뱅크시의 대변인으로 한두 번 등장했던 친구가 뱅크시 홈페이지 도메
인 등록자예요. 제가 알기에는 뱅크시의 친구인데, 이 친구가 뱅크시 영화에서 대
변인이라고 나와서 약간 여운을 주는 것 같아요. "티에리 구에타가 천재일 수도
있지만, 사실 나도 잘 모르겠다. 이건 좀 조크 같다." 사실 티에리 구에타가 미스터
브레인 워시가 되는 과정에서 뱅크시가 조금 관여를 하지 않았을까 의구심이 들
어요.

브랜드가 만들어지는 과정 꼬집기

관객　뱅크시는 사회적인 의미를 찾으려고 작업하는 반면, 티에리는 돈을 벌려는 목적으로 작업하는 것 같습니다. 뱅크시가 이 부분을 우려해서 "이런 식으로 하면 안 된다."라는 걸 충고하는 것 같은데요.

홍경한　맞습니다. 뱅크시가 말하고 싶은 건 브랜드가 만들어지는 과정이에요. 예를 들어 영국의 데이미언 허스트라는 스타 화가가 만들어지게 되는 과정. 데이미언 허스트가 90년대 내놓은 상어 박제 작품을 찰스 사치라는 기물 컬렉터가 미국에 있는 가고시안 갤러리 대표인 래리 가고시안에게 소개하고 그가 금융 거부 한테 작품을 팔게 되는데요. 이러한 사이클이 만들어지는 과정에서 데이미언 허스트라는 브랜드가 태어난 거예요. 똑같아요. 결국 뱅크시가 말하는 건 그거예요. 현대 미술의 구조적인 허점을 티에리를 통해 짚어보는 거죠.

임진평　궁금한 게 있는데요. 뱅크시가 요즘 설치 미술 쪽으로 많이 가고 있는 것 같은데요. 그건 어떤 이유일까요? 결국 뱅크시가 하고자 하는 예술 영역으로 가기 위해 뱅크시 본인도 마케팅적으로 영화를 이용한 건 아닐까요?

홍경한　뱅크시 본인은 작품이 벽에서 떼어져 경매에서 몇 억씩 팔리는 걸 원하진 않을 거예요. 뱅크시가 말하는 바보들은 자기 의사와 관계없이 뱅크시라는 브랜드 작품을 산다는 거예요. 뱅크시 같은 예술가의 습성은 거리에서 시작되었고 거리에서 끝이 나야 하기 때문에 앞으로 티에리와는 정반대의 과정을 걷지 않을까 싶어요.

임진평　미스터 브레인 워시라는 사람은 영화를 하는 입장에서 정말 캐스팅하고 싶은 배우인 것 같아요. 90분 내내 한 번도 활짝 웃는 모습을 보이지 않지만 너무 귀엽고, 잭 블랙의 느낌도 나거든요. 지금 그는 영화에서처럼 미스터 브레인 워시로 이미 유명해진 상태예요. 근데 영화를 보면 바보 혹은 꼭두각시로 보이거든요. 이 영화의 출연에 동의한 건 어떤 뜻으로 받아들여야 할까요?

홍경한　우리는 알면서도 속습니다. 대기업 광고만 봐도 그 기업의 화장품을 바르면 정말 모델처럼 예뻐지는 게 아니잖아요? 그런데 욕망은 어쩔 수 없는 거죠. 미스터 브레인 워시가 제가 봤을 땐 굉장히 똑똑해요. 순리를 알고 있죠. 미스터 브레인 워시가 우리 눈엔 바보로 보일 수 있지만 사실은 영리한 거예요. 뱅크시와 당대 유명한 그라피티 아티스트를 적극 활용하고, 그런 과정을 뱅크시가 도와줌으로써 관객들에게 메시지를 던져주는 거예요. 이걸 어떻게 생각하느냐는 문제인 거죠. 저는 그렇게 봤어요.

상업주의 대하는 두 개의 태도

관객　여기서 뱅크시가 천재인지, 티에리가 천재인지는 이미 무의미해요. 이 영화는 있는 그대로의 현상을 보여줬다는 데 의미가 있는 것 같아요.

임진평　천재 이야기를 해서 그런데, 저도 영화를 보면서 '뱅크시는 진짜 천재구나'라는 생각을 했어요. 천재들의 작품은 사실 범인들이 봤을 때 "아, 저거 나도 할 수 있는데!"라는 느낌을 줘요. 천재와 일반인의 차이가 백지장처럼 얇은 차이지만 일반인은 그걸 못 넘어가죠. 이런 생각을 한 이유가 두 가지인데, 하나는 제목이에요. '선물가게를 지나야 출구'라는 제목 자체가 현대 미술에 대한 조롱을 담고 있고 실제로 영화에도 그런 부분이 많이 나와요. 티에리 구에타라는 인물을 내세워 예술 본연에 대한 질문을 하고 있다는 생각이 들어요. 또 하나, 티에리 구에타가 기록에 대한 욕구가 있잖아요. 뱅크시도 이야기한 게 "우리가 벽에 그림을 그린 일은 결국 지워지니까, 그래서 기록할 사람이 필요했다."라고 해요. 사실 기록이라는 건 예술의 뿌리가 아닐까 싶어요.

영화감독으로 뱅크시가 데뷔를 하긴 했지만 사실 이 영화를 찍은 건 티에리예요. 재미있는 건 거기에 영화의 본질에 대한 질문도 있는 거죠. "왜 영화를 찍는가?" 티에리가 만든 '라이프 리모트 컨트롤러'처럼 의미 없는 다큐멘터리도 하나의 예술이고, 뱅크시가 똑같은 필름을 가져와서 대중과 호흡할 수 있는 의미 있는 영화를 만든 것도 예술이죠. 이 영화를 통해 자기가 하고 싶은 이야기들을 거의 200%, 300% 보여줬다는 것만 봐도 뱅크시가 길거리 화가를 뛰어넘는 천재구나, 라는 생각이 들어요.

관객 저는 애당초 티에리의 재능이 무의미하다는 생각은 안 들어요. 처음에 티에리가 옷 가게를 하는 이야기가 나오는데 단순히 영업하는 사람이 아니라 나름 옷에 대한 관점이 상당히 있다고 보이거든요. 현대 미술은 앤디 워홀 때부터 이미 자본가들의 전략으로 이루어진 거잖아요. 길거리 미술이든 어떤 미술이든 계속 미술이 그런 속성을 품고 가기 때문에 지금 이 작품을 평가할 순 없을 것 같아요. 다만, 티에리가 후속 전시회도 한다고 하니까 이후 평가들이 어떨지 궁금합니다.

홍경한 미스터 브레인 워시는 전시 이후 뱅크시를 모방하고, 큰 이벤트를 펼쳐서 대성공을 거뒀죠. 그다음부터는 참 잘 나가요. 이미 명성이 생겼기 때문에 포장이 되는 거죠. 세계적인 갤러리에서 전시했는데 역시 엄청난 반응을 얻었어요. 뱅크시와 브레인 워시의 차이는 뱅크시는 상품 미학을 굉장히 비판하고, 브레인 워시는 거기에 완전히 전속되어 있다는 거죠. 끼가 있는지 없는지는 잘 모르겠지만 빈티지 숍을 할 때도 장사를 잘했잖아요? 브레인 워시는 어떤 구조에서나 '상품성'을 쏙쏙 잘 빼먹는 스타일이에요. 뱅크시와 차이가 있겠지만 브레인 워시가 가지고 있는 스타성이 아예 없다고는 볼 수 없겠죠. 브래드 피트, 크리스티나 아길레라 같은 유명 인사들이 작품을 사면 더 이상 무너지지 않아요. 그게 일정 기간 지속돼요. 왜냐면 그것은 작품을 사는 게 아니라 브랜드를 사는 거기 때문이에요. 우리가 명품 가방을 사는 것과 같은 맥락이죠. 아무튼 미스터 브레인 워시, 지금 실제로 인기 좋습니다.

뱅크시는 이미 제도권 안의 사람

관객　스스로 원하는지는 모르겠지만, 지금 뱅크시의 작품은 대형 미술관에 소장되어 있고, 제도권 미술에 편입되었잖아요. 평론가님이 뱅크시가 나중에 다시 거리로 돌아가지 않겠느냐고 하셨는데 그게 과연 가능할까요?

홍경한　좋은 질문이에요. 이런 현상을 보면서 뱅크시도 고민할 것 같아요. 스스로 원하지 않는 건 분명해요. 근데 누군가 담벼락을 떼서 팔아버리면 그건 어쩔 수 없는 거잖아요. 불법으로 남의 담벼락에 그린 거니까. 브랜드 가치가 이미 완성된 사람이기 때문에 그런 사태가 벌어져요. 전시로 메시지를 전하려 해도 스타들이 몰려오고 여기저기 언론에서 대서특필되니까 작품들이 다 팔려버리죠. 결국 작가는 상업적인 세계에 발을 담그는 순간, 더 이상 저항적인 메시지를 발휘하기

어려운 것 같아요. 하지만 적어도 뱅크시는 안 그럴 거라고 믿는다는 거죠. 뱅크시가 그런다면 얼마나 실망스럽겠어요. 어쩌겠습니까? 믿어야죠. 거리로 돌아가서 자유로운 발언을 해주길, 전 세계 문제들에 대해 발언해주길 바라야죠. 그래서 우리가 뱅크시를 좋아하는 거니까.

관객 뱅크시가 거리로 돌아가고 싶어 할 거라고 말씀하시는 건데, 어떻게 보면 자신의 스타성을 높이려고 이 영화를 만들었을 수도 있지 않을까요?

임진평 제가 볼 때 뱅크시는 길거리의 벽이나 전시장을 모두 자기가 하고자 하는 이야기들을 담을 '그릇'으로 보는 것 같아요. 전시장 갈 수 있는 사람은 한정되어 있으니까, 누구나 관람객이 되어 내가 하고자 하는 이야기를 보라는 거죠. 그래서 저는 예전부터 뱅크시가 영화를 찍을 수도 있을 거라고 생각했어요. 영화가 가장 대중적인 매체이기 때문에 그런 생각이 든 거죠. 방금 지적하신 부분은 인정하기 애매한 게, 사실 그러기엔 뱅크시가 이미 너무 유명하거든요. 영화를 찍든 안찍든, 상관없어요. 제가 볼 때 영화를 찍은 것은 그동안 자신이 길거리에서 성장해서 어느 정도 단계에 이른 걸 한번 정리하는 게 아닌가 싶어요. 어떻게 보면 이 영화는 뱅크시가 다음 단계로 나아가기 전, 영화라는 기록을 통해 뭔가를 마무리 짓는 의미가 아닐까요?

팝아트의 속성은 모방

관객 티에리가 뱅크시를 모방해서 유명해졌는데, 계속 유명해지는 이유가 뭔가요?

홍경한　팝아트의 속성 자체가 새롭게 창작하는 건 거의 없어요. 이미 있는 것을 재활용한다고 할까요? 그것이 팝아트의 특징이죠. 왜 그러냐면 대중이 다 아는 내용을 모티브로 해야 대중의 속물적 특성을 이야기할 수 있거든요.

임진평　프랭크 게리라는 유명한 건축가가 있는데, 이 사람은 비난을 많이 받아요. 모방이라는 비난을 받죠. 그런 이야기에 프랭크 게리는 이렇게 말해요. "나쁜 예술가들은 모방하지만 위대한 예술가들은 훔친다." 미스터 브레인 워시도 그런 이야기를 해요. 자기가 직접 그림을 그리는 것도 아니고, 필요하면 사람을 고용하고, 이걸 창피하게 생각한다면 그렇게 못 하겠죠. 하지만 그것 자체가 예술 작업의 하나고, 현대 미술이 그렇게 가고 있는 것도 사실이고. 그런가요?

홍경한　그렇게 간다기보다 용납을 하는 거죠. 과거처럼 손으로 하나하나 그려나가는 시대는 아니라는 거예요. 다다이즘 이후 미술은 예술가가 선택하는 것만

238

으로 '아트'가 되는 시대가 됐고, 거기서 티에리는 팝아트의 특성을 제대로 알아낸 거죠. 뱅크시가 말하고 싶은 구조가 바로 그런 거예요. 예술의 진실은 과연 무엇이냐? 손으로 그려서 발언하는 게 정상이냐? 아니면 이런 시스템으로 가는 게 정상이냐? 우리가 생각해봐야 할 문제인 거죠.

임진평   뱅크시가 전하는 현실에 대한 메시지가 너무 강렬했기 때문에 짧은 시간 안에 세계적으로 유명해진 거잖아요? 그런 부분에 대해선 어떻게 생각하시나요?

홍경한   예술가가 현실 참여적인 발언을 하느냐 아니냐는 대단히 중요하다고 생각해요. 예술가도 결국 이 땅에 발 딛고 사는 사람이고 제도가 변하지 않으면 예술가도 변할 수 없거든요. 특히 동시대에는 이런 사람이 더 많이 필요하다고 생각해요. 왜냐하면 우리 인간이 가진 기본적인 존엄성이 메말라가고 있기 때문이에요. 뱅크시가 염려하는 부분도 바로 그거죠. 예술가가 자기 능력으로 인간이 가진 참된 삶의 가치를 발언할 수 있다는 건 굉장히 바람직하다고 봐요. 앞으로 더 많아야겠죠.

임진평   영화 보시고 긴 시간을 함께 하셨는데 재미있으셨는지 모르겠네요. 이 영화를 많은 사람이 보셔서 재미있는 이야기들이 오고 갔으면 좋겠습니다.

홍경한   좋은 자리였습니다. 매일 미술 이야기만 하다가 영화와 결합해서 이야기하니까 흥미롭네요. 저는 마지막으로 예술가뿐 아니라 여기 계신 모든 분이 각자의 소통 방식으로 발언했으면 좋겠다는 걸 말씀드리고 싶어요. 우리가 변하면 세상이 변할 거라 믿거든요. 와주셔서 감사합니다.

● 2011년 8월 9일, CGV대학로

16

윈터스 본
Winter's Bone

윈터스 본
Winter's Bone
미국 | 2010년 | 100분

등급	청소년 관람불가
감독	데브라 그레닉
출연	제니퍼 로렌스, 존 호키스, 로렌 스위처
수입	CJ엔터테인먼트, CJ CGV
배급	CJ엔터테인먼트, CJ CGV
개봉	2011. 01. 20

★2010 선댄스국제영화제 심사위원대상, 2010 아카데미상 최우수 작품상 후보

오자크 산골 마을의 열일곱 소녀 리 돌리(제니퍼 로렌스). 어느 날 마약 판매 혐의로 실형 선고를 받은 아빠가 집을 담보로 보석금을 내고 종적을 감췄다는 사실을 알게 된 후 아빠를 찾아 나선다. 리 돌리를 바라보는 사람들의 시선은 차갑기만 하고, 친척들마저 그녀를 외면한다. 경매 시기는 점점 다가오고, 아빠의 실종에 얽힌 진실을 밝혀내기 위해 리 돌리는 홀로 치열한 싸움을 시작한다.

Cinema Talk #16

시골은 진짜 순수한 공간이 아니다

guest table
진행 · **김영진**
영화평론가
주성철
〈씨네21〉 기자

주성철　〈씨네21〉의 주성철 기자입니다. 영화 보신 느낌이 어떠셨어요?

김영진　감독님 모시고 묻고 싶은 게 많은 영화인 것 같은데요. 누구나 다 비슷하겠지만, 영화 처음 봤을 때 여배우가 너무 매력적이라는 생각이 들었고요. 감독 입장에서는 정말 기쁘지 않았을까 싶습니다. 여배우가 시종일관 눈에 힘을 주면서 삶의 어두운 기운을 뿜어내는데, 거기서 나오는 기운이 영화 연출법과 너무 잘 어울리는 것 같습니다.

　또 하나는 산골 마을의 풍경. 선댄스영화제에서 상영된 독립영화들이 다 비슷한 모습을 가지고 있는데, 동남아시아 사람들이 한국에 대해 생각할 때도 한류 드라마 보고 '한국은 저렇겠구나' 느끼는 것과 비슷한 것 같아요. 미국 영화 보면서 상상하는 미국사회에 대한 상이 있잖아요. 선댄스영화제에선 그것과 정 반대의 또 다른 미국사회 모습이 많이 나옵니다. 이를테면 완전히 커뮤니티가 붕괴한 모습이 적나라하게 드러나는 거죠. 이 영화는 특히 시골을 배경으로 하기 때문에 그런 느낌이 강한 것 같습니다. 그런 의미에서 〈윈터스 본〉은 미국사회의 또 다

른 모습을 짐작할 수 있게 해주는 영화입니다.

할리우드가 주목하는 신성의 발견

주성철 제니퍼 로렌스, 지금 할리우드가 가장 주목하는 신성이죠. 1990년생이고, 골든글로브 여우주연상 후보에도 올랐습니다. 얼핏 생각하기엔 예전 힐러리 스웽크가 〈소년은 울지 않는다〉로 혜성처럼 등장했을 때와 비슷한 느낌의 여배우가 아닌가 싶어요. 자료를 보면 오빠가 있는 막내인 것 같은데 영화에선 장녀 역을

244

많이 맡았어요. 데뷔작 〈버닝 플레인〉에서도 동생들이 있는 장녀로 나와요. 킴 베이신저의 딸이죠. 엄마가 바람피우는 걸 확인하고, 그러지 못하게 경고하면서 벌을 주는 무서운 딸 역입니다. 동생 먹을 것 챙겨주는 장면도 있는데, 누가 봐도 실제 장면이지 않을까 싶게 무표정한 모습이죠. 〈윈터스 본〉에서도 마찬가지고요.

성공이 예정된 스타이기도 합니다. 〈엑스맨: 퍼스트 클래스〉에서 미스틱 역을 맡았고, 〈비버〉에서 멜 깁슨과 조디 포스터의 딸로 나왔습니다. 저 역시 제니퍼 로렌스를 보면서 근래 보기 드문, 그 나이 또래 여배우 중 가장 현실적으로 연기하는 배우라는 생각이 들었습니다. 감독이 거의 600명 이상의 배우 오디션을 봤는데 시골에 사는 소녀 가장 같은 느낌의 여배우를 찾지 못하다가 이 소녀를 보고 확신하게 됐다고 해요. 이전 작품을 보면서 더 확신하게 됐고요. 몇몇 충격적인 장면이 있잖아요. 다람쥐 껍질 벗기고 장작 패고 하는 것들을 직접 연기했다고 하는데, 동생으로 나오는 배우들이 실제 연기자가 아니라 비전문 배우라고 들었어요. 힘든 장면에서 연기를 직접 가르쳐주면서 영화를 이끌어 갔다고 하니까 정말 주목할 만한 신인 여배우가 분명한 것 같아요.

여기서 한 가지 여쭤보고 싶은 게 있는데, 강우석 감독의 〈이끼〉에 대해 특별히 좋은 평가를 하셨잖아요. 비밀이 있는 마을 혹은 비밀이 있는 사람들을 보면 좀 다른 인상을 받으시나요?

시골은 진짜 순수한 공간일까

김영진 시골에 대한 클리셰가 있어요. 오염되지 않은, 순수한 공간의 이미지. 그런데 실제 시골이 그러한가, 하면 그건 또 아니에요. 〈이끼〉의 시골은 굉장히 폐쇄적이잖아요. 바깥보다 훨씬 권력적으로 엄격한 사회고, 야생성이 남아 있고, 그런 것들이 신랄하게 드러나 있죠. 미국 같은 나라는 넓어서 더 심한데, 〈브로크백 마운틴〉에 그런 분위기가 잘 묘사되어 있어요. 남부의 보수적인 분위기, 그게 얼마나 억압적인지 알지 못하죠. 우리가 생각하는 아름다운 커뮤니티의 모습은 찾아볼 수 없어요. 이 영화의 배경도 씨족 마을, 집성촌 같은 곳인데 분위기는 살벌하죠. 아버지가 아마 집성촌에 중대한 피해를 끼친 것 같고요, 그래서 용서가 안 되는 상황이에요. 〈이끼〉와 스토리가 비슷하지만, 더 폐쇄적이고 적대적인 분위기죠. 커뮤니티 자체가 붕괴한 느낌. 굉장히 섬뜩한 분위기가 있어요.

주성철 씨족사회라는 말씀을 하시니까, 저는 〈안개 마을〉이나 〈김복남 살인사건의 전말〉, 〈길버트 그레이프〉 같은 영화들이 생각나는데요. 추위가 몸으로 다가오는 느낌이 드는 〈렛 미 인〉 같은 영화도 생각나고요. 사실 이 영화가 소녀의 성장영화라고 이해한다면, 성장하는 환경과 추운 날씨가 굉장히 잘 조화를 이룬 것 같아요. 저는 최근에 영화를 보면서 가장 추위를 많이 느낀 영화가 아닌가 싶어요.

서부영화 코드 뒤집고 비틀기

김영진 이 영화는 신화로서의 영화, 이를테면 서부영화의 기본 코드를 모두 깨부숴요. 서부영화에는 기본 코드가 있잖아요. 한 히어로가 커뮤니티를 구하는 내용. 그리고 이를 찬양하는 사람들. 존 포드의 영화만 해도 한 남자가 마을에 들어가서 질서를 세우는 이야기가 멋지게 펼쳐져요. 중간에 꼭 댄스 시퀀스가 나오고, 마을 잔치에서 하나가 되는 낭만적이고 감상적인 묘사를 해요. 그런데 이 영화를 보면 정반대예요. 내부적으로 균열이 있어요. 공동체가 철저히 분열되죠. 그래서 이 영화가 신화로서의 미국사회가 아니라 실제 미국사회를 그리고 있구나 싶어요.

주성철 배우가 과한 표정을 짓지 않았던 것이 굉장히 좋았던 것 같아요. 〈씨네 21〉의 김혜리 기자가 〈윈터스 본〉을 보고 글을 썼는데, 〈황해〉나 〈악마를 보았다〉처럼 최근 영화들이 폭력성을 최대한 많이 보여주면서 "세상 참 살기 힘들다." 는 이야기를 많이 하는데, 〈윈터스 본〉은 같은 테마를 다루고 있으면서 폭력적인 것들을 철저히 배제하고 절제하려는 노력을 보인다, 다른 영화들과 비교하면 굉장히 논리적이다, 라는 이야기를 했더라고요. 저도 그 이야기에 어느 정도 공감했습니다.

김영진 영화를 보면 저런 곳에서 어떻게 살지, 이런 생각이 들잖아요. 너무 위협적이고, 적대적이고, 폭력적이고. 근데 계속 보다 보면 친척이라서 그런지 나름대로 지나치진 않아요. 처음에는 너무 세게 분위기를 조성하니까 폭력적으로 보이긴 하는데, 그 안에서 교감의 통로를 잘 보여주기 때문에 밸런스를 잘 맞추고 있다는 생각이 들어요.

주성철 앞뒤 장면의 온도 차가 너무 크니까 '만약 내가 저기 살았다면 저런 장면들을 조금 더 이해하고 다르게 받아들일 수 있었을까' 궁금했어요. 이제 관객들의 질문을 받아볼까요?

리 돌리의 꿈은 어떤 의미일까?

관객 리 돌리의 꿈에는 어떤 의미가 있을까요?

주성철　저는 그게 그 자체로 의미가 있다기보다, 감독이 소녀에게 줄 수 있는 유일한 해방구와 자유가 아닐까 하는 생각을 했어요. 다른 장면은 굉장히 숨이 꽉 막히는데, 어쨌거나 그 순간만큼은 다른 세계를 꿈꿀 수 있게 해주는 시간이잖아요. 감독이 캐릭터를 너무 가혹하게 다루는 건 아닐까 하는 생각을 하면서 일부러 그런 시간을 준 게 아닐까 싶어요.

김영진　질문하시는 분은 어떻게 보셨습니까?

관객　저는 꿈속의 모습이 그대로 리 돌리의 삶을 대변한다고 느꼈어요. 오랜 시간이 쌓인 증거물 위에서 잽싸게 움직여야만 하는 다람쥐 같은 느낌. 다람쥐가 산속에서 살 때는 어떤 이해가 있어서 그런 게 아니잖아요. 그냥 그렇게 살아가는 거잖아요. 리 돌리의 삶이 그 장면에 강렬하게 녹아 있다는 생각이 들었고, 흑백의 이미지가 어우러지고 화면비율이 달라지면서 액자 같은 느낌도 조금 들었습니다. 리 돌리의 마음속 액자요.

김영진　와, 멋진데요.(웃음) 그럴듯하네요. 자리를 바꿔야 할 것 같아요. 좋은 말씀 잘 들었습니다. 저도 생각해봤는데, 왜 저 장면들이 저기 들어갔을까? 다람쥐는 그들이 잡아먹는 식량이기도 하단 말이에요. 그런데 다람쥐가 뛰어다니는 모습 자체가 굉장히 자연스럽고 모든 게 있는 그대로의 자연이잖아요. 이런 다람쥐를 나중에 리 돌리가 잡아먹어요. 세상이라는 것은 자기 혼자 구르며 살아가게 내버려두지 않는다는 걸 보여주는 것 같아요. 약육강식의 세계. 이에 비해 자유롭게 뛰어다니는 다람쥐의 모습은 영화에서 유일하게 억압적이지 않다고 할까요?

오자크 마을만 그리는 원작자

관객　제 생각에는 불필요한 역할이 영화에 많이 나와서 오히려 이야기를 난잡하게 만들었다고 생각해요. 엄마나 친구 같은 역할은 없어도 되지 않았나 싶어요.

주성철　엄마의 경우는 괜히 등장했다기보다 다른 일을 하고 있어도 괜히 신경 쓰이는 존재? 그런 느낌으로 등장한 것이 아닌가 하는 생각을 해봤습니다. 꼭 필요한 캐릭터라기보다 다양한 느낌을 줄 수 있는 캐릭터라고 할까요? 원작자는 오자크 마을을 배경으로 하는 소설만 쓰는 사람이라고 하더라고요. 근데 저는 감독이 왜 이 작가의 소설 중 유독 이 작품을 영화화하려고 했을까, 그게 궁금합니다.

김영진　영화 제작비가 300백만 달러인데, 약 600백만 달러를 벌었어요. 배급사에서 배포한 자료를 읽어보면 감독이 마을 사람들과 이질감을 없애기 위해서 많이 노력했다고 하더라고요. 마을 사람들 입장에서는 스태프들이 하는 말이 암호처럼 들린대요. 그래서 위화감을 없애기 위해 감독과 스태프들이 마을 사람들과 어울리는 것에 신경을 많이 썼다고 해요. 영화 촬영하는 과정도 참 쉽지 않았을 것 같습니다.

주성철　오늘 영화 잘 봤고, 여러분과 대화를 나누는 시간도 아주 즐거웠습니다. 감사합니다.

● 2011년 1월 14일, CGV대학로

토크 콘서트
Talk Concert

영화를 만든 그들과의

질펀한

수

다

17

돼지의 왕
The King of Pigs

돼지의 왕
The King of Pigs
한국 | 2011년 | 96분

등급	청소년 관람불가
감독	연상호
출연	양익준, 오정세, 김혜나, 김꽃비(목소리)
제작	돼지의 왕 제작위원회, 스튜디오 다다쇼
배급	KT&G 상상마당
개봉	2011. 11. 03

★2011 부산국제영화제 CGV무비꼴라쥬상, 한국영화감독조합상, 아시아진흥기구상 수상

세상이 버렸던 15년 전 그날, 그 끔찍한 이야기가 다시 시작된다. 회사 부도 후 충동적으로 아내를 죽인 경민(오정세)은 분노를 감추고 중학교 동창이었던 종석(양익준)을 찾아 나선다. 소설가가 되지 못해 자서전 대필 작가로 근근이 먹고 사는 종석은 15년 만에 찾아온 경민의 방문에 당황한다. 경민은 지우고 싶었던 중학교 시절의 기억과 자신들의 우상이었던 철이(김혜나) 이야기를 종석에게 꺼낸다. 그리고 경민은 학창 시절 교정으로 종석을 이끌어 15년 전 그날의 충격적인 진실을 밝히려 한다.

Cinema Talk #17

학생들이 볼 수 없는 학원영화

guest table
진행 · **남인영**
영화평론가
초대 · **연상호**
감독

남인영 〈돼지의 왕〉은 애니메이션의 통념을 깨는 영화, 지평을 넓히는 영화입니다. 우리가 애니메이션에 기대하는 건 초인적인 영웅, 아니면 반영웅인데, 이 영화는 심지어 반영웅조차 허락하지 않는 아주 비루한 삶, 비정한 세계를 담고 있습니다. 제가 80년대 홍콩 누아르를 굉장히 좋아하는데 〈영웅본색〉보다 더 비정한 영화가 아닐까 싶습니다. 조그마한 중학교를 무대로 이런 세계를 보여준다는 데 굉장히 놀랐습니다. 우문일 수 있으나 어떻게 애니메이션으로 이런 이야기를 생각하셨는지, 궁금합니다. 기획과정을 알려주세요.

연상호 제가 초등학교부터 애니메이션을 좋아하는 오타쿠 같은 아이였습니다. 중학교 가서는 취향이 생겼고요. 일본 애니메이션을 많이 봤는데, 그 양이 세탁기 상자로 한 상자 정도 됐습니다. 막상 〈돼지의 왕〉을 만들고 나니까 애니메이션으로 어떻게 이런 영화를 만들었느냐는 질문을 많이 받는데, 제 입장에서는 사실 어린 시절 봤던 애니메이션과 크게 다르지 않은 걸 만들었다고 생각하거든요. 당시 영향을 받았던 작품들이 〈아키라〉나 〈초신전설 우로츠키 동자〉예요. 70년대 말에서 80년대 초의 일본 만화는 굉장히 비정한 세계를 그린 만화가 많았어요. 그런 애니메이션을 보고 자란 세대다 보니까 자연스럽게 애니메이션이라고 하는 것은, 미야자키 하야오로 대표되는 이미지가 있긴 하지만, 저한테는 그 범위만은 아니었거든요. 그러나가 단편 애니메이션 작업을 하고 투자를 받는 과정에서 한국이 애니메이션을 대하는 태도나 범위가 좁다는 것을 그때서야 알게 된 거죠. 지금도 많이 보는 건 얼마 전 소노 시온 감독이 영화로 만든 후루야 미노루 원작의 〈두더지〉 같은 만화예요.

애니메이션의 통념을 깨다

남인영 이야기를 처음 떠올린 게 오래됐죠?

연상호 2006년에 시나리오를 썼어요. 그때 〈지옥-두 개의 삶〉이라는 단편 작업을 하고 있었는데, 필요에 의해 장편 시나리오를 미리 써놨어요. 그게 〈돼지의 왕〉이에요. 시나리오랑 완성된 작품이랑 달라진 게 거의 없어요. 시나리오를 써놓고 검증을 받고 싶어서 영화진흥위원회 시나리오마켓에 냈어요. 애니메이션 시나리오라고 하면, 안 받아들일 것 같아서 영화 시나리오에 응모했는데, 심사위원 추천작으로 선정돼서 영화제작사에서 전화도 받았어요. 영화로 만들어보지 않겠냐, 시나리오를 팔지 않겠냐고. 근데 조건이 애매했어요. 스타 캐스팅을 할 수 없으니까 주인공을 고등학생으로 올리면 좋겠다고 했는데, 그러면 뉘앙스가 많이 달라질 것 같아서 거절했고, 제가 만들어야겠다는 생각을 했어요. 근데 생각보다 투자가 쉽지 않더라고요. 작년까지 조금씩 작업하다가, KT&G 상상마당의 지원을 받아 겨우 완성한 거죠.

남인영 감독님 제작노트 중에 이런 얘기가 나오더라고요. 제작일지 2009년 5월 19일, 작업량을 3시간 늘려야겠다, 그래야 제때 끝나겠다. 도대체 몇 장을 그려야 장편 97분짜리 애니메이션이 완성되나요?

연상호 원래는 97분이 아니라 126분이었어요. 나머지는 편집해서 덜어냈어요. 동화가 5만 장 정도, 배경이 1,200장 정도 들어갔죠.

남인영 몇 명이나 작업을?

연상호 저까지 포함해서 20명 정도요.

남인영 20명의 사람이 일일이 5만 장 이상의 그림을 그려서 완성한 작품입니다. 이 영화의 내용이나 표현, 주제뿐 아니라, 이 영화가 만들어지는 과정에 대해서도 궁금한 점이 많으실 텐데요. 영화에 대한 궁금증 있으시면 주저 말고 말씀해 주세요.

독립영화 스타 총출동

관객 엔드 크레디트를 보면 같은 배우가 여러 배역을 더빙하는데, 더빙 섭외는 어떻게 하셨는지 궁금합니다.

연상호 일단 제가 세 역할을 했고. 양익준 감독과 오정세 씨를 캐스팅했어요. 양익준 감독은 처음 술을 몇 잔 했을 때, 〈돼지의 왕〉 시나리오를 건넸거든요. 아침에 전화가 와서, 읽어봤는데 잠을 못 잤다면서 너무 무서웠다고 하더라고요. 그러면서 자기 시나리오도 한 번 읽어보라고 해요. 그게 〈똥파리〉예요. 그걸 읽고 나서 서로 친해졌어요. 술도 많이 마시고 얘기도 많이 하고. 작품에 대한 공감도와 이해도가 높았던 것 같아요. 저는 그 후 작업에 들어가지 못했고, 양익준 감독은 〈똥파리〉 작업에 바로 들어갔죠. 2007년 〈사랑은 단백질〉이라는 영화 작업을 할 때, 제가 양익준 감독에게 더빙해달라고 했어요. 그때 처음 양익준 감독과 같이 작업했어요. 오정세 씨는 양익준 감독이랑 친해서, 〈사랑은 단백질〉 때 데리고 와서 연기를 해주었어요. 근데 연기를 너무 잘하시는 거예요. 디테일을 잘 살려 주시고. 그래서 두 분은 이번에도 미리 캐스팅해야겠다고 생각했죠. 후반부에 둘이 이끌어 가는 감정이 굉장히 중요하잖아요, 두 배우는 선녹음 할 수밖에 없었어요. 제작비 때문에 선녹음하는 게 무리라서 두 배우만 섭외해 미리 녹음했죠. 그리고 목소리에 맞춰서 그림을 그렸어요. 선녹음을 하길 정말 잘한 것 같아요. 제가 의도하지 않은 감정을 양익준 감독과 오정세 씨가 연기하면서 채워줬어요. 막 소리를 지르는데 슬픈 느낌이 나더라고요. 작화라든가 음악의 방향을 수정해서 슬픈 느낌을 최대한 살리는 쪽으로 작업했죠. 정세 씨 같은 경우도 한 번에 쭉 가는 호흡이나 중요한 대사가 몇 군데 있었는데, 대사들을 많이 바꿨어요. 김꽃비 같은 경우에는 양익준 감독이랑 작업을 많이 해서 자연스럽게 친해져 하게 된 거고, 박희본 씨는 윤성호 감독의 소개를 받아서, 김혜나 씨는 영화제에서 만나 시나리오를 줬더니 좋아하시더라고요. 그래서 같이 하게 됐습니다.

남인영 제 말이 맞죠? 독립영화 스타들이 총출동해서 목소리 연기를 한 작품이에요. 할리우드 애니메이션에 앤젤리나 졸리가 출연하는 것과 비슷한 수준이죠. 저는 목소리 연기를 보면서 머리카락이 설 정도였어요. 후반부에 보면 소리만 지르는 게 아니라 호흡으로 감정을 조절하더라고요. 대본만으로 그게 가능한가요?

260

연상호   원래 애니메틱이라는 콘티를 영상처럼 만들어 그걸 보면서 연기하는데 사실 가이드 같은 거라서 그렇게 중요하지는 않습니다. 지금도 기억에 남는 게, 정세 씨가 뒷부분에 내레이션으로 길게 끌고 가는 부분이 있어요. 그걸 한 번에 하겠다고 하더라고요. 그래서 4시간 정도 녹음을 했죠. 몇 번 하다가 잘 안 돼서, 맥주도 마시면서 긴 테이크를 여러 번 갔는데, 사실 애니메이션은 영화랑 달라서 단어 별로 따서 쓸 수 있어요. 정세 씨는 애니메이션 작업을 별로 안 해봐서 그걸 몰랐죠. 사실 완성본에서는 한 번에 간 테이크가 아니라 열댓 번 간 테이크 중 단어 별로 좋은 것만 골라서 모은 겁니다.(웃음)

남인영   음반 작업할 때랑 비슷하네요. 질문 있으면 또 해주세요.

〈아키라〉의 그림자

관객   영화 재밌게 잘 봤고요. 저는 〈아키라〉나 〈카이트〉가 떠올랐는데, 복수를 다룬 성인 애니메이션이라는 점에서 그랬던 것 같아요. 철이와 종석이 영화를 끌고 가는 화자라고 봤는데, 이들이 고양이를 칼로 찌른 것은 어떤 의미인지 궁금합니다. 감독님께서 고양이 목소리도 직접 연기하셨는데 어떤 메시지를 이 캐릭터에 부여하고 싶으셨는지도 궁금하네요.

연상호   제가 〈아키라〉에서 영향을 받았다고 했는데, 저희 스태프들이 물어보더라고요. 〈아키라〉에 영향을 받았으면 초능력을 써야 하는 거 아닙니까. 그 친구들한테 얘기해준 게 있어요. 제가 〈아키라〉에서 좋아하는 건 초능력을 쓰는 장면이 아니라 애증 관계에 있는 두 친구가 싸우는 장면이에요. 중학교 때 봤을 때 인상

에 남았어요. 그전에 봤던 애니메이션과 다르게 복잡한 감정들을 다루고 있더라고요.

　고양이의 경우는 전체적으로 시나리오를 쓸 때 균형감 같은 것이 중요하다고 생각했어요. 아이들이 고양이를 죽인다는 것은 어쨌든 악을 행하는 거잖아요. 악당에게 당하긴 하지만 악을 행하는 아이들이라는 것을 보여주고 싶었어요. 그게 영화를 아슬아슬하게 만든다는 생각을 해요. 영화를 보고 세다고 생각하시는 분들이 많은데요. 사실 에피소드만으로 센 건 아니에요. 아슬아슬한 감정이나, 빈약한 심리상태 같은 것들이 세게 만든다고 생각하거든요. 고양이의 경우가 그런 역할을 했다고 보죠. 주인공들이 정당하다고 주장하지만, 거기에 대한 반증 같은 게 영화 전체에 존재했으면 했어요. 고양이 연기는 여러 사람한테 맡겨봤는데, 제가 원하는 게 잘 안 나와서 협의 끝에 결국 제가 하게 됐습니다.

학생들이 볼 수 없는 학원영화

관객　작품 굉장히 잘 봤습니다. 이 영화는 실사가 아니라 애니메이션으로 만드는 게 정답이라고 생각합니다. '18세 이상 관람가' 등급이 나왔는데, 청소년들이 봐도 나름 좋아할 것 같아 좀 아쉽네요.

연상호　저도 18세 이상 관람가 등급이 나왔는지 잘 몰랐어요. 아마 욕 때문에 그런 게 아닐까 싶어요. 그런데 보통 15세 이상 관람가 영화에도 욕이 많이 나오거든요. 저는 본드를 마시거나 약물을 먹는 장면 때문에 18세 이상이 나오지 않을까 걱정했는데, 실제로 등급위원회 심의서를 보니까 욕설, 폭력, 모방 그래프가 높게 나왔더라고요. 사실 전 작품인 〈지옥-두 개의 삶〉은 등급보류가 나왔어요. 등급보류가 나왔다는 것은 등급을 매길 수 없다는 거잖아요. 이번에는 크게 문제 될 장면이 없다고 생각했는데, 저도 당황스러웠습니다.

관객　제가 드리고 싶은 질문은 두 가지인데요. 감독님께서는 폭력을 가한 사람, 당한 사람, 관망한 사람 중 어느 쪽에 속했는지 궁금하고요. 친구들 같은 경우 그런 압박을 받아도 지나고 나면 자연 치유 과정을 거쳐 사회에 적응하는 경우가 많은데, 이 친구들은 그렇지 않잖아요. 왜 굳이 실패한 결과를 보여주는지 궁금합니다.

연상호　제 경우에는, 학교 다닐 때 관망하는 입장이었던 것 같아요. 딱히 부자도 아니고 가난하지도 않고. 중학교 때 착한 사람 콤플렉스가 있어서 친구들하고 두루두루 잘 지냈어요. 게스 바지 에피소드는 실화인데, 실제로 누나 바지를 입고 와서 찢겼던 친구가 하교하는데 못사는 친구들 서너 명이랑 모여 있더라고요. 바지를 찢겼던 친구가 저를 불러요. 그런데 아는 척을 못 했어요. 그들은 어떤 사건으로 찍혔는데, 제가 아는 척을 하면 카테고리가 그쪽으로 나뉠까 봐 두려움 같은게 있었어요. 아는 척을 안 하고 지나가는데, 친구들이 그런 얘기를 하더라고요. 그게 마음에 남았어요.

두 번째 질문에 대답하자면, 이 작품의 배경이 되는 도시는 압구정동이에요. 강남이라는 곳은 빈부 격차가 굉장히 크거든요. 수백억 원대 자산을 가진 집안의 학생과 월세방에서 사는 집안의 자식이 같은 학교에 다니는 곳이 강남인데, 저는 중학교를 강남에서 나왔고, 고등학교는 강북에서 나왔어요. 분위기가 너무 다르더라고요. 제가 중학교 3학년 때 강북으로 전학 간다고 하니까, 옆의 짝이 강북에선 "지우개 좀 빌려줄래?" 물어서 없다고 하면 바로 칼로 쑤신대요. 저는 그걸 믿었어요. 이사 간 곳은 서울에서 가장 땅값이 싼 동네인 수색이에요. 처음엔 그곳 중학생들이 다 괴물로 보이는 거예요. 그런데 막상 고등학교 올라가 보니까, 수색이라는 동네가 빈부격차가 크지가 않아서 아주 좋더라고요. 강남은 공부 잘하는 애, 본드 부는 애, 두 부류가 서로 얘기도 안 해요. 그런데 강북 같은 경우에는 같이 잘 놀아요. 그러다가 대학에 들어가서 어느 날 술을 먹고, 마찬가지로 강남에 사는 친구와 얘기를 하는데, 지우개가 없으면 칼로 쑤신다는 생각을 그대로 믿고 어른이 됐으면 이 친구처럼 됐을 것 같다는 느낌이 확 들더라고요. 그러면서 생각한 게 이들이 잘 지내는 것처럼 보이지만 사실은 잘 지내는 척하고 있는 거구나 깨달았죠.

하층민의 일상을 제대로 보여주기

관객 몇 달 전에 〈파수꾼〉이라는 영화를 봤는데요. 이 영화와 약간 비슷하다는 느낌을 받았거든요. 혹시 〈파수꾼〉 보셨다면 어떤 차이를 느끼셨는지. 영화가 아주 어두운데, 혹시 차기작으로 밝은 것은 없으신지 궁금합니다.

연상호 제가 〈파수꾼〉을 아직 못 봤어요. 〈돼지의 왕〉의 경우는 초반에 콘셉트를 잡을 때, 하위계층의 일상을 보여주자는 거였어요. 상위계층의 비리, 비열함, 비정함을 다룬 영화는 많아요. 오히려 하위계층의 일상이 영화에서 되게 낭만적인 시선으로 그려지거나 아니면 수박 겉핥기식으로 그려졌다는 생각이 들어서, 〈돼지의 왕〉에서는 그런 부분을 리얼하게 조망하고 싶다고 생각했어요. 그래서 상위계층은 되도록 단순하게 처리하고 싶었고요. 단순하게 처리하는 게 무성의하다는 느낌이 들기도 하는데, 그쪽 세계를 그만큼 무성의하게 다루고 싶었어요. 작품이 어두운 것은 미술 감독님한테 요구한 게 그랬어요. 배경에 콘트라스트를 많이 써달라고 했어요. 〈소중한 날의 꿈〉이나 〈마당을 나온 암탉〉 같은 경우는 그림자

를 별로 안 썼거든요. 저는 조명이 강하고 그림자를 많이 쓰는 게 영화 전체 톤을 만든다고 생각했기 때문에 신경을 많이 썼죠. 차기작은 이미 시나리오가 끝나서 콘티를 짜고 있고요. 불행하게도 차기작은 영화사에 길이 남을 최악의 엔딩입니다.(웃음)

관객 저는 사소한 질문을 드리고 싶은데요. 영화 속에 독립영화 스타뿐 아니라 개그맨도 많이 나오시더라고요. 진지한 분위기를 깨는 측면도 없지 않은데, 이 부분을 걱정하진 않으셨나요?

연상호 개그맨을 캐스팅한 건 처음부터 의도한 건 아니고요. 제의가 들어왔어요. 그래서 오케이했어요. 개그맨들이 연기를 잘한다는 걸 알고 있었고, 무대 출신이 많기 때문에 성우 연기에서 실사 작업하시는 분들보다 훨씬 잘 맞는다고 생각했거든요. 전체적으로 영화를 봤을 때, 주인공한테는 심각하고 끔찍한 상황인데, 괴롭히는 아이들의 세계에서는 이 폭력이 심각하지 않다는 뉘앙스를 풍기길 바랐

시네마톡

어요. 이들이 취하는 태도가 장난 같았으면 좋겠다는 콘셉트가 있어서 개그맨들이 하면 낫지 않을까 싶었죠.

관객 시나리오를 감독님이 직접 쓰셨다고 들었는데요. 아무래도 캐릭터에 자신을 많이 투영했을 것 같습니다. 감독님 자신과 가장 닮은 캐릭터는 누구인가요?

연상호 사실 그건 말씀드리기 쉽지 않은 것 같아요. 주변 지인들은 제가 강민과 가장 가깝다는 얘기를 많이 하더라고요. 시나리오 쓸 때는 저만의 방식 같은 게 있는데, 아이템이 나오고 구상을 오래 하거든요. 말이 구상이지, 생각나면 조금씩 발전을 시키다가 발전이 안 되면 덮어놓는 식이에요. 이야기가 될 것 같으면 A4용지를 꺼내놓고 구성을 해요. 이게 지금 이야기가 되고 있는 건지 아닌지, 표를 그려요. 〈돼지의 왕〉의 경우에는 3~4일 정도 걸렸거든요. 쓰면서 실제로 연기도 해봤어요. 직접 목소리 내고 눈물 흘리고, 연기하면서 쓰기 때문에, 대부분 캐릭터가 저랑 닮았어요. 굳이 주인공뿐 아니라 주변 인물에도 조금씩 제 모습이 들어가 있어요.

남인영 혹시 여러분 중 감독님의 전작 〈사랑은 단백질〉을 보신 분이 계신가요? DVD로 나와 있으니까 꼭 한번 보세요. 이 영화가 탄생할 수 있는 충분한 배경이 된 것 같아요. 그럼 이상으로 정리하도록 하겠습니다. 마지막으로 감독님 말씀 들어볼게요.

연상호 원래 재밌는 캐릭터인데 무게 잡고 있으니까 어색하네요.(웃음) 감사합니다.

● <u>2011년 10월 27일, CGV서면</u>

18

평범한 날들
Ordinary Days

평범한 날들
Ordinary Days
한국 | 2010년 | 106분

등급	15세 관람가
감독	이난
출연	송새벽, 한예리, 이주승
제작	이난필름
배급	인디스토리
개봉	2011. 09. 29

★2010 부산국제영화제 초청

BETWEEN
무능한 보험설계사 한철(송새벽)은 자살을 시도하지만, 그 역시 무능해 매번 실패하고 만다. 어느 날, 오래전 알고 지내던 여자에게 한 통의 전화를 받는다. '그날이다'

AMONG
남자친구와 막 헤어진 효리(한예리)는 실연의 아픔이 채 가시기도 전에 다리를 다친다. 고향으로 내려가 요양하다 거의 회복되어 상경해 일상으로 돌아오지만, 자신이 사실은 괜찮지 않다는 것을 깨닫는다.

DISTANCE
수혁(이주승)은 오랜 기간 병상에 계셨던 할아버지가 돌아가시자 일을 정리하고 여행을 떠나기로 한다. 예약한 항공권을 손에 쥔 날, 수혁은 한 남자의 뒤를 쫓아 그의 집 앞에 선다. 벨을 누르고 문이 열리기를 기다린다. 그 남자는 할아버지 죽음에 책임이 있다.

Cinema Talk #18
평범하지 않은 날들의 평범함

guest table
진행 · **남인영**
영화평론가
초대 · **이난**
감독

남인영   이난 감독님 소개를 해드리려고 합니다. 96년 〈스윙 다이어리〉라는 단편을 만들어 제2회 부산국제영화제 와이드앵글 부문에 상영되었습니다. 저는 못 봤는데, 포르노 남자배우의 비루한 일상을 재즈 연주 장면과 교차편집을 하고 사진, 애니메이션 등 다양한 시도를 통해 구성한 파격적인 실험영화라고 합니다. 혹시 포르노 남자배우로 출연한 분이?

이난   네, 접니다.

남인영   그렇죠? 영화, 참 보고 싶네요.(웃음) 그리고 2005년 개봉한 〈빛나는 거짓〉이라는 채기 감독의 영화에서 주연 배우로 활약한 바 있습니다.

이난   우주관리공사에서 파견된, 달로 떠나는 우주인 역할을 맡았습니다.

카메라 팔고 영화 현장으로

남인영 감독의 포스도 느껴지지만 배우의 포스도 느껴지네요. 바로 이런 매력이 있습니다. 주로 실험영화 작업을 하셨고요. 〈7am, Slowly; Opposite page〉, 또 독립운동가 여운형 선생님의 일생을 모티브로 역사적 시간대를 모호하게 뒤섞은 단편 〈기억의 환〉 등의 단편을 만드셨습니다. 가수 윤종신 씨의 뮤직비디오 작업도 여러 편 하셨네요. 꽤 유명한 패션사진작가이기도 하고, 〈모텔 선인장〉을 비롯해 다양한 한국 영화 포스터 작업도 하셨습니다. 그런데 〈평범한 날들〉 프로덕션 노트에서 카메라를 다 팔고 이 영화를 만드셨다는 글귀를 읽었거든요. 카메라를 팔아버린 이유가 진짜 돈 때문이었나요?

이난 네, 돈 때문이었고요. 2009년 부산국제영화제에서 우연히 봉준호 감독을 만나 이런 저런 얘기를 하게 됐어요. 근데 영화 찍으면 지원해줄 것처럼 얘기하시더라고요.(웃음) 서울 올라와서 영화를 다시 해야겠다, 싶어서 스튜디오 접고 투자 모임 같은 것을 결성했어요. 봉준호 감독님을 비롯해 저한테 투자해도 생활에 지장이 없으실 만한 분들한테 돈 좀 달라고 했는데, 20여 분 중 10여 분이 도와주셨어요.

남인영 카메라를 파신 이유는 뭔가요?

이난 제가 한꺼번에 투자를 받은 게 아니라 띄엄띄엄 받았거든요. 누구한테 얼마 받으면 헌팅 다니고, 또 얼마 받으면 고사 지내고. 그러다가 프로듀서가 돈 떨어졌다고 하기에 8년 동안 갖고 있던 장비를 고사 지내는 날 아침, 헐값에 팔았는데, 너무 헐값이라 가슴이 아팠죠.(웃음)

남인영 영화에 올인하겠다는 결의가 느껴지네요.

이난 그전에도 영화를 하겠다고 했거든요. 그런데 그때는 제가 생각이 좀 짧아서 그랬는지, 영화를 하면서 다른 일도 할 수 있을 거라는 생각이 들더라고요. 막상 해보니까 그런 건 없는 거 같아요. 인생의 마지막 선택이라고 생각하면 내가 가진 걸 영화에 다 바칠 수도 있어요.

나를 바꾼 영화 〈파리, 텍사스〉

남인영 영화를 시작한 지는 굉장히 오래됐지만, 장편영화를 만드신 건 학교 졸업 후 거의 15년 만이잖아요. 어떻게 보면 굉장히 신선한 감수성이라고 할까요?

이난 제 생각에는 〈평범한 날들〉이 아주 옛날 영화 같다고 생각해요. 제가 여덟 살 때 처음 혼자 영화를 보러 갔어요. 집에선 실종된 줄 알고 놀라서 방방 뛰셨는데.(웃음) 그때 봤던 영화가 〈소림 36방〉이에요. 그러다가 열여덟 살 때 같은 극장에서, 금발 여자가 고개를 살짝 돌리고 있는 포스터를 봤어요. 오늘은 저걸 봐야겠다고 갔는데, 기대했던 것과는 전혀 다른 영화더라고요.

남인영 제목이 기억나시나요?

이난 네, 그 영화는 〈파리, 텍사스〉였어요. 저는 그 영화를 보고 펑펑 울었거든요. 집에 오면서 이건 뭐지, 라고 생각했어요.

남인영 빔 벤더스 감독의 걸작이죠.

이난 원래 그전까지는 어울리지도 않게 시를 쓰겠다는 생각을 하고 있었는데, 〈파리 텍사스〉를 본 뒤로 영화를 해야겠다고 마음먹었죠. 그러고 나서 대학교에 갔는데 이상하게 실험적인 것들이 재밌더라고요. 상업영화 현장에 나가봤는데 이건 뭔가 좀 아니라는 생각이 있었죠. 영화가 너무 헐렁한 거 아닌가 싶고. 그러다가 영화를 쭉 못 찍었는데, 서른여덟 살 무렵, 빔 벤더스를 만났어요. 영화제 참석차 한국에 오셨는데 모 잡지에서 인터뷰한다고 해서 제가 사진을 찍기로 했거든요. 전날 잠도 못 자고 목욕재계하고 양복 꺼내놓고 그랬어요. 만나서 당신 때문에 영화를 하게 되었다고 이야기했죠. 근데 제가 생각했던 모습과 너무 다르더라고요. 키도 아주 크고, 그렇게 천사인지 몰랐어요. 너무 착하고 시키는 대로 다 해주시고.(웃음) 영화 계속하라고, 당신 영화를 기다려 보겠다고 하시더라고요. 그 얘기 듣자마자 제가 해왔던 일들을 다시 생각하게 됐어요. 원래 내가 좋아했던 것들을 다시 찾아봐야겠다는 생각도 들었고요. 빔 벤더스 감독님과의 만남이 일종의 터닝 포인트가 된 거죠.

남인영 〈평범한 날들〉은 어찌 보면 '출발'로 돌아가서 만든 영화군요.

이난 제게는 그래서 옛날 영화 같다는 생각이 있죠.

남인영 실험영화를 하셨던 맥락에서는 스토리텔링이 훨씬 명확해졌죠. 전 점점 궁금한 게 많아지는데, 여러분도 그러시죠? 이 시점에서 빨리 질문을 받겠습니다.

시네마톡

잎사귀가 의미하는 것

관객 영화가 외상 후 스트레스 장애를 다루고 있어서 자칫 차갑고 무거울 수 있는데, 색감이 화려해서 그런지 따뜻한 느낌을 받았어요. 송새벽 씨가 쓴 모자가 비비드 오렌지색이잖아요. 그거랑 노란 풍선, 애들이 입은 핑크색 옷들. 그런 요소들이 다소 무겁고 차가워 보이는 부분을 보완해주는 것 같아요. 이런 점들을 염두에 두고 색감을 쓰셨는지 궁금하고요. 두 번째 질문은, 주인공이 서로 만나는 시점에 차 안에서 잎사귀를 주웠는데, 그것이 무엇을 의미하는지 궁금합니다. 또 송새벽 씨가 나온 에피소드가 폐부를 찔렀는데, 감독님은 죽음을 어떻게 생각하고 표현하고 싶었는지 알고 싶네요.

이난 기본적으로 세 인물의 색을 나누자고 생각했어요. 유치한 발상이긴 하지만, 영화를 배울 때 빛의 삼원색을 배우거든요. 파랑, 초록, 빨강. 그게 사실은 촬영 혹은 광학-사진에서 가장 기본적인 형태의 원리예요. 그걸로 색을 나누자고 얘기했어요. 대신 초록이 강해지면 눈이 아플 수 있으니까, 초록을 최대한 회색에 가깝게 처리하고, 파랑과 빨강은 부분적으로만 유지하자고 했어요. 그래서 송새벽이 그레이, 예리가 레드, 수혁이 블루 계열로 표현이 많이 되어 있죠. 대신 갑작스럽지 않게 중간에 토스해주는 색감이 필요하다고 생각했어요. 녹색의 경우, 다음에 넘어가는 색이 레드니까, 중간에 옐로나 오렌지색을 넣어주는 식이죠. 주로 의상이나 소품 색상을 중심으로 조금씩 연결될 수 있게 잡아주었고요. 전체적으로 따뜻하게 느껴진 것은 촬영감독과 조명감독이 어떤 스타일을 유지하려고 했기 때문인 것 같아요. 전 최대한 빨리 찍고 싶었는데 그분들이 최대한 배우를 예쁘게, 배우가 살아나는 조명을 써주셨어요. 저는 그 부분에 신경을 많이 안 썼는데, 영화 보신 분들은 여전히 사진 찍을 때처럼 '잘 찍으려고 한다.'라고 하시더라고요. 사

실 톤이나 질감은 전적으로 촬영감독이 해준 거라서, 그건 아마 촬영감독이 갖고 있는 배우에 대한 태도가 아닐까, 전 그렇게 받아들였어요.

두 번째 질문은 가장 많이 받는 질문인데요. 제가 생각하는 영화는, 딱 우리 영화 속 택시 안 풍경이라고 생각하거든요. 영화는 두 시간 동안 밀폐된 곳에서 스크린을 통해 어떤 풍경을 보고 여행을 하는 것과 같아요. 택시 안에서 내가 어디까지 가기 위해 창밖 풍경을 보는 것처럼. 개인적으로는 모든 영화를 보면서 그 무언가를 발견했으면 좋겠다는 생각이 있었어요. 잎사귀는 그 '무언가'를 의미하죠. 영화 속에서 한철이는 잎사귀가 있는 줄도 모르고, 효리는 그것을 발견하거든요. 맨 마지막에 수혁이는 그걸 자기 걸로 취해서 비행기 표 안에 넣어요. 저는 시간대별로 사람들이 사소한 것을 대하는 태도가 다르다는 것을 보여주고 싶었어요. 캐릭터는 세 명이지만, 한 사람의 여러 가지 다른 상태라고 생각했고요. 각기 다른 상태일 때, 사소함을 발견하는 태도가 조금씩 다르겠구나, 싶어요.

남인영 네, 마지막 질문에도 답해주세요.

시네마톡

이난 영화 속에 죽음이 많이 나오는데요. 죽는다는 게 가장 확실한 부재, 사라지는 것의 가장 확실한 형태인 것 같아요. 영화 속에 등장하는 죽음이 그런 거예요. 확실한 부재, 완전히 없어지는 것, 그것에서 오는 사람들의 반응 같은 걸 보여주고 싶었어요. 개인적인 생각인데, 우리가 태어날 때 기억은 없지만, 죽을 때의 기억은 있을 것 같거든요. 제 생각에 죽음이라는 건 삶을 가장 정확하게 바라볼 수 있는 순간이 아닐까 싶어요. 개인적으로는 일종의 삶의 영수증 같은 게 죽음이 아닐까 싶습니다.

남인영 그 영수증에 얼마가 적혀 있을지 궁금하네요.(웃음) 다음 질문받겠습니다.

평범하지 않은 날들의 평범함

관객 제목이 〈평범한 날들〉이잖아요. 제가 보기엔 다 평범하지 않은 날들인데, 왜 〈평범한 날들〉이라는 제목을 쓰셨나요?

이난   개인적으로 반어법은 안 좋아해요. 제 영화 보시고 많은 분이 제목을 '반어법'으로 해석하시는데, 제 의도는 전혀 그렇지 않았어요. 큰아버지가 돌아가셨을 때, 그날 저는 하루 종일 즐거웠거든요. 재미있게 지내다가 집에 갔더니 큰아버지가 돌아가셨다고 해요. 기분이 좋았다가 그 얘기를 들으니까 정신이 좀 없어지더라고요. 그런 일들이 저한테는 많았어요. 아무 일 없던 날이었는데, 저에게는 평범한 날들이 누군가에겐 전혀 그렇지 않은 날이 될 수도 있잖아요. 우리가 이 영화를 보고 있는 건 분명 평범한 날들인데, 그러니까 여기 와서 영화도 보고 하셨을 텐데, 영화 속 사람들은 별로 안 그렇잖아요. 이런 사람들도 다시 평범하게 되었으면 좋겠다고 해서 제목이 〈평범한 날들〉이에요.

남인영   또 다른 질문 있으신가요?

관객   제가 고1인데요.

이난 안 그래 보여요.(웃음)

관객 그런 말 많이 듣습니다. 소제목 보니까, Between, Among, Distance를 쓰셨는데, 셋 다 '사이에'라는 의미가 있잖아요. 왜 이런 소제목을 쓰셨는지 궁금합니다.

이난 Between, Among, Distance는 제가 예전에 사진전 했을 때 사용했던 제목입니다. 제가 생각하는 사진에 대한 첫 번째 개념 같은 거거든요. Between은 둘 사이의 거리, Among은 셋 이상의 거리, Distance는 거리 그 자체. Between이라고 하면 내가 대상을 찍을 때의 그 거리, Among이라고 하면 사진을 보는 사람, 대상, 찍었던 나 이렇게 삼각의 관계, 마지막 Distance는 거기까지 걸렸던 총 시간들. 제가 사진전 제목을 정하면서 '정말 좋은 생각이다.' 싶어서 영화에 가져와야겠다고 생각했어요. 우리 영화가 기본적으로는 세 명이 등장하잖아요. 셋이라는 기본적인 숫자 개념도 있어요. 셋을 통해 조금씩 벌어진 나를 다시 만나는 것이었으면 좋겠다는 생각이 컸어요. 등장하는 사람들이 대부분 누군가와 통화하는데, 소리가 안 들려요. 철저하게 혼자 이야기하는 것처럼. 저는 그 상황에 있는 사람이 최대한 고립되었으면 좋겠다고 생각했거든요. 그러면서 자기가 아주 가까웠던 대상들과 멀어지고, 도리어 가장 멀리 벌어졌을 때 어떻게 보면 나를 만날 수 있는 계기가 됐으면 좋겠다고 생각했어요. 아무튼 그래서 소제목들을 촌스럽게 이렇게 하게 됐죠.(웃음)

남인영 좋은 시간 되셨나요? 원하는 분들은 감독님의 소중한 사인을 받아갈 수 있습니다. 다시 한 번 진지하게 경청해주셔서 감사합니다. 박수로 마감하겠습니다. ● <u>2011년 9월 29일, CGV서면</u>

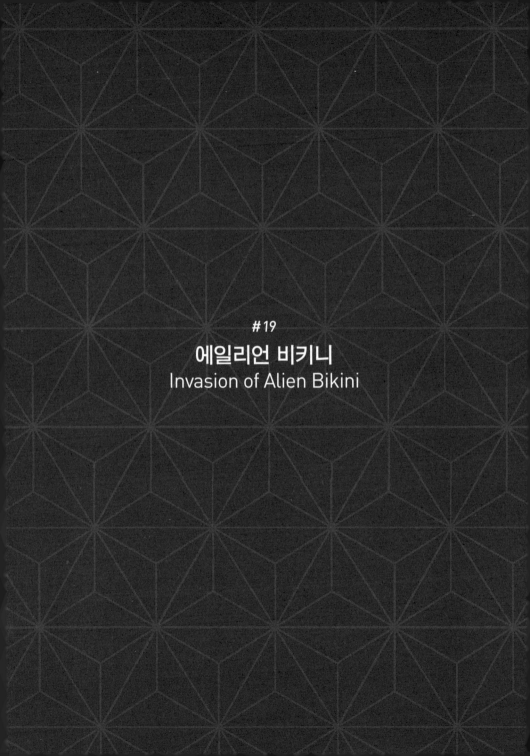

#19
에일리언 비키니
Invasion of Alien Bikini

에일리언 비키니
Invasion of Alien Bikini
한국 | 2011년 | 75분

등급	청소년 관람불가
감독	오영두
출연	홍영근, 하은정
제작	키노망고스틴
배급	인디스토리
개봉	2011. 08. 25

★2011 부천국제판타스틱영화제 초청, 벤쿠버국제영화제 초청

바른생활과 정의사회 구현을 몸소 실천하는 숫총각 영건(홍영근). 서울이라는 도시의 평화를 걱정하는 '도시 지킴이'라는 직업 때문에 이 무료 봉사를 목숨 걸고 수행 중이다. 그러던 어느 날, 괴한들의 손에서 여자를 구해내고 자신의 집으로 피신시킨 영건은 뇌쇄적인 그녀에게 단박에 반하지만 여자는 번식을 위해 지구에 급파된 에일리언(하은정)으로 날이 밝기 전에 최상의 정자를 얻어 수정해야 하는 몸이다. 영건은 미녀 에일리언의 유혹을 뿌리치고, 이 순결한 지구를 구해야 한다.

Cinema Talk #19

도시를 지키는 멕시코 사나이

guest table
진행 · **남인영**
　　영화평론가
초대 · **오영두** 감독
　　홍영근 배우
　　하은정 배우

남인영　영화 재미있게 보셨나요? 질문 많으실 것 같은데, 제가 먼저 시작하도록 할게요. 작년 2월인가요. 홍영근 배우-그땐 감독이었죠?-를 비롯해 4명의 감독이 공동 작업한 〈이웃집 좀비〉를 가지고 시네마톡 행사를 진행했어요. 오영두 감독님이 참석 안 하셨기에 어디 가셨냐고 했더니 유바리영화제에 가셨대요. 4명의 감독님 모두 갈 수 있는 비행기 표가 확보되지 못해서 대표로 가셨다고. 유바리영화제에서 〈이웃집 좀비〉가 좋은 성과를 거두면서 〈에일리언 비키니〉가 시작되었다는 후일담을 들었어요. 이 영화는 어떻게 만들게 되었는지 궁금하네요.

홍영근의 멋진 몸을 보여주고파

오영두　거창한 기획이 있었던 건 아니고요. 저희가 홍영근 씨랑 가깝게 지내던 와중에 영화를 한 번 찍어보자, 홍영근의 멋진 몸매를 관객들에게 한번 보여줄 수 있지 않을까 해서 시작하게 됐어요. 상대 여배우를 캐스팅하는 과정은 바로 다음

에일리언 비키니　　　　　　　　　　　　　　　　　　　　**283**

날 영화제에서 하모니카(하은정)를 만났는데, 잘 어울릴 것 같아서 하자고 했습니다. 물론 그땐 시나리오도 없었어요. 저희는 그냥 이런 얘기를 찍을 거라는 정도만 얘기했습니다.

남인영 이게 정말 몸으로 찍은 영화라는 생각이 들었는데요. 같이 하게 된 계기가 단지 의리와 우정 때문이었나요? 그 과정을 얘기해주세요.

하은정 저 같은 경우는 큰 고민 없이 오케이 했어요. 영화 작업하다 보면 소통이 제일 중요하잖아요. 서로 교감하는 부분이 있어야 하는데, 그전에 작업을 같이 하면서 소통이 잘 되는 느낌을 받았기 때문에 고민 안 하고 너무 좋다고 했죠. 그런데 영화 시작하면서 시나리오가 없으니까 창작 과정에 직접 참여하게 돼요. 대화도 많이 해야 하고. 저희는 항상 상업영화를 찍는다는 생각으로 영화를 하다 보니 관객 입장에서 생각할 때 더 복잡해지는 거예요. 얘기할 것도 많고 고민도 많아지고. 그래서 재능이 안 되는데 덤빈 것은 아닌가 하는 생각도 많이 했지만, 한편으로 너무 재미있었어요. 시나리오가 없는 상황에서 뭔가를 만들어내는 게 재밌었던 것 같아요.

홍영근 은정 씨가 얘기를 다 한 것 같은데요. 배우가 작품을 같이 창작한다는 것만큼 기쁜 일은 없는 것 같아요. 감독님이랑 단편 포함해서 벌써 다섯 작품이나 호흡을 맞췄는데, 어느 영화보다 즐거웠고, 최선을 다할 힘이 생겼어요. 이 팀이랑 같이 할 때만큼 진짜 에너지가 나오는 경우는 드물어요. 그만큼 사람들이 너무 좋고, 이들이 그리는 영화 세계가 제가 가지고 있는 영화 세계와 잘 맞닿아 있다고 생각합니다.

오영두 참고로 제가 캐스팅을 했다기보다는, 영화 자체가 이 친구들의 이미지에서 시작됐기 때문에 영근이라는 이름을 그대로 쓰게 된 것도, 하모니카라는 이름을 그대로 쓴 것도 다 그런 이유예요. 하모니카는 은정 씨 별명인데 진짜 모니카 벨루치를 닮은 모습이 있거든요. 성도 하 씨고 해서 자연스럽게 '하모니카'가 된 거죠.

남인영 이제 질문 부탁드리겠습니다.

재기 발랄 장치들이 만들어진 사연

관객　영화 유쾌하게 잘 봤습니다. 포스터 선물 주신다고 하셨죠? 제가 옛날에 예쁜 여배우 브로마이드, 특히 007영화 브로마이드를 벽에 잘 붙여 놨는데, 오늘 사인이 들어간 브로마이드를 벽에 붙여 놓을 기회가 있었으면 좋겠습니다.(웃음) 영화의 기본적인 순수성이 잘 나타난 것 같습니다. 아까 남인영 선생님도 말씀하셨는데, 웰메이드 느낌이 많이 납니다. 작은 규모로 상당히 잘 만든 것 같고요, 특히 독립영화에서 크레디트가 세련되게 올라가는 경우가 드문데, 크레디트가 아주 세련되더라고요. 또 도시와 방의 색채감이 상당히 좋았던 것 같고요. 오늘 모교수님과 점심 먹다가 '어른'이라는 말의 재미있는 해석을 들었습니다. 그분 말씀이 어른은 '어울다'라는 말에서 나왔다고 해요. '어울다'가 성교를 할 수 있다는 뜻이고, 거기서 '어른'이라는 말이 나왔다는 거죠. 또 신문에 블랙홀에 관한 서너 컷짜리 사진이 실렸는데, 36억 광년 전의 블랙홀 현상을 지금 우리가 보고 있는 거잖아요. 아까 영화에 독특한 시간 개념이 등장해서 오늘 두 가지 생각이 떠오르는 것 같습니다. 제 질문은 'To be continued'라는 문구와 함께 시계 광고가 들어간 이유, '키노망고스틴'이라는 영화사 이름을 단 이유가 뭔지 알고 싶습니다. 또 홍영근 씨는 찰리 채플린처럼 코털을 다셨는데, 본인이 직접 생각하신 건지 감독님의 생각인지도 알고 싶습니다. 연기를 상당히 잘하시고 은정 씨의 연기도 상당히 좋았습니다.

오영두　일단 크레디트의 경우는 별로 어려운 기술이 아니고요, 아는 동생 채찍질하면 저렇게 나옵니다.(웃음) 또 전체적으로 이 영화는 색감이 풍부하잖아요. 약간 난색이 많이 포함되어 있는데, 저기가 저희 집이거든요. 이전에 찍은 〈이웃집 좀비〉가 6개 에피소드로 되어 있는데, 그중 5개 에피소드를 같은 방에서 찍었어요. 그때마다 세팅을 바꿔서 했습니다. 박스를 올리기도 하고 벽지를 바꾸기도 하고. 근데 이번에는 사실 아이템이 거의 떨어졌어요. 하은정 배우가 저번에 이벤트하고 남았다고 천 쪼가리를 가져와서, 일단 그걸 걸었고요. 그때 저희가 단청을 공부했는데요 사찰이나 궁궐에 있는 단청이요. 무당집 같을까 걱정하다가 그냥 누군가는 그럴 수 있지 않을까 싶어서 단청을 만들었습니다. 이 친구 캐릭터 자체가 정상이 아니잖아요. 차가운 공간보다 따뜻한 공간이 어울릴 것 같았어요. 왜냐하면 그만큼 자기 자신은 외롭고 쓸쓸한 아이기 때문에, 아마 이 친구가 집에 이사 오고 나서 처음 온 친구가 하모니카일 거예요. 얼마나 사랑스럽겠습니까. 그런 부분 때문에 색감을 따뜻하게 했고요.

두 번째 시계에 대해 이야기하자면, 그 광고가 약간 갑작스럽잖아요. 아까 말씀드린 대로 생소한 경험인데, 제가 편집을 하면서 저 부분이 약간 지루한 느낌이 들더라고요. 그래서 TV를 딱 틀었는데, 영화 중간에 갑자기 광고를 하더라고요. 이게 뭐냐, 그럼 나도 한 번 넣어보자. 저예산 독립영화니까 PPL이라고 하면 시계 회사에서 돈을 받을 수 있지 않을까. 그런데 연락이 오기를 자기들 이미지는 절대 쓰지 말래요. 그렇게 까이고 나서 이럴 바에는 아예 세게 나가자, 전 세계 누구나

아는 시계를 쓰자 싶었죠. 사실 엄밀히 따지면 특정 회사 제품의 이미지를 쓴 건 불법입니다. 저들이 우리를 고소하면 저희는 영화를 없앨 수밖에 없습니다. 두 번째는 저희가 정말 외국에 우리 영화를 세일즈하고 싶거든요. 그게 가능하겠냐고 하겠지만, 우선 일본에 팔았고요, 다음에는 미국을 목표로 찍어보려고 하는데, 마음대로 되지는 않지요, 당연히.

도시를 지키는 멕시코 사나이

홍영근　영근이 도시를 지키는 히어로 같은 느낌이 있는데, 할리우드 블록버스터 보면 스파이더맨은 가면을 쓰고 슈퍼맨은 삼각팬티를 입잖아요. 그렇게 히어로가 됐을 때 변화된 모습을 보여주기 위해 콧수염을 차용했어요. 감독, 배우, 스태프가 회의해서 아이디어가 나오다 보니까, 콧수염 아이디어를 누가 냈는지 기억이 잘 안 나요.(웃음) 그냥 뭔가 변화가 있었으면 좋겠다고 생각했습니다.

에일리언 비키니

오영두　채플린을 염두에 둔 건 아니고요. 음악이 탱고 음악이잖아요. 타이틀도 그렇고. 옛날 멕시코 느낌을 살리고자 했어요. 옛날 액션 스타 느낌. 원래 이 친구 꿈이 액션 스타거든요. 이런 얘기 하면서 콧수염 한번 붙이자고 했죠. 저희가 깊이 생각하지는 않아요.

관객　수준 낮은 질문이라도 이해해주세요. 홍영근 님은 배우로서 영화를 만들 때와 감독으로서 영화를 만들 때의 차이점을 얘기해 주시면 좋겠습니다.

홍영근　제가 2007년도부터 연기를 하게 되었는데요. 연출적인 면에서는 영화를 워낙 좋아하니까, 이런 드라마를 가지고 자기 스타일대로 표현하고 싶다는 생각은 많이 했어요. 그러다가 〈이웃집 좀비〉 만들 때 본의 아니게 환경이 조성돼서 두 작품을 연출할 수 있었고요. 되게 좋은 경험이었고 어렵다는 생각도 많이 했어요. 만약 연출에 욕심이 났다면 벌써 또 연출을 했겠죠. 근데 원래 배우로 출발했기 때문에 배우로서 홍영근이라는 사람을 먼저 보여주는 게 일차 목표라는 생각이 들고요. 그게 많이 됐을 때 연출도 시도할 수 있지 않을까 생각합니다.

제작비는 단돈 500만 원

관객　영화 잘 봤습니다. 제가 이 영화를 보게 된 계기는, 예전에 〈남자의 자격〉에서 저예산 영화 찍기 편을 보고 '저 영화 개봉하면 꼭 봐야겠다'라고 생각했거든요. 기회가 돼서 이렇게 보게 되었습니다. 저예산으로 찍기 위해 노력을 많이 하신 것 같은데, 제작비가 얼마나 들었고 제작 기간, 또 편집하는 데는 얼마나 걸렸는지 궁금합니다.

오영두   일단 제작비는 500만 원 더하기 수많은 사람의 희생과 착취, 약간의 기부, 구걸로 충당했습니다. 저희 집에서 나간 건 일단 500만 원입니다. 요즘은 디지털로 촬영하기 때문에 이게 가능하죠. 필름이라면 절대 불가능한 금액인데, 지금은 시대가 바뀌고 좋은 카메라도 많이 나와서 영화를 찍기 참 좋은 시대에 사는 것 같습니다. 촬영은 20회차 정도 했고, 촬영 기간은 한 달 반 정도. 스태프 인원도 얼마 안 돼요. 스태프 4명, 메인 배우 2명, 액션을 했던 시크릿 에이전트 3명, 김성민 씨, 그 인원으로 촬영하니까 되게 가벼웠습니다. 그냥 모여서 찍고 갔죠. 집에서 찍다 보니 밥도 해먹고 지치면 그냥 술자리로 넘어가고, 이런 식이었습니다. 편집은 좀 오래 했던 것 같아요. 한 달 반 정도 편집한 후에 믹싱이랑 음악 작업을 했고요. 어떤 장면은 둘이 나가서 찍었거든요. 어떤 날은 카메라 잡고, 어떤 날은 조명 잡고. 딱히 무슨 시스템이 있다기보다 그렇게 어물쩍 찍었습니다.

남인영   저기 장윤정 감독이 앉아계시네요. 이 영화의 프로듀서이자 〈이웃집 좀비〉 연출을 맡았죠. 오영두 감독의 옥탑방에서 같이 살고 계시죠?

오영두   네. 9년 정도 살았습니다.

남인영   장윤정 감독님, 간단한 인사와 함께 제작 에피소드 이야기해주시죠.

장윤정   저희가 돈이 없어서 언니한테 돈 빌려 찍고 난 다음 갚았거든요. 너무 없이 찍다 보니 부족한 면이 많아요. 그래도 이렇게 극장까지 보러 와주셔서 정말 감사합니다.

시간의 속성을 파헤치다

관객   인터넷에서 검색하다 기사를 봤는데, 노출 장면 찍을 때 스태프도 같이 벗고 찍었다고 하대요. 거기에 대해 해명 부탁드립니다. 두 번째는, 노출도 그렇지만 자세라든지 많은 부분 민망한 게 있거든요. 촬영 중 재밌는 에피소드가 많았을 것 같습니다. 또 마지막으로 홍영근 배우님, 스크린에서 보던 거랑 이미지가 많이 다른 것 같아요. 더 멋진 것 같은데, 어떻게 그렇게 바뀔 수 있는지 궁금합니다.

홍영근   차기작은 〈영건 인 더 타임〉이라는 SF 탐정 액션영화입니다. 한 85% 찍었어요. 배우에게 있어 달라 보인다는 말은 정말 행복한 얘긴데요. 탐정영화를 찍으면서, 한 달 보름 동안 계속 달리기와 운동을 하니까 살이 이렇게 빠졌어요. 여름에 뛰면서 액션도 많이 했고, 감정적으로 극한에 치닫는 부분도 많았고요. 아직 촬영 중이라 그런 모습들이 남아 있는 것 같습니다. 그리고 민망한 장면에 대해 말씀드리자면, 감독님이 미술이나 사진 스크랩하는 게 취미예요. 하루는 이런 동작들을 해야 한다며 던져 줘요. 그런데 깜짝 놀랐어요. 이걸 어떻게 사람이 하지, 싶어서요. 저희가 예산이 많지 않기 때문에 보여주는 부분에 대해서는 좀 완벽하게 보여주고 싶었거든요. 근데 제 몸에 한계가 있더라고요. 다 못 보여 드려서 죄송할 따름입니다. 또 매달려 있으면서 하모니카의 성적 고문에 반응해야 하니까, 아주 힘들었습니다.(웃음)

오영두   저희가 벗은 건요, 제 경우는 제집이니까 벗고 있는 게 당연한 거죠. 두 번째로 여배우와 남배우가 다 벗고 있으니까 자연스럽게 벗고 촬영한 거죠. 그런 맛이 있어요. 집에서 소소하게 촬영하면. 마침 덥기도 해서 자연스러운 분위기였습니다.

관객　왜 에일리언이 다른 시간대에 사는 다른 생명체라고 생각하셨는지, 그리고 개인적으로 마지막에 나온 그림을 어느 분이 그리셨는지 궁금해요. 저는 그 부분이 제일 인상적이었거든요. 답변 부탁드립니다.

오영두　저는 모든 생명체는 각자의 시간을 가지고 있다고 생각해요. 저는 그게 시간의 속성이라고 생각하거든요. 매미의 시간도 일생이 7일인데, 우리가 느끼기에 짧은 거지 그들에게는 충분할 수 있는 거거든요. 고등학교 때 50분 수업시간이 500분 같기도 했어요. 지금 이 시간은 벌써 한참 됐는데, 5분밖에 안 된 것 같잖아요. 아닌가요?(웃음) 시간은 늘 왔다 갔다 한다고 생각하기 때문에, 그 생명체가 다른 시간에서 와서 다른 시간을 사용한다고 설정한 거고. 두 번째, 그림에 대한 부분은 우리가 이 장면을 어떻게 표현할까 고민하다가, 근육질 남자배우의 친구 중에 화가가 있다는 소리를 들었어요. 가편집을 한 다음 술 사주겠다고 불러서 채찍질하며 그림을 그려오라고 시켰습니다.

남인영　영화가 재미있으셨다면, 오래오래 에일리언이 비키니를 입을 수 있도록 홍보해 주세요. 다음에도 부산에서 즐겁게 만날 수 있기를 바랍니다.

● 2011년 8월 25일, CGV서면

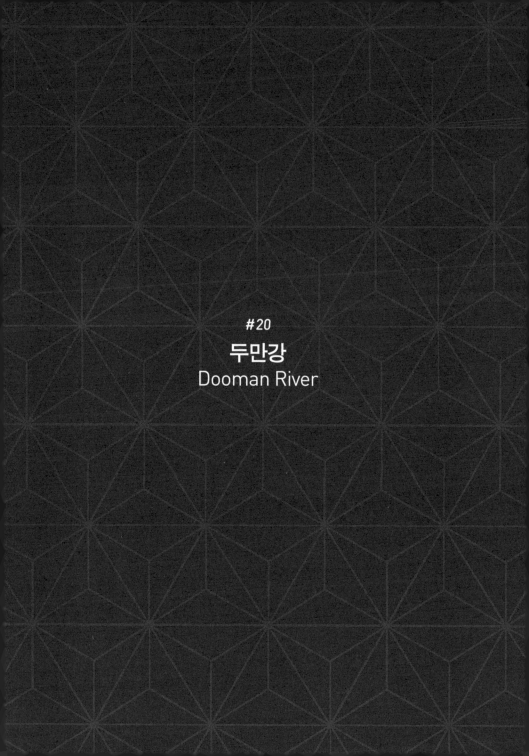

#20
두만강
Dooman River

두만강
Dooman River
한국 | 2009년 | 93분

등급	15세 관람가
감독	장률
출연	최건, 이경림, 윤란
제작	륜필름
배급	인디스토리
개봉	2011. 03. 17

★2010 부산국제영화제 넷팩상 수상, 2011 베를린국제영화제 크리스탈곰상 특별 언급

두만강변의 한 마을. 창호(최건)는 식량을 구하려고 강을 넘나드는 또래의 북한 소년 정진(이경림)과 우연히 친구가 된다. 그러던 어느 날, 창호는 누이 순희(윤란)가 탈북 청년에게 겁탈당한 사실을 알게 되고, 분노한 나머지 정진을 매몰차게 내친다. 그럼에도 정진은 창호와 했던 아랫마을 아이들과의 축구시합 약속을 지키기 위해 또다시 목숨을 걸고 두만강을 건너 마을에 나타난다.

Cinema Talk #20

국경이자 목숨을 걸어야 하는 공간

guest table

진행 · **송지환**
〈무비위크〉 편집장
초대 · **장률**
감독

송지환　장률 감독님은 1962년생이고, 연변에 있는 대학에서 국문학을 전공하셨습니다. 소설을 쓰는 재중 동포 작가이자 영화감독입니다. 영화 작업 시작한 지는 올해로 10년째. 지금 여러분이 보신 〈두만강〉은 여섯 번째 장편이고, 세계 여러 영화제에서 호평을 받았으며 부산영화제에서 주목을 많이 받았습니다. 영화 제목과 장률 감독님에 대한 이야기들을 구체적으로는 아니더라도 많은 경로를 통해 들으셨을 거라 생각합니다. 〈망종〉, 〈경계〉 등의 작품을 발표해서 외국 언론, 평단, 관객들에게 많은 찬사를 받아온 감독이고, 〈두만강〉 역시 그 연장선에 있는 작품입니다. 특이하다고 할 만한 점은 감독님 영화 중 자신의 고향을 배경으로 만든 영화는 이번이 처음이라고 합니다. 사실 제가 말씀드릴 수 있는 부분은 많이 없고요. 감독님께 작품에 대해 말씀해달라고 하면 워낙 하실 말씀이 많으실 것 같아서, 여러분의 질문을 받고 감독님의 이야기를 듣는 방식으로 진행할까 합니다. 혹시 질문이나 의견 제시하실 분 계신가요?

두만강의 사계절을 담고 싶은 소망

관객   감독님 작품 중 국내 개봉한 것은 다 봤습니다. 〈경계〉에선 탈북자나 북한 사람들에 대해 연민을 가질 수 있도록 다뤄주셨는데 이 작품에선 좀 부정적으로 묘사하신 것 같아요. 어떤 시각의 차이가 있는지 알고 싶습니다.

장률   제가 연변 출신인데, 북한 사람들이 두만강 건너와서 연변 사람들과 나눴던 우정, 갈등을 그리고 싶었습니다. 제가 한국말을 잘 이해 못합니다. 죄송합니다.

송지환   제가 질문 하나 더 드리도록 하겠습니다. 이 작품은 공식 러닝타임이 93분인데, 감독님 작품 중 가장 짧은 러닝타임으로 기록되어 있어요. 애초에 구상하셨을 때, 3시간 반이 넘는 러닝타임이 될 거라고 말씀하신 인터뷰가 있던데, 그것에 대한 이야기를 먼저 해주시면 좋을 것 같습니다.

장률   원래 시나리오는 사계절을 담은 영화였어요. 흐르는 두만강, 얼어붙은 두만강, 녹는 두만강 등. 처음에는 그렇게 준비하다가 여건이 되지 않았습니다. 투자도 어렵고, 촬영 여건도 좋은 편이 아닙니다. 영화는 일단 완성을 해야 했기에, 겨울로 끝냈습니다. 사계절을 다 찍는다면, 두만강을 다 말하자는 것과 똑같은 것입니다. 이건 달리 말해, 교만한 일입니다. 찍다 보면 두만강을 잘 모르겠습니다. 그래서 얼어붙은 두만강, 그거 하나만 찍자고 해서 겨울 두만강만 찍었습니다.

송지환   만약 투자환경이나 촬영 여건이 좋았다면, 흐르는 두만강을 볼 수 있었을까요?

시네마톡

장률   흐르는 두만강을 찍을 수 있었을지, 그건 아직 모르겠어요.

충격적인 결말, 그 자체가 진실

송지환   마지막에 창호가 뛰어내리는 장면을 많은 사람이 충격적으로 받아들입니다. 그렇게까지 한 이유가 있을까요?

장률   창호가 마지막에 쓰러지는 모습을 보며 '너무했다'라는 감정을 느끼는 걸 모르는 바는 아닙니다. 마지막 장면에 대해선 고민을 많이 했습니다. 근데 저는 어른들이 아이에게 탈출구를 주지 않으니까 아이가 목숨을 던질 수밖에 없다고 생각했습니다. 서울에 사는 아이들도 자살하는 경우가 많습니다. 아이들은 탈출구가 없을 때 목숨을 던집니다. 이걸 보여줘야 하나 말아야 하나 고민하는 것 자체가 일종의 계산이라고 느꼈습니다. 그래서 계산하지 말고 있는 그대로 보여주자고 했습니다.

송지환   조선족이 모여 사는 마을의 현실을 가감 없이 담으신 걸로 생각이 드는데, 이 영화가 실제 이야기라고 치면, 영화가 끝난 뒤 아이들은 어떻게 되었을까 궁금증이 들거든요.

장률   아이들은 계속 두만강을 건너가고 건너옵니다. 전쟁에도 아이들은 자기 목숨 아까운 줄 잘 모릅니다. 그런데 두만강을 건너갔다가 오는 건 사실 목숨을 던지고 하는 일입니다.

관객　저는 영화를 보면서 결말이 되게 우울하다는 느낌을 받았어요. 감독님은 탈북자를 어떤 식으로 묘사하고 싶으셨나요?

장률　다 같은 민족인데, 두만강은 하나의 국경입니다. 쉽게 넘어올 수 없습니다. 그런데 이쪽 사람과 저쪽 사람들의 생각은 많이 다릅니다. 그럼에도 우리 민족이라는 복합적인 감정이 있습니다. 저는 탈북자를 어떻게 표현하기보다 내 눈에 보이는 탈북자들을 진실에 가깝게 한번 찍어보고 싶었습니다.

감정 표현에 서툰 사람들

관객　영화에 등장하는 사람들이 아무런 감정도 없는 것처럼 보입니다. 일부러 그렇게 표현하신 건가요?

장률　이 공간에 사는 사람들의 감정을 거의 충실하게 표현했다고 생각합니

다. 근데 그 사람들이 사실은 감정이 없는 게 아닙니다. 감정 표현을 이쪽 사람들
보다 잘 못합니다. 한 아이가 죽었을 때 울 수도 있습니다. 그런데 실제로 그렇게
표현하면 진실이 아닙니다. 연변에 가보면 감정 표현도 여유가 있어야 할 수 있다
는 것을 잘 알게 됩니다. 여유가 없으면 사람들이 멍해지고 표정도 적고, 밖에서
볼 때 감정이 없다고 느끼게 됩니다. 서울에도 그런 사람이 있습니다. 노동을 많이
하는 사람들은 감정 표현이 적고 표정도 별로 없습니다. 〈두만강〉의 탈북 소년들
을 보면 한국 소년들에 비해 무표정하고 무뚝뚝하고 감정도 없어 보입니다. 표정
이나 감정 표현도, 어떻게 보면 훈련입니다. 〈경계〉라는 영화를 몽골에서 찍었는
데, 남자주인공이 몽골 국민배우입니다. 한국으로 치면, 안성기라고 할 수 있습니
다. 러시아에서 연기공부도 했고 감독까지 하는 사람인데 연기를 하지 말라고 하
니까, 처음엔 못 받아들였어요. 어떻게 설득해야 하나, 고민하다가 그 사람을 데리
고 몽골 사막에 있는 유목민 집에 갔습니다. 사람들이 좋은 것 다 내놔요. 국민배
우를 정말 환대해주는데, 자기 딴에는 정말 강렬한 감정을 표출하는데, 실제로는
말이 없고 표정이 전혀 없어요. 왜냐하면 그 사람들은 낯선 사람을 잘 못 만납니
다. 감정을 어떻게 표현해야 할지 모릅니다. 그래서 제가 그랬습니다. 당신이 지금

두만강

연기하는 캐릭터가 저 사람인데, 저 사람 표정 봤는가? 표정이 없다. 이런 영화를 보면 불편할 수도 있겠지만, 그래도 영화라는 게 그 시대 사람들을 어떻게 진실하게 담아내는지가 중요하다고 생각합니다. 그래서 이렇게 표현한 것 같습니다.

송지환　말씀 듣고 보니까 정말 그렇구나 싶네요. 여기 모인 사람들, 서울에서 보는 많은 사람의 표정과 연변 사람들의 표정이 어떻게 다른지 조금만 더 말씀해 주세요.

장률　어느 해, 한국 관객들이 공감하는 자연스러운 연기가 나왔다고 쳐요. 근데 10년 지나면 거의 못 봅니다. 6, 70년대 한국 영화에서 그 시대 사람들이 제일 자연스럽다고 했던 연기를 보면 받아들이기 쉽지 않습니다. 어느 나라나 마찬가지입니다. 30년 넘은 연기는 받아들이기 쉽지 않아요. 저는 이게 시스템의 문제라

시네마톡

고 생각합니다. 저는 그 시대, 그 공간에 가장 가까운 표정, 감정 표현이 무엇인가
를 고민합니다. 제가 현재 연변에서 제일 진실에 가깝다고 느끼는 표정은 무표정
입니다.

두만강은 국경이자 목숨을 걸어야 하는 공간

관객   감독님 영화는 처음 보는데요, 〈중경〉과 〈이리〉의 줄거리를 보니까 〈중
경〉에는 여자가 거지한테 몸을 파는 장면이 있고, 〈이리〉에는 강간을 당한 여자가
등장합니다. 이번 영화에도 주인공 누나가 탈북자한테 강간을 당해 낙태를 하는
데, 너무 여자만 피해자로 만드는 게 아닌가 싶었습니다.

두만강   303

장률　실제로 여자가 피해를 훨씬 많이 봅니다. 그 피해는 말도 할 수도 없죠. 영화에 묘사한 건 사실 아무것도 아닙니다. 제가 아는 사람들, 그러니까 하층에서 사는 사람들이 그렇게 살고 있다는 것을 잘 알기 때문에 이런 인물이 나오는 것 같습니다. 다음에는 남자가 좀 피해를 보는 것으로 하겠습니다.(웃음)

관객　탈북자들에게 두만강이 어떤 의미인지 궁금합니다.

장률　오래전 강을 건널 때 다시 건너가지 않겠다고 생각한 사람은 거의 없어요. 항상 돌아가겠다는 생각을 하고 건너왔는데, 돌아가지 못하게 된 거죠. 지금은 자기가 사는 동네에서 50킬로미터 이상 못 벗어나요. 더 가면 혹시 돌아오지 못할지도 모른다는 공포심이 생겼기 때문이죠. 두만강은 국경이고, 지금은 목숨을 걸고 건너야 하는 곳이 되었어요. 두만강에 대한 감정은 애잔합니다. 영화 속 할아버지들처럼 '여기 묻어 달라'라는 그런 감정이고, 두만강에서 살았던 남한 사람들에겐 한 번쯤 찾아가고픈 공간입니다. 한국 가수 중 강산에가 부른 〈라구요〉 노래 가사 중에 이런 게 있잖아요. 아버지가 꼭 한 번만이라도 두만강에 가 보고 싶다고 말씀하십니다. 아버지는 아마도 그쪽 공간에서 자란 사람입니다. 그래서 저는 그 두만강 풍경이라도 잘 찍어서 이 공간을 기억하는 사람들, 특히 연세 높은 사람한테 보여주고 싶다는 생각이 있었습니다.

서울에서 흥미로운 공간은 충무로 인쇄소 골목

관객　관객 입장에서 볼 때 두 가지 생각이 들었습니다. 첫째는 굉장히 목가적이고 평화롭고 순수한 느낌. 할아버지는 모든 것을 관조하고, 여자아이는 지독한 순수함을 보여줍니다. 그런데 정말 그곳을 가보지 않은 우리 입장에서 볼 때, 정말 그럴까 하는 생각이 들었습니다. 그게 결과적으로는 너무 전형적이지 않나 싶기도 했습니다. 연변에서 온 사람들은 순수할 거라는 스테레오타입화된 이미지랑 맞아떨어지는 것 같아요. 그런 면에 대해 어떻게 생각하시는지 궁금합니다. 또 두 번째, 아까 말씀하실 때 연기하는 걸 원치 않았다고 하셨는데, 관객 입장에서는 연기를 전혀 하지 않으니까 감독님이 하고 싶은 이야기를 90분 동안 끊임없이 들었던 것이 아닌가 하는 생각도 들었거든요.

장률 지금 우리가 보고 있는 영화의 연기와 내 영화 속 배우들의 연기를 비교할 때, 차이가 너무 커서 그런 것 같습니다. 그런데 제가 영화를 보면 그래도 연기가 보입니다. 그 연기까지 싫어요.(웃음)

송지환 전작들에서 특정 지역이나 공간에 대한 것들을 잘 드러내셨는데, 이번 작품 역시 그러네요. 만약 다음에 서울을 배경으로 작품을 하신다면 어떤 이미지를 담아낼지 개인적으로 궁금합니다.

장률 저도 궁금합니다.(웃음) 영화라는 게 그냥 생각한다고 되는 건 아니니까요. 준비 중인 작품이 몇 가지 있습니다. 근데 마지막에 보면 몇 가지 중 계속 감정이 남아 있는 이야기가 있죠. 그렇게 남는 걸로 영화를 찍는 것 같습니다. 아직 서울에서 뭘 찍겠다는 생각은 못 해봤는데, 저는 영화를 찍으면 항상 어떤 공간에 감정이 깃드는 느낌을 받습니다. 먼저 공간을 찾습니다. 서울에서 그런 느낌을 받은 공간을 꼽으라면, 충무로 인쇄소 골목입니다. 여기 지나갈 때에는 이상하게 감정이 옵니다. 서울에서 찍는다면 충무로 인쇄소 소리가 내 영화에 들어오지 않을까 싶습니다. 근데 다른 감독이 제가 말한 그 골목을 먼저 담아내면 너무 얄미울

것 같네요. 다른 감독들이 못 찍게 어떻게 못 할까요?(웃음)

송지환 저작권 침해로 금지 가처분 신청이라도 할까요?(웃음) 덕분에 마지막을 웃으면서 끝내게 되었네요. 이 영화는 오래오래 간직되어야 할 작품이 분명하고 요. 마지막으로 감독님께 큰 박수 부탁드립니다.

● 2011년 3월 17일, CGV상암

#21

무산일기
The Journals of Musan

무산일기
The Journals of Musan
한국 | 2010년 | 127분

등급	15세 관람가
감독	박정범
출연	박정범, 진용욱, 강은진
제작	세컨드윈드필름
배급	영화사 진진
개봉	2011. 04. 14

★2010 부산국제영화제 뉴커런츠상, 국제비평가협회상, 2011 로테르담국제영화제 대상 수상

125로 시작되는 주민등록번호는 북한에서 온 사람에게 붙여주는 숫자다. 남한 사회에서 살아가려고 애쓰지만 그들 사이에서도 서로 속고 속이는 일들이 반복되면서 불신감만 쌓여간다. 전승철(박정범)은 삶을 견딜 수 있을까. 박정범 감독은 주연과 연출을 동시에 소화하며 한국 사회의 어둠을 스크린 위에 옮긴다.

Cinema Talk *#21*

탈북자 친구에게 바치는 영화

guest table

진행 • **김영진** 영화평론가
김도훈 〈씨네21〉 기자
초대 • **박정범** 감독 겸 배우
진용욱 배우
강은진 배우

김도훈　안녕하세요. 오늘 진행을 맡은 〈씨네21〉의 김도훈 기자입니다. 〈무산일기〉의 박정범 감독님, 경철 역을 맡은 진용욱 씨, 숙영 역을 맡은 강은진 씨, 그리고 해설을 덧붙여주실 김영진 평론가님 모셨습니다. 이 영화가 실제 탈북자 친구를 모델로 했다는 이야기는 많이 들으셨을 텐데요. 단편 〈125 전승철〉을 먼저 만드셨고, 그 이야기를 발전시켜 〈무산일기〉를 만드셨습니다. 이제 고인이 된 전승철 씨 이야기, 이 작품을 만들게 된 의도 등을 여쭙고 싶네요.

친구를 기억하며

박정범　(故 전승철 씨는) 대학 후배였고요. 대학 3학년 때부터 영화를 하고 싶다는 꿈이 있어서 전역 후 영화 공부를 하고 있다가 승철이가 2002년 남한으로 넘어오면서 친해졌습니다. 3년 정도 동고동락하며 탈북자들의 생활을 알게 됐고, 그걸 영화화하고 싶어 단편 시나리오를 서른 개 정도 썼는데요. 제가 영화 연출에 재주가 없어서 그런지 영화제에서 계속 낙방하고 그 친구나 저나 실의에 빠졌습니다. 그러다가 그 친구가 2006년 암에 걸려 투병을 시작했고요. 저는 동국대 영상대학원에 들어가면서 자주 못 보고 병원도 자주 찾지 못했습니다. 2008년 세상을 뜨기 전, 〈125 전승철〉을 찍었는데 친구가 당시 암 말기여서 영화도 못 보고 세상을 떠났습니다. 이후 이창동 감독님의 〈시〉 조감독을 맡으면서 다시 장편을 찍어야겠다는 생각이 들어서 감독님이 4개월 휴가를 주신 동안 촬영을 하고 〈시〉 끝난 뒤 마무리 작업해서 부산영화제에서 틀게 됐습니다.

실제 탈북자로 착각할 만한 외모

김도훈 일반 관객들에게 잘 알려진 배우들은 아닌데요, 캐스팅이 어떻게 이루어졌는지 감독님께 여쭤보고 싶고요. 진용욱 씨 경우는 실제 탈북자로 착각할 만큼 영화 속에서 탈북자의 성품이나 정서를 잘 표현해 주신 것 같습니다. 어떻게 연기하셨는지 궁금합니다.

박정범   오디션을 통해 진행했습니다. 동국대학교 졸업 작품 한다고 공고를 올렸더니 원래 그려왔던 이미지와 전혀 다른 '아름다운' 분들이 너무 많이 오셨어요. 아, 그렇다고 강은진 씨가 아름답지 않다는 건 아니고요.(웃음) 너무 모델 같은 분들이 많이 오셔서 교회에 다니실 것 같은 분으로 섭외했습니다. 진용욱 씨의 경우는 오디션 마지막 날 찾아오셨어요. 오디션 보게 해달라고 하셔서 저는 "감사합니다." 하고 보게 됐는데, 솔직히 걸어 들어오실 때 '실제 탈북자가 오셨구나' 생각했습니다.(웃음) 보는 순간 이분이라는 생각이 들었고요. 〈크로싱〉에도 나왔던 분이라 북한 사투리가 자연스러워서 제가 오히려 촬영 도중 많이 배웠습니다. 감사합니다.

진용욱   저는 무슨 답변을 해야 할까요?

김도훈   탈북자의 정서라든지 사투리 등, 연기하기 위해 준비하셔야 할 것들이 굉장히 많았을 것 같거든요. 그런 부분에 대해 말씀 부탁드립니다.

진용옥 일단 그렇게 봐주신 점 칭찬인 것 같아 너무 감사드리고요. 처음에 감독님하고 작업을 같이 하면서 다큐멘터리 영상들, 기존에 봐왔던 영화나 드라마 속 북한 사투리가 아니라 실제 탈북하신 분들의 다큐멘터리 말투를 연습했고요. 감독님이 자꾸 〈크로싱〉 말씀을 하시는데, 저는 사실 〈크로싱〉에서 북한 사람 역할이 아니었습니다.(웃음) 남한 사람으로 나왔다는 걸 확실하게 말씀드리고 싶고요.(웃음) 사투리를 하면서 제일 고민됐던 게 개그 소재로 정말 많이 나왔던 거잖아요. 자칫 오버하게 되면 큰일 나겠구나 싶었습니다. 그래서 사투리를 쓰려고 노력하기보다 인물에 먼저 집중하려 노력했고, 아마 그 점을 여러분이 좋게 봐주신 것 같습니다.

감독이 직접 리얼 액션을 연기하다

김도훈 숙영 역할을 맡은 강은진 씨는 실제로 독실한 크리스천이라고 알고 있어요. 그래서 오히려 선뜻 참여하기 힘들었겠다는 생각이 드는데, 그런 부분에 대해 말씀 부탁드립니다.

강은진 독실한지는 잘 모르겠고, 신앙생활을 하고 있긴 합니다. 처음 시놉시스를 봤을 때 숙영이라는 인물을 너무 연기하고 싶었어요. 그게 종교적인 문제, 기독교를 비난하고 말고의 문제가 아니라고 생각했거든요. 저 역시 신앙생활 하면서 신앙과 현실 사이의 괴리감을 느낀 적도 많아요. 신앙이 있긴 하지만 제가 신이 아니기 때문에 항상 죄를 짓고 살아가게 되잖아요. 그런 감정들이 다 인간의 문제라고 생각했어요. 이 인물이 나쁘게 보이나, 좋게 보이나, 이런 걸 떠나서 제가 항상 고민했던 문제입니다. 이 인물을 굉장히 하고 싶다고 생각했는데, 감사하게도

'많이 예쁘지 않다'는 이유로 제가 캐스팅돼서 얼마나 감사합니까!(웃음) 또 이 영화가 개봉하게 될 줄 몰랐는데 너무 감사하게도 이런 자리까지 갖게 돼서 어제오늘 계속 눈물까지 흘리고 있어요.

김도훈　예전 〈씨네21〉 보니까 오래전 부천영화제 액션스쿨 학생으로 인터뷰하신 적이 있더라고요. 사실 저는 〈무산일기〉를 보면서 육체적으로 굉장히 아픈 영화라는 느낌을 받았는데 대부분은 감독님께서 직접 액션 연기를 하셨죠? 감독으로서 왜 직접 이 역할을 연기하신 건지 궁금한데요. 카메라를 잡고 배우로서 연기까지 하려면 여러모로 힘든 상황이 많을 것 같거든요. 이 영화의 액션 장면들은 어떤 식으로 준비하셨는지, 정말 육체적으로 고통을 감내하고 찍은 건지 궁금합니다.

박정범　제가 처음 부천에 갔던 이유는 액션영화를 만드는 기술을 배우고 싶어서예요. 그때 만났던 사람이 〈우리는 액션 배우다〉의 주연이었던 권귀덕 무술감독인데요. 이 영화에서 저를 때리는 친구 역할이 권귀덕이고, 이 영화의 무술감독을 맡았습니다. 그 친구가 처음엔 이상하다고 했어요. 무술감독이 존재하는 이유는 합을 맞춰 상처 안 나고 안 아프면서 효과적으로 보이게 하기 위해서인데, 제가 요구했던 건 "진짜 때려라, 그리고 나도 진짜 맞아보겠다."였거든요. 노래방 다음 장면에 뒤통수 맞는 신을 찍을 때 이래도 되냐고 계속 물어보더라고요. 그러다가 점점 테이크 갈수록 진심으로 때려요. 나중엔 즐긴 것 같아요.(웃음) 저는 액션영화도 좋아하고 리얼리즘영화도 좋아하고 좋은 영화라면 모두 좋아합니다. 태권도를 했기 때문에 맞는 데 이력이 나서 때리라고 하고 맞았는데 맞다가 갈비뼈가 조금 나가서 통증 때문에 힘들었고요. 또 인상적인 기억은 제가 계속 맞으니까 백구가 저를 보고 짖으면서 달려오더라고요. 그 개는 이게 영화라는 걸 모르니까 주인이 맞는다고 인식하는 거예요. 그게 참 기억에 남습니다.

최고의 연기파 배우는 백구

김영진 개가 연기를 너무 잘하던데요. 승철이하고 경철이한테 대하는 게 다르 잖아요. 경철이 애완견 끌고 갈 때 진짜 개장수한테 가듯 안 끌려가려고 하는 모습이 인상적인데, 어떤 과정이 있었기에 이런 연기가 나왔나요? 소소한 질문이지만 여쭤보고 싶었습니다.

진용욱 제가 답변하겠습니다. 감독님이 직접 모란시장에서 개를 데리고 오셨어요. 감독님 말씀에 의하면 가축시장 세 바퀴를 도는데 막 짖고 그런 개들보다 가만히 앉아서 자기를 쳐다보는 개가 이 영화 속 캐릭터에 맞겠다 싶어서 데려왔대요. 처음에는 애완동물을 좋아해서 막 만졌어요. 그런데 언젠가부터 만지지 말라고 하시더라고요. 밥도 직접 먹이시고 산책도 시키면서 훈련을 시켰고요. 저는 영화 속에서 개를 미워해야 하고 학대해야 하니까 촬영 전부터 미워해야 했어요.(웃음) 실은 쓰다듬고 만지고 싶었는데, 미안하지만 그냥 발에 차이면 차고, 그런 연습을 계속했죠.

김영진 제가 듣기로는 지금 이 강아지가 세상에 안 계시다고….

박정범 부모님 댁이 강원도 산골인데 거기서 자유롭게 크라고 데려다 놨어요. 근데 산짐승이 내려와서… 처음 갔을 때 눈하고 목이 찢어진 상태였는데 저를 보고 뛰어오면서 반갑다고 하더라고요. 몇 개월 지난 뒤 어머니가 얘기하시길 아버지가 직접 묻어 주셨다고 해요. 저도 묘소만 가봤어요.

김영진 무슨 말만 하면 심각해지네요.(웃음) 감독님께 여쭤볼게요. 계속 감독님

의 연기에 대해 질문하게 되는데 본인 연기에 대해 어떻게 생각하시는지 들어보고 싶고요. 제가 〈두만강〉 개봉했을 때 우연히 장률 감독, 이창동 감독님하고 자리를 함께했거든요. 그때 장률 감독이 박정범 감독의 연기를 굉장히 칭찬하더라고요. 연기가 끝내줬다고. 또 하나 결정적인 장면마다 뒤통수를 맞잖아요. 교회에서도 그렇고 맨 마지막 충격적인 장면도 그렇고. 본인이 연기한다고 생각했기 때문에 콘티를 그렇게 짜놓은 건가요?

박정범 우선 카메라 콘셉트부터 얘기하자면 관객의 관심을 유지할 정도의 거리에 앉아서 계속 이들의 상황을 지켜보는 카메라 워킹이 됐으면 좋겠다고 촬영감독님과 이야기했어요. 이 친구가 슬픈 상황, 아픈 상황일 때 어떻게 카메라가 들어가야 하는지 얘기하다가 교회 장면에서 합의를 본 게 진짜 친구가 옆에서 마음의 어떤 것을 털어놓고 있을 때 내가 그 친구의 얼굴을 바라볼 수 있는가에 대한 얘기가 나왔어요. 나는 얼굴을 못 보겠다, 그럼 그 친구의 어디를 보여줘야 하느냐,

토론 끝에 나온 게 거리를 깨보자는 거예요. 이 영화에서 거리를 깨는 장면이 몇 안 되는데 얼굴이 보이지는 않지만, 이 친구에게 다가가고자 하는 마음을 표현하기 위해 카메라가 나온 거고요. 성가대 들어가는 장면에서도 이런 카메라 워킹이 나옵니다. 그게 제가 의도했던 거고요.

제 연기는 이창동 감독님 말씀을 빌자면 이래요. "이 영화에서 연기를 제일 잘한 건 백구고, 그다음은 박 형사, 그다음은 은진 씨하고 용욱 씨, 정범이 너는 그냥 서 있더라." (웃음) 제 연기는 뭐라 말할 수 있는 정도의 것이 못 되고 승철이 느낌을 생각하면서 그냥 서 있었던 것 같아요. 제가 얘기할 땐 승철이가 겪은 느낌을 전달하려고 했고요. 그게 눈빛이나 호흡 같은 것들로 나온 것 같아요. 엔딩을 보시면 다들 아시겠지만 필요 이상의 시간을 제가 찍었는데 그건 의도보다 훨씬 길어졌습니다. 죽음 앞에서 저는 정말 눈물이 날 것 같더라고요. 왜냐하면 승철이가 암 투병하다 죽은 생각이 떠올랐고 걔가 어떻게 한국에서 살았는지 아니까 그 친구의 상황에 대해 복기를 했어요. 그러면서 내가 지금 여기서 뭘 하고 있는가. 그리고 이 영화는 뭐지 하는 생각을 하다 보니 시간이 훌쩍 지나가더라고요. 근데 그게 아이러니하게도 이 영화가 가진 힘이라고 얘기하시더라고요. 그건 정말 승철이가 저에게 준 우연의 선물이라고 생각합니다. 제가 무슨 공부를 했다고 그런 장면을 의도적으로 찍었겠습니까. 저에게는 이 영화 전체가 뜻 깊은 기억인 것 같습니다.

상상은 현실을 이길 수 없다

김도훈 〈무산일기〉가 공개되고 나서 많은 리뷰들이 나왔는데 이창동 감독님이나 다르덴 형제의 영향력에 관한 언급이 계속 나오더라고요. 저는 어느 정도 감독님이 거리 두기에 있어서 자신만의 해법을 찾았다는 생각이 들었거든요. 두 감독님의 영향력이라든지, 자기만의 해법 찾기에 대해 이야기를 여쭙고 싶고요. 같은 질문을 김영진 평론가님께도 드리겠습니다.

박정범　이창동 감독님의 조감독이 된 것이 인생에서 가장 기억에 남는 행운이라고 생각하고요, 또 평생 그렇게 생각할 것 같습니다. 왜냐하면 저는 영화를 잘 모르는 체육과 학생이었는데 이창동 감독님의 〈박하사탕〉을 보고 깜짝 놀랐거든요. 이런 영화도 있구나, 계속 보게 됐고, 대학원에서 이창동 감독님 영화 전편을 보고 혼자 공부한 편이라 그게 자연스럽게 영화에 드러난 것 같습니다. 다르덴 형제는 대학원에서 알게 됐고, 크리스티안 몬쥬라든지 동시대 리얼리즘 감독들의 영향 아래 제가 있다고 생각하거든요. 이창동 감독님이 늘 말씀하시는데 "상상은 현실은 이길 수 없다."라고 해요. 저는 그 이야기가 와 닿았어요. 그래서 카메라 스타일도 가장 현실적인 게 무엇일까 고민했고요. 제가 갖춘 능력 안에서 사실적으로 찍으려고 했습니다.

김영진　요즘 영화들을 보면 다르덴 형제의 영향을 받은 스타일이 많이 나오죠. 탈북자를 다루는 감독들의 태도가 선의에서 나온 것이라 할지라도 본의 아니게 위에서 내려다보거나 지나치게 막을 치고 보는 경향이 있거든요. 그러면서 실제적으로는 굉장히 편견이 가득 담긴 눈으로 접근하는 작품이 많이 나왔다고 생각해요. 그런데 이 영화를 보면서 놀라웠던 건 카메라 워크 자체보다, 아 정말로 마음을 건드리고 있구나, 하는 느낌이 들었어요. 이게 사실 교과서에도 나오는 얘기 아닙니까. '뒤통수를 찍어도 느낌이 나오게 찍어라,' 놀랍게도 이 영화에서 그런 순간들이 있었다고 생각하거든요. 저는 그 점이 놀라웠습니다. 또 배우들에게 여쭤보고 싶은데 영화 찍을 땐 어땠나요? 찍을 때 예상했던 것하고 실제로 완성된 작품하고의 차이랄까, 그런 점들에 대해 말씀해주세요.

개봉은 꿈에도 생각 못한 일

강은진 독립영화가 개봉까지 하는 건 정말 어렵잖아요. 오디션에 지원할 때 동국대학교 영상대학원 졸업 작품으로 지원한 거고, 순수하게 연기를 하고 싶은데 기회가 없어서 지원하게 됐어요. 오디션을 많이 봐도 나에게 돌아오는 기회는 적기 때문에 그냥 하고 싶었어요. 좋은 작품, 좋은 역할. 근데 마침 이 영화를 만나게 됐고 찍으면서 개봉을 할 수 있을까, 이런 건 정말 상상하지 않았어요. 왜냐하면 졸업 작품이니까. '과제로 내서 졸업하시는구나' 생각했죠. 그럼에도 작품 자체가 워낙 좋았기 때문에 열심히 참여했고, 결과물을 봤을 때 너무 많은 충격을 받았어요. 제가 숙영인데도 불구하고 승철이한테 감정 이입이 돼서 눈물이 나와요. 숙영이가 너무 이중적으로 보이는 거예요.(웃음) 그만큼 완성본을 봤을 때 제 마음을 울리는 부분이 있어서 감사했죠.

진용욱 처음 시나리오를 보고 참여를 결정하면서 저에게 경철 역을 하라고 말씀하셨어요. 그래서 제가 "승철 역은 누가 해요?" 물었더니 "제가 해요" 하시더라고요. 지금까지 다른 작품 출연하면서 감독님이 직접 연기하는 건 처음이었거든요. 굉장히 어려울 줄 알았는데 막상 현장 갔을 때 디렉팅을 받는다는 느낌보다 같이 호흡을 맞추는 연기자와 의논한다는 느낌이 강해서 좋았어요. 학습화된 분위기가 아니라 이런 상황에서 이런 느낌이 나왔으면 좋겠다고 이야기하고, 서로 의논하면서 대사도 바꾸고, 상황도 연출하면서 호흡을 맞췄던 게 기억에 남습니다. 연기자 생활을 하면서 느꼈던 갈증이 해소되는 느낌이랄까. 이런 감정이 진실

시네마톡

이구나 하는 깨달음도 얻게 된 작품입니다. 옆에 있다고 하는 얘기가 아니라 감독님께 되게 고맙습니다.

사운드는 최대한 배제하다

김도훈   그럼 이제 관객 여러분의 질문을 받도록 하겠습니다. 질문 있으신 분은 마이크 드릴게요. 손들어주세요.

관객   영화 잘 봤습니다. 엔딩 컷에 음악이 없던데, 제가 영화 보면서 음악 없는 크레디트는 처음이거든요. 혹시 의도한 바가 있는지 궁금합니다.

박정범   영화 안에서 외적인 사운드를 배제하려고 했고요, 그게 제가 생각하는 현실이라고 여겼기 때문에 그렇게 했습니다. 그래도 마지막엔 음악을 넣어야 하는 것 아니냐고 편집 기사님이 얘기하셨는데, 영화 안에 충분히 내재적인 사운드, 찬송가라든가 노래방 음악 같은 게 많이 나왔잖아요. 엔딩에서는 음악을 넣지 않는 게 자연스러울 거라고 생각했습니다.

김도훈   그럼 마지막으로 질문 하나만 더 받도록 할게요.

관객   저는 얼결에 와서 아무런 정보도 없이 봤는데 전체적으로 친구의 이야기를 옆에서 가만히 듣는다는 느낌을 받았습니다. 가슴에 와 닿는 장면들이 많이 있었는데요, 강아지가 굉장히 외모적으로 돋보였거든요. 강아지를 깨끗하게 관리하고 예쁜 옷을 입히는 모습을 보여준 게 의도적인지 우연인지 여쭤보고 싶습니다.

박정범 시나리오를 쓸 때 주변의 사건들, 과거의 기억들을 조합하는 편인데요. 제가 믹스견을 길렀고 잘 보살펴주지 못해 죽은 기억이 있습니다. 그런 기억들 때문에 잘해주고 싶다는 보상 심리 같은 게 있었던 것 같고요. 백구를 선택하게 된 건 승철이라는 인물이 자기 같은 떠돌이 개를 보면 슬퍼질 것 같았어요. 내가 저 개만큼은 지켜주리라 했지만 결국 지켜주지 못하잖아요? 자기는 헐벗고 굶더라도 애한테는 좋은 밥 좋은 옷을 먹이고 싶은 심정을 담고 싶었습니다.

김도훈 마지막으로 시네마톡을 마무리하면서 오늘 참석해주신 분들의 말씀을 한마디씩 듣도록 하겠습니다.

김영진 지금 영화계 상황이 여러모로 어렵지 않습니까. 저는 이런 힘든 상황에서도 좋은 영화를 만드는 감독들이 굉장히 훌륭하다고 생각합니다. 우리가 알게 모르게 타자에 감정 이입하는 능력이 현저히 떨어지고 있는데, 이 영화는 굉장히 정직한 방식으로 하고 싶은 이야기를 잘 전달했다고 생각합니다. 처음에 영화 보

고 굉장히 흥분했고, 정말 기분 좋은 영화였습니다. 이렇게 개봉하게 된 걸 진심으로 축하드립니다.(박수)

강은진 핀안하게 이런 저런 얘기를 할 수 있어서 너무 좋았고요. 저희 영화 좋게 봐주셔서 감사합니다.

진용욱 이렇게 좋은 작품에 참여했다는 게 너무 자랑스럽습니다.(박수)

박정범 이렇게 와 주셔서 감사합니다. 겨울에 이분들과 또 한 편의 영화를 찍으려고 합니다. 힘들겠지만 계속 열심히 찍겠습니다.(박수)

김도훈 끝까지 자리해 주셔서 감사합니다. 마지막으로 오늘 참석해주신 감독님, 배우들 그리고 김영진 평론가님께 박수 부탁드립니다.

● 2011년 4월 8일, CGV대학로

무산일기

#22

종로의 기적
Miracle on Jongno Street

종로의 기적
Miracle on Jongno Street
한국 | 2010년 | 109분

등급	15세 관람가
감독	이혁상
출연	소준문, 장병권, 최영수, 정율
제작	연분홍치마, 친구사이
배급	시네마 달
개봉	2011. 06. 02

★2010 부산국제영화제 메세나상 수상

서울 종로구 낙원동은 언제부터인가 게이들을 위한 작은 '낙원'이 되었다. 스태프와 배우들에게 큰소리 한 번 치지 못하는 소심한 게이 감독 준문(소준문), 세상을 바꾸기 위해 오늘도 바삐 움직이는 열혈 인권운동가 병권(장병권), 노래와 춤을 통해 자기 안의 끼를 발견해나가는 숙맥 시골 게이 영수(최영수), 사랑스러운 애인과 함께 선구적 사랑을 실천하는 로맨티시스트 율(정율). 오늘도 벅찬 한 걸음을 내딛는 게이들의 이야기가 이어진다.

Cinema Talk #22

베어계의 원빈, 뭉치다

guest table

진행 • **이송희일**
감독(《후회하지 않아》)

초대 • **이혁상**
감독

소준문
감독 겸 배우

이송희일 끝까지 자리해 주셔서 감사합니다. 게이 커뮤니티에서 퉁퉁하고 살집이 좀 있는 사람들의 작은 커뮤니티를 '베어'라고 하는데, 이혁상 감독이 베어계에서 는 자칭 원빈입니다.(웃음)

이혁상 안녕하세요. 성적소수문화환경을 위한 모임 '연분홍치마'에서 활동하고 있고요. '친구사이'와 함께 〈종로의 기적〉을 만든 이혁상이라고 합니다. 반갑습니다.(박수) 감독님께서 베어계의 원빈이라고 말씀하셨는데 '자칭'은 아니고 분명 '타칭'입니다.(웃음) 또 작은 커뮤니티라고 말씀하셨는데 꽤 영향력 있는 집단이거든요. 아마 오늘 처음 게이를 보는 분도 계실 텐데 샤방샤방한 꽃게이만 있는 게 아니라 이렇게 똥배 나온 게이도 있습니다. 제가 편견을 많이 깨뜨려 드렸길 바랍니다. 감사합니다.(박수)

소준문 안녕하세요. 저는 첫 번째 에피소드에 나오는 배우 겸 감독 소준문이라고 합니다. 반갑습니다.

베어계의 원빈, 뭉치다

이송희일 너무 간단하게 소개를 하신 것 같아서 잠깐 '연분홍치마'와 소준문 씨에 대한 소개를 듣도록 하겠습니다.

이혁상 '연분홍치마'는 다큐멘터리 작업을 오래 해온 단체고 2005년 기지촌 성매매에 관한 영화 〈마마상〉을 시작으로 여성에서 남성으로 전향한 세 분의 이야기를 담은 〈3xFTM〉, 커밍아웃과 동시에 종로구 국회의원에 도전하셨던 최현숙 후보의 다큐멘터리 〈레즈비언 정치 도전기〉라는 작품을 만들었습니다. 이후 세 번째 게이 커밍아웃 다큐멘터리 〈종로의 기적〉을 한국 게이 인권단체 '친구사이'와 함께 공동 제작했고요. 현재는 용산 참사를 다룬 〈두 개의 문〉 다큐멘터리를 작업하고 있습니다. 또 한국에 서양 복식 디자인을 처음 들여온 노라노라는 디자이너가 계시는데, 그분과 함께 여성 문화사를 다룬 다큐멘터리를 준비하고 있습니다.

소준문 저는 이송희일 감독님과 옴니버스 퀴어 영화 〈동백꽃〉을 처음 만들었고

요. 노년의 게이를 다룬 〈올드 랭 사인〉을 작업한 뒤 〈Road to Itaewon〉을 찍었는데 영화에서 보시다시피 좌초돼서 지금 버려놓은 자식 같은 심정으로 계속 손보고 있고요. 이후 〈REC〉라는 60분짜리 중편영화를 찍었고, 아버지와 아들에 관한 단편영화 〈터질 거야〉 작업을 거의 다 마친 상태입니다. 아직은 퀴어 영화만 찍고 있는데 조금씩 앞으로 나아가 다른 영화도 많이 찍으려고 합니다.

집단 커밍아웃의 최초 사례

이송희일 이제 관객 여러분께 질문받도록 하겠습니다. 어떻게 기획하고 출발하게 되었는지 배경 말씀 좀 해주세요.

이혁상 저희가 트랜스젠더 다큐멘터리 다음 레즈비언 다큐멘터리를 찍고 다음엔 뭘 할까 고민했어요. LGBT 커뮤니티라고 하죠? 레즈비언(L), 게이(G), 바이섹슈얼(B), 트랜스젠더(T). 성적소수자 커뮤니티를 일컫는 말인데 다음엔 B를 할까, G를 할까 고민하다가 게이 커밍아웃 다큐멘터리를 마지막으로 성적소수자 시리즈

3부작을 완성하자는 이야기를 나눴습니다. 할아버지, 아버지 세대의 게이 문화 역사를 듣고 싶다는 생각이 들어서 준비하던 중 '친구사이'에서 홈페이지에 연재 중인 커밍아웃 인터뷰를 영상으로 만들어 보자고 제안했고, 그래서 시작된 프로젝트입니다. 2008년 초 기획하고, 봄에 청계천 퀴어 퍼레이드, 자긍심 퍼레이드 할 때 모든 주인공이 현장에 있어서 본격적으로 촬영을 시작하게 되었습니다.

이송희일 영화 개봉 즈음 '친구사이'의 한 회원이 '집단적 커밍아웃'의 최초 계기가 아니냐 하셨는데 일견 수긍이 가기도 하더라고요. 제 경우 98년인가 99년에 처음 커밍아웃을 방송에서 하는 바람에 난리가 났었거든요. 지방에 있는 문중에서 체포령이 내려와서 '쟤 잡아와라' 하고. 감독님들께서는 '사회적 커밍아웃'을 감행하면서 심정이 어떤지 궁금합니다.

게이가 만드는 게이 다큐멘터리

이혁상 처음 영화를 제작하는 순간부터 이 다큐멘터리의 콘셉트는 '게이가 만드는 게이 다큐멘터리'였기 때문에 마음의 준비는 하고 임했죠. 주인공들도 마찬가지일 거예요. 자기 삶을 드러낼 뿐 아니라 성적소수자로서 사회적 커밍아웃을 해야 한다는 두 가지 조건을 모두 경험해야 하는 상황이었기 때문에 네 명의 주인공을 캐스팅하는 과정에서 다소 어려움이 있었어요. 점점 일이 커지는 것을 느끼면서 "만약 너희가 커밍아웃 때문에 불이익을 당하면 내가 〈종로의 기적 II〉를 찍으러 달려갈게." 이런 식의 대화를 했고요. 근데 저는 오히려 운이 좋았다는 생각이 들어요. 영화를 통해 커밍아웃한다는 건, 아무런 기반 없이 "나는 게이입니다!" 하는 것과 굉장히 다르다는 생각이 들거든요. 뭐랄까, 하나의 완충 작용을 해준다

시네마톡

고 할까. 커밍아웃을 조금 더 의미 있게 봐주는 상황이 되는 것 같아 저는 운이 좋다고 생각하고요. 두려움은 별로 없어요. 왜냐하면 두려움을 잊을 정도로 저 자신이 너무 행복하고 자유로움을 느꼈기 때문에 지금은 '어디 한번 갈 데까지 가보자'라는 생각이 있고 누가 욕을 하면 싸워보자며 전의를 불태우는 상황입니다. 무엇보다 제 인생에 있어서 가장 행복한 시기라는 생각이 들어요.

소준문 저는 영화에서 보셨다시피 많은 것을 극복한 상태고요. 이 다큐멘터리를 찍고 나서 더 맘이 편해졌습니다. 그런데 한 가지 개인적인 문제를 겪었어요. 사귀는 사람이 있는데 그 사람은 커밍아웃하지 않은 상태예요. 제 얼굴이 부산영화제용 포스터에 대문짝만 하게 나가니까 애인이 그걸 보고 놀라면서 자기는 "홍석천의 애인이 되고 싶지는 않다."라고 막 쏘아붙이더라고요. 저는 "내가 너무 못생기게 나왔다."라고 농담을 했는데, 도리어 그 일로 위기상황까지 갔고, 지금은 많이 진정된 상태입니다. 저는 그런 개인적인 부분 말고는 크게 두려움이 없었던 것 같아요. 이 다큐멘터리를 통해 좀 더 자신감을 얻었고 영화 현장에서 더 악랄해져야겠다는 생각도 했습니다. 착한 게이 콤플렉스를 떨쳐버려야겠다는 생각이 들어요.

이송희일 저번에 아트하우스 모모에서 GV 끝나고 난 후 애인하고 싸우는 걸 저희한테 목격당했어요.(웃음) 잘 해결되리라 믿고요. 영화에 네 명이 등장하는데 두 분이 동성애자 인권 연대에서 일하는 분이잖아요? 얼굴을 노출할 수 있는 사람이 많지 않아서 그런 건지, 원래 인권 활동하는 두 분을 넣으려고 의도하신 건지 궁금하더라고요.

이혁상 부득이한 거였죠. 소위 말하는 평범한 게이로서 커밍아웃하실 만한 분

이 없으셨고요. 이거 운동권 다큐멘터리 아니냐는 이야기를 많이 듣는데, 그럴 때 저는 평범한 게이 중에 내 다큐멘터리에 출연할 만한 분 있으면 제발 연락 좀 해달라고 말씀드려요. 물론 없죠. 사실 '평범한 게이'라고 하는 게 상당히 아이러니한 표현인데, 아마 평범한 게이를 카메라에 담는 순간 평범해지지 않을 것 같다는 생각이 들어요.

게이에 관한 환상을 무참히 깨다

이송희일 중요한 말씀을 해주셨네요. 커밍아웃이라는 단어 자체가 사라져야 평범함에 도달할 수 있을 것 같아요. 〈종로의 기적〉 개봉하면서 게이조차 퀴어 영화 관람을 불편하게 생각한다는 걸 느꼈어요. 이런 점을 어떻게 바라보는지 궁금하네요.

이혁상   아마 직접적으로 경험하신 분이 소준문 감독님일 겁니다.(웃음) 직장에서 경험하셨던 것도 있으실 테고요.

소준문   저는 회사에 다니고 있는데 직원들한테 이 영화를 보러 오라고 해야 할지 말아야 할지 고민하게 되더라고요. 다행히 인터넷 검색으로 다들 알고 계셨고,(웃음) 초청해서 흔쾌히 오셨죠. 그분들이 영화 보고 나서 그런 얘기들을 해요. '환상이 깨져버렸다.' 흥행에 대해 걱정을 하시더라고요. 꽃미남 한 명은 있어야 하지 않냐고.(웃음)

이혁상　안 그래도 그 부분 때문에 흥행이 어려워요.(웃음) 〈후회하지 않아〉 보셨던 그 수많은 언니 관객들은 대체 어디 가셨는지.

이송희일　사실 저도 이 영화, 별로 안 당겼어요.(폭소)

이혁상　그래도 소준문 정도면 괜찮지 않나 했지만, 예, 역부족이네요. 스코어가 안 나오고 있습니다. 일단 저는 많이 놀랐던 게 처음 게이를 보는 분들이 계세요. 그분들이 게이를 너무 신화화하셨는지 충격을 받으시는 것 같더라고요. 꽃게이의 예쁜 모습들, 차별받고 폭력적인 상황에 놓여 우울한 모습들, 모자이크나 음성 변조한 모습만 생각하셔서 이렇게 유쾌하게 살고 있다는 걸 전혀 생각하지 않으셨던 것 같아요.

이송희일　말씀하신 것처럼 '날것'이죠 기존 매스미디어가 계속 〈퀴어 애즈 포크(게이들의 삶을 다룬 미국 드라마)〉처럼 옷 잘 입고, 아름다운 존재로 게이들을 묘사해서 배 나오고 욕 잘하고 매일 술 먹는 게이들을 보니까 충격을 받는 것 같아요. 제 질문은 이 정도로 하고요 관객 여러분의 질문을 받겠습니다. 사소한 이야기도 상관없으니 편하게 질문하셔도 될 것 같아요.

게이 리더십을 발휘하다

관객　'게이 리더십'이라고 표현할 수 있을지 모르겠는데, 새로운 종류의 리더십을 고민하시는지 궁금합니다. 사실 감독이라는 위치가 영화 촬영을 할 때 전적인 권한을 갖고 있잖아요. 감독님이 '게이 리더십'을 발휘해서 스태프와 이야기하고 고민하고 소통하면서 영화를 만들어 가는 태도를 꾸준히 이어가셨으면 좋겠습니다.

소준문 네, 저는 영화 현장이라는 게 굉장히 마초적이고 권력적이라는 생각이 들어서 수평적인 구조로 한번 찍어보고 싶었는데, 결국에는 권력을 강요받게 되더라고요. 감독이 권력 구조의 꼭짓점에 있어야 하고, 그게 제 정체성과 결부돼서 많은 문제를 일으켜요. 저는 솔직히 〈Road to Itaewon〉 찍으면서 영화 그만둘까 하는 생각도 했어요. 영화라는 게 굉장히 자율적이고 소통적일 줄 알았는데 수십 명의 스태프를 이끌다 보니 많이 외롭더라고요. 여성 감독도 저와 비슷하지 않을까 싶어요. 저는 꾹꾹 눌러 담으면서 포기하는 게 아니라 상처받았으면 받았다고 편하게 얘기할 수 있는 게 소통이지 않을까 싶어서 그런 식으로 계속 영화 작업을 하려고요. 이 다큐멘터리 보면서 반성을 많이 하게 돼요.

이혁상 다큐멘터리는 1인 제작 시스템이었기 때문에 좀 자유로웠죠. 근데 소준문 감독의 영화 현장을 옆에서 지켜보니까 쉽지 않은 문제가 많더라고요. 저는 다큐멘터리 때문에 스태프, 배우들과 인터뷰를 자주 했는데요. 어떤 배우가 그래요. 감독님에게 너무 감동받았다고. 무슨 감동이냐고 물으니까, 지방 로케를 가서도 감독님이 자기들이랑 같은 방에서 안 주무신대요, 그게 얼마나 고마운지 모른다고. 수도권에서 촬영하면 스태프들은 모텔에서 자더라도 감독님은 집에 들어간다고 하고. 게이 감독이 이성애자 스태프나 배우들과 함께 생활한다는 걸 그들이 이미 불편해하잖아요. 게이 감독이 날 어떻게 할지 모른다는 편견을 갖고 있고. 그런 상황에서 과연 리더십이 제대로 나올 수 있을까 싶어요.

이송희일 충무로에서 여성 감독들이 살아남는 방식도 그래요. 술 잘 드시고 기백

이 장난이 아니에요. 모 여성 감독은 촬영 현장이 협조적이지 않을 때 촬영, 조명, 기술 스태프 우두머리를 불러서 밤새 술 마신대요. 그러면 다음 날부터 말을 잘 듣는다고 해요.(웃음) 그런 마초적인 분위기 안에서 자기를 증명해야 하는 점이 제일 힘들 것 같아요. 여기서 한 가지 질문을 드릴게요. 저는 〈종로의 기적〉 보면서 속이 제일 뻥 뚫렸던 게 모자이크 아닌 날것의 얼굴을 한 시간 반 이상 볼 수 있다는 거였어요. 그럼에도 불구하고 G-보이스 공연 멤버 두세 명은 모자이크 처리를 하셨잖아요. 얼굴을 보여주느냐 모자이크 처리를 하느냐 결정하면서 여러 가지 우여곡절이 있으셨을 것 같아요.

모자이크가 거의 없는 게이 영화

이혁상 처음엔 모자이크가 전혀 없는 작품을 만들어 보겠다고 결심하고 시작했어요. 그런데 그게 불가능하죠. 저는 편집 과정에서 이 컷을 쓸 것 같으면 요만큼이라도 나온 분들에게 다 보여드렸어요. 그리고 모자이크를 하겠습니까, 함께 커밍아웃하겠습니까, 물어봤어요. 놀라운 점인데 예상 외로 많은 분이 괜찮다고 하셨어요. 여러 분이 커밍아웃하겠다고 동의해주셔서 저 스스로 놀랍고 감동적이었는데, 그럼에도 불구하고 여전히 모자이크를 해야 하는 분들이 계셨어요. 저는 그게 오히려 지금의 현실을 보여주는 것 같아요. '우리 아직 온전하지 않아요'라는 걸 사회적으로 보여준 게 아닌가 싶더라고요. 한 가지 아쉬움이 있다면 종로에 대한 더 깊은 이야기를 끌어내지 못한 것 같아요. 사실 종로 거리만 나오잖아요. 골목에 수많은 이야기가 있고 수많은 사람이 살아가고 있는데, 그런 부분이 많이 안 담겨서 아쉬움이 있습니다. 제목은 〈종로의 기적〉인데 정작 종로의 어떤 공간성은 드러나지 않은 것 같아요.

관객　동성애자를 실제로 처음 뵙거든요. 먼저 드리고 싶은 말씀은 인간적으로 느껴져서 좋았다는 거고요. 짧은 질문인데 이야기의 순서가 왜 그렇게 짜였는지 궁금합니다.

이혁상　네 가지 에피소드의 주인공을 저희가 보통 1번 배우, 2번 배우, 이렇게 얘기합니다. 이 얘기가 나올 때 소준문 감독은 "당연히 미모 순"이라고 얘기하고요.(웃음) 사실 맞는 얘기이기도 해요. 저희끼리는 〈종로의 기적〉의 편업걸이라고.(웃음) 일단 1, 2번의 순서는 자연스럽게 이어진 것 같아요. 문제는 3,4번인데, 영수의 삶이 정말 드라마틱하게 끝나잖아요. 게이 인생의 황금기를 보내고 갑자기 세상을 떠나는데 그 감정을 선정적으로, 드라마틱하게, 과잉으로 끌고 가고 싶지 않았고 그래서 이게 마지막에 오면 전체적인 밸런스에 문제가 생기지 않을까 싶었어요. 네 번째는 매우 의도적인 부분인데, 율이 HIV/AIDS 활동을 열심히 하는 걸 보면서 저 스스로 굉장히 감화됐어요. HIV/AIDS 문제를 사실 게이 커뮤니티 내에서는 얘기하지 않습니다. 하지만 무겁더라도 이야기를 나눴으면 좋겠다는 생각에서 3, 4번을 그렇게 배치했습니다.

이송희일　마무리하기 전에 두 분 앞으로 어떤 작업을 하실 건지 말씀 부탁드립니다.

소준문　〈Road to Itaewon〉이라는 영화는 연말쯤 완성해서 선보일 수 있을 것 같고요. 그전에 〈터질 거야〉라는 단편을 먼저 선보일 것 같아요. 그때도 많은 관심 가져주시고 일단은 〈종로의 기적〉이 잘되도록 많은 응원 부탁드립니다.

이송희일　〈터질 거야〉는 정말 터질 것 같아요, 제목 때문에….(웃음) 〈종로의 기적〉은 역사적으로 보면 게이들이 본얼굴로 나와서 이야기하고 "나 여기 있어요."

라고 얘기하는 기념비적인 첫 번째 영화이기 때문에 의미가 있습니다. 혹시 종로에서 오늘 밤 술 드시고 싶으신 분은 저희 따라오세요. 파티한다고 하네요. 영화 끝까지 봐 주시고 대화 함께 나눠주셔서 감사합니다.

● 2011년 6월 8일, CGV대학로

23

오월愛
No Name Stars

오월愛
No Name Stars
한국 | 2010 | 101분

등급	전체 관람가
감독	김태일
제작	시네마 달
배급	시네마 달
개봉	2011. 05. 12

★2010 서울독립영화제 대상 수상

폭도의 도시라 불렸던 시절을 지나 망월동이 국립묘지로 지정되기까지 수많은 시간이 흘렀다. 그보다 빠른 속도로 1980년 5월 광주는 사람들의 기억에서 잊히고 있다. 열흘의 항쟁 이후, 세월은 거짓말 같이 흘러 그날의 소년들은 어느덧 중년의 나이를 훌쩍 넘었다. 5 · 18에 대한 기록에서 제외된 수많은 사람은 각자의 기억을 가슴에 묻은 채 살아가고 있다. 스스로의 힘으로 아름다운 공동체를 만들어낸 기적 같은 봄날의 그들을 다시 불러낸다.

Cinema Talk _#23_

대학 나온 사람은 인터뷰 안 합니다

guest table

진행 • **김영진** 영화평론가
정한석 〈씨네21〉 기자
초대 • **김태일** 감독
주로미 조감독

정한석　먼저, 나와 주신 분들을 소개하는 게 순서일 것 같습니다. 〈오월愛〉를 연출하신 김태일 감독님입니다. 감독님의 아내이자 이 작품의 조연출을 맡으신 주로미 조감독님, 그리고 오늘 두 분과 함께 말씀 나눠주실 김영진 평론가입니다. 저는 진행을 맡은 〈씨네21〉 정한석 기자입니다. 김태일 감독님은 이 영화를 일종의 세계 민중사 연작 중 하나라 생각하고 프로젝트를 출발시켰다고 들었는데요. 세계 민중사 프로젝트라는 큰 계획 안에서 어떻게 이 작품을 하게 되셨는지, 배경에 대해 먼저 설명해주시면 좋을 것 같습니다.

세계 민중사의 첫 장을 열다

김태일　세계 민중사, 이렇게 말하면 너무 거창해서… 그런 큰 뜻으로 뭔가를 해보겠다는 건 아니었고요. 그냥 저희가 독립 다큐멘터리를 하다 보니까 생계의 어려움을 겪은 적이 많았는데, 그때 잠시 진주로 귀농한 적이 있어요. 막상 내려갔는

데, 고생을 너무 많이 했습니다. 귀농 준비도 전혀 안 되어 있었고, 가지고 있던 돈
마저 다 까먹은 위기의 순간이 닥쳤는데, 그때 도서관에서 하루 종일 보내면서 읽
었던 소설 중 하나가 권정생 선생의 《한티재 하늘》이라는 소설입니다. 태어나서
그렇게 많은 눈물을 흘려본 적이 없었는데, 펑펑 울고 나서 '내가 다큐멘터리를 한
다면 나름대로 생각하는 뭔가를 만들어야겠다.'라는 다짐을 했어요. 원래는 광주
5·18 작업을 맨 마지막에 하려고 했는데 시작부터 우리의 시각을 정확하게 보여
주는 작업이면 좋겠다는 생각이 들어서 제가 우겼습니다. 주로미 씨와 밤마다 막
걸리를 자주 먹는 편이거든요. 논란 끝에 이 작업을 먼저 하게 됐고요. 〈오월愛〉처
럼 기록에 남겨지지 않은 이야기 속에 뭔가 보석 같은 게 있다면 가족들이랑 여행
삼아 작품을 한번 해보고 싶다는 생각에서 출발하게 되었습니다.

정한석 밤마다 막걸리를 드시면서 나눴던 약간의 의견차가 실은 이 작품의 동력이 되지 않았을까 하는 생각이 드는데요. 주 감독님 말씀도 듣고 싶네요. 의견이 모이게 된 과정을 말씀해주시면 좋을 것 같습니다.

주로미 남편은 5월에 관한 이야기를 첫 작품으로 하자고 했고, 저는 맨 마지막에 우리 시각을 갖고 정리했으면 좋겠다고 얘기했습니다. 남편이 감독이니까 제 의견이 좀 밀렸고요.(웃음) 막상 작업 시작하니까 잘했다는 생각이 들었습니다. 왜냐하면 광주에 계신 분들이 고통과 고문을 많이 당하셔서 몸이 굉장히 안 좋으세요. 실제 저희가 이 작업을 맨 마지막에 했다면 이분들을 만나지 못했을 수도 있겠다는 생각이 들었습니다. 그래서 지금은 남편의 의견을 따르길 잘했다고 생각합니다.

오월愛

정한석 부부가 서로 짜고 나온 것처럼 좋은 얘기만….(일동 웃음)

김영진 수많은 밤을 막걸리 마시면서 내린 결론이 고작 그거예요?(웃음) '남편의
선견지명이 너무 훌륭하다.' 영화 안에서 내레이터 역할을 하시잖아요. 그건 영화
찍기 전부터 미리 정해놓으신 건가요, 아니면 현장에서 결정하신 건가요? 내레이
터로서 어떤 장점이 있었는지 말씀해 주시면 좋겠습니다.

아내에게 마이크를 넘긴 사연

김태일 원래는 광주에 계신 여성분들 목소리로 쭉 풀어 보는 것도 괜찮겠다는
생각을 했는데, 아시겠지만 그분들 인터뷰하는 것만도 무지 힘들었기 때문에 내
레이션까지 부탁하는 건 도리가 아닌 것 같더라고요. 그래서 전문적인 내레이터
보다 당시 사건을 경험하신 분이 발음이나 톤은 부정확하더라도 힘을 줄 수 있겠
다고 판단해서 양동남 선생님께 내레이션을 부탁했고, 보완할 수 있는 부분에 제
작자의 시선을 넣으려고 했는데 막상 제 목소리로 하려니까 워낙 저음이라 설득
력이 떨어지는 것 같아요. 고민 끝에 조감독에게 부탁했습니다. 조감독이지만 실
제 저는 공동 감독이라는 생각이 많이 듭니다. 시작부터 지금까지 거의 똑같이, 어
찌 보면 더 큰 역할을 맡았기 때문이고요. 어쨌든 양동남 선생님과 주로미 조감독
목소리가 아마추어지만 훨씬 나은 것 같아 하게 되었습니다.

주로미 처음엔 너무 구박을 많이 받았어요. 들을 땐 괜찮은데 녹음하니까 혀가
꼬인다면서, 녹음할 때 계속 탐탁지 않은 얼굴을 보여줘서 상처를 받기도 했고요.
시간에 쫓기기도 했고. 나중에 한 번 더 하면 잘할 수 있을 것 같다고 했더니 그만

하라고 하더라고요.(웃음) 영화를 보면서 제 목소리 들으면 상당히 부끄러워져요.

김영진 화면 속에 계속 나오시잖아요. 눈물을 흘리기도 하고. 어떤 사람은 말 안 하려고 하기도 하던데, 어떤 분이 가장 접근하기 힘드셨어요? 실제 화면에 나온 거 외에 다른 얘기가 있다면?

표정과 울먹임을 포착하다

주로미 여성분들 만날 때 굉장히 힘들었어요. 자료에도 거의 없고 방송에 나오신 분들도 별로 없어서 여기 나오신 김성용 신부님을 완도까지 찾아갔어요. 그런데 신부님이 거절하시더라고요. 당신은 하실 말씀이 없으시고 소개해줄 사람도 없다고. 한 번 거절하셨는데 저희가 다음에 또 찾아갔더니 인터뷰에 응해주시고 정숙경 선생님도 소개해 주시더라고요. 김성용 신부님이 소개하신 게 아니면 다른 선생님들도 절대 인터뷰 안 해주셨을 거예요. 신부님 덕분에 여성분들을 한 분 한 분 만날 수 있었고, 그 표정과 울먹임을 화면에 많이 담을 수 있었어요. 질문한다는 것 자체가 너무 미안해서 더 이상 질문을 못 하고 선생님들 하시는 말씀을 그대로 들을 수밖에 없었죠.

정한석 말씀이 나왔으니 연관해서 질문드리면, 영화에서 최대한 단체와 개인을 떨어뜨리려 애썼다는 느낌을 강하게 받았거든요. 처음부터 그런 구성을 염두에 두신 건지.

김태일 저희 영문 타이틀이 〈No Name Stars〉인데, '이름 없는 별들'이라는 말이 작품 내용을 집약적으로 표현하고 있다고 생각해요. 어떤 한 분에게 집중하는 게 아니라 당시 살았던 제각각인 사람들 이야기를 모았을 때 어떤 하나의 흐름으로 연결되는 게 있지 않을까 해서 그런 식으로 했습니다. 말씀하셨듯이 등장하는 분들이 단체와 각각 연계되어 있는데 단체의 이미지보다 개인의 삶과 활동을 담는 데 초점을 두고 진행했습니다.

시장 아주머니의 생명력을 담아내다

김영진 저는 개인적으로 이 다큐멘터리 보면서 제일 인상 깊었던 부분이 시장 아주머니들의 생명력이에요. 그분들도 다 징검다리 식으로 섭외하신 건지, 또 지금 구성보다 더 중심으로 밀고 들어와서 만들었으면 하는 유혹은 없었는지에 대해 여쭤보고 싶습니다.

주로미 리어카 끄시던 한문순 어머님은 너무 목소리가 특이해서 누구나 한 번쯤 쳐다볼 수밖에 없는 분이에요. 저희가 대인시장 근처에 숙소를 정했을 때 그 목소리가 누군가 해서 작업하다가 나가서 보곤 했어요. 나중에 알고 봤더니 그분이 5·18 당시 주먹밥을 만들어 나눠줬다고 하더라고요. 그걸 알고 의도적으로 접근을 계속했죠. 참외도 사고, 무도 사면서 얼굴을 익히다가 부탁해서 인터뷰하게 됐고요. 이영애 어머니는 양동시장에서 주먹밥 행사를 할 때 뵙게 됐어요. '아, 인터뷰했으면 좋겠다.' 했는데 길거리에서 욕을 한 바가지 들었어요. 저희는 꿋꿋하게 제발 인터뷰해달라고 매달렸고요. 어머니가 한번은 저한테 그러시더라고요. (집에서) 애나 보지 왜 남편 쫓아와서 이 고생을 하느냐고. 이후에 두세 번 더 찾아가도 소용이 없었는데 나중에 카메라 놓고 남편이 빠진 상태에서 혼자 찾아가게 됐어요. 수다를 떨면서 어머니와 친해지고, 그렇게 작업이 시작됐어요. 사실 어머 님들 분량이 굉장히 많았는데 편집 과정에서 빠졌어요. 더 재미있고 힘 있는 모습 이 많거든요. 그걸 많이 집어넣을 수 없어서 아쉬워요.

김영진 두 분은 원래 그렇게 사이가 좋으십니까? 아니면 영화 찍으면서 그렇게 사이가 좋아지신 겁니까?

김태일 제가 독립 다큐멘터리 감독으로서 참 경제적으로 무능한데, 아내가 바 가지를 긁는다든지 돈 벌어오란 얘기를 전혀 하지 않아요. 그것만으로도 너무 고 맙고 행복하고, 당연히 떠받들며 살아야 한다고 다짐하고 있습니다. 그러다 보니 알고 보면 제가 조감독인 셈입니다.(웃음)

김영진 네, 거의 신의 은총이라고밖에 생각할 수 없는데.(웃음) 주로미 조감독은 어떻게 그렇게 사실 수 있나요?

주로미 결혼한 지 17년째인데요, 남편이 제가 싸움을 걸어도 호응을 안 해줘 요.(김영진: 하… 진정한 고수구나) 저는 작업을 같이 하면서 이런 기회를 준 것에 대해 남편에게 되게 고맙고요. 양인화 선생님(출연자 중 중국집 사장님) 사모님처럼 내세에 다시 만나라고 한다면 고민해보려고요.(웃음)

정한석 참 따뜻한 부부애네요. 이제 생각이 많이 정리되셨을 것 같은데 질문이 나 의견 있으신 관객들은 손을 들어주시면 좋을 것 같습니다.

대학 나온 사람은 인터뷰 안 합니다

관객   감독님이 낮은 곳의 시선을 특별히 강조하는 것 같습니다. 가진 사람들이 전혀 안 나오는 이유가 있는지 궁금합니다.

주로미   처음 작업을 시작할 때 촌스러운 기준을 하나 잡았어요. 대학 나온 사람들은 안 만난다, 이게 원칙이었어요. 5·18 관련해서 유명한 분들이 계시는데 사적으로 만나 뵙게 되면 선생님들께 '대학 나오셨죠?' 여쭤봤어요. 대학 나오셨으면 인터뷰를 안 할 거라고 노골적으로 말씀드리기도 했고요. 기존 다큐멘터리를 보면 그런 분들 중심으로 사건을 정리한 작품들이 많아요. 그분들 이야기는 이미 잘 정리되어 있기 때문에 저희는 주목받지 못했던 분들의 이야기를 담는 것이 중요하다고 생각했어요. 광주는 당시 어느 한 계층만의 항쟁이 아니라 광주 시민 전체가 함

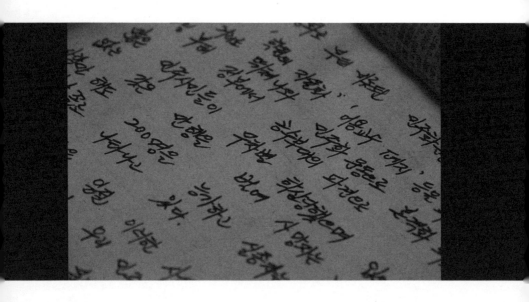

게 한 항쟁이기 때문에 다양한 스펙트럼이 있다고 생각해요. 이후에도 다른 시각의 자료들이 계속 만들어져야 하고 한 도서관을 채울 정도로 광주 관련 도서들이 만들어져야 한다고 생각해요. 개인적으로 저희가 이름 없고 별로 유명하지 않은 분들 만나서 만든 작품을 도서관에 끼울 수 있게 되어 너무 행복합니다.(박수)

관객　　영화 잘 봤습니다. 등장인물 중 가장 의문이 남는 부분은 계엄군인데요. 모든 계엄군을 대표해서 단 한 분만 출연하셨고, 시민군과 계엄군이 같은 주제를 가지고 다른 이야기를 한 부분이 있는데, 그분을 등장시키게 된 계기는 무엇이고, 어떤 의도였는지 궁금합니다. 계엄군이지만 당시에는 그럴 수밖에 없는 사람들의 입장에도 관심이 있으신지 여쭤보고 싶네요.

김태일　　원래 시작할 때 광주 시민군과 계엄군이 똑같은 국가 폭력의 희생자, 피

해자라는 생각이 들었고요. 광주 관련 자료를 보면 항쟁 관련 피해자에 대한 자료
는 많은데 계엄군 관련 자료들은 거의 없습니다. 노력을 많이 했는데 결국 그분들
만나기가 쉽지 않았고요. 수소문 끝에 이은재 선생님을 만나게 되었는데, 당시 가
해자였으나 지금은 대안학교 교장 선생님으로 계시면서 아이들에게 5월만 되면
비통의 주간이라고 하면서 실제로 그런 교육을 많이 시키세요. 이 아픔을 우리 다
음 세대가 잊지 말아야 한다는 걸 실천하고 계신다는 생각이 들어서 분량을 특별
히 많이 넣었고요. 한 가지 안타까운 것은 일반 사병으로 참여했던 분들을 만나는
게 너무 어려웠습니다.

관객　광주 분들이 사투리를 너무 적나라하게 쓰셔서 일부 장면에선 무슨 말
씀을 하는 건지 잘 안 들리는 부분이 있거든요. 혹시 자막을 넣을 생각은 안 하셨
는지 궁금합니다.

주로미　광주 사람들도 못 알아듣겠다고 하는 분들이 있어서 자막을 넣으면 좋
겠다는 말도 나왔는데 저희는 애초에 자막을 안 넣으려고 생각했어요. 어머니들
의 표정이라든지 말투를 통해 광주의 정서를 느끼는 것이 중요하다고 판단했기
때문입니다.

세계 민중사 다음 시리즈는 인도차이나 반도

관객　세계 민중사 시리즈를 생각하고 계신다고 했는데 어떤 지역의 어떤 사
건에 대해 관심을 갖고 계신지 궁금하고요. 작업하신다면 어떤 부분에 초점을 두
실 건지 알고 싶습니다.

주로미　저희 아들이 그래요. 이렇게 10부작이라고 자꾸 얘기하고 다니면 거기 매몰돼서 작품성이 떨어질 거다. 걱정을 많이 하는데, 사실 이후 작품은 지치면 안 할 수도 있을 거예요. 다만 힘닿는 데까지 하려고 하고, 2편은 인도차이나 반도에 관한 작업을 준비하고 있습니다. 1차 사전 답사는 다녀왔고요. 식민지 시절과 전쟁, 이런 갈등 속에서 여전히 어려움을 겪고 있는 그 나라 민중들의 이야기가 될 것 같습니다.

김영진　지난번 만났을 때 세계 민중사 찍는다는 얘기를 듣고 약간 놀랐어요. 혹시 이분들 나중에 진짜 세계 영화사에 등재되는 거 아닌가 싶어서 지금부터 잘해드려야겠다는 생각이 들더라고요.(웃음) 역시 스케일이 이 정도는 돼야지 싶기도 했고. 내가 세계 민중사를 한번 정리할게, 이런 포부가 멋지더라고요. 그래서 다시 보게 됐어요. 앞으로 계속 지켜보겠습니다. 몇 부작이 될지는 몰라도 너무 멋있다고 생각합니다.

주로미　저희가 사실은 지금 빚더미에 앉아 있거든요. 아들이 모아놓은 돈 탈탈 털어서 사전 답사를 다녀왔습니다.(웃음)

김영진　착취의 대상이 아들이라니. 밖에선 좋은 일 하시고.(웃음)

몸부림치며 형식의 변화 시도 중

정한석　영화에 대해 질문을 더 드리자면 구성의 묘라고나 할까요? 형식에 대한 고민도 있었을 것 같은데, 말씀해 주시면 좋겠습니다.

김태일 작업을 마치고 난 뒤 들은 제일 괴로운 이야기 중 하나가 "너는 소재만 바뀌었지 만드는 건 똑같다." 또는 "언제 변할래?" 이런 이야기에요. 그런데 이상하게 저는 형식적인 실험을 하는 게 되게 두려운 사람인 것 같아요. 제 고민은 항상 말로 다 표현하기 어려운 누군가의 기억들과 아픔들을 어떻게 카메라에 담을 수 있을까, 이런 데 초점이 가 있거든요. 형식적인 면을 고민하지 않는 건 아닌데, 앞으로 하는 작업을 통해 아주 다른 형태를 보여주고 싶다는 생각은 하고 있습니다. 그래야 내가 뭔가 살아 있음을 입증하는 것이기 때문에…. 아무튼 이번 인도차이나 작업의 경우는 40분 정도 인터뷰가 나옵니다. 아마 다큐멘터리 중에서 가장 재미없는 방식을 채택한 게 아닌가 싶기도 한데. 광주는 힘으로 밀고 갔다면, 이번 영화에선 그 반대 형식의 영화를 만들 생각이고요. 지금 나름대로 조금씩 몸부림을 치고 있다고 말씀드리고 싶습니다.

관객 지금 편집하진 않았지만 언젠가는 쓰고 싶은 이야기들이 더 많이 있을 거라고 생각돼서 여쭤보는데요. 어느 정도 인터뷰를 하신 건지, 몇 사람이나 인터뷰를 하셨고 얼마나 많은 시간이 들었는지 알고 싶습니다. 또 세계 민중사 시리즈로 예정하고 계신 나라가 어느 곳인지 궁금합니다.

김태일 약 60여 분을 인터뷰했고 그때마다 광주에 관해서만 물어본 게 아니라 이분들이 태어나서 지금까지 살아온 인생을 거의 다 담았습니다. 대략 평균 네다섯 시간 인터뷰를 했고요. 그중 구성상의 이유로 불가피하게 빠질 수밖에 없었던 분들이 스무 분 정도 되십니다. 그건 나중에 5월과 관련해 작업하시는 분들이 있으면 공유할 수 있다고 보고요. 10부작은 지금 마지막까지 대략 잡아놨습니다. 인도차이나 작업이 끝나면 팔레스타인 쪽으로 갈 거고. 그다음 알제리와 콩고 쪽을 잡고 있습니다. 어디나 사람 사는 곳이기 때문에 그 사람들의 이야기를 듣고 싶고, 우리가 알지 못하고 보지 못했던 내용을 담는 게 저희의 소박한 목표입니다.

정한석 긴 시간 감사합니다. 김태일 감독님, 주로미 조감독님, 김영진 평론가님 수고하셨습니다.

● 2011년 5월 11일, CGV대학로

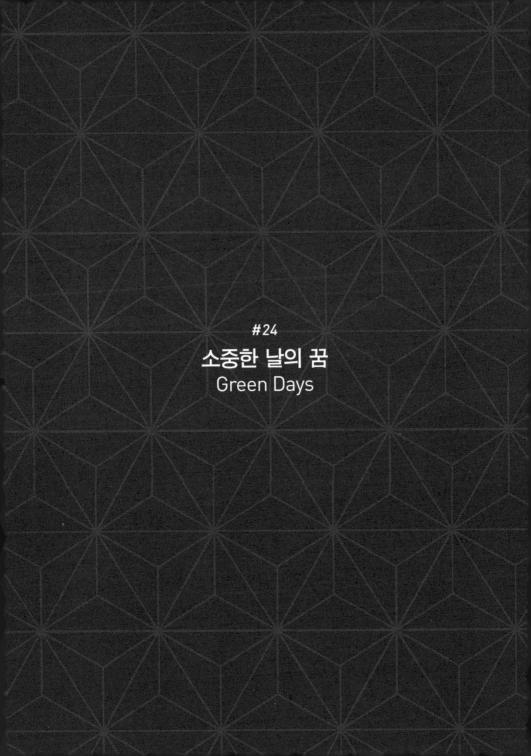

#24

소중한 날의 꿈
Green Days

소중한 날의 꿈
Green Days

한국 | 2011년 | 98분

등급	전체 관람가
감독	안재훈, 한혜진
출연	박신혜, 송창의, 오연서, 엄상현, 서주애(목소리)
제작	연필로 명상하기
배급	에이원엔터테인먼트
개봉	2011. 06. 23

★2010 부산국제영화제 초청, 2011 안시국제애니메이션영화제 초청

육상부였던 이랑(박신혜)은 지는 것이 두려워 달리는 것을 포기하게 된다. 어느 날 이랑은 레코드 가게에서 전학생 수민(오연서)을 만나 친구가 되고, 항상 자신감 넘치는 수민을 보면서 잘하는 것 하나 없는 스스로에 대해 고민하기 시작한다. 우연히 만난 친구 철수(송창의)와 비행과 우주탐사에 대한 꿈을 이야기하고 이랑은 열정적인 철수를 보며 설렌다. 꿈과 재능이 넘치는 수민과 철수를 만나며 이랑은 자신의 미래에 대해 더욱 고민하게 된다.

Cinema Talk #24

울고 있어도 웃음이 나는 영화를 꿈꾸다

guest table

진행 • **박지연**
애니메이션 작가
(《내 친구 해치》
《레카》 등)

초대 • **안재훈**
감독

박지연　안녕하세요. 박지연 작가입니다. 저는 시나리오를 쓸 때 타깃을 주로 고민하는데요. 어른과 아이는 재미를 느끼는 부분이 많이 다른 것 같아요. 아이들은 자기가 예측했던 걸 뒤집는 데서 큰 재미를 느끼고, 어른은 공감하는 데서 재미를 느끼거든요. 어른과 아이들이 다 같이 재밌게 볼 수 있는 시나리오를 쓰는 건 참 어려운 일이에요. 〈소중한 날의 꿈〉은 7, 80년대 향수를 자아내는 애니메이션이라 아이들이 이 정서를 어떻게 받아들였을지 참 궁금하네요. 이건 우리 어머니나 이모 세대의 이야기거든요. 여러분이 느낀 점을 솔직하게 듣고 싶어요.

관객　영화 잘 봤습니다. 애니메이션을 별로 안 좋아해서 극장에서 본 건 처음인데요. 보면서 깜짝 놀랐어요. 디테일이 정말 섬세하고 좋더라고요. 여학생이 설레면서 노란 우산을 빙빙 돌리는 것, 먼지 나는 빵집 풍경, 그 하나하나가 정말 놀라웠습니다. 카메오도 몇 분 있는 것 같은데, 의식하고 그리신 건지 궁금하고요. 여주인공이 했던 대사 중 "멋진 어른이 될 수 있을까?"라는 대사가 지금 저한테 많이 와 닿았습니다. 위로가 많이 된 것 같아요.

정감 있는 소품, 정감 있는 장소를 찾아서

안재훈 저도 극장에서 여러분과 함께 영화를 보니까 더 가깝고 포근한 느낌이 들어 굉장히 좋습니다. 〈소중한 날의 꿈〉에 디테일이 잘 살아 있다고 하셨는데, 스토리가 정해진 뒤 관객이 마음을 열고 집중할 수 있도록 소품을 더 정성껏 그리기로 했습니다. 세 가지 이유가 있는데요, 첫 번째 이유는 소통을 위한 방법입니다. 우리나라는 워낙 경제성장이 빠르게 진행되다 보니까 부모와 자식이 공유하는 물건의 기억이 적은 편이에요. 대대로 물려 쓰는 물건이 거의 없잖아요. 그래서 부모와 자식이 영화 속 소품을 보며 좀 더 질문하고 소통할 수 있었으면 했어요. 또 하나는 우리의 영혼이 담기길 바랐어요. 우리의 손맛, 우리 부모가 살아온 세대의 영혼이 녹아 있다면 한국어가 안 나오고 한국 간판이 안 나오더라도 우리 정서를 충분히 느낄 수 있다고 생각한 거죠. 카메오의 경우는, 차범근 감독님이 아마 제일 눈에 확 띄었을 텐데, 작업이 완료된 후 편지를 드리고 허락을 받은 거고요. 연락이 안 되신 분들은 그대로 쓸 수가 없어서 기분 나쁘지 않은 선에서 비슷하게 그렸어요. 수민의 경우는 박혜진 아나운서, 삼촌의 경우는 손석희 아나운서를 모델로 했고요. 지금은 그분들도 영화를 보러 일부러 찾아와 주시고 문자를 통해 응원 메시지도 주시고 했어요. 그 밖에 마라톤 장면이나 계주 장면에 등장하는 사람들은 우리 스태프들이 부모님 앨범 빌려다가 사진 속 어머님, 아버님들과 비슷하게 그린 거예요. 〈소중한 날의 꿈〉에 나오는 카메오들은 유명한 분도 계시지만 여기 계신 부모님의 얼굴도 모두 담겨 있어요. 어제 경희대 영문과 이택광 교수님(문화평론가)이 멋있는 말씀을 해주셨어요. 〈소중한 날의 꿈〉이 복고 영화가 아닌 이유는, 되돌아보는 게 아니라 7, 80년대를 살았던 분들이 지금 우리 주변에 여전히 꿈을 가지고 살고 있다는 걸 보여주는 영화기 때문이라는 거죠. 여기 담긴 카메오들은 다 지금 우리 주변에서 살고 계신 분들이에요.

관객 저는 어머님 세대의 나이입니다. 개인적으로 애니메이션을 아주 좋아하고, 주로 일본의 미야자키 하야오 감독 애니메이션들을 많이 봅니다. 신문에서 우연히 이 영화의 기사를 읽고, 많이 기다렸어요. 기회가 돼서 친구와 함께 이 자리에 왔는데, 기대 이상으로 정말 좋았습니다. 오복상회 같은 건 정말 어렸을 때 저희 동네에 실제 있었고요, 제 또래 학생들이 썼던 소품도 그대로 등장하는 것 같아 반가웠습니다. 특히 교실에서 쪽지가 돌아다니는 장면이 상당히 인상 깊었어요. 요즘 아이들은 휴대폰으로 문자를 찍어서 날리는데, 당시에는 쪽지 하나를 소중하게 써서 주고받았거든요. 그런 게 잘 표현되었다는 생각이 들고요. 한 가지, 1등만 좋아하는 세상이라는 건 사실 그 시대엔 거의 들어본 적이 없는 표어예요. 그때는 '다 같이 열심히 달리자.'라는 표어가 대세였거든요. 가난하고 어려운 세상을 다 같이 열심히 달려서 이겨보자, 그런 이야기가 중심이 되던 시절이라 1등만 강조하는 표어는 좀 낯설게 느껴졌어요. 아무튼 좋은 영화를 보게 돼서 감독님께 감사인사를 드리고 싶고요, 앞으로 우리 애니메이션에 대해 기대감이 많이 생기네요. 감사합니다.

박지연 쪽지를 아름다운 추억으로 간직하고 계신 분들도 많은데, 저처럼 친구가 없는 사람은 쪽지가 별로 안 와서 아픈 추억으로 남아 있어요. 매일 남의 쪽지만 전달해주다가 저한테 온 줄 알고 열어보면 또 남의 쪽지였던 적이 많거든요.(웃음)

울고 있어도 웃음이 나는 영화를 꿈꾸다

관객 영화 잘 봤습니다. 저는 가장 인상 깊었던 장면이 여자아이가 뛰어갈 때 나훈아 노래가 나오는 장면이에요. 거기서 강한 임팩트를 받았는데요. 단순한 웃

음을 위한 장치인지 아니면 가사와 함께 전달하고 싶은 의미가 있는지 궁금합니다. 두 번째는 배경이 궁금한데요. 드라마에서 본 배경이 자주 나오는 것 같아요. 스케치하실 때 염두에 둔 곳이 있는지, 또 마지막으로 여자애가 잠시 사투리를 썼는데 다른 친구들은 대부분 표준어를 사용하더라고요. 일부러 사투리를 안 쓰신 건지 궁금합니다.

안재훈 이랑이가 혼자 우는 장면에서 저는 '이렇게 우는 게 합당한가'라는 고민이 계속 들더라고요. 중화시키고 싶다는 생각이 들었고요. 아무리 다른 장치를 써도 이미 울어버린 감정을 끌어내릴 장치가 별로 없어서 고민 끝에 나훈아 노래를 넣게 됐어요. 그 노래를 넣으면 웃음이 터지니까 전반적인 흐름이 맞춰질 것 같더라고요. 또 개인적으로 제가 트로트나 전통가요를 영화에 꼭 쓰고 싶었어요. 대중가요에 대한 애착이 굉장히 많거든요. 사실 심수봉 선생님 노래도 좋아하는데 나훈아 선생님 노래의 가사가 조금 특이했어요. '내가 왜 이러는지 몰라'라는 어감도 새있고. 이왕이면 나훈아 선생님이 부른 곡으로 쓰고 싶었는데, 비용을 염려하는 음악감독의 의견을 듣고 곡만 사용하게 됐습니다.

배경의 경우는 말씀하신 것처럼 염두에 둔 배경이 있었습니다. 터널은 군산 해망굴이고, 철길은 군산 경암동이에요. 이랑이하고 철수가 자전거 타고 나오는 장면은 〈8월의 크리스마스〉에서 심은하, 한석규가 오토바이 타고 돌아 나오던 바로 그 장소예요. 제가 〈8월의 크리스마스〉에서 그 장면 보면서 정말 행복했었거든요. 어떤 분들은 제가 일본 애니메이션에서 영향을 많이 받지 않았느냐고 질문하시는데 영향을 많이 받는 건 오히려 우리나라 시들, 제가 만났던 사람들, 즐겨 봤던 한국 영화들이에요. 임순례 감독의 〈와이키키 브라더스〉나 허진호 감독의 〈8월의 크리스마스〉, 김기덕 감독의 〈봄 여름 가을 겨울 그리고 봄〉, 그 외에 홍상수 감독의 여러 작품을 좋아해요.

우리나라는 너무 빨리 발전을 거듭해서 카메라를 잠깐만 안 들고 다녀도 주변 풍경이 한순간에 사라져버려요. 그래서 애니메이션 하면서 제가 그런 풍경들을 온전히 담아내면 어떨까, 싶었고요. 얼마 전 런던에서 이 영화를 상영할 기회가 있었는데, 그분들도 정말 좋아하시더라고요. 다른 일본, 할리우드 애니메이션에서 보지 못했던 공간과 사람, 철학을 볼 수 있어서 정말 좋았다고. 그 이야기를 듣고 다시 한 번 내 주변을 잘 돌아보면서 작업하는 게 그림으로 영화를 만드는 사람의 매력이 아닐까 하는 생각을 했습니다. 앞으로도 우리나라의 풍경을 애니메이션에 많이 담으려고요. 사투리는 모처럼 나온 애니메이션이 특정 지역의 사투리를 쓰면 언어를 이용한 개그 요소 등의 장치에 기대지 않을까 하여 표준어를 사용했습니다. 외국 관객들에게도 이왕이면 표준어로 이야기를 전달하는 게 좋을 것 같았고요.

영화가 완성되기까지 11년의 고통

관객 영화 잘 봤습니다. 일단 한국 애니메이션을 극장에서 본 게 참 오랜만이네요. 돌이켜보면 〈마리 이야기〉나 〈원더풀 데이즈〉 이후 10년 정도 지난 것 같은데요. 이 영화도 기획 단계부터 개봉까지 약 10년 이상의 시간이 걸린 것으로 알고 있습니다. 왜 그렇게 시간이 오래 걸렸는지 듣고 싶고요. 이 영화의 장점이라고 할까요? 모든 세대를 아우를 수 있는 주제나 섬세한 디테일은 정말 좋았는데, 반면 관객을 압도하는 스토리는 조금 약하지 않았나 하는 생각도 듭니다. 감독님 생각은 어떠신가요?

안재훈 이 작품이 나오기까지 11년의 시간이 걸렸습니다. 저희가 관객에게 선물로 작화지를 한 장씩 나눠주고 있는데요, 그 작화지들이 10년이란 시간을 이야기해준다고 생각합니다. 〈소중한 날의 꿈〉은 말씀하신 것처럼 특별한 사건이 없는 영화예요. 그냥 여고생 이야기이자, 우리 주변의 풍경을 담은 영화입니다. 과연 관객들이 이런 영화를 어떻게 받아들일까, 투자자나 우리 모두 궁금했습니다. 저는 영화 시작하면서 스태프들에게 이렇게 이야기했습니다. 6,7년 정도 걸릴 거다. 그 세월을 견뎌낼 수 있겠느냐? 아무도 돈을 내지 않는다는 이유로 안 만들 게 아니라 제가 가진 경험, 스태프들이 가지고 있는 재능과 열정을 모아서 어렵지만 작품을 만들기로 했습니다. 중간 중간 열심히 돈을 벌면서. 그래서 10년이라는 세월이 걸렸고요. 저희 카페에 가 보면 2002년 3월 11일부터 스태프들이 쓴 일기가 계속 올라와 있습니다. 시간 날 때 한 번 보시면 영화와는 또 다른 감동을 받으실 수 있을 거라고 생각합니다.

전반적으로 영화의 커다란 줄기가 약한 건 만들며 변화된 청년에 대한 저의 태도이기도 합니다. 제가 정답을 줄 수 있는 어른이라면 신나게 누굴 죽일 수 있고 부술 수도 있을 텐데, 정답을 줄 수 없는, 같이 고민하는 어른이다 보니 이런 이야기로 흘러가게 되었습니다. 영화를 보면서 저 안에 내가 있구나, 이런 느낌을 주는 정도가 제가 택할 수 있는 가장 올바른 방식이었다고 생각합니다. 커다란 줄기는 약하지만 순간순간 내 감성이 들어올 수 있는 '여유'가 생긴 거라고 예쁘게 봐주시면 좋을 것 같네요.

박지연 감독님 이야기가 하도 재미있어서 오늘 저는 말씀을 많이 못 드렸네요. 〈소중한 날의 꿈〉을 보면서 굉장히 놀란 게 하나 있습니다. 제가 지난 10년간 수십 개의 애니메이션 회사에서 일했는데, 거기서 하지 말라는 것들이 〈소중한 날의 꿈〉에 다 집약되어 있어요. 한국 사람을 타깃으로 하지 마라, 중고생 이상은 타깃

안재훈 감독이 〈소중한 날의 꿈〉 시네마톡 후
무비꼴라쥬 관객 프로그래머 2기 임지현님께
선물해준 캐리커처

으로 정하지 마라 등등. 모든 작가나 PD들이 외우다시피 할 정도로 숙지하고 있는 애니메이션의 공식을 다 어기는데, 공식에 따르지 않았기 때문에 오히려 진정성 있는 작품이 나온 것 같아요. 여러분도 지금 보면서 공감을 많이 느끼셨잖아요. 이런 방식의 애니메이션이 감동을 일으켰다는 게 굉장히 기쁘고요. 관객 입장에서 즐겁게 이야기를 들을 수 있는 좋은 시간이었습니다.

안재훈 〈소중한 날의 꿈〉에 쓰였던 10만 장의 그림을 다 소진할 때까지 관객 분들을 만나려고 해요. 지금 4만 5천 장 나눠드렸고, 5만 5천 장 남았는데, 여기 계신 분들이 많이 알려주셔서 5만 5천 장의 그림을 다 나누고, 10년 혹은 20년 후에 다시 10만 분이 한곳에 모여 한 편의 멋진 영화가 될 수 있는 날을 맞고 싶네요. 그럴 수 있게 응원 많이 해주세요. 오늘 오신 분들을 제가 한 분 한 분 모두 그려 드리고 싶었는데 시간이 없네요. 눈으로 잘 기억했다가 다음 작품 할 때 여러분의 시선이 모두 들어갈 수 있게 노력하겠습니다. 감사합니다.

● 2011년 7월 29일, CGV강변

〈소중한 날의 꿈〉에 사용된 작화지를 드리는 이유

〈소중한 날의 꿈〉을 위해 수십만 장의 그림이 그려지고 그중 10만여 장이 살아 영상이 되었습니다. 애니메이터의 손을 통해 표현된 모습들은 우리 부모님에게 소중한 추억의 순간이고 지금 우리에게도 소중한 순간일 것입니다. 〈소중한 날의 꿈〉은 그때의 꿈들을 흑백 사진 속의 손때 묻은 풍경과 함께 총천연색 판타지로 그려냈습니다. 그 시작이 된 연필로 그린 그림들입니다. 작품 속에 등장했던 7,80년대 어머니 아버지들이 극장을 찾아 주셨고 아직도 성장의 고민을 겪고 있을 2000년대의 이랑이, 수민이, 철수들이 발품 팔아 찾아주셨습니다. 그 고마움에 10만 장의 그림들을 한 분 한 분께 나누어 드리고 있습니다. 훗날 스튜디오가 문을 닫지 않고 작업을 이어간다면 10여 년쯤 지나 〈소중한 날의 꿈〉의 작화지를 가져가셨던 분들이 모여 영화 같은 만남을 이루기를 기대합니다.

― 안재훈 감독 드림

2장.
아트톡
Art Talk

25

세상의 모든 계절
Another Year

세상의 모든 계절
Another Year
영국 | 2010 | 129분

등급	12세 관람가
감독	마이크 리
출연	짐 브로드벤트, 레슬리 맨빌, 러스 쉰
수입	영화사 진진
배급	영화사 진진
개봉	2011. 03. 24

★2011 칸영화제 황금종려상 후보, 2011 아카데미상 최우수 각본상 후보

런던에 사는 노부부 톰(짐 브로드벤트)과 제리(러스 쉰)는 소박하지만 행복한 일상을 보낸다. 부부는 제리의 직장 동료 메리(레슬리 맨빌), 톰의 친구 켄(피터 와이트) 등 가족과 친구로부터 소외된 외로운 이들의 벗이 되어준다. 그러던 어느 날 아들이 여자 친구를 소개하는 자리에 갑자기 메리가 찾아오고, 그녀는 그간 말하지 않았던 자신의 속마음을 털어놓는다.

Art Talk $^{#25}$

찰스 디킨스의 스타일을 빌리다

guest table
진행 · **한창호**
영화평론가

한창호 〈세상의 모든 계절〉을 만든 마이크 리는 리얼리즘을 추구하는 대표적인 영국 감독입니다. 우선 마이크 리 영화의 매력을 소개해보고 싶은데요. 개인적으로 이 감독을 굉장히 좋아하는데, 아쉽게도 한국에서는 역량에 비해 소홀하게 대접받는 것 같아요. 요즘 한국에선 영국 영화가 좀 왜곡돼서 소비되는 경향이 있잖아요. 〈브리짓 존스의 일기〉로 대표되는 워킹 타이틀의 로맨틱 코미디만 영국 영화를 대표하는 것처럼 평가되지 않나 싶어서 좀 아쉬움이 있습니다. 사실 영국 영화의 오랜 전통 중 하나가 리얼리즘인데 그 부분에 대해 설명하고 싶어서 이 영화를 '아트톡'의 주제로 선정했습니다.

영국 리얼리스트는 부엌을 좋아해

한창호 영국은 로맨틱 코미디를 잘 만듭니다. 로맨틱 코미디와 더불어 가장 탁월한 미학을 보여주는 장르가 리얼리즘입니다. 다른 나라 리얼리즘 영화와 비교

했을 때 특히 영국만이 가진 형식상의 특수성이 있는데요. 영화를 전공하는 사람들은 영국 리얼리즘 영화를 가리켜 '키친 싱크kitchen sink'라고 부릅니다. '키친'이란 건 말 그대로 '부엌'이란 뜻이고 '싱크'는 싱크대, 그러니까 속된 말로 영국 리얼리즘은 '싱크대 리얼리즘'이라는 말이죠. 어떤 삶의 조건 때문에 개인이 고통을 받는다면 그 근원적인 공간은 어디가 가장 적당할까? 영국인들이 생각했을 때, 그건 바로 부엌이었습니다. 한 사람이 이 사회에 태어나서 살아가는 게 결국 먹는 것과 떼려야 뗄 수 없는 거죠? 먹는 게 얼마나 중요한지에 대해 다시 한 번 생각하게 된 거고, 따라서 부엌이라는 공간을 새롭게 발견한 사람이 영국의 리얼리스트들입니다. 그중 대표적인 두 감독을 꼽으라면 마이크 리와 켄 로치 감독입니다.

그들은 영국 리얼리즘 영화의 적자들인데, 비슷하면서 좀 다릅니다. 켄 로치 영화는 정치적인 테마에 방점이 찍혀 있지요. 이 사람은 대표적인 영국 좌파 감독이고, 유럽 영화인들 사이에서 좌파 영화를 대표하는 감독으로 존경받습니다. 그와 더불어 영국 영화를 대표하는 감독이 바로 마이크 리입니다. 마이크 리는 같은 리얼리즘이라도 문법적으로 멜로드라마를 지향합니다. 사람들 사이에서 일어나는 심리적 아픔에 방점이 찍혀 있어서 좀 더 여성스럽죠. 켄 로치가 남성적인 감독이라면 마이크 리는 여성스럽고, 켄 로치가 집단적인 문제나 사회 문제에 예민한 사람이라면 마이크 리는 개인적인 고통, 개별적인 상처에 더 예민한 감수성을 가지고 있습니다. 아마 이런 점 때문에 두 감독 중 유독 마이크 리 영화가 여성들에게 더 사랑을 받는 것 같습니다.

마이크 리가 만드는 멜로드라마에서 가장 중요한 공간이 바로 '집'입니다. 집에서 일어나는 가족의 이야기가 마이크 리 멜로드라마의 큰 특징이죠. 결과적으로 보면 출생의 아픔이 있는 사람들, 내지는 부모 자식 간에 사랑이 모자랐던 사람들의 상처가 멜로드라마의 기본 토대입니다. 그래서 영화 내내 집을 자주 보게 되죠. 마이크 리는 거기서 좀 더 범위를 좁혔습니다. 그냥 집이 아니라 부엌입니다. 부엌에서 일어나는 일을 통해 드라마의 큰 줄기를 이끌어갑니다.

마이크 리는 영화감독으로서 켄 로치보다 운이 좋았던 것 같은데, 1996년 〈비밀과 거짓말〉로 칸영화제 황금종려상을 받았습니다. 영화적으로는 켄 로치보다 후배인데, 마이크 리가 먼저 주목 받아서 좋은 평가를 받은 셈이죠. 그는 당대 이 사회에 속한 사람들이 어떤 문제 때문에 고통을 받는지에 대해 특별한 관찰력이 있습니다. 멜로드라마를 만들면서 칸영화제 황금종려상을 받는 경우는 많지 않습니다. 마이크 리 영화는 처음 보면 오해하기 쉬운 게 눈물을 흘리는 영화를 주로 만들거든요. 그런 영화에 대해서는 평론가들이 좀 폄하하는 시각이 있잖아요. 여성들을 자극해서 인기를 얻으려는 영리한 움직임으로 오해하기 쉬운데, 그럼에도 불구하고 칸영화제 황금종려상을 받았다는 건 사람들의 상처를 다루는 데 그만큼 깊은 시각을 갖고 있다는 뜻이죠. 게다가 마이크 리는 2004년 〈베라 드레이크〉로 베니스영화제 황금사자상을 받았습니다. 역시 멜로드라마입니다. 눈물이 나는 영화고요.

네덜란드 화가들의 부엌 재발견 스토리

한창호 부엌은 예술사에서도 중요한 공간이죠. 여성들이 가진 고민을 압축적으로 보여주는 이 공간은 17세기 처음 네덜란드 미술계에서 조명을 받았습니다. 그림 좋아하는 분들은 알고 계실 겁니다. 피터르 더 호흐의 〈어머니와 아들〉이라는 그림인데요. 부엌에서 엄마가 오른쪽에 아기를 돌보면서 왼손으로는 일하는 모습. 늘 같은 일을 한시도 쉬지 않는 여자들의 숙명이 잘 담겨 있죠. 숙명 자체가 드라마입니다. 피터르 더 호흐는 대중적인 화가가 아니라 잘 모르실 수도 있는데, 아마 베르메르는 많이 아실 겁니다. 역시 부엌에서 일하는 화가의 모습을 그렸죠. 평생 부엌에서 빠져나오지 못하고 늘 같은 일을 반복하는 삶의 고단함, 체념 같은 게 잘 드러나 있습니다. 17세기 네덜란드인들이 부엌의 의미를 발견해낸 것처럼, 영국 리얼리스트들도 부엌의 의미를 새삼 발견한 것입니다.

오늘 보신 〈세상의 모든 계절〉은 봄, 여름, 가을, 겨울로 구성되어 있습니다. 일종의 4막 구조인데요. 봄에 드라마가 시작되면서 전체적인 실마리가 던져지고, 여름과 가을에 전개가 이루어지고, 겨울에 절정을 맞는 4막 구조의 연극과 같습니다.

겨울을 가장 심혈을 기울여 찍었는데, 상영시간도 가을이 상대적으로 제일 짧고 겨울이 가장 깁니다. 봄, 여름, 가을, 겨울 이야기에서 가장 중요한 내용은 전부 부엌에서 진행되죠. 봄에 부엌에서 무슨 일이 있었고 여름엔 무슨 일이 있었는지. 그것만 잘 생각하면 감독이 무슨 말을 하고 싶은지 모두 연결됩니다.

봄은 드라마의 전체적인 방향을 결정하는 일종의 마스터숏 같은 시퀀스입니다. 톰과 제리가 이 집의 주인입니다. 남자가 지질학자이고 여자는 상담사니까 말하자면 중산층 가정이죠. 톰과 제리는 안정된 부부고 착한 아들이 한 명 있습니다. 반면, 메리는 혼자 살고 고립되어 있고 정서불안 증세가 조금 보입니다. 영화 끝날 때까지 메리의 가족은 단 한 번도 언급되지 않습니다. 혼자 사는 사람, 좀 나쁘게 이야기하면 고아나 다름없는 여자입니다. 마이크 리 감독의 멜로드라마에 등장하는 전형적인 주인공인데요, 심리적으로나 사회적으로 결핍의 강도가 타자에 비해 아주 큰 사람입니다.

마이크 리 사단의 배우들

한창호   마이크 리 영화의 배우들은 대략 30여 명이 사단을 이루고 있습니다. 그 배우들이 돌아가며 주연도 했다가 조연도 했다가 단역도 하면서 이야기를 끌고 갑니다. 한 가지 예를 들면 이 여자, 기억하실지 모르겠습니다. 프롤로그에 등장하는 노인입니다. 병원에서 상담하는 내용이었죠. 대단히 피곤하고 좀 가난해 보이죠? 상담에 별 뜻이 없고 잠이 안 와서 수면제나 받아가려고 찾아온 것 같습니다. 어떻게 보면 메리의 미래 모습 같은데, 굳이 프롤로그 부분에 그녀의 이야기를 집어넣은 것은 이런 이야기를 하고 싶었던 게 아닌가 싶습니다. '복지정책을 다양하게 추구하지만 영국 사회의 많은 사람이 미래에 저런 모습으로 살아갈 것이다.' 저 여자가 앞부분에만 살짝 나와 별로 유명하지 않은 배우처럼 여겨지기 쉬운데, 이멜다 스탠턴이라고 〈베라 드레이크〉의 주인공을 했던 배우입니다. 이렇게 마이크 리 사단의 배우들은 돌아가면서 주연도 하고 조연도 하면서 영화를 만들어 가죠. 왜 이런 방법을 고수하는지는 조금 후에 다시 이야기하도록 하겠습니다.

이제 여름입니다. 부엌은 실내가 아니라 바람이 불고 나무도 보이는 상쾌한 곳입니다. 사람들이 모두 밖에 나와 있습니다. 여러 사람이 모여 있는데 메리가 너무 들떠서 흥분했습니다. 아들이나 다름없는 조이에게 자기 마음을 열어 보이며 실수를 저지르죠. 여름이라는 계절이 이런 걸 허용할 만한 기후입니다. 봄에 상담할 때 혹인 여자가 아기를 잉태하고 있었는데 여름에는 아기가 태어났습니다. 메리는 여기서도 극의 흐름을 이끌어갑니다. 봄에 지하철에서 어떤 남자가 자길 쳐다봐서 불편했다는 말로 늦은 이유를 설명하고 지나갔죠? 여름에는 길이 막혀서 늦었다는 이야기로 5분 내지 10분 동안 다른 사람의 이야기는 듣지도 않고 계속 자기 이야기만 이어갑니다.

완벽한 즉흥연기의 맛

한창호 기본적으로 이 모든 것은 즉흥연기입니다. 이게 마이크 리 리얼리즘의 가장 큰 특징인데요. 마이크 리는 영화를 시작할 때 아주 기본적인 스토리만 갖고 있습니다. 여기선 메리가 가장 중요합니다. 그럼 메리라는 배역을 맡은 배우를 일대일로 만납니다. 당신은 병원 비서로 일하는 사람이고, 처음 병원 동료인 제리 부부의 집에 찾아간다. 제리 부부는 당신과 달리 화목한 가정이다. 그 집 저녁 식사에 초대를 받아 갈 것이다. 그럴 경우 당신은 뭘 하겠느냐, 묻습니다. 그러면 메리가 그 이야기만 듣고 이야기를 이어갑니다. 메리는 그 지방에서 별로 유명하지 않은 대학을 나온 것 같고, 사실은 비서나 다름없는 일을 하고 있는데 자기는 의사들을 관리하는 것처럼 허풍을 떠는 여자입니다. 자신의 콤플렉스를 말로 커버하는 여자죠. 이런 캐릭터를 마이크 리 감독과 배우가 함께 만들어갑니다.

그러면 다시 메리는 빼고, 톰과 제리를 만납니다. 당신은 이런 부부인데 어느 날 저녁, 메리를 초대할 것이다. 메리가 오자마자 별별 핑계를 대며 늦은 이유를 설명할 텐데, 당신들은 그런 상황에서 어떤 말을 하겠느냐고 묻습니다. 톰과 제리가 거기에 대해 즉흥연기를 합니다. 그런 다음 세 사람을 만나게 해서 애드리브를 하게 합니다. 그걸 반복시킵니다. 그러면서 일정하게 이야기를 정하죠. 대사도 정해지고. 그럼 맨 마지막에 정해진 시나리오대로 옷도 제대로 입고 영화를 만듭니다. 쉽지 않겠죠?

배우도 속이는 감독

한창호 큰 변화가 일어날 만한 만남이 있을 경우, 배우에게 절대 누구를 만날지 말해주지 않습니다. 겨울에 메리가 제리네 집 문을 두드렸잖아요. 기억납니까? 문을 두드렸을 때 안에서 톰의 형제 로니가 문을 열었죠. 그때 메리의 표정을 기억할지 모르겠습니다. 그런 게 연기로 가능할까요? 아마 메리는 톰 아니면 제리, 혹은 조이가 나올 거라고 예상하고 문을 두드렸을 겁니다. 그런데 막상 문이 열렸을 때 로니가 나와서 좀 놀란 것 같아요. 구체적으로 말하진 않았지만, 마지막 식사 장면에서 메리와 로니의 관계가 진전될 것 같은 암시가 느껴집니다. 이런 연기를 잡아내기 위해 마이크 리는 독특한 영화 만들기 방식을 고수하고 있죠. 물론 마이크 리만 그런 건 아니고, 우리나라 홍상수 감독도 이런 방식을 일부 이용하죠. 영화를 만들 때 내용이 아니라 내용을 어떻게 표현하느냐를 중시하는 거죠. 마이크

리 감독은 생생한 리얼리티를 잡아내기 위해 즉흥연기를 기본으로 하고, 클라이맥스에 해당하는 부분은 배우에게도 어떤 일이 일어날지 가르쳐주지 않음으로써 살아 있는 연기를 끌어냅니다. 그게 마이크 리의 의도대로 딱 맞아떨어졌을 때 아주 아름다운 영화가 나오겠죠. 그래서 배우들의 역량이 대단히 중요합니다.

이런 방식의 영화를 만들려면 보통 배우들은 연기하기 아주 어렵습니다. 그래서 마이크 리 배우들은 사단을 형성해 함께 영화를 만들어가는 겁니다. 그러다 보니 배우들이 감독과 함께 자연스레 늙어갑니다. 데뷔 무렵에는 젊었던 사람이 지금은 50대 후반, 60대가 되었죠. 어릴 때부터 마이크 리와 함께 했던 배우들이 감독과 함께 늙어갑니다.

그렇다면 마이크 리는 어디서 이런 연출 아이디어를 얻게 됐을까요? 기사를 통해 많이 알려졌는데, 현재 80대 노장이 된 영국 연극계의 거장 피터 브룩의 영향을 많이 받았습니다. 그 양반이 젊은 시절 영국에서 셰익스피어 연극을 할 때, 연극 만드는 과정이 다큐멘터리로 나왔습니다. 마이크 리가 우연히 그걸 보게 됐고요. 〈마라 사드〉라는 작품인데 아까 말씀드린 방법, 배우와 계속 소통하면서 캐릭터를 만들고 드라마를 만들어가는 모습을 보게 됐습니다. 시퀀스들이 모여 하나의 연극이 되고 나중에 옷을 차려입고 실제 공연을 하면서 애드리브를 하는 모습이죠. 그렇게 공연을 하다 보니 공연이 매일 조금씩 다릅니다. 그 다큐멘터리를 본 후 마이크 리는 저렇게 하면 리얼리티가 살겠다는 생각을 했다고 합니다.

휴머니즘이라는 화룡점정

한창호 다음은 가을입니다. 봄에 아기가 잉태됐고 여름에 아기가 태어났고 가을에 또 새로운 미래를 맞는 커플이 만들어집니다. 그리고 겨울에는 날씨가 영하로 뚝 떨어집니다. 겨울 장면에선 세 번에 걸쳐 부엌 장면이 나오는데, 처음에는 형 로니의 부엌입니다. 가난하죠. 이게 영국 리얼리즘의 전통이 잘 살아 있는 시퀀스입니다. 영국 리얼리즘 영화들은 저런 식으로 특별한 사건을 보여주는 게 아니라 공간 속에 있는 인물을 보여줌으로써 스스로 그 사람의 조건을 생각하게 만듭니다. 로니의 아내는 공장 노동자였죠. 평생 일하다가 죽은 여자고, 형 로니 역시 하층민 생활을 벗어나지 못했습니다. 동생 톰은 열심히 일해서 중산층이 되었는데 말입니다. 톰은 시간이 지나도 결과적으로 세상은 참 변하기 어렵다는 것을 알게 됩니다. 톰이 동네에 도착해서 그러잖아요. "참 이 동네는 변하지도 않았다." 로니처럼 태어난다면, 로니처럼 늙을 가능성이 많죠. 아무리 복지정책을 쓰는 나라라도 태어나면서 사실상 운명의 많은 부분이 결정된다는 것. 로니의 아들 칼을 보면 그런 운명이 대를 이어가는 게 보이죠. 이 시퀀스는 켄 로치와 비슷합니다. 가난한 노동자들이 가진 조건을 잘 보여주는데, 부엌이 그 모습을 압도적으로 보여주고 있는 것 같습니다.

다시 톰과 제리의 부엌. 겨울이라서 그런지 좀 가라앉아 있고 정물화처럼 공간이 죽어 있습니다. 우리는 공간이 공간에 있는 사람들을 대신 설명해준다고 생각하잖아요. 그런데 반대로 사람이 공간을 규정한다는 느낌이 듭니다. 톰과 제리가 있을 때는 분명 화목해 보이는 부엌인데 결핍된 두 사람 메리와 로니가 들어가니까 부엌이 무덤처럼 차고 쓸쓸해지는 것을 볼 수 있잖아요. 마이크 리 영화가 관객들에게 사랑받는 이유가 되겠죠. 제 생각에 켄 로치라면 여기서 끝을 맺었을 것 같아요. 그런데 마이크 리는 저기서 한 번 변화를 주죠. 여러분의 마음을 조금 편안하게 해줍니다.

똑같은 공간인데 두 사람 앞에 톰과 제리가 앉아 있습니다. 아들과 약혼자가 같이 있죠. 동일한 공간인데 조금 전 푸르스름한 공간에 다시 빛이 들어오고 노란 꽃도 있고 두 사람이 가장 결핍된 존재이긴 하지만 그들의 미래에 대해 긍정적인 생각을 할 수 있는 실마리를 던져주면서 영화는 끝납니다. 그 점이 마이크 리와 켄 로치의 다른 점이라고 할 수 있죠. 켄 로치는 아마 저 장면을 안 넣었을 겁니다. 영국 사회가 가진 모순을 매몰차게 강조한 채 무심히 끝내죠. 마이크 리는 휴머니즘을 살짝 건드리기 때문에 일반 관객에겐 마이크 리의 영화가 더 사랑받을 수 있다고 생각합니다.

찰스 디킨스의 스타일을 빌리다

한창호   영국 리얼리즘이 발전한 여러 가지 이유가 있습니다. 그중 예술사적인 배경은 찰스 디킨스의 영향입니다. 찰스 디킨스는 19세기 대표적인 작가죠. 아마 영국 작가 중 셰익스피어 다음으로 유명할 겁니다. 《올리버 트위스트》, 《크리스마스 캐럴》 같은 작품은 만화나 영화로 다들 한 번씩 접해봤을 텐데요. 영화사 초창기부터 찰스 디킨스의 작품은 영화인들에게 큰 영향을 주었습니다. 최초의 극영화 선구자로 꼽히는 그리피스의 이름을 들어보셨을 겁니다. 〈국가의 탄생〉을 만든 감독인데, 이 사람이 〈국가의 탄생〉을 만들면서 이전 영화와는 전혀 차원이 다른 스토리 전개 방식을 보여줬습니다. 그중 대표적인 것이 교차편집입니다. 한쪽에선 미국 백인 여성들이 집 안에 갇혀 있는데, 한쪽에선 인디언들이 여자들을 공격하기 위해 달려옵니다. 다음 장면은 여자들을 구하러 백인 남자들이 말을 타고 오는 장면. 이쪽에선 점점 위험이 증가하고, 이쪽에선 말이 생각보다 느리게 달리면서, 관객들의 조바심이 증폭됩니다. 이 장면을 보여주고 바로 다른 장면을 보여주면서 긴장감을 고조시키는 것이 교차편집의 묘미인데, 당시 영화인들은 이런 새로운 스토리 전개 방식에 많이 놀랐죠. 그리피스에게 물었습니다. "어디서 이런 걸 배웠느냐? 당신이 생각해냈느냐?" 많은 작업을 하면서 스스로 터득한 줄 알았는데 그리피스의 대답은 '찰스 디킨스'였습니다. 찰스 디킨스의 소설을 읽으면서 아이디어를 얻어 영화에 접목했다는 겁니다.

여러분이 알고 있는 디킨스의 소설은 대부분 연재소설입니다. 돈을 벌기 위해 독자의 관심을 붙들었는데, 연재소설은 긴장요소가 아무것도 없으면 독자를 매혹할 수 없습니다. 대중을 생각하는 작가라면 마지막에 반드시 다음 날도 절대 볼 수밖에 없는 장치를 만들어놓아야죠. 그때 많이 사용한 것이 교차편집입니다. 위험에 놓인 여성들을 보여주고, 백인들이 달려오게 하고, 인디언들이 여성에게 총을 쏘기 직전까지 만들어놓고 끝내는 거죠. 다음 회를 기다릴 수밖에 없게. 그리피스는 이런 소설 작법을 영화 속에 가져왔습니다.

또 하나, 디킨스 소설에서 그리피스가 가져온 건 클로즈업입니다. 찰스 디킨스의 소설을 봤더니 새로운 이야기가 시작될 때, 예를 들어 올리버 트위스트가 등장할 때 그가 등장했다고 쓰지 않더라는 거예요. 디킨스는 첫 문장에 두서없이 그 사람을 클로즈업한 장면을 설명합니다. '올리버의 소매는 찢어져 있었다.' 그럼 우리 머릿속에는 소매만 떠오릅니다. 이런 식으로 한 부분만 강조하는 서술 방식을 택한 거죠. 그리피스는 멜로드라마를 만들 때 클로즈업을 많이 썼습니다. 멜로드라마의 감정은 얼굴에서 나오니까요.

주변부의 인물을 강렬하게 부각시키다

한창호 에이젠슈테인이라는 러시아 감독도 알고 계실 텐데요. 그는 어떻게 하면 사회에서 밀려난 주변 사람들, 아무 혜택도 받지 못한 하찮은 인간들, 로니의 아내처럼 죽으면 장례식장에서 5분 만에 화장되는 사람들을 잘 표현할까 고민했습니다. 이때 에이젠슈테인이 참고로 한 것도 역시 찰스 디킨스의 소설입니다. 에

주제: 찰스 디킨스의 사랑

이젠슈테인이 생각하기에 주인공 캐릭터를 잡아내는 건 금세 할 수 있는 일 같았습니다. 그런데 주인공 주변에 있는 5분, 10분밖에 안 나오는 인물, 하지만 이 사회가 가진 모순을 충분히 보여줄 수 있는 인물의 캐릭터를 만드는 건 너무 어렵다고 생각했죠. 디킨스는 여러분도 알다시피 어릴 때부터 노동하며 착취당한 경험이 있습니다. 19세기는 영국의 자본주의가 급속도로 확산할 무렵이었는데 아동 노동이 다반사였죠. 임금이 싸니까 디킨스도 요즘 제삼세계 어린이들이 그런 것처럼 신발 공장에서 풀칠하는 것 같은 일을 했어요. 사실상 방기된 아이였습니다. 그런데 이 친구가 저널리스트적인 감각이 있었습니다. 글을 잘 썼지요. 머리가 좋아서 속기 기술을 배워 변호사 사무실에서 속기 업무를 봤습니다. 그래서 법을 알게 되었고, 그게 발판이 되어 요즘 식으로 하면 제대로 된 학교도 안 나온 친구가 국회 출입기자가 됐습니다. 그래서 디킨스의 글은 짧고 명확하고 호흡이 빠릅니다. 《올리버 트위스트》에 나오는 소매치기 두목 파긴보다 더 지독한 사람들을 많이 봤고, 기자 생활을 하면서 주변부로 물러난 사람들도 많이 봤습니다.

당시에는 제러미 벤담의 공리주의가 유행하던 시기입니다. 사회의 이익이 개인의 이익과 비례하는 것처럼 알려졌죠. 그래서 영국 사회가 100의 생산량을 200으로 끌어올리면 내 재산도 200이 되는 것처럼 일반적으로 받아들였습니다. 이런 공리주의 이론이 인기를 끌 무렵, 디킨스는 고생해서 그런지 평생 공리주의자들을 비판하는 소설을 주로 썼습니다. 우리 사회가 발전하면 나도 발전한다는 논리는 '부자들의 프로파간다'라고 생각했죠. 그래서 사회주변부 인물에 대한 묘사가 생생했고, 죽을 때까지 힘없는 사람에 대한 연민을 잘 보여줬습니다. 리얼리스트라면 결핍된 사람들, 밀려난 사람들에 대한 관찰력이 남달라야 하는데 영국 영화인들이 다른 나라보다 특별한 재능이 있다면, 그건 바로 찰스 디킨스의 영향에서 비롯된 결핍된 사람들에 대한 관찰력입니다.

한 가지 켄 로치, 마이크 리가 찰스 디킨스와 다른 점이 있다면, 두 사람은 찰스 디킨스가 가진 감상주의를 배제하면서 사람과 사람 사이의 사랑을 잘 전달하고 동시에 영국 사회가 가진 모순을 잘 그렸다는 겁니다. 또 감독이 하나의 답을 들려주는 게 아니라, 내가 속한 사회의 모순을 스스로 깨닫게 했습니다.

이 영화에 특별히 손수건이 필요한 장면이 있었는지 모르겠는데, 마이크 리의 영화에는 대부분 한 번쯤 손수건이 필요한 순간이 있습니다. 이번 영화는 캐릭터하고 조금 거리를 둬서 감성적인 부분이 많이 줄어들었죠. 하지만 사람이 나이가 들어가면서 느끼게 되는 결핍은 더 리얼하게 드러나 있는 것 같습니다. 제가 준비한 내용은 여기까지입니다. 재밌었나요?

● 2011년 3월 29일, CGV압구정

#26

밀크
Milk

밀크
Milk

미국 | 2008년 | 128분

등급	15세 관람가
감독	거스 밴 샌트
출연	숀 펜, 에밀 허시, 조시 브롤린
수입	스폰지이엔티
배급	마운틴픽쳐스
개봉	2010. 02. 25

★2009 아카데미상 최우수 각본상, 남우주연상 수상

인권운동가이자 정치인이었으며 지금까지 수많은 이들에게 희망의 이름이 된 실존 인물, 하비 밀크의 생애 마지막 8년의 이야기. 1970년, 뉴욕의 평범한 증권사 직원 하비 밀크(숀 펜)는 샌프란시스코로 이주, 동성애자들에 대한 편견으로 고통 받는 이웃들을 보며 게이 인권운동을 시작한다. 인종, 나이, 성에 상관없이 모두가 평등한 권리와 기회를 누리는 사회를 꿈꾸는 그는 3번의 실패 끝에 샌프란시스코 시의원에 당선된다.

Art Talk #26

신념을 위해 목숨을 바치는 사람들

guest table
진행 · **한창호**
영화평론가

한창호　거스 밴 샌트의 〈밀크〉를 함께 봤습니다. 주연배우 숀 펜(하비 밀크)이 이 영화로 아카데미 남우주연상을 받았죠. 개봉 반응을 보면 그 나라의 문화적 성격을 알 수 있는데, 여기 앉아 계신 분들은 어떨지 모르겠지만, 아직 한국 사회에서 동성애 테마는 거부반응이 좀 있는 것 같습니다. 제가 준비한 내용은 영화에 나오는 〈토스카〉라는 오페라에 관한 것입니다. 정치적인 테마가 간곡한 작품이죠. 오페라라고 하면 일부 음악 애호가들이 즐기는 장르로 많이 인식되고 또 그런 측면이 있는 게 사실인데, 멜로드라마에서 오페라는 긴장된 테마를 담아내는 측면이 있습니다. 대표적인 작품이 〈토스카〉입니다. 거스 밴 샌트 감독이 이 음악을 잘 활용하고 있어 그 부분을 소개하도록 하겠습니다.

〈밀크〉는 현대 미국 정치에 대한 지식이 있어야 더 많이 즐길 수 있는 영화입니다. 그런 면에서 영화 내용을 먼저 따라가는 것이 좋을 것 같습니다. 거스 밴 샌트는 아주 문제적 감독인데, 그를 좋아하는 영화팬들이 많습니다. 영화계에서는 영화 형식에 대한 실험을 계속해나가면서 대중성을 일정하게 유지하는 감독으로 잘 알려졌죠. 그런 감독 중 대표적인 인물이 데이비드 린치인데, 아쉽게도 데이비드

린치 감독은 최근에 영화 작업을 거의 안 하고 있습니다. 그에 비하면 거스 밴 샌트 감독은 컬럼바인 총기 난사 사건을 다룬 〈엘리펀트〉로 칸영화제에서 황금종려상을 받는 등, 활발한 활동을 하고 있습니다. 또 형식 실험을 계속해나가면서 대중과 일정한 호흡을 맞추고 있죠.

거스 밴 샌트의 2000년대 이후 영화는 좀 따라가기 어려운데요, 일반적인 영화 문법을 많이 흔드는 측면이 있습니다. 다시 말해 시간과 공간에 대한 보편적 개념을 일정 부분 파괴하는 영화들을 내놓는 거죠. 그래서 〈엘리펀트〉 같은 영화는 일부 마니아에게만 통용되고, 많은 사람과 소통하는 데 성공하지 못했어요. 그런 영화들에 비해 〈밀크〉는 굉장히 쉬운 편입니다. 그래서인지 2008년 아카데미 4개 부문에 후보가 되었고 대중의 반응도 좋은 편이었죠. 거스 밴 샌트 감독은 스스로 동성애자임을 커밍아웃하면서, 동성애자들을 위해 좀 더 적극적인 행동을 시작합니다. 이 영화가 2008년 개봉했는데, 개봉 당시 여러 이유로 이슈를 모았습니다. 영화에 나온 대로 하비 밀크는 커밍아웃한 동성애자 중 최초로 공직에 선출된 정치인입니다. 영화 소재로는 더없이 좋은 사람이고 그와 관련된 다큐멘터리도 몇 편 나왔죠. 극영화로 만들려는 시도도 여러 번 있었는데 번번이 어긋나다가 2008년 캘리포니아 주 개정안8(동성 결혼 반대법) 투표 2주 전 개봉을 했으니, 거스 밴 샌트의 정치적인 의도가 다분히 담긴 작품이라는 이야기도 틀린 말은 아닙니다. 하지만 저는 이 영화가 입법에 크게 영향을 미치진 않았다고 봅니다. 영화라는 게 그렇게 현실에 직접적으로 개입하는 효과가 있다고 믿지 않기 때문인데요. 결국 2008년 캘리포니아 주에선 동성애자들의 결혼이 합법화되지 못했습니다.

게이 감독이 만든 동성애 정치인 이야기

한창호   하비 밀크는 영화 주인공으로 설정하기 좋은 경력을 가지고 있습니다. 이 사람과 관련된 이야기를 몇 가지 하겠습니다. 영화는 1978년 암살되던 해에 관한 이야기를 집중적으로 하고 있습니다. 처음 영화가 시작될 때 도입부를 기억하실 겁니다. 경찰이 가지고 있던 자료 사진을 넘겨받는 장면인데요. 50년대, 60년대 동성애 바에 경찰들이 들어가서 동성애자들을 탄압하는 장면이 나오고, 배경음악도 대단히 비장하죠. 과거에 비하면 많이 나아졌지만, 감독은 동성애자들이 동물원 원숭이처럼 그런 대접을 받았던 것에 대해 굉장히 분노했을 것 같습니다. 그래서 이런 자료화면을 보여주며 영화가 시작되죠.

또 1978년 암살되던 때를 보여주는데 하비 밀크의 녹음기에 이 사람이 무슨 생각을 하는지가 함께 담겨 있죠. 영화에 따르면 하비 밀크는 자신이 살해될 것을 알고 있었던 것 같아요. 미국은 총기를 소지할 수 있는 나라고, 대중의 주목을 받는 정치인은 한 번쯤 암살에 대한 두려움을 갖게 됩니다. 하비 밀크도 그런 생각이 들었는지, 그해 밀크가 녹음기에 남겨놨던 것들을 토대로 영화가 시작됩니다. 녹음 내용이 일종의 유언 역할을 한 거죠. 녹음 내용은 영화 작업이 시작되는 데 큰 모티브로 작용했습니다. 그러면서 1970년 마흔 살이 되었을 때 애인 스콧과 함께 샌프란시스코로 가는 게 영화의 본격적인 출발입니다.

스콧 역을 맡은 배우는 제임스 프랑코인데, 당시만 해도 조연이었지만 지금은 할리우드에서 수많은 러브콜을 많이 받는 주연배우 중 하나가 됐죠. 〈127시간〉에 출연했고, 몇 년 전 〈스파이더맨〉에서 인상적인 악역을 맡기도 했습니다. 83회 아카데미 시상식에선 사회도 맡았고요.

동성애 운동의 상징인 카스트로 거리에 서다

한창호 밀크가 스콧과 함께 떠나는 샌프란시스코는, 아주 상징적인 도시죠. 자유, 사랑, 평화를 상징하는 도시예요. 하지만 영화에 나왔다시피, 그런 개념들은 일반인들에게나 해당하지, 하비 밀크와 스콧 같은 동성애자들에겐 절대 해당하지 않아요. 그래서 도착하자마자 하비 밀크가 크게 실망하죠. 그러면서 정치적인 활동을 시작하게 됩니다. 그곳이 영화에 나온 카스트로 거리인데, 동성애 운동의 상징처럼 된 거리죠. 원래 그 거리에는 아일랜드 출신이 많이 살았습니다. 다 그런 것은 아니지만, 아일랜드 가톨릭이 상대적으로 보수적이죠. 나중에 하비 밀크와 경쟁 관계가 되는 댄 화이트 같은 경우는, 보수적인 정치인입니다. 가톨릭이 보수적인 면이 있기 때문에, 카스트로 지역이 처음에는 하비 밀크가 꿈을 펼치기에 적절한 거리는 아니었지만 점점 자신의 정치적 아이디어를 확장시켜 거점 거리가 된 거죠. 이 친구가 이곳에서 1973부터 1975년까지 세 번 샌프란시스코 선거에 출마합니다. 두 번 떨어지고 세 번째는 시의원에 당선되는데, 그러면서 미국 내 차별받는 소수가 어떻게 살아가는지를 보여줍니다.

하비 밀크는 자신의 정치적 입장을 펼치는 과정에서 굉장히 힘든 상대를 만나게 되는데, 그건 바로 아니카 브라이언트입니다. 1977년 마이애미에서 성적 차이에 의한 모든 차별을 금지하는 법안을 통과시키려는 시도가 있었죠. 그때 보수주의자들이 다 들고일어났어요. 거기서 말하는 성적 차이는 구체적으로 말하면 동성애자들이에요. 동성애자에 대한 차별을 금지하려는 발전된 법을 마이애미 주가 통과시키려고 하니까 보수주의자들이 분개한 거고, 보수주의자 중에서 공격성을 가진 아니카 브라이언트가 여론을 끌고 가는 역할을 맡았습니다. 그 여자 입장에선 남자들끼리 성행위를 하는 사람들, 특히 그런 교사들에게 자기 아이를 맡길 수 없다는 논리였어요. 그래서 그녀가 이끈 단체 이름이 '세이브 마이 칠드런'입니다. 우리 아

이들을 보호하자는 단체고, 그렇게 반기를 들기 시작하면서 동성애자들이 궁지에 몰리게 되었습니다. 결국 아니카 브라이언트 측이 승리했고, 그러면서 사실상 보수주의자들이 아니카 브라이언트를 중심으로 결집하게 된 거죠. 상대적으로 하비 밀크 같은 성적소수자들은 궁지에 몰리는 시련을 받게 됩니다. 그때 밀크는 이미 시의원으로 일할 때인데, 댄 화이트라는 동료 시의원을 만나게 됩니다. 조시 브롤린이라는 훌륭한 배우가 댄 화이트 역을 맡았는데요. 〈노인을 위한 나라는 없다〉에 나왔고 최근에는 우디 앨런의 〈환상의 그대〉와 코엔 형제의 〈더 브레이브〉에 나온, 아주 연기 잘하는 배우입니다. 그 친구가 댄 화이트 역할도 아주 잘해냈습니다.

하비 밀크의 죽음을 예언하는 〈토스카〉

한창호　아니카 브라이언트가 승리를 거둔 뒤, 역설적으로 하비 밀크는 결심을 굳히는 계기를 마련하게 됩니다. 그래서 밀크는 포기하지 않고 앞으로 나아가게 되죠. 그때쯤 스콧이 밀크 곁을 떠납니다. 영화 중반부인데요. 그건 클라이맥스로 가기 위한 일종의 준비죠. 그때 여러분은 처음으로 〈토스카〉를 들었을 겁니다. 마리오 카바라도시가 부른, 〈토스카〉에서 가장 유명한 아리아죠. 그건 뒤에 집중적으로 말씀드리기로 하고요. 그 노래가 〈토스카〉의 클라이맥스에 나왔던 노래라는 것만 우선 언급하겠습니다.

하비 밀크가 정치에 매진하게 된 뒤 아니카 브라이언트 못지않은 인물인 존 브릭스를 만나게 됩니다. 참고로 이 사람은 캘리포니아 주 상원의원이었는데, 아니카 브라이언트 등 보수주의자들의 세력을 모아 힘을 얻었죠. 그래서 개정안6을 제시했고요. 어떻게 보면 굉장히 폭력적인 법인데, 캘리포니아 주 내의 학교에서 동성애자 교사는 일할 수 없고, 더 나아가서 동성애자를 쉽게 해고할 수 있는 법안을 제안했죠. 그해가 1978년, 하비 밀크가 암살되던 해입니다. 영화에도 잘 나왔지만, 미국이라는 나라가 민주주의의 상징처럼 되어 있는데, 어떻게 그런 법을 제안할 수 있는지 모르겠어요. 굉장히 비이성적이죠. 하비 밀크 입장에선 가만히 보고 있을 수 없는 법이 진행된 거예요. 그러면서 하비 밀크는 역설적으로 더 정치적인 힘을 얻게 됩니다. 보수주의자인 존 브릭스는 지지자를 잃어가는 역전 관계를 보여주기 시작했고요. 존 브릭스가 처음 하비 밀크를 만났을 때 공개 토론을 거부했던 건 당시 존 브릭스가 주 상원의원이니까 시의원하고 동일 선상에서 얘기하기 싫었던 거죠. 또 하비 밀크는 공격적으로 토론을 잘하는 사람이라고 알려졌으니까요. 마침 그때 댄 화이트가 자기가 시도했던 법안들이 다 무산되면서 시의원에서 사퇴했는데, 무슨 이유인지 다시 시의원을 하려고 하죠. 그래서 하비 밀크가 나서서 시장에게 사표를 수락하라는 압력을 넣습니다. 그러면서 댄 화이트와 자기가 어떻게 서로 동거할 수 없는 입장인지를 알게 됩니다. 그날 하비 밀크가 극장에 갔을 때 다시 한 번 반복되는 음악이 푸치니의 〈토스카〉입니다. 토스카의 애인 마리오 카바라도시가 사형됩니다. 그의 죽음 앞에서 토스카가 통곡하는 장면을 보고 있습니다. 하비 밀크가 죽을 것임을 강력하게 암시해주는, 곧 죽음이 다가온다는 것을 보여주는 장면이죠. 이 오페라는 대단히 적절한 차용인 것 같습니다.

나는 곧 허망하게 죽는다

한창호 여기서 〈토스카〉에 대한 설명을 조금 더 드려야 할 것 같습니다. 푸치니의 〈토스카〉가 나온 게 1900년입니다. 참고로 마리오 카바라도시는 공화주의자입니다. 1789년 프랑스에서 혁명이 나 유럽 최초로 공화국이 들어섰습니다. 이 사건은 다른 나라에 큰 영향을 미치게 됐죠. 토스카가 살고 있던 로마에도 일시적으로 공화정이 들어섰습니다. 많은 사람이 좋아했죠. 프랑스에서도 혁명 후 반혁명이 일어났듯, 로마도 다시 반혁명 세력이 정권을 잡아 공화주의 지지자들이 숙청되었습니다. 그때가 1800년입니다. 이 시기를 배경으로 만든 오페라가 〈토스카〉입니다. 그래서 주인공은 토스카지만 공화주의자들을 죽이는 오페라입니다. 마리오 카바라도시는 토스카의 애인으로 나옵니다. 이 남자는 공화주의를 지지하고 있습니다만 정치적인 활동은 적극적으로 하지 않았습니다. 그런데 자기 친구가 적극적으로 활동하다 경찰에 쫓기게 되죠. 그래서 마리오 카바라도시가 잠시 숨겨주는데, 숨겨준 사실을 들키게 되어 경찰에 조사를 받고, 사실을 불었다면 살아날 수도 있었을 텐데, 끝내 그렇게 하지 않았죠. 동료의 이름을 팔지 않은 거죠. 그 이유로 카바라도시는 사형에 처하게 됩니다. 전형적인 19세기 멜로드라마를 표면에 깔고 있습니다. 제가 보기에 그것은 푸치니의 고도 전략이죠. 오페라에서 사랑 이야기가 빠졌을 경우, 관객들은 굉장히 지루해합니다. 정면에 남녀의 사랑과 사랑을 방해하는 권력을 가진 경찰 책임자라는 악역을 그려놓았지만, 그 안에 들어 있는 건 당시로써는 대단히 긴장된 공화주의라는 정치적 이데올로기, 신념을 버리지 않는 남자가 죽음을 당하는 이야기, 정치적 함의가 큰 오페라의 내용을 이 영화가 이용하는 거죠.

왜 거스 밴 샌트가 〈토스카〉를 이용했는지 알 수 있을 것 같습니다. 하비 밀크도 정치적인 운동을 하는 사람입니다. 마리오 카바라도시는 공화주의자였고 하비 밀크는 동성애 권리 보장을 명분으로 하는 사람입니다. 여기선 동성애자의 권리를 보장한다고 볼 수 있지만, 확장하면 차별받는 모든 소수가 차별받지 않는 사회로 가기 위한 노력을 기울이는 사람입니다. 마지막에 하비 밀크의 목소리를 들려주는데, 아시아 사람들, 노인들, 이런 사람들이 차별받지 않는 사회를 위해 행동해야 한다는 게 그의 뜻이었죠. 저는 여기서 동성애 차별 문제를 동성애에 한정 짓기보다 그런 차별받는 사람이 없는 발전된 미래에 대한 희망으로 해석했어요. 그래서 이 영화에는 도입부에 숀 펜과 제임스 프랑코가 키스하는 장면 외에, 직접적인 동성애 장면이 안 나오죠. 크게 민망한 부분이 없는데, 제 기억으로 우리나라 개봉 당시 그 장면 때문에 불편해하신 관객들이 꽤 있었습니다. 그래서 한국에선 여전히 주인공이 동성애자면 지나치게 그 부분에 한정해서 영화를 보는 분들이 많구나 하는 아쉬움이 있었습니다.

아리아는 마리오 카바라도시가 죽기 전 부르는 노래인데, 한국어 번역 때문에 달콤한 노래처럼 생각하기 쉽지만, 이 노래는 사실 자기가 죽는다는 사실을 알고 감정을 드러내는 노래입니다. 제가 혹시 그 부분에 대해 궁금해하는 분들이 있을 것 같아 번역을 해왔습니다. 밤이고 감옥에 갇혀 있습니다. 내일 새벽이면 처형됩니다. 좀 더 정확하게 말하면 새벽 1시경이고 처형은 새벽 4시에 합니다. 몇 시간 후면 죽습니다. 죽는다는 사실을 알게 되었을 때, 젊은 남자니까 토스카라는 애인이 생각나고, 하늘을 바라보니까 별이 보이겠죠. 그러면서 토스카를 처음 만났을 때의 장면을 생각하는 게 첫 부분입니다. "토스카를 처음 만났을 때 하늘의 별은 빛났고 땅에서는 땅 냄새가 올라왔습니다. 정원의 문이 열리면서, 모래 위를 가볍게 긁는 토스카의 발걸음을 기억하고 있습니다. 그때의 달콤한 키스, 몸을 쓰다듬는 손길, 토스카의 베일을 벗겨 아름다운 얼굴을 보았습니다. 그런 아름다운 시절이 있었는데 시간은 도망치듯 가버렸고 토스카와 나눴던 아름다운 시간, 나는 곧 허망하게 죽습니다. 죽는 그 순간을 생각해보니 토스카와 그때 그렇게 산 후 사랑한 적이 없었습니다." 이게 사형수 마리오의 노래인데, 하비 밀크도 자기의 어떤 정치적 대의를 지키기 위해 목숨을 내놓아야 하는 상황이다 보니 두 사람의 운명이 겹치는 부분이 있는 것 같습니다. 또 마리오처럼 하비 밀크도 많은 사랑을 했습니다. 스콧이 토스카였는지, 뒤에 목매달아 죽은 라틴계 애인이 토스카였는지는 알 수 없지만, 군이 짐작하자면 스콧이 토스카처럼 아름다운 추억을 하비 밀크에게 줬을 것 같습니다. 그런 사랑을 남기고 자신은 죽게 되었으니 마리오의 운명과 많이 겹치죠. 그러면서 마지막 하비 밀크가 총에 맞았을 때 극장에 〈토스카〉가 걸려 있는 게 나오죠. 오페라의 테마가 영화 속에 자연스럽게 녹아드는 장면입니다. 그럼 오페라 장면을 한 번 볼까요. 제가 DVD를 가져왔는데 불행히도 한글 자막이 없습니다. 제가 말씀드린 부분을 생각하고 보시면 충분히 즐길 수 있을 겁니다. 그럼 같이 보도록 하죠. (DVD 상영)

신념을 위해 목숨을 바치는 사람들

한창호 살바토레 리치트라는 한때 파바로티가 죽고 난 뒤 파바로티의 계승자로 소개됐던 사람인데, 파바로티보다 약간 딱딱하죠. 이 장면을 제가 가져온 이유가 있습니다. 레나토 구투소라는 이탈리아 화가의 그림인데요. 서양 미술사에는 십자가 그림이 무지하게 많죠. 이 그림은 조금 다릅니다. 1940년 작품인데, 저 가운데 가슴에 피를 흘리고 있는 사람이 예수예요. 같이 죽었던 도둑과 십자가에 못 박힌 그림인데요. 여느 십자가에 못 박힌 예수의 모습과 별 차이가 없어 보이지만, 오른쪽에 있는 저 시체 때문에 화가의 의도가 알려지게 되었습니다. 빨간색 시체는 이탈리안 코뮤니스트입니다. 예수의 죽음에는 종교적인 것밖에 없는 것처럼 여겨지지만, 휴머니즘이라는 큰 틀에서 보면 자신의 신념을 지키기 위해 목숨을 내놓는

'희생'의 측면도 돌아볼 수 있는 건데요. 그러니까 화가는 예수를 넓은 의도로 희생하는 사람으로 봤습니다. 1940년은 이탈리아 파시스트 정부 시절이었는데, 이때 파시스트에게 가장 열렬하게 대항했던 친구들이 코뮤니스트죠. 그때 죽임을 많이 당했습니다. 코뮤니스트들이 가치를 지키기 위해 희생을 많이 했죠. 그 희생을 강조하기 위해 오른쪽을 빨간색으로 그렸어요. 저 그림이 처음 나왔을 때, 교회에선 불쾌하게 생각했는데, 이 영화와도 약간의 연관이 있는 것 같습니다.

소수에 속하는 사람들은 '사람으로서의 행복권'을 추구하기 위해 희생을 치릅니다. 하비 밀크도 그런 가치를 지키려다 희생하는 삶을 살았죠. 큰 틀에서 보면, 동성애 차별을 넘어 이 영화는 본질적인 자유를 억압하는 것에 대해 이야기합니다. 저는 거스 밴 샌트 감독이 눈에 보이는 물질이 아니라 신념을 지키기 위해 여전히 21세기에도 생명을 내놓는 사람들이 있다는 것을 잘 표현하고 있다고 생각합니다. 제가 준비한 내용은 여기까지입니다.

비슷한 캐릭터, 다른 연기

관객　　동성애자를 연기한 배우가 많이 있습니다. 숀 펜이 이 영화로 아카데미 남우주연상을 받았고, 콜린 퍼스도 작년 〈싱글맨〉에서 이런 역할을 멋지게 소화했죠. 또 이완 맥그리거와 짐 캐리가 〈필립 모리스〉에서 게이 역할을 했던 게 기억나는데요, 이 배우 중에서 개인적으로 어떤 사람의 연기가 가장 마음에 드셨는지 말씀해 주시기 바랍니다.

한창호　　결론만 말하자면, 콜린 퍼스입니다. 저는 개인적으로 숀 펜의 연기 스타일을 그리 좋아하지 않습니다. 숀 펜 연기는 영화를 전공하는 사람들의 용어로 메소드 연기라고 합니다. 연기 잘하는 사람들이 흔히 구사하는 연기법이죠. 우리나라의 대표적인 배우들도 거의 메소드 연기를 지향합니다. 최민식, 설경구 등. 메소드 연기를 하는 사람들은 숀 펜이라는 이름을 지워버리고 하비 밀크가 되어 '그의 삶'을 삽니다. 그런 다음, 영화가 끝나면 인물에서 빠져나오는 데 몇 개월이 걸립니다. 그래서 이 사람은 분명 숀 펜이라는 사람인데, 자연인 숀 펜은 사라져버리고 하비 밀크가 된 것처럼 연기합니다. 과거 50년대 말런 브랜도나 제임스 딘이 메소드 연기를 선보이면서 우리 영화계에도 이런 연기법이 들어오게 되었고, 특히 70년대 로버트 드니로와 알 파치노가 그 명맥을 이어갔습니다. 메소드 연기를 기가 막히게 하는 배우들은, 배우가 되고 싶은 사람들에게 교본처럼 된 것 같습니다. 연기상 수상자를 보면, 꼭 광기를 드러내거나 장애 연기를 열렬하게 선보인 사람이 많죠. 메소드 연기를 좀 강요하는 측면이 있어요. 원래 영화제라는 게 서로 경쟁하다 보니 그런 부분이 있잖아요. 자연스럽게 하기보다 관객들에게 뭔가 임팩트를 줘야 영화제 측에서도 상을 주기 편할 것 같고. 그러다 보니, 영화제 수상자들이 대부분 메소드 연기를 하는 사람들이었습니다. 우리나라도 마찬가지라고 보는데. 취향의 문제겠지만, 저는 메소드 연기에 거부감을 가지고 있습니다. 사실 메소드도 수학적으로 여기까지가 메소드다, 이런 식으로 말하기는 곤란한 부분이 있죠. 왜냐하면 설경구나 최민식, 송강호도 캐릭터를 표현하는 방법이 조금씩 다르잖아요. 크게 보면 메소드지만 방식은 다르죠. 그중 어떤 사람은 감정이 과잉된 부분도 있을 겁니다. 또 어떤 사람은 굉장히 자연스러운 연기를 보여주기도 합니다. 저는 메소드 연기를 하지 않는, 굉장히 자연스럽게 연기하는 배우를 개인적으로 좋아하기 때문에 그런 대답을 하게 되었습니다. 질문에 대답이 됐는지 모르겠네요. 그럼 즐거운 시간이 되셨기를 바랍니다. 다음에 또 뵙겠습니다.

● 2011년 7월 13일, CGV목동

#27

제노바
Genova

제노바
Genova

영국 | 2008년 | 93분

등급	15세 관람가
감독	마이클 윈터바텀
출연	콜린 퍼스, 윌라 홀랜드, 펄라 하니-자딘
수입	영화사 백두대간
배급	영화사 백두대간
개봉	2009. 11. 12

★2008 산세바스찬영화제 최우수 감독상 수상

자동차 사고로 아내를 잃은 후 조(콜린 퍼스)는 두 딸과 함께 이탈리아 제노바로 이주한다. 제노바 대학에서 학생들을 가르치며 새로운 생활에 적응해 가는 조와 달리 엄마의 죽음이 가져온 충격이 가시지 않은 아이들은 낯선 곳에서의 생활이 쉽지 않다. 켈리(윌라 홀랜드)와 조가 각자의 생활에 빠져 있는 사이, 혼자 있는 시간이 많아진 메리(펄라 하니-자딘)는 제노바 곳곳을 돌아다니게 된다. 그리고 죽은 엄마가 메리를 찾아오기 시작한다. 어느 날 엄마와 함께 제노바의 골목길을 여행하던 메리는 낯선 도시에서 길을 잃는다.

Art Talk #27

치유의 도시 제노바

guest table
진행 · **한창호**
영화평론가

한창호　그때가 7월입니다. 2001년 7월. 여러 사람이 제노바 시에 모여 G8 정상회담에 반대해 경찰에 대항했는데요, 어쨌든 경찰이 총을 쐈고 젊은 학생 한 명이 죽었습니다. 큰 사고였죠. 서구 8개국이 무리하게 정상회담을 진행하는 것에 대해 격렬한 반대 의견이 오가고 반성이 이어질 무렵 9·11 테러가 터졌습니다. 그러면서 제노바가 갑자기 유럽의 중심으로 부각된 적이 있습니다. 제 생각에 마이클 윈터바텀 감독은 대단히 진보적인 사람이고, 제노바에서 이런 비극적인 사건이 벌어진 걸 알고 있기 때문에 가만히 있을 수 없었던 것 같습니다. 그래서 이 도시를 영화의 배경으로 삼지 않았을까 조심스럽게 추측해봅니다.

제노바는 다분히 여성적인 도시

한창호　〈제노바〉는 엄마 혹은 부인을 잃어버린 가족의 이야기를 다루고 있는데요. 가족들은 어떻게 보면 공간에 의한 치유를 받기 위해 제노바로 떠납니다. 이탈

제노바

리아 제노바라는 도시가 가진 느낌이 다분히 모성적인데, 모성이 느껴지는 도시에서 상처를 치료하는 거죠. 이탈리아에는 여성적인 도시들이 많습니다. 피렌체도 그렇고 밀라노도 그렇고 대단히 여성스러운 도시입니다. 감독이 굳이 치유의 장소로 제노바를 택한 것은 유럽 좌파를 대표하는 감독으로서 정치적인 의도가 포함되어 있으리라 생각됩니다.

그럼 제노바가 어떤 도시인지 살펴보겠습니다. 제노바의 대표적인 인물은 크리스토퍼 콜럼버스죠. 제노바 공화국 시절 활약했던 탐험가 크리스토퍼 콜럼버스는 아직도 제노바의 대표적인 인물로 알려졌습니다. 물론 백인 중심 개척사에서 콜럼버스가 저지른 비인간적인 행위는 비난받아 마땅하지만. 이탈리아의 조상으로서 부끄러워하는 사람들도 있을 텐데, 어쨌든 그런 탐험가가 나왔다는 건 제노바가 당시 유럽의 중심 역할을 했다는 걸 반증하는 겁니다. 왼쪽에는 제노바, 오른쪽에는 베니스. 두 도시가 나름 경쟁하는 도시였는데, 제노바에선 크리스토퍼 콜럼버스가 나왔고, 베니스에선 마르코 폴로라는 인물이 나왔습니다.

11~13세기 십자군 원정에 나설 때, 이슬람 세력을 공격하기 전에 정박했던 곳도 제노바와 베니스였습니다. 그 도시에 정박하면서 사람들은 숨을 고르고 이슬람 지역으로 전쟁하러 나갔습니다. 그러다 보니 십자군 원정 시절, 제노바는 베니스와 더불어 급격하게 발전해 유럽에서 가장 큰 역할을 하는 도시가 되었습니다. 지금도 제노바는 밀라노와 더불어 이탈리아 경제를 이끌고 있는 대표적인 부자 도시입니다.

역사성을 잘 간직한 이탈리아의 부자 도시

한창호   처음 제노바에 도착했을 때, 아빠 친구인 여교수가 제노바를 소개하면서 이탈리아어로 조르지오라 불리는 수호신에 대해 이야기해주죠. 이탈리아는 모든 도시에 수호신을 하나씩 모시고 있는데요, 제노바의 수호신은 바로 조르지오 혹은 세인트 조지입니다. 제일 정면에 그려진 그림 부분을 보세요. 그 사람이 바로 세인트 조지입니다. 신화에 따르면, 세인트 조지 오른쪽에 용이 있습니다. 혹시 여러분 중 용띠가 있으면 조금 당황스러울 텐데, 용은 서양에서 악의 상징입니다. 생긴 것도 우리나라와 달리 아주 못생겼습니다. 악의 상징인 용을 처치한 사람이 세인트 조지입니다.

십자군 원정할 때 특히 이교도(기독교도들에겐 악의 상징)에 대한 불안감이 컸기 때문에 외부로부터 자신들을 보호해주는 사람으로서 세인트 조지가 큰 사랑을 받았습니다. 그 사람이 가진 상징적인 깃발이 세인트 조지 깃발입니다. 잉글랜드를 상징하는 깃발로 오해할 만큼 비슷하죠? 하지만 영국이 아니라 세인트 조지를 상징하는 깃발입니다. 이탈리아 자체도 대단히 종교성이 강한 나라지만, 특히 제노바는 십자군 전쟁이라는 역사성 때문에 더욱 종교성이 짙은 도시가 되었습니다.

제노바에 도착한 후 가족들이 집을 구하기 위해 걸어가는 길이 나오는데, 그 길은 '라 스트라데 노베La Strade Nove'입니다, '새로운 길'이라는 뜻으로 고유 명사가 됐습니다. 제노바라는 도시가 얼마나 오래된 곳인지 충분히 느낄 수 있는 길입니다. 'nove'는 'new'라는 뜻인데, 이 말이 우리에겐 주로 20, 21세기를 가리킵니다. 그러나 여기 나오는 'new'는 중세와 비교해서 'new'라는 뜻입니다. 중세와 비교할 때, 새로운 길이라는 거죠. 이 길은 16, 17세기 급격하게 발전했습니다. 제노바가 과거의 유산을 얼마나 잘 보존하고 있는지를 보여주는 대표적인 장소입니다.

이렇게 제노바 거리가 과거의 유산을 워낙 잘 보존하고 있다 보니, 관광 비수기에 제노바 밤거리를 걸으면 묘한 기분을 느끼게 됩니다. 16세기 옷만 걸치면 영락없이 그 시대에 온 것 같은 기분이 드는 도시입니다. 현대와 과거가 공존하는 도시. 400, 500년 전의 모습과 21세기 모습이 별 차이 없이 어우러진 도시라 묘한 편안함을 느낄 수 있습니다. 거대한 유물, 일종의 거대한 피라미드인데, 옛것 그대로 잘 보존되어 있으니까 묘한 기분을 불러일으키죠. 그런 부분이 모성을 자극하는 것 같습니다. 엄마 품에 들어간 것 같은 느낌. 일종의 자궁 같은 느낌을 주는 골목들이 제노바에 많죠. 컴컴한 거리를 걷고 있지만, 길 끝에는 빛이 있습니다. 가족들이 가지고 있는 현재의 고통이 저 빛을 향해, 희망을 향해 이어지는 것 같습니다. 어둠 속을 '뚫고 지나간다'는 느낌을 상기시킵니다. 영화는 오래된 공간, 어두운 공간이 가진 모성성을 잘 표현하고 있습니다.

이탈리아의 삶의 조건

한창호　영화는 여름에 시작해서 여름으로 끝나죠. 여러분도 느끼셨을지 모르겠는데, 이탈리아라는 나라는 대단히 자연친화적입니다. 그래서 음식 같은 걸 보면, 특별한 요리를 하기보다 싱싱한 재료에 올리브기름과 소금을 곁들이는 게 이탈리아 음식의 가장 큰 특징입니다. 가족들이 먹는 파스타는 제노바의 페스토입니다. 이탈리아가 파스타의 나라다 보니 도시마다 도시를 대표하는 파스타가 있죠. 제노바에선 바질로 만든 페스토 파스타가 유명합니다. 그래서 아빠가 그것을 배워 아이들에게 만들어주죠. 혹시 여러분 제가 영화에 대해 설명하다 균형 감각을 잃고 이탈리아에 대한 이야기만 잔뜩 늘어놓아도 큰 아량을 베풀어주시기 바랍니다.(웃음)

아시다시피 이탈리아는 음악의 나라입니다. 음악에 쓰이는 용어들은 거의 이탈리아어입니다. 원래 클래식 음악이라는 문화가 지극히 이탈리아적인 문화죠. 낭만주의 시절을 거치면서 독일을 통해 급속히 발전했고, 요즘은 독일 작곡가도 많이 알려졌지만 원래는 그랬습니다. 그럼에도 제가 경험한 바로 이탈리아인들은 그렇게 음악을 열심히 생활화하진 않습니다. 거의 모든 아이가 악기 하나씩을 배우는 한국 같은 문화는 없습니다. 그래서 한국인 유학생들이 이탈리아에 굉장히 많은데, 간혹 부끄러운 뉴스가 나오기도 합니다.

조수미 씨 덕분에 로마에 있는 산타 체칠리아라는 음악학교가 많이 알려졌는데, 그곳에 성악 전공하는 한국 유학생이 아주 많습니다. 1997년 산타 체칠리아에서 성악 전공자를 30여 명 뽑았는데 그중 20여 명이 한국인이었던 것으로 기억합니다. 그래서 기자들이 어떻게 이런 일이 가능한지 보도를 했습니다. 당시 보도에 따르면, 한국 학생들이 이탈리아 산타 체칠리아 입학에 영향을 줄 수 있는 선생님들에게 레슨을 받고 난 다음 지원을 하기 때문에 이탈리아 학생들이 한국 학생들을 이길 수 없다고 주로 지적했습니다. 보니까 한국 학생들은 대학 졸업생들이 대부분인데, 이탈리아에서는 나이 제한이 없기 때문에 원칙적으로는 초등학교 졸업자도 거기 갈 수 있거든요. 왜 우리도 영재과정이라는 게 있잖아요. 이탈리아인들은 주로 고등학교 졸업생들이 가지만, 한국에서는 대학 졸업한 학생들이 많이 오기 때문에 거기에서 벌써 실력 차이가 나죠. 당시 산타 체칠리아 음악학교에 들어간 한국 학생들에 대해 부정적으로 바라보는 경향이 있었지만, 그게 우리나라 문화의 특징 아니겠습니까. 덕분에 유럽의 대표적인 극장에서 활동하는 한국 출신 성악가들이 현재 많아진 거라고 봅니다.

종교적인 부분은 특별히 말씀드릴 필요가 없을 것 같고요. 교회는 생활의 한 부분인데, 지금도 생활에서 대단히 중요한 역할을 하고 있습니다. 종교, 신앙의 문제를 떠나 이야기하기 어렵죠. 사실 이탈리아는 종교성이 센 나라입니다. 성지죠. 저는 종교인이 아닙니다만 친구 중 가톨릭 신자들은 제가 이탈리아에 있으면서 매년 로마에 안 가는 걸 너무 안타까워했습니다. 바티칸에 안 간다고 친구들한테 야단도 많이 맞았고요. 이 사람들은 어릴 때 성당에서 세례를 받으면서 소위 종교생활을 시작합니다. 그런데 중, 고등학교에 가면 별로 교회에 안 가죠. 나중에 노년

이 되면 다시 교회에 갑니다. 탄생과 죽음이 교회에서 시작되는 문화인데, 교회가 사람들의 삶에 굉장히 친밀하게 들어와 있기 때문에 일반사람들이 교회를 벗어나서는 살 수 없을 정도입니다. 문화, 예술적으로도, 교회에서 다양한 음악회, 전시회를 많이 합니다. 예술영화 상영관들도 교회에 많습니다.

유럽의 대학은 복지의 대상이기 때문에 무상입니다. 원칙적으로 교육비가 없습니다. 나라마다 조금씩 다르고, 도시마다 조금씩 다르긴 하지만 일단 그렇습니다. 이탈리아는 북부 유럽에 비해 경제적으로 조금 뒤처져서 그런지 학비를 조금 내야 합니다. 지역마다 약간씩 다른데, 대략 일 년에 50만 원 정도 냅니다. 북부 유럽의 경우는 한 푼도 안 내고, 오히려 대학에 등록하면 돈을 받지요. 근데 왜 이런 제도가 생겼는지가 중요한 것 같은데요. 우리나라에선 미국식 교육이 스탠다드인 것처럼 인식되는 경향이 있는데, 이건 큰 문제인 것 같습니다. 우리나라는 대학 교육을 받았느냐 받지 않았느냐에 따라, 어떤 대학을 나왔느냐에 따라 인생에 큰 변화가 일어나는 것이 사실인데, 그렇다면 그 대학을 가는 문제만은 내가 누구 집안의 어떤 부모 밑에서 태어난 것과 상관없이 나의 노력으로 출발할 수 있어야 민주주의 사회라고 말할 수 있습니다. 그런 의미에서 민주주의 원칙을 지킨다는 게 보통 어려운 일이 아니죠. 민주주의 원칙을 지키려고 노력하는 데 있어서는 유럽이 확실히 부러운 제도를 가지고 있다고 생각합니다.

미국을 예로 들어 보죠. 시골에 있는 가난한 흑인 부모의 아들로 태어날 경우, 특별한 경우를 제외하고 대학 가기 어려울 거고, 별일 없는 한 내 부모가 가지고 있는 직업을 반복하기 쉽죠. 근데 이래서는 민주주의라고 볼 수 없다, 대학이라는 것이 한 개인의 인생에 그렇게 중요한 변수라면, 개인의 능력이나 노력으로 할 수 있는 길을 터줘야 한다는 게 유럽의 생각이죠. 모든 학생이 대학을 지원하면 받아주는데, 그 학생들이 받는 교육비를 여러분이 내는 세금으로 충당한다는 거예요, 그랬을 때 여러분의 세금 부담이 커질 텐데, 우리나라도 앞으로 반값 등록금이 되면 결국에는 세금이 늘어날 것입니다. 그렇게 세금을 내도 무상교육에 동의하는 시민이 많다는 게 유럽의 미덕입니다. 교육제도에 문제가 없는 나라는 세상에 없 겠죠. 유럽은 민주주의의 어떤 지향점을 보여주는 것 같습니다.

죽은 엄마가 이끄는 곳은 카몰리섬

한창호   다시 제자리로 돌아오겠습니다. 제노바 주변은 해변이 아름답기로 유명합니다. 절대 놓치지 마시고 영화 속에서라도 아름다운 해변을 감상해보세요. 여러분의 눈을 의심할 정도로 제노바 주변의 바다는 아름답습니다. 감독이 미리 알고 제노바 주변의 조그만 도시 몇 군데를 찍었습니다. 거기가 어디냐 하면 카몰리라는 지역이죠. 둘째 딸 메리를 잃어버린 곳인데, 제노바에서 30분도 안 되는 거리에 있습니다. 동화 같은 곳이죠. 제노바 주변에 동화 같은 곳이 많습니다. 둘째 딸은 가족 중 상처가 제일 큰 친구고, 자기 때문에 엄마가 죽었다는 죄의식도 갖고 있죠. 그래서 고통에 빠져들어 가는데 그럴 때마다 엄마가 나타나서 인도해주는 식으로 이야기가 전개됩니다. 처음 엄마를 만났던 곳이 이곳입니다. 미켈란젤로 안토니오니의 〈구름 저편에〉에서 소피 마르소가 나왔던 에피소드를 촬영했던 곳과 가깝습니다.

이탈리아에선 또 오토바이가 유명한데요. 마지막에 둘째를 또 한 번 잃어버릴 뻔했다가 찾은 다음, 여름이 끝나가고 두 아이를 학교에 보내고 아빠가 돌아오는 모습으로 영화는 종결됩니다. 이 학교는 초등학교, 중학교, 고등학교가 같이 있는 것으로 봐서 사립학교입니다. 이탈리아의 초·중·고등학교의 경우는 한국 학생들이 가면 전원 일등 할 것 같습니다. 교육방식이 달라서 그런 건데, 일주일에 5일 학교에 간다면 월, 수, 금 3일은 오후까지 학교수업을 하고 나머지 이틀은 오전이면 끝납니다. 나머지는 자기가 알아서 공부하는 겁니다. 고등학교가 5년제인데, 고등학교에 올라갈 때, 다시 말해 대학교 예비학교에 갈 때, 학부모와 학생들이 서로 토론할 경우 교사가 중3 아이와 학부모에게 기술학교에 가라든지, 이 학생은 외국어고등학교를 가라든지 추천하면 이를 받아들이지 않는 부모가 거의 없습니다. 예를 들어 대학의 수학능력을 갖추지 못한 학생이라고 교사가 판단할 때, 그 문제는 우리가 알아서 할 테니 우리 애는 일반 고등학교에 보내겠다고 하는 부모는 한 반에 한두 명 정도입니다. 그 부모들은 아마도 평생 자식을 부양할 능력이 되는 부모들이겠죠. 대학에 가서 대학과정을 제대로 마치지 못하면 직업을 갖기 어렵거든요. 반면 기술학교를 졸업하면 거의 직업을 갖게 됩니다. 고졸자와 대졸자 간의 임금 차이가 별로 없습니다. 그러다 보니 굳이 성적이 안 된다고 하는데, 부모가 일반 고등학교에 보내겠다고 고집하는 경우가 별로 없습니다. 의사로서 받는 임금과 기술고등학교 나와서 받는 임금이 큰 차이가 나지 않습니다. 그렇지만 의사가 되면 사회적인 존경이 따르고 또 미래의 성장 가능성이 크다는 것이 다르겠죠. 오늘 이탈리아에 대해 이런 저런 얘기를 드렸는데요. 이탈리아가 가진 치유 기능의 도시 공간을 감독이 잘 표현해서 여러분에게 소개하고 싶었습니다. 감사합니다.

● 2011년 6월 15일, CGV목동

3장.
스페셜톡
Special Talk

#28

인셉션
Inception

인셉션
Inception

미국 | 2010년 | 147분

등급	12세 관람가
감독	크리스토퍼 놀란
출연	리어나도 디캐프리오, 와타나베 켄
수입	워너브러더스코리아
배급	워너브러더스코리아
개봉	2010. 07. 21

★2011 아카데미상 최우수 촬영상, 미술상, 시각효과상, 음향상, 음향편집상 수상

드림머신이라는 기계로 타인의 꿈에 접속해 생각을 빼낼 수 있는 미래 사회. 돔 코브(리어나도 디캐프리오)는 생각을 지키는 특수보안요원이자 최고의 실력으로 생각을 훔치는 도둑이다. 과거의 사고로 국제 수배자가 된 그는 기업 간의 전쟁 덕에 모든 것을 되찾을 기회를 잡게 된다. 하지만 임무는 머릿속의 정보를 훔쳐내는 것이 아니라, 반대로 머릿속에 정보를 입력시켜야 하는 것! 그는 '인셉션'이라 불리는 작전에 성공하기 위해 최강의 팀을 조직한다.

Special Talk #28

진실의 교란자, 혼돈의 전도사, 이성의 파괴자

guest table

진행 • **곽명동**
〈포커스신문〉 기자

초대　**찬성 vs 반대**

(찬성) • **심영섭** 영화평론가
이해영 감독(〈페스티발〉,
〈천하장사 마돈나〉)

(반대) • **이동진** 영화평론가
장준환 감독
(〈지구를 지켜라!〉)

> **곽명동**　스페셜톡의 사회를 맡게 된 〈포커스신문〉 곽명동 기자입니다. 더불어 〈인셉션〉 과연 걸작인가'라는 주제로 토론을 펼쳐주실 네 분의 패널을 소개하겠습니다. 먼저 '걸작이다'라는 관점에서 이야기를 펼쳐주실 심영섭 평론가님입니다. 그리고 〈천하장사 마돈나〉를 연출하신 이해영 감독님입니다. '아쉽지만 걸작은 아니다'라는 관점에서 이야기를 펼쳐주실 이동진 평론가님입니다. 그리고 〈천하장사 마돈나〉와 쌍벽을 이루는 걸작, 〈지구를 지켜라!〉를 연출하신 장준환 감독님입니다.

　저는 두 감독님을 오늘 처음 뵙는데요. 그래서 두 분이 이 영화를 어떻게 보셨는지 사전에 얘기 들은 바가 전혀 없습니다. 다만 이동진, 심영섭 평론가님의 글을 토대로 쟁점 다섯 가지를 정리해봤는데요. 심영섭 평론가께서는 "최상의 지각적 황홀경을 보여준다, 철학하는 블록버스터다, 심리학적 뉘앙스가 깊이 배어 있다." 라고 하셨고, 또 다른 분들이 칭찬한 내용은 "내러티브 구조가 뛰어나다, 열린 결말로 다양한 해석을 가능케 한다." 등입니다.

　아쉽지만 걸작은 아니다, 좀 과대평가 됐다는 논점에서 이야기를 펼쳐주실 이동

진 평론가님께서는 "정서적 감흥이 부족하지 않으냐, 또 꿈 장면이 또 다른 현실일 뿐, 꿈의 질감이 살아 있지 않다는 점이 아쉽다, 배우들의 연기도 평범한 축에 속한다."라고 말씀하셨습니다. 또 다른 분들이 비판하는 지점은 이렇습니다. "〈매트릭스〉의 뇌 과학 버전일 뿐이다, 결말이 너무 예상했던 바대로 흘러간다." 본격적으로 이야기를 시작하기 전에 미국 영화평론가 로저 에버트의 평을 살펴보도록 하겠습니다. 에버트는 "놀란 감독이 미로를 빠져나오면서 지도를 버렸다."는 표현을 썼는데요, 우리가 그 지도를 잘 해독해서 걸작인지 아닌지를 진지하게 살펴보도록 하겠습니다.

아마 여러분 모두 나름대로 걸작의 기준을 가지고 있을 겁니다. 토크를 시작하기 전에 워밍업 차원으로 걸작의 기준을 심영섭 평론가님께서 먼저 말씀해주시면 좋을 듯합니다. 죄송하지만 발언 시간은 최대 3분을 넘기지 않으셨으면 좋겠고요. 질문하는 시간은 따로 드리니까, 먼저 걸작에 대한 기준만 간단히 밝혀주시죠.(웃음)

걸작의 기준을 밝히다

심영섭 네, 저는 어떤 영화를 걸작이라고 할 때는 첫째, 영화 역사의 새로운 콘셉트인가, 새로운 형식 미학을 열었는가를 봅니다. 〈복수는 나의 것〉이 박찬욱 감독의 걸작이라고 생각하고, 그것이 한국 영화 역사의 새로운 미학을 열었다고 보는데요. 감독의 작가주의 입장 아래서 어떠한 진보와 발전을 이뤘나, 또 그것이 그 감독의 최고작이거나 혹은 아주 새로운 진보인가를 보고요. 주제와 내용이 형식과 잘 조화를 이루는가도 봅니다. 형식만 우수한 것은 재롱 잔치죠. 내용만 우수한 것은 진부한 문학작품입니다. 플롯, 이미지, 편집 기타 등등이 독보적이고 독창적인가도 중요하게 봅니다. 새로운 것인가, 처음 본 것인가, 무엇을 따라 했는가도 중요합니다. 무엇을 따라 한 척하지 않았는가도 보고요. 다양한 층위를 가지고 다양한 해석이 가능한지도 봅니다. 그런 작품이 걸작이라고 생각합니다. 이 영화가 완벽하냐고 말한다면 전 할 말이 없습니다. 〈인셉션〉은 완벽한 영화는 아닙니다. 하지만 걸작이라고 생각합니다. 이러한 네 가지 측면에서 그렇다는 이야기죠.

곽명동 이해영 감독님께서도 걸작의 기준을 말씀해주시죠.

이해영 아, 전 걸작의 기준 같은 걸 가지고 있지 않아서. 일단 제 입장을 말씀드려야 할 것 같은데요. 영화를 만드는 사람으로서 걸작이냐 수작이냐 평작이냐 하는 기준들은 뭐랄까 좀… 아프게 들려요. 예를 들면 2NE1의 첫 번째 트랙은 미치도록 좋고 두 번째 트랙은 좀 좋고 세 번째 트랙은 그냥 그렇고 이런 식의 구분이, 만드는 사람에게는 언제나 한 컷 한 컷 다 베스트라고 생각하고 만들었는데 그게 어떤 사람에게 수작이고, 또 어떤 사람에겐 평작이라고 평가받을 때 혼란스러워질 때가 있거든요. 베스트냐 세컨드 베스트냐가 창작자에게는 사실 고통스러운 부분이어서 심 평론가님께서 말씀하신 그런 식의 기준, 이러이러한 조건에 합당하면 걸작이고 그렇지 않으면 걸작이 아니라는 정확한 구분은 굉장히 아프고 따끔하고 가혹하게 들려요. 전 오늘 여기 온 게 이 영화가 왜 걸작인가를 증명하거나 이 영화가 이래서 완벽하다고 말하기보다 매우 단순하게 관객의 입장에서, 엔드 크레디트가 올라갈 때 멍하게 있었던, 단순하게 말하면 빠져들었던 경험을 이야기하고 싶어요. 멀리 떨어져 있긴 하지만 동시대에 영화를 만들고 있는 사람으로서—놀란 감독과 비슷한 시기에 제 영화도 나오거든요, 2010년에 영화를 함께 개봉하는 사람으로서—이런 변방의, 게다가 메이저도 아닌 저처럼 약간 B급영화 감독이 이 영화를 어떻게 보는가, 하는 관점에서 이야기하게 될 것 같습니다.

곽명동　이동진 평론가님은 어떤 게 걸작이라고 생각하는지 말씀해주십시오.

이동진　이런 거 하려면 사전에 일찍 와서, 팀 전략도 짜고 그래야 하는데 종로에서 여기까지 1시간 40분이 걸리더라고요. 제가 완전히 진이 빠져서… 지금 아무 생각이 없습니다. 감독님께 죄송하고요. 걸작… 글쎄요. 심영섭 씨는 칼같이 이야기하시는데, 제가 어떤 영화를 걸작이라고 이야기하거나 수작 혹은 패작, 졸작, 평작 이런 말을 쓸 때, 순전히 감정적으로 하거든요. 저는 어떤 영화가 좋으면 수작이라고 써요. 제 나름대로 감정적인 기준이라는 게 있어서 감정적 기준을 넘어서서 '와 졌다' 이런 생각이 들면 걸작이라는 표현을 쓰고요. 그럼 어떤 영화를 걸작이라고 할 때 기준이 뭐냐고 하면 저는 부끄럽지만 기준이 없어요. 그것은 평론가로서, 또 한 명의 관객으로서 이성적인 판단인 동시에 감정적인 부분이라는 점을 말씀드려야 할 것 같아요. 저에게 걸작 혹은 수작이라는 말은 일종의 수사입니다. 쉽게 말해 걸작이라고 한다면 거기에 어떤 존경의 의미가 들어 있는 것 같고요. 반면에 대작이라는 말은 아주 평범한 감독에게는 안 쓰는 것 같아요. 아주 훌륭한 감독인데 그 감독이 평범한 영화를 만들었을 때, 예를 들어 〈인빅터스〉같은 작품을 저는 그냥 평범하다고 생각하거든요. 클린트 이스트우드 감독이 요즘 워낙 대단한 영화들을 만들고 계시니까, 조금 평범하면 그럴 때 태작이란 말을 쓰는 것 같아요. 졸작이란 말은 그야말로 이 작품에 대해서는 여지가 전혀 없다는 거죠. 감정적인, 그래서 내 마음에서 나오는 기분으로 그런 말을 쓰게 되죠. 걸작이라고 해서 특별히 무슨 가슴 사이즈는 얼마가 되어야 하고 허리 사이즈는 얼마여야 하며, 전체 볼륨은 얼마고 8등신은 되어야 한다는 식의 기준 같은 건 저에게 없어요.

장준환　글쎄요. 저도 이해영 감독님과 비슷한 입장인 것 같은데요. 걸작이라고 하면 제 마음을 얼마나 많이 움직였느냐가 척도가 되는 것 같고요. 거기에 얼마만큼 새로움과 놀라움을 담았느냐를 복합적으로 생각해서 나름대로 정하는 것 같아요.

꿈의 질감이 잘 살아 있는 영화인가?

곽명동　알겠습니다. 그럼 본격적으로 토론에 들어가도록 하죠. 지금 심영섭 평론가님께서 할 말이 되게 많으신 것 같은데요. "나는 이래서 이 영화를 지지한다." 에 관한 입장을 좀 설명해주시죠.

심영섭　일단은, 저 혼자 열을 낸 것 같아 되게 창피하네요. 세 분은 걸작을 감정적으로 '아, 졌다'라고 생각한다는데, 저 혼자 1은 뭐고, 2는 뭐고, 3은 뭐라고 한 게 조금 창피해졌고요. 이게… 제가 먼저 패를 깠잖아요. 그럼 이제 저쪽부터 까야지 왜 또 저부터 합니까? 이번엔 걸작이 아니라는 쪽부터 이야기했으면 좋겠어요.

곽명동　괜찮으시겠어요?

이동진　왜 저를 보세요?(웃음) 저는 5가지 용어 정리를 한 것뿐인데…. 이렇게 하면 좋겠어요. 어차피 한 사람이 이 영화에 대한 견해를 확 정리하면 뭣 때문에 토론하겠어요. 그럼 리뷰를 쓰거나 누구처럼 공략집을 만들거나 하면 되는데. 여기서는 말을 섞을 필요가 있으니까 그렇게 이야기를 진행하면 좋을 것 같아요.

곽명동　그럼 제 식대로 하겠습니다. 과대평가됐다는 부분은 이동진 평론가님 외에도 여러 분이 지적을 하셨습니다. 정서적 감흥이 부족하고 SF 영화인데 꿈의 질감이 너무 현실과 똑같다, 꿈의 질감이 전혀 살아 있지 않다. 어떻게 보면 놀란 감독의 비전은 꿈의 질감을 표현하는 거였는데 평론가들이 볼 때에는 감독이 하고 싶은 부분이 잘 드러나지 않았다고 공격하는 거죠. 심영섭 평론가님은 그런 반대론자의 논지에 동의하시는지 궁금하네요. 꿈의 질감이 잘 표현됐다고 보시나요?

심영섭 음, 결국 저에게 공이 다시 돌아온 거죠? 저는 먼저 이 영화가 꿈과 연관된 영화인가 하는 질문부터 하고 싶어요. 영화 속에는 꿈과 연관된 이야기가 절반 있고 생각과 연관된 이야기가 절반 있죠. 단지 꿈에 관한 영화라고는 생각하지 않습니다. 이 영화가 흥미로운 건, 영화 첫 10분에는 어떤 현실도 없어요. 그러다가 어디부터가 현실이죠? 현실인 듯했는데 또 꿈이었고, 아직도 꿈인가 싶었는데 결국 기차 안부터 현실이거든요. 이 영화가 현실이 아닌 것에 관한 영화라는 것을 감독이 관객들과 살짝 게임을 하면서 시작했다고 할 수 있어요. 이동진 기자님 리뷰를 포함해서 사실 거의 모든 리뷰를 다 읽고 왔거든요. 박경철 선생님도 트위터에 비슷한 이야기를 하셨더라고요. 꿈이 비논리적이어야 하는데 논리적이다. 진중권 선생님도 비슷한 이야기를 하셨던 것 같아요. 꿈을 초현실적으로 다루지 않았다. 꿈을 초현실적으로 다루려는 시도는 오래전부터 시작됐죠. 브뉘엘의 〈안달루시아의 개〉 같은 영화는 꿈이 굉장히 초현실주의적이라고 말하잖아요? 전 이렇게 이야기하고 싶어요. 꿈은 과연 비논리적인가? 초현실주의적이어야만 하는가? 사실 아니거든요.

오늘 제가 다섯 시간 전에 내담자하고 꿈 분석을 하고 왔어요. 오늘 분석한 내담자의 꿈 이야기를 해드릴게요. 꿈자리가 너무 뒤숭숭해요. 배가 있는데 폭탄과 총이 여기저기 장착된 큰 배였어요. 아주 큰 배요. 그런데 자신한테 마구 총을 쏘는 거예요. 그러다가 갑자기 폭탄이 터져서 배가 가라앉았어요. 죽은 사람들의 피가 고이고 너무 무서웠어요. 여자는 총탄을 피하며 애를 안으면서 젖을 먹여요. 신랑까지 옆에 있고요. 그러다 도망을 가요. 가다가 여자는 돈을 뿌리고 사람들이 돈을 주워요. 갑자기 조그만 배가 나타나요. 나데시코 같죠? 제가 이 꿈을 가지고 내 담자하고 꿈 분석을 했거든요. 어떤 내담자도 꿈을 조각 파편으로 이야기하지 않아요. 일단 꿈은 가장 마지막 꿈이죠. 자는 동안 사람은 수많은 꿈을 꾸거든요. 하지만 보통 마지막 꿈을 기억하죠. 그 마지막 꿈조차 스토리 형태로 이야기해요. 물론 내용은 비논리적이죠. 어떻게 총탄을 피하며 애 젖을 먹일 수 있겠어요. 비논리적이죠. 그런데 내담자에겐 하나도 비논리적이지 않아요. 내담자는 그것을 스토리로 이야기해요. 논리적이에요. 그리고 거의 네 토막으로 이야기해요. 첫 번째는 배가 나한테 온다. 두 번째 나는 애를 안고 있고 남편이 쳐다보고 있다. 세 번째, 나는 돈을 뿌리고 사람들은 돈을 줍는다. 네 번째, 배가 나타나고 니데시코 같다. 네 개의 에피소드가 자기가 경험한 대로 이어져 있죠. 꿈이 원래 비현실적이고 초현실주의적인데, 이 꿈을 너무 논리적으로 묘사했다는 비평은 제가 볼 때 꿈에 대한 오해인 것 같아요.

〈인셉션〉은 소탐대실의 전형이다

이동진 말꼬리 잡고 늘어지면 안 되는데… 그 꿈은 완벽하게 비논리적인 것 아닌가요? 그러니까 논리를 영화에 비교한다면 장면과 장면 사이의 연결이 논리잖아요. 기본적으로 인과론에 토대를 둔 것이고. 그랬을 때 아까 그 꿈이 비논리적이라고 느끼는 건 장면 사이에요. 아이를 안고 있는데 총을 쏘는데 길을 가는데 돈을 뿌린다. 장면과 장면 사이의 연결이 그런 식으로 흘러가는 영화를 찍으면 비논리적인 영화라고 말하죠. 저는 사실 이 영화에 대해 전제하고 싶은 말이 있습니다. 저도 사실 〈인셉션〉을 되게 좋아한다는 거예요. 별점이라는 이상한 걸 하는 사람으로서, 〈인셉션〉에 제가 별점을 네 개 줬거든요. 그거는 상당히 감정적으로 제가 이 영화를 좋아한다는 뜻이에요. 오늘 편의상 이쪽에 섰을 뿐이죠. 장준환 감독님도 이 영화를 싫어하는 입장은 아닌 것 같고요. 그것을 전제해야 할 것 같고요. 그럼에도 불구하고 사람들이 이야기할 때 지나칠 정도로 높게 평가한다는 느낌이 있었던 거예요. 부분적으로 이 영화는 과대평가 받았다고 생각하기 때문에 이런 이야기를 한다는 걸 전제하고 싶습니다.

이럴 때 가장 중요한 반론은 지금 말한 대로 꿈의 질감에 관한 부분이에요. 꿈의 질감에 관한 것이 왜 문제냐 할 수 있겠지만, 영화를 일단 보시면 초반에 심영섭 씨도 말씀하셨듯이 십여 분 정도 사람들이 보는데 처음 봤을 땐 정보가 없기 때문에 그게 꿈인지 아닌지 알 수가 없잖아요? 근데 알고 보면 꿈이었고 그다음에 나온 것이 꿈에서 깬 줄 알았는데 그게 이중 꿈이고, 그다음에 영화가 본격적으로 펼쳐지죠. 저는 작은 영화적인 효과 때문에 그 영화가 핵심으로 가져가야 할 것이 흩어지는 경우, 즉 소탐대실하는 영화들을 잘못 만든 영화라고 생각하거든요. 이런 말씀은 대단히 죄송하지만 저는 〈악마를 보았다〉 같은 영화가 그런 영화라고 생각해요. 그 영화도 말하고자 하는 영화적인 목표가 있는데 복수의 무력감이든 인간존재의 무력감이든 그런 것이 있는데, 순간순간 장르적인 쾌락을 좇으면서 눈을 돌릴 수 없는 거죠. 그것에 주력하다 보면 막판에 영향을 받게 되고 여태까지 A를 이야기하다가 맨 마지막에 B를 이야기하며 영화가 끝나는 것 같은 느낌이 있거든요. 이 영화도 마찬가지예요. 단순히 '꿈이 왜 꼭 그래야 하나' 그런 게 아니고. 이렇게 생각할 수 있어요. 〈인셉션〉이라는 영화는, 감독들이 일반적으로 꿈 장면을 찍으면 뭔가 다르게 연출하거든요. 예를 들면 똑같이 찍어도 비논리적인 상황을 만든다거나 아니면 특수효과를 사용해서 렌즈를 바꾼다거나 색깔을 바꾼다거나 등등의 방식을 통해서 이건 꿈이라는 정보를 주죠. 그런데 이 영화는 처음부터 끝까지 이게 꿈인지 아닌지 헷갈리게 하는 방식으로 영화를 찍었거든요. 그게 영화의 상당히 중요한 동력이 되고, 심지어는 맨 마지막 장면에서 가장 논란이 되

는, 결국은 이게 다 꿈이라는 건가, 싶은 느낌을 주잖아요. 팽이가 쓰러질 것인가 안 쓰러질 것인가, 그게 결국 가져온 것은 영화적인 효과라는 거죠. 순간순간 관객이 볼 때 재미있어요. 아, 이 장면이 꿈인 줄 알았더니 현실이었구나, 현실인 줄 알았더니 꿈이었구나 같은 몇 번의 시행착오를 겪다 보면 어느 순간부터 매 장면 볼 때마다 관객이 의심할 수밖에 없죠. 지금 내가 보는 게 현실인가 꿈인가. 그게 되게 재밌는 영화적 쾌락이거든요.

정리해서 말씀드리면 놀란 감독의 생각이 그렇게 재밌는 쾌락을 구사하는 데 팔려 있는 거죠. 이 사람이 정말 이 영화를 통해서 말하고 싶은 것이 있다고 가정한다면, 그게 이런 효과 때문에 영향을 받는다는 거예요. 그래서 소탐대실이라고 생각하는 거죠. 그 트릭이 되게 중요한 트릭이라고 생각하지만, 그렇다고 그게 전부

인 영화는 너무 허망하지 않으냐. 그런 면에서 보면 이 영화가 꿈의 질감을 스스로 포기했다는 건 영화의 가장 큰 결점일 수 있다는 게 제 생각입니다. 이 이야기는 조금 있다가 더 하게 될 것 같아요.

감독 입장에서 이 영화의 놀라운 점과 허점을 보다

곽명동 직접 연출하는 감독님 입장에선 꿈의 질감을 어떻게 느끼셨는지 궁금하네요.

이해영 저는 놀란 감독이 무얼 말하느냐보다 어떻게 말하느냐만 갖고 영화를 만든 느낌이에요. 정작 이 영화의 테마 혹은 동력이 될 만한 줄기나 주제가 뭐냐고 묻는다면 저는 아마 대답을 못할 것 같아요. 그런 맥락에서 이 영화는 전혀 새로울 게 없는 이야기죠. 〈매트릭스〉와 다를 게 없는 이야기고요. 의식과 무의식, 꿈과 현실, 혼동되는 어떤 것들, 이런 것은 굉장히 많이 다루어졌고 문학뿐 아니라 영화에서도 되게 많았어요. 〈매트릭스〉를 보고 나서도 굉장히 많은 사람이 저게 무슨 이야기냐고 되묻는 경우가 굉장히 많았거든요. 저 많은 이야기를 다 할 수 있느냐는 맥락에서. 〈인셉션〉도 그런 측면에서 본다면 굉장히 불친절한 영화에 가까운데, 이 영화가 200만 명 정도로 마니아층을 서늘하게 만들면서 끝났다면 모르겠는데 아직까지 롱런하면서 어마어마하게 많은 관객을 매료시키잖아요. 거기에는 무언가 다른 힘이 있는 것 같아요. 이를테면 마지막 팽이가 돌아가는 장면. 많은 리뷰에서 어떻게 이렇게 뻔한 장면으로 영화를 끝낼 수 있느냐는 지적을 많이 하는데, 저는 이런 것 같아요. 장르영화 혹은 상업영화를 만드는 감독들은 클리셰를 두려워하기에 앞서 그 클리셰를 어떻게 소화해서 보여줄 것인가에 대한 자신감만 있으면 돼요. 클리셰를 두려워할 이유가 없고 오히려 클리셰를 정면 돌파해서 그것을 잘 활용하는 사람이 진정으로 상업영화를 잘 만들 수 있다고 생각하거든요. 저는 영화를 보면서 보나 마나 팽이로 끝나겠구나, 싶었어요. 그런데 제 무릎을 치게 했던 건 이미 알고 있는 그 팽이를 그대로 보여주는데, 팽이를 보여주는 방식이 너무 괜찮았죠. 무엇을 말하느냐가 아니라 그것을 정말 완벽하게 빚어내서 팽이가 돌고 있을 때 정말 숨이 꼴딱꼴딱 넘어갈 것 같은 그런 감흥을 전해줬던 것 같아요. 카메라가 쭉 팽이 쪽으로 들어가는데… 정말 거기서 한 프레임이 덜 쓰였거나 더 쓰였으면 사족이 되거나 아섭거나 애매한 선이 됐을 텐데 굉장히 절묘한 타이밍에 영화를 탁 닫으면서 끝내는 호흡도 너무 좋았고 팽이를 잡은 사이즈도 너무 좋았고 렌즈감도 너무 좋았고 아마 거기 트랙과 줌이 쓰였을 텐데 그 트랙의 길이도 굉장히 적절했던 것 같고, 음악도 절묘했고 음향도 마찬가지였죠. 저는 이런 맥락에서 이 영화에 대해 계속 이야기할 것 같은데요. 저 3분 넘었죠? 마이크 안 꺼주셔서 고마워요.

곽명동 네. 그럼 좀 있다가 다시 말씀 듣기로 하고, 장준환 감독님은?

장준환 아까 말씀하신 것처럼 우리가 한국에선 잘 쓰지 못하는 아주 비싼 렌즈로, 모든 것을 실사로 찍었다고 들었거든요. 아무리 할리우드에서 활동하는, 〈배트맨 비긴즈〉를 만든 훌륭한 감독이지만 그렇게까지 할 때는 자기도 내심 불안한 부분이 있었을 텐데, 어디서 그런 힘이 나왔을까 저는 그런 게 궁금했고요. 놀란 감독의 마음을 조금 알 것 같아요. 같은 감독 입장에서 비록 저랑은 모르는 사이지만.(웃음) 처음 이 아이디어를 얻었을 때, 이 사람이 얼마나 흥분했을까. 꿈이 있고,

꿈속의 꿈으로 들어가서 세 가지 꿈이 한 번에 킥으로 맞춰져야 하니까 트리플 긴장감을 만들 수 있고, 그 꿈에서 일어나는 다양한 얘기, 액션들 이런 걸 섞으면서 굉장히 장르적인 이야기로 만들어낼 수 있겠구나, 그런 쾌감들 있잖아요. 창작하는 사람으로서 그런 게 있을 텐데, 아마 거기서 약간 함정에 빠진 게 아닐까. 용트림에 몰입하고 목매다 보니까 자기가 정작 뭘 이야기해야 하는지 중요하지 않게 되는 부분이 있지 않았나 싶어서 이 영화가 아쉽다는 것뿐이고, 다른 연출적인 부분은 아우, 몇 달 밤 안 자면서 자기 나름대로 이야기의 논리를 맞춘 거 아니에요. 그것들을 또 스태프들에게 설명하면서 이런 작품을 만들어낸 놀란 감독에게 박수를 쳐주고 싶어요. 퍼즐, 굉장히 어려운 퍼즐을 자기가 만들어낸 거잖아요. 그런데 그게 다 맞춰놓고 나니까 흔히 보는 달력 그림이나 모나리자 그림이 나온 것 같은 느낌. 그래서 저는 퍼즐을 맞추는 즐거움은 연구를 많이 해서 즐겼지만, 전체를 보면 또 그 이야기인가 하는 아쉬움이 있었던 것 같습니다.

진실의 교란자, 혼돈의 전도사, 이성의 파괴자

곽명동 모인 이야기가, 어떤 말을 하고 싶은지는 잘 보이지 않고 과정에만 매몰된 나머지 주제 의식이 잘 드러나지 않았다고 정리가 되는데요. 그러면 심영섭 평론가님께 소탐대실이라는 비판에 대한 반론을 부탁드리겠습니다.

심영섭 이건 너무나 평범한 트릭이 아니냐고 하는데, 제가 크리스토퍼 놀란에게 매료되는 건 그의 플롯이 늘 엄청나게 논리적이라는 거예요. 대단히 복잡하지만 엄청난 퍼즐이죠. 근데 그가 이야기하려는 건 결국 혼돈이거든요. 그는 똑같은 주제를 사실 변주해요. 〈다크 나이트〉의 마지막 대사가 "진실만으론 세상을 구원

할 수 없다."라는 건데요. 크리스토퍼 놀란은 가장 논리적인 이야기를 하기 위해 가장 혼란스러운 영화적 체험을 보여주죠. 예를 들어봅시다. 〈다크 나이트〉의 주인공. 선과 악의 모든 경계가 허물어졌어요. 하비 덴트요. 늘 동전을 던지면 행운의 동전만 나왔죠. 양지에 있는 검사인 줄 알았는데, 영화 마지막에 가면 마천루 시궁창에 처박혀서 얼굴 반쪽이 날아가죠. 조커, 아주 유쾌한 우상 파괴자인 줄 알았는데 〈다크 나이트〉에선 지독히 자학적이고 상처투성이인 광대라기보다 인간의 얼굴을 보여줘요. 텅 빈 광기의 충동이 있다고나 할까요. 〈프레스티지〉 같은 작품을 보세요. 마술사의 진실 게임이지만 결국 어떤 것이 진실인지 알 수 없고, 현실인지 마술인지 알 수 없는 경지로 관객들을 몰고 가요. 〈메멘토〉는 시간의 퍼즐이었어요. 놀란은 이렇게 진실의 교란자, 혼돈의 전도사, 그리고 이성의 파괴자예요. 그의 작품을 보면서 논리적이라고 말하는 것도 그의 단면만 보는 거고, 혼돈스러워서 무엇을 이야기하는지 모르겠다고 하는 것도, 크리스토퍼 놀란의 우주를 한 면만 보는 거라고 생각해요. 〈다크 나이트〉는 결국 사적인 선택, 복수, 그리고 공적인 선택, '고담 시를 구할 것인가'라는 윤리적 교차점에 있는 굉장히 번민하는 영웅의 이야기예요. 〈인셉션〉 역시 마찬가지고요. 그는 사실 남의 꿈에 들어가서 무엇이든지 취할 수 있는 인간인데 개인적인 트라우마가 그를 굉장한 혼돈 속으로 빠져들게 하거든요. 이런 경험은 인간의 실제적인 경험과 굉장히 닮아 있다고 저는 생각해요. 가면을 벗기고, 내면을 들여다보면 사람들은 모두 이런 구석이 있거든요. 이런 영화적 체험을 안겨주는, 그러면서 보통 감독들은 논리는 논리적으로 이야기하고 혼돈은 혼돈으로 푸는데 크리스토퍼 놀란은 논리를 가지고 혼돈을 창조한다는 점에서 영화사에 있어 굉장히 독특한 감독이죠. 전 그렇게 생각합니다.

꿈의 질감을 잘 표현해야 하는 이유

이동진　논리에 대해 부연을 해야 할 것 같죠? 3분 제약 때문에 제대로 이야기를 못 했으니까. 심영섭 씨가 한 말을 포함해서 말씀을 드리자면, 일단 이 영화가 무엇을 이야기하는지 모르겠다고 전혀 생각하지 않아요. 이 영화는 밑바닥에 대단한 무언가를 가지고 있는 영화가 아니라고 생각하거든요. 대단히 논리적이고 이성적으로 잘 맞춘, 하늘이 내린 플롯을 가진 영화죠. 평범한 트릭이라고 말씀하셨는데, 그렇게 생각하진 않고요. 실제로 마지막에 팽이를 돌릴 때, 전 이걸 두 번 봤는데, 팽이 장면이 나오면 관객이 어김없이 '아, 뭐야' 하더라고요. 그만큼 영화에 몰입했던 거죠. (이해영: 거봐, 걸작이잖아~) 제 얘기는 일단 제가 그런 규정을 한 적이 없다는 거죠.

그리고 꿈의 질감에 대해 다시 말씀을 드리면, 가장 멋진 장면으로 사람들이 많이 꼽는 게 영화에서 CG를 제대로 쓴 드문 장면인 파리 거리가 접히는 장면이거든요. 그리고 펜로즈 계단 장면도 많이들 꼽으시죠. 계단이 에스허르의 판화를 연상케 하잖아요. 올라가는 길이 내려가는 길이 되는 시각장면. 그런데 그런 장면들이 굉장히 놀라운데도 불구하고 크리스토퍼 놀란은 이후 그런 식의 시각적 상상력을 못 보여줘요. 제가 볼 때는 시각적 상상력이 없어서가 아니라 자승자박이라는 거죠. 이 영화에서 시각적 상상력이 뛰어난 장면들의 공통점이 뭔가 하면 다뭔가 가르치는 꿈이었어요. 아리아드네가 미처 꿈인지 모르고 있는 상황에서 지금 일어나고 있는 게 꿈이라는 걸 보여주기 위한 설정들이거든요. 펜로즈 계단도 아서가 아리아드네에게 이야기할 때 나온 장면이었다는 거죠. 그런 상황에서 이 사람은, 영화적인 핵심을 뭐에 뒀냐면, 효과에 둔 거에요. 효과가 바로 자승자박이라는 건데, 처음부터 끝까지 이게 꿈인지 아닌지를 헷갈리게 하는데 너무 많은 공을 퍼붓고 그걸 자신의 규칙으로 삼은 거죠. 그 규칙을 받아들여야 관객들이 재밌

는 거거든요. 그런 이유 때문에 막판에, 설산에서 총 쏘고 그런 장면들은 〈007〉 시리즈에 많이 나오는 장면인데 비교하면 얼마나 상대적으로 빈약해요? 왜냐하면 자기가 이런 원칙을 세웠기 때문이에요. 이 때문에 포기한 게 너무 많아요. 꿈에 대한 시각적 상상력도 일단 포기했죠. 그다음에 이 영화가 만약 〈오션스 일레븐〉 같은 영화였다면 범죄계획을 치밀하게 세우고 그걸 정교한 플롯으로 가져갔을 거예요. 그런데 이 영화는 그렇지 않아요. 이게 꿈을 훔치는 도적의 이야기처럼 보였는데 사실은 코브의 마음속 거대한 죄책감과 트라우마와 부인과의 사랑, 이런 것에 대한 이야기라고 스스로 설정해서 설명하고 있지 않습니까. 그런 것들과 영화적인 트릭 같은 것이 서로 충돌하고 있다는 거예요.

저는 이 영화와 아주 비슷한 영화가 〈매트릭스〉라고 생각하는데요. 〈매트릭스〉는 걸작이라고 생각해요. 두 영화를 굳이 이야기하면 지금 분위기에서는 〈인셉션〉이 〈매트릭스〉보다 훌륭하다고 생각하시잖아요? 저는 〈매트릭스〉가 훨씬 훌륭하다고 생각해요. 〈매트릭스〉도 똑같은 방법을 썼어요. 가상현실이 나올 때 이게 가상현실인지 아닌지 모르죠. 〈매트릭스〉도 초반 10분 정도가 가상현실 장면인데 보는 사람들은 이게 현실인 줄 알고 나중에 보면 그게 가상현실이죠. 그것이 이 영화의 핵심과 그대로 밀접하게 닿아있어요. 〈인셉션〉하고 전혀 다르게. 왜냐하면 〈매트릭스〉가 말하고 싶은 주제라는 것은, 가상현실의 목적은 현실을 최대한 닮아가는 거거든요. 영화적으로 가상현실은 현실과 똑같이 묘사해도 아무 문제가 없어요. 그리고 그런 현실과 똑같이 느껴지는 가상현실에서 내가 안주하고 그냥 진실이라고 눈감고 평생 살 것이냐, 즉 파란 약을 먹느냐, 아니면 그것을 포기하고 빨간 약을 먹느냐가 영화의 핵심인데, 그런 의미에서 이 영화에는 가상현실을 현실과 똑같이 묘사하는 게 영화의 주제와 정확히 부합한다는 거죠. 그렇지만 〈인셉션〉에서 다루고 있는 꿈이라는 것은, 꿈의 지향은 현실을 모사하는 게 아니거든요. 꿈의 질감을 포기하고, 아까 말씀드린 것과 같이 부인과의 이야기에서도 심지어 그런 효과가 침해를 주고, 순간순간 재밌는, 저 팽이가 쓰러질 것이냐 아니냐에만 집중하면서 보게 되는 게 뭐 그리 대단하겠느냐는 것이 제 의견입니다.

심영섭 한 번만 더 발언 기회를 주세요. 그 후에 감독님 말씀을 들었으면 좋겠어요. 그게 저희 토론이 이어지는 맥락인 것 같거든요.

곽명동 네, 그러겠습니다.

심영섭 저는 두 가지에 대해 말씀드리고 싶은데요. 이동진 씨 얘기처럼, 이 영화의 꿈은 현실을 모사하는 데 있지 않아요. 영화의 궁극적인 목적은 미로라고 생각해요. 이 영화에서 반복되는 심벌도, 그리고 놀란이 결국 원했던 것도 관객을 미로에 빠뜨리는 경험이거든요. 이리 가면 막다른 골목이 있고, 저리 가면 또 막다른 골목 있고. 시각적 이미지가 가장 뛰어난 부분이 파리에서 길거리가 접히는 장면

과 펜로즈 계단 만드는 거라고 하셨잖아요. 그건 맞죠? 아니에요? 그걸 인정 안 하면 이야기가 안 돼요. (이동진: 제가 이미 이야기했던 건데 그걸 왜 또 인정해야 합니까?(웃음)) 전 그렇게 생각 안 해요. 이 영화에서 가장 뛰어난 장면은 당연히 호텔 신이라고 생각해요. 무중력 장면인데 CG 안 쓰고 박스를 연결해 돌린 거거든요. 이걸 CG를 안 쓰고 했어요. 전 〈다크 나이트〉를 굉장히 잘 만든 영화라고 생각해요. 이동진 평론가님은 〈다크 나이트〉는 걸작이고 이건 아니라고 쓰셨더라고요. 저는 두 작품 다 걸작이라고 생각하는데, 〈다크 나이트〉의 대단한 점 중 하나는 사실 배트맨을 실사의 도시 이미지 안에서 찍었거든요. 배트맨이 뛰어내릴 때 그 밤거리는 진짜 홍콩 어딘가의 밤거리에요. 그래서 이 영화의 배경은 말할 수 없는 생생함, 그러면서도 기존 CG 영화가 주지 못하는 시각적 황홀경을 주거든요. 달시 파켓이 이 영화를 한두 문장으로 요약할 수 있냐고 물어봤어요. 그리고 자기가 이렇게 대답했어요. "사람들의 꿈속에 들어가 비밀을 훔칠 수 있는 한 남자가, 재벌 사업가의 꿈속에 들어가 새로운 생각을 심도록 고용된다." 여러분 이런 시나리오 보신 적 있나요? 이 비슷한 시나리오라도 보신 적 있나요? 사실은 없어요. 꿈에 들어가 누군가의 무엇을 훔칠 수 있다, 절도를 하는데 물건이 아니라 사람의 무의식이나 꿈을 훔칠 수 있다는 아이디어 자체가 기발하다고 생각해요. 〈아바타〉는 이에 비하면 너무 단순해서 초등학교 교과서에 나오는 플롯인 것 같아요. 저는 그 점이 참 좋았다고 보고요. 두 번째, 실사가 주는 쾌락을 극대화하면서 찍었던 호텔 장면은 정말 명장면이에요. 전 그걸 보고 스탠리 큐브릭의 〈2001 스페이스 오디세이〉 우주선 장면 이후 가장 뛰어나게 잘 설계된 장면… 그리고 아주 간단한 거지만 컵에서 물이 이렇게 가잖아요. 그게 CG가 아니에요. 정말 기울여서 찍은 거거든요. 이런 것들 자체가 굉장히 대단하다고 봐요. 세 번째, 저는 이 영화를 사람들이 왜 〈매트릭스〉와 비교하는지 이해가 안 돼요. 저는 〈인셉션〉이 SF의 신기원이 되는 작품이라고 보고, 이 영화가 말하는 것은 서구의 인식론을 깨부수는 거라고 생각해요. 그 이야기는 나중에 합시다. 오히려 이 영화와 가장 닮은 영화는 찰리 코프먼 각본의 〈이터널 선샤인〉 혹은 〈존 말코비치 되기〉 같은 영화라고 생각해요. 이 영화를 〈매트릭스〉와 비교하는 건 너무 진부하다고 봐요.

본 적 없는 스토리? 자주 봐온 스토리

이동진   저는 꿈의 질감에 대해 이야기하고 있는데 엉뚱하게 〈매트릭스〉 이야기를 하시네요.

심영섭   〈매트릭스〉보다 이 작품이 못하다고 말씀하셨으니까요.

이동진 그 이야기는 잠시 후에 다시 할 거고요. 어쨌건 꿈의 질감에 대해 이런저런 이야기를 했는데 거기에 대해서는 반론이 없으신 것 같네요.

심영섭 아까 이야기했잖아요. 꿈의 논리성이나 꿈의 수용자 입장에서는 아주 합리적인 영화라고요. 꿈은 이러이러하다, 고 생각한 우리의 오해와 편견을 깨고 이 영화는 꿈의 통제가 불가능함에 대해 이야기하죠. 이 영화의 서스펜스는 다 꿈이 통제가 불가능하다는 것에서 나오거든요. 그리고 현실과 끊임없이 교류한다는 것에서 나오고요.

이동진 이 영화에서 꿈의 통제가 불가능한 상황은 꿈의 메커니즘 때문에 생기는 게 아니고, 이성적으로 짠 범죄 계획이 제대로 통하지 않았기 때문에 생기는 거죠. 꿈하고 아무 관계가 없어요.

심영섭 제가 말하는 비통제성은 이런 거예요. 예를 들어 길거리에서 갑자기 기차가 나오거든요. 통제하지 못하는 거죠. 하지만 꿈의 굉장히 중요한 부분 중 하나가 꿈은 경험하지 않은 건 만들어낼 수 없다는 거예요. 프로이트의《정신 분석 입문》에 보면 잠자는 사람에게 물을 뿌려요. 그럼 그 사람이 비가 오는 꿈을 꾼단 말이죠. 현실의 영향을 받지만, 현실이 똑같이 반영되진 않는 거예요. 이런 논리를 펼쳐 볼까요. 이 사람이 한 번도 물을 본 적이 없어요. 그래도 물을 뿌리면 이 사람이 비 꿈을 꿀까요? 아니죠. 꿈은 경험의 퍼즐이라서, 결코 그 사람이 경험하지 못한 것까지 꿀 수는 없어요. 이 영화는 수용자 입장에서 굉장히 합리적인 영화예요.

이동진 가장 훌륭한 시각장면이 호텔에서 통 돌아가는 장면이라고 하셨는데 저는 그 장면 별로라고 생각해요. 그 장면에서 CG를 썼느냐 안 썼느냐는 라디오 프로그램 같은 데 나와서 뒷이야기할 때나 좋은 거지 CG를 쓰면 어떻고 안 쓰면 어떻습니까. 영화가 어떻게 구현됐느냐가 중요한 거죠. 사실은 넥타이 뒤에다 핀을 꽂아서 중력상태에서 떨어지지 않게 했다더라 하는 건 아무런 의미가 없어요. 관객들이 보기에 그만큼 효과가 살았느냐가 중요하다고 생각하고요. 그런 장면을 본 적이 없냐고 하셨는데요….

심영섭 아니 저는 그런 플롯을 본 적이 있냐고 물었어요. 장면이 아니고.

이동진 그 이야기는 나중에 할게요. 아무튼 그 장면이 대단한 게 아니라고 생각하는 건, 이미 프레드 아스테어가 40년대 뮤지컬 코미디를 찍을 때, 세트를 360도 돌려가며 찍었어요. 영화 제목은 기억 안 나지만. 아까 스토리 요약하신 거 정확하게 기억은 안 나는데, 이런 거 본 적 있냐고 하셨죠. 그 자체는 본 적 없어요. 하지만 유사한 이야기는 수도 없이 봤어요. 남의 꿈속에 들어간다. 그래서 뭔가를 조작한다. 이미 〈더 셀〉이라는 영화에서 봤고요. 꿈의 질감에 관한 한, 이것보다 그 영화가 훨씬 잘 표현했다고 생각해요. 남의 의식에 들어간다, 〈존 말코비치 되기〉에서 봤고요, 심지어 남의 몸에 들어간다, 〈이너 스페이스〉라는 영화에서 봤어요. 전이 영화의 아이디어가 그렇게 훌륭한 아이디어라고 생각하진 않아요. 다만 엄청나게 복잡한 이야기, 시각적인 모티브들을 천재적인 소년이 큐브 돌리듯 너무 적절하게 잘 맞춰서 이야기들의 아귀를 다 맞게 했다는 거죠. 그런 의미에서 훌륭하다는 거지 지금 말씀하신 부분에 대해서는 전혀 훌륭한 부분이 아니라고 생각합니다.

심영섭 일단, 프레드 아스테어가 아니고. 버스비 버클리가 뮤지컬하면서 360도 회전을 돌렸죠.

440

이동진　프레드 아스테어가 맞을 거예요.

심영섭　버스비 버클리가 돌렸어요.(웃음)

이동진　그렇게 잘 아시는 분이 아까는 왜 그 이야기를 안 하시고.

심영섭　다른 차원의 문제라고 이야기했어요.

곽명동　360도 돌린 건 지엽적인 문제니까.

곽명동　저기 이제 두 분 감독님께서도 말씀을….

이해영　우리가 있었군요!

장준환　이제 재미있어지는데….(웃음)

이해영　왠지 두 분 중 한 분이 물을 뿌리실 것 같은 분위기인데, 여기 물 좀 가득
채워주세요.(웃음)

심영섭　죄송해요. 저희가 장소팔, 고춘자를 좀 좋아해요.(웃음)

인간에 대한 진리를 알고 있는 남자

곽명동 크리스토퍼 놀란 감독은 내러티브를 자유자재로 능숙하게 장악하는 감독으로 유명한데요. 이해영 감독님께서는 〈다크 나이트〉, 〈프레스티지〉, 〈메멘토〉를 다 보셨죠?

이해영 네.

곽명동 그럼 그 연장선에서 이 영화의 내러티브가 잘 짜여 있는지, 관객들을 흡입할 수 있는 내러티브로 만들어졌는지, 연출자 입장에서 한 말씀 부탁드립니다.

이해영 일단 세트를 돌리는 것은 보통 테크니션 팀에서 하니까, 감독은 테크니션 팀에서 된다고 하면 그렇게 하자는 입장이고 놀란의 역량은 아니었다고 생각해요. 호텔의 무중력 장면은 정말 매혹적이었어요.(웃음) 전 이런 입장이에요. 테크니션 팀이 참 훌륭하다. 아무튼 말씀하신 맥락에서 제가 의견을 내긴 좀 애매한 것 같고요.

이동진 이쪽 편으로 오세요.(웃음)

이해영 아, 저 어기 앉고 싶어요.(웃음) 놀란 감독의 지금까지 행보를 지켜봤을 때, 데뷔작이 하나 더 있었던 것 같은데 저는 아마 〈메멘토〉부터 봤던 것 같아요. 〈메멘토〉 〈인썸니아〉 〈프레스티지〉가 있었고.

심영섭 〈미행〉이 있었죠.

이해영 네, 전 그 영화를 못 봐서… 굉장히 쑥스럽고 부끄럽고 기괴한 이야기를 하나 덧붙이자면 〈메멘토〉를 봤을 때 느낌이, 꽤 재기 발랄한 젊은 감독이다, 내가 열심히 하면 어쩌면 이 사람보다 더 좋은 영화를 만들 수 있을지도 모른다, 왠지 혼자서 라이벌처럼 생각했어요. 워쇼스키 형제의 〈바운드〉를 봤을 때도 그런 느낌이었어요. 저 재기 발랄함은 왠지 나한테도 있는 것 같고, 내가 열심히 하면 능가할 수 있지 않을까 싶었죠. 워쇼스키 형제는 나중에 〈매트릭스〉를 만들었죠. 저는 놀란 감독이 저랑 레벨이 태생부터 다른 사람이라고 생각한 게 〈인썸니아〉부터였거든요. 〈인썸니아〉는 사실 플롯은 굉장히 정통 드라마에 가깝고 심지어 영화적이라기보다 주말 특별 기획 드라마 콘셉트로 만들어졌는데, 그 영화가 저를 굉장히 강렬하게 쥐고 흔들었던 지점은 싱겁게도 인서트 몇 컷이었어요. 영화 초반 타이틀이 뜰 때부터 계속 영화의 전체적인 정서를 지배하고 있는…. 인서트 컷이, 뭐라고 하죠? 거즈라고 하죠? 붕대에 피가 천천히 스며드는 굉장히 극단적인 클로즈업 이미지가 초반부터 계속 반복적으로 쓰이고 있거든요? 연출가가 도미 뱃살부터 내밀 것인가 참치 지방부터 내줄 것인가를 선택하고 썰어서 내놓는 주방장 같은 역할을 한다고 본다면, 〈메멘토〉는 깜짝 놀랄 만큼 멋진 잔재주라고 여겼는데, 〈인썸니아〉에선 이 사람이 어떤 것을 알고 있구나, 진리를 알고 있구나, 싶었어요. 인간에 대한 어떤 진리? 인간이 가진 어떤 공포와 무의식에 존재하는 억눌린 것들을 어떻게 영화적으로, 시각적으로 표현할 수 있는지를 매우 정확하게 알고 있구나, 느끼면서 저보다 높이 있는 사람이라는 걸 알았죠. 그 뒤 모든 영화가 그랬어요. 〈배트맨 비긴즈〉도 마찬가지고요. 〈다크 나이트〉나 〈배트맨 비긴즈〉 같은 영화는 흥미롭죠. 놀란 감독은 팀 버튼이 굉장히 멋지게 구현해냈던 〈배트맨〉으로부터 도망쳐야 하고, 슈마허 감독이 망쳐놨던 〈배트맨〉으로부터 영화를 구해내야 하고, 이 두 가지 미션을 굉장히 의식하면서 영화를 만들었던 것 같아요. 저는 이 모든 것들이 〈인셉션〉에서 딱 정점을 이뤘다고 생각합니다. 영화를 만드는 사람으로서 언제나 가장 큰 고민 중 하나가 제가 잘할 수 있는 영화와 하고 싶은 영화, 할 수 있는 영화, 이것들이 합일되지 않아서 늘 힘들거든요. 제가 하고 싶은 영화는 언제나 투자가 안 된다는 거, 준비를 열심히 했는데 엎어진다거나 흥행이 안된 경우도 있고. 그런 거에 대한 고민이 많은데, 놀란 감독이 드디어 자신이 할 수 있는 것과 잘할 수 있는 것, 하고 싶은 것, 이 모든 것에 대해 정확히 요리하는 무기를 가졌구나 싶었고요. 짧게 이야기하자면 저는 이 영화에서 개인적으로 가장 매혹되었던 이미지는, 여고생 같은 감상으로 보일 수 있지만, 디캐프리오의 아이들 뒷모습이 반복적으로 보이잖아요. 바로 그 컷이었어요. 그게 사실 어떻게 보면 굉장히 촌스러운 방식이죠. 어떤 인물의 아픔과 트라우마를 시각화하는 일차적인 것인데, 아까 이야기했듯 어떤 지점에 어떻게 쓰이느냐는 화술이 너무 출중하고 수려해서 꼼짝할 수 없게 만들어요. 숨 못 쉬고 보게 되고, 마지막에 꼬마 애들이 여태까지 반복되었던 이미지였던 것 같은데, 일어나서 뛰어갈 때, 숨을 못 쉬었던 어떤 호흡의 구멍이 탁 트이는 느낌, 해방되는 느낌, 이런 것들이 큰 카타르시스를 주지 않았나 싶어요.

심영섭   우리 편 맞구나~.(웃음)

이해영   네. 은근히 저쪽에도 한 발 걸쳐놓고 있는.

심영섭   양다리 작전!

시간을 디자인하다

곽명동 내러티브 측면에서 봤을 때 감독님께서는 놀란 감독이 자신의 특기를 잘 구현해냈다고 보시는지, 관객들을 잘 끌어들이고 있다고 보시는지 궁금하네요.

장준환 네. 몰입감이 엄청나다고 생각하고요. 그게 너무 심해서 좀 아쉬운 게 아닌가 하는 생각이 드는데요. 아까 〈이터널 선샤인〉이라는 영화를 이야기하셨는데 그 영화 보면, 무의식의 저기까지 들어가는구나, 어떻게 저런 생각을 할 수 있지, 싶거든요. 〈이터널 선샤인〉은 사랑이라는 단순한 진리를 가슴으로 느끼게 하죠. 그런 것에 비해서 〈인셉션〉은 저게 사실일까 아닐까 하는 것만 궁금하게 만드는 영화가 아니었나. 근데 제가 한 가지, 저쪽으로 살짝 가고 싶은 부분이 있는데요. 그게 뭐냐면, 무중력이라고 표현하는 장면이요. 사실 거기에는 두 가지 장면이 있어요. 차가 회전하면서 중력이 계속 바뀌는, 세트 전체를 돌리면서 나중에 보니 그렇게 찍은 것 같은. 그럼에도 불구하고 굉장히 파워풀하고 굉장히 위험했을 것 같은데 어떻게 저걸 배우들에게 시켰을까. 돈은 그만큼 많이 준 걸까 하는 장면이 인상적이었고, 그 뒤에 무중력 장면들은 또 어떻게 찍었을까 궁금했죠. 하지만 꿈의 질감이라는 측면에서는 〈이터널 선샤인〉이 더….

심영섭 제가 말씀드린 게 그거예요. 사람들이 꿈을 그렇게 꾸지 않아요.

장준환 저, 비슷한 꿈을 꾼 것 같아요.(웃음)

이동진 왜 그런 꿈을 안 꾼다고 단언하나요?

심영섭 사람들은, 아기를 젖 먹이다가 그 아기가 아기 돼지가 되는 꿈을 꾸는 게 아니에요. 아기를 젖 먹이다가 다음 장면에서 아기 돼지가 되는 거죠. 즉 항상 꿈은 편집이 돼요. 파편이 섞여 있다고 생각하거든요. 영화로 따지면 다른 장면들이 막 붙어 있는. 그렇기 때문에 연상의 이완이거든요. 왜 그다음에 이 신이 붙었는지 이해가 되지 않게 붙이는 편집이죠.

장준환 놀란은 꿈속에서 연속성을 바탕으로 한 긴장감을 계속 만들어내야 하기 때문에 중력의 법칙을 계속 따라야 하고 꿈 안에서도 논리성을 따라야 하는 상황이죠.

심영섭 정말 궁금해서 여쭤보는 건데요. 전 이 영화에서 굉장히 재밌었던 것 중 하나가 현실의 시간이 슬로모션으로 나오고 교차편집으로 극대화되잖아요. 시간을 각각 다르게 디자인하는 것. 이런 것들이 신기하지 않으셨나요?

장준환 그런 것들도 엄청나다고 생각했죠.

심영섭 웬만한 감독이 이런 걸 하기 쉽지 않잖아요?

이해영 웬만한 감독이라고 하면서 절 보시면 어떡하죠?(웃음)

심영섭 정말, 왜 그러세요? 걸작을 만드신 분이.(웃음)

나는 꿈을 꾼다, 고로 다른 꿈을 꾼다

곽명동 관객과 대화를 진행하려면 이제 15분밖에 시간이 안 남았어요. 심영섭 평론가님이 인식론과 철학 부분에 대해 따로 이야기하자고 하셨는데. 이 영화가 과연 철학하는 블록버스터인지 한번 이야기해볼까요? 〈매트릭스〉의 경우,《매트릭스로 철학하기》라는 책까지 나왔는데요. 크리스토퍼 놀란 감독이 그런 식의 철학적 내용을 상정하고 이 영화를 만든 건지, 아니면 단순히 꿈의 비전을 보여주기 위해 노력한 것인지, 과연 철학하는 블록버스터로 격상시킬 수 있는지에 대해 심영섭 평론가님께서 먼저 이야기를 해주시죠.

심영섭 이번엔 정말 이동진 평론가님이 먼저~.

이동진 저는 이 영화가 철학하는 블록버스터라고 생각하지 않기 때문에 할 이야기가 별로 없어요. 〈매트릭스〉의 경우에는 책이 4권 나왔어요. 우리나라에서만. 근데 사실 〈매트릭스〉 자체가 철학을 한다고 저는 생각하지 않아요. 워쇼스키 형제가 철학자들도 아니니까. 다만 그 사람들이 말하고 있는 철학적, 종교적, 신화적인 모티브들을 끌어와서 호기심의 뇌관을 건드리는 작업을 할 뿐이죠. 그게 이 영화가 할 수 있는 철학의 한계예요. 그 이상을 넘어서면 이상하게 되는 거죠. 〈매트릭스〉 2, 3편이 이상해진 결정적인 이유가 바로 그거예요. 〈인셉션〉의 경우는, 제가 철학을 잘 몰라서 그런지 철학하는 영화라는 생각은 잘 들지 않거든요. 여기 뭐 대단한 철학이 들어 있나요?

곽명동 심영섭 평론가님은 리뷰에서 "이 영화는 철학하는 블록버스터다."라고 이야기하셨으니까, 간략하게 설명을 좀 해주시죠.

심영섭 저는 이 영화가 꿈에 관한 이야기일 뿐 아니라 인식론과 생각에 관한 영화라고 생각해요. 상당히 많은 것들이 서구의 인식론을 깨거나, 생각 자체에 대한 의문을 불러일으키죠. 예를 들어 "코끼리를 생각하지 말라고 하면, 코끼리만 생각하게 된다." 같은 영화의 첫 대사. 이건 조지 레이코프의 《코끼리는 생각하지 마》라는 책에서 따온 것 같아요. 인간의 프레임, 인간의 안경이 세상을 보는 데 얼마나 많은 영향을 미치는지에 관한 책이에요. 이 책과 더불어 프로이트의 《정신분석학 입문》도 굉장히 많이 참조했고요. 더 나아가 이런 이야기도 담겨 있죠. "생각은 기생충이야. 가장 전염성이 강해!" 저는 이 영화의 슬로건이 "Inception, Infection"이라고 생각해요. "〈인셉션〉은 전염이다."라고 봐야 해요. 생각의 기호를 좇는다는 게 서구식 합리주의적 인식론이잖아요. 데카르트의 "나는 생각한다. 고로 존재한다."가 대표적인 철학이고요. 그런데 2000년대 들어 많은 영화가 이 인식론에 대해 상당한 의구심을 드러내죠. "과연 내가 생각하는 것만으로 존재한다고 말할 수 있느냐?" 이 영화는 그걸 아주 재밌게, 사람들이 지적인 유희를 즐길 수 있도록 이야기하는 것 같아요. 물론 두 분이 지적하신 것 중 공감하는 부분도 있어요. 이 영화의 감정적 정서, 감흥이 떨어진다는 지적은 맞아요. 이 영화는 굉장히 논리적인 영화죠.

이건 여담인데, 저는 항상 감독을 정신분석하는 게 굉장히 흥미롭거든요. 왜 크리스토퍼 놀란은 아내를 잃어버린다는 것 자체가 유일한 트라우마인지 모르겠어요. 모든 영화가 아내를 잃어버려서 트라우마가 생겨요. 예를 들어 〈메멘토〉도 아내를 잃어버려서 그 사실을 안 잊어버리려고 심지어 피부에 새겨 넣죠. 〈프레스티지〉도 마술 도중 아내가 물에 빠져 죽고, 그다음부터 복수의 일념으로 두 마술사가 싸우게 되죠. 〈다크 나이트〉도 결국은 레이첼이라는 여자가 폭사하죠. 이 영화에서도 트라우마의 근원은 아내의 자살이거든요. 그런데 더 웃긴 건 크리스토퍼 놀란은 굉장히 금슬이 좋다는 거예요. 아내인 에마 토머스가 제작을 다하죠. 모든 크리스토퍼 놀란의 영화를. 저는 크리스토퍼 놀란 만나면 물어보고 싶어요. "당신에게 아내를 잃어버린다는 게 무슨 의미인가요?"라고. 저는 일개 평론가라서 힘이 없어요. 기자님들은 힘이 좀 있으시잖아요. 서면 질의도 할 수 있고. 나중에 다른 영화 나오면 제 대신 꼭 물어봐 주세요. 감독들을 한 사람의 인간으로서 정신분석 해보면 흥미로운 구석이 있어요. 스필버그는 왜 '구한다'는 테마에 그렇게 집착할까, 센 남자에게 왜 그렇게 집착할까, 이런 생각을 하게 돼요.

다시 인식론 이야기로 돌아오면, 이 영화의 독창적인 부분은 꿈에 들어간다는 게 아니에요. 남의 꿈에 들어간다는 건 이동진 평론가님의 말씀처럼 〈존 말코비치 되기〉나 〈이너 스페이스〉(물론 이건 몸에 들어가는 이야기지만)에 다 나왔던 이야기죠. 그런데 저는 〈더 셀〉이 더 좋은 작품이라고 생각하진 않아요.

이동진 〈더 셀〉이 더 좋다는 게 아니고요. 꿈의 질감이 그 영화가 더 뛰어나다고 이야기하는 거예요.

심영섭 저는 그 영화가 재롱 잔치라고 생각해요.

이동진 그건 이 자리에서 논의할 사항이 아니고요.

심영섭 오케이. 그러면 또 두 시간 논쟁을 해야 하니까 넘어가고요. 물론 꿈에 들어갈 수 있다는 설정은 새롭지 않아요. 그런데 남의 꿈에서 나의 무의식이 나올 수 있다는 건 정말 처음이에요. 그래서 제가 볼 땐 이 이야기가 매우 독창적이고요. "나는 꿈을 꾼다, 고로 나는 존재한다."가 아니고 "나는 꿈을 꾼다, 고로 다른 꿈을 꾼다."라고 볼 수 있어요. 이런 명제는 우리가 믿어 의심치 않았던 인간 존재의 뿌리를 질문하는 게 아닐까 싶어요.

라스트 신, 나는 이렇게 생각한다

곽명동 네, 알겠습니다. 여러분도 결말이 뭘 의미하는지 궁금하신 분들이 계실 거예요. 인터넷에는 여섯 가지 버전이 올라오고 있습니다. 비행기 타고 오다 꿈을 꾼 것에 불과하다, 코브가 '인셉션' 당했다, 반지 착용 유무를 빗대어 미션에 성공해서 돌아왔다 등. 아마 이게 지금 가장 지지를 얻고 있는 결말 같고요. 장 감독님께서는 결말을 어떤 식으로 이해하셨나요? 엔드 크레디트 맨 끝에, 킥할 때 음악이 흘러나오잖아요. 어떻게 보면 감독이 관객을 '인셉션'시켰다는 말도 나오는데. 감독님께서는 결말을 어떻게 보셨는지.

장준환 저는 비행기에서 꾼 꿈이었다는 식으로는 생각 안 했고요. 사실 질문하신 거랑은 조금 다를지 모르지만, 놀란이 만들어놓은 꿈속의 꿈, 이런 논리들이 완벽하게 논리적인가 궁금했어요. 저는 결말 부분에 의심이 가는 게 림보에서 절대 빠져나올 수 없다고 했고, 킥을 놓치면 굉장히 큰일이 나는 것처럼 계속 가다가, 마지막에 자기는 둘 다 빠져나오고, 거기다 와타나베 켄까지 구해서 비행기에서 딱 깨면 끝이거든요. 그런 부분도 좀 토론해봐야 할 것 같아요. 저는 계속 말씀드리지만, 크리스토퍼 놀란이 엄청난 퍼즐을 만들어놓은 것 같아요. 비 오는 밤바다의 풍경 같은 조각 맞추기 퍼즐? 검은색밖에 없는데, 그걸 다 맞춰야 하는 퍼즐을 만들어놓은 게 아닌가. 관객들이 재미있게 즐길 수 있는 놀이터가 아니었나, 생각합니다.

곽명동 이해영 감독님께서는 라스트 신을 어떤 식으로 이해하셨나요?

이해영 저는 의외로 감독들이 영화를 만들면서 은유 따위에 집착하지 않는다고 생각해요. 집착하는 사람을 거의 본 적이 없고요. 반지 같은 건 스크립터나 소품 팀의 실수였을 수도 있어요.

곽명동 그렇게 보기에는…. 우리가 현실이라고 생각하는 부분에서는 분명히 반지를 안 끼고 있고요. 꿈이라고 생각하는 부분에서는 정확히 다 끼고 있어요. 맨 마지막에 아이들 만나서 돌리고 있을 때는 안 끼고 있죠. 여러 목격자에 의하면. 그래서 인셉션을 성공하고 돌아왔다는 것에 무게중심이 실리는 거거든요.

심영섭 실수라고 보기엔 너무 정확해요. 저는 그런 생각이 들어요. 우리가 죽은 후 또 다른 꿈으로 갈 수 있다면, 크리스토퍼 놀란의 이 영화에 '인셉션' 당하고 싶다는 생각이 개인적으로 들었어요.

이해영 엔드 크레디트 올라가고 나서 다시 에디트 피아프의 〈난 후회하지 않아〉 노래가 흘러나오는 것은 의도를 명확하게 밝힌 거라고 볼 수 있겠죠. 2, 3분을 견디고 끝까지 앉아 있었던, 혹은 매료되어서 약간 멍하게 앉아 있었던 관객들에게 결말을 정확히 설명했다고 볼 수 있어요.

곽명동 놀란 감독이 "관객 여러분, 이제 꿈 다 꾸셨으니까 킥해서 나가십시오." 라고 말하는 걸까요?

이해영 그런 식으로 볼 수 있지 않을까요? 그런데 아내가 제작을 다 했나요?

심영섭 네, 아내가 다 했어요.

이해영 그럼 이유는 너무 뻔하지 않나요? 아내가 사라졌으면 좋겠다는.(웃음)

심영섭 그러니까 저는 궁금해요. 너무 사랑하거나 사라졌으면 좋겠다는 마음이 똑같은 거거든요. 인간의 마음속에서.

이해영 너무 사랑한 쪽은 아니었을 것 같고.(웃음)

심영섭 장준환 감독님은 모든 작품에 아내이자 배우인 문소리 씨를 출연시킬 건가요?

장준환 일단 이번 옴니버스 영화에는 카메오 출연을 했어요. 글쎄, 저는 놀란 감독이 자꾸 아내에 집착하는 게, 가장 쉬운 드라마기 때문이 아닐까 생각해요.

스페셜톡

심영섭 사내가 가질 수 있는 가장 큰 상실을 아내라고 생각하잖아요.

장준환 근데 우리나라 사람은 부인이 아니라 애들이어야 하는 것 아니에요?

이해영 그렇죠. 거기서 한국과 미국의 차이가 있는 거죠.

팽이는 사족일까

곽명동 식상한 결말 쪽에 무게를 두고 계신 이동진 평론가님께서는 감독이 만든 장치에 대해 어떻게 생각을 하시나요?

이동진 그전에 한 가지 짚고 넘어갈 게 있어요. 놀란 영화에서 항상 아내가 죽거나 사라지진 않아요. 그런 경향이 있는 건 사실인데요. 〈인썸니아〉에는 그런 모티브가 없고, 〈미행〉에도 없어요. 결혼한 사람이 아예 안 나오죠.

심영섭 네. 없어요.

이동진 그러니까 모든 영화라는 표현은….

심영섭 네 알겠습니다. 대부분의 영화에서.

이동진 네, 많이 꼬여 있죠. (웃음)

심영섭 왜 꼬였어요?

이동진 말을 너무 단정적으로 하니까 브레이크를 걸고 싶었던 거고요. 저는 이미 결말에 대해 이야기를 했어요. 전 놀란 감독이 영화적인 효과를 극대화하고 싶었을 거라고 생각해요. 다만 그게 꿈이었다면 더 재밌는 영화가 됐겠다, 는 생각은 들어요. 팽이가 돌 때 저는 일 초쯤 전에 끊었어야 할 것 같거든요. 팽이가 비틀거려요. 쓰러질 것 같거든요. 아까 감독님은 완벽하다고 하셨는데.(웃음)

이해영 한 프레임 덜 있었어도 부족했을 거라고….

이동진 저는 몇 프레임 정도는 빠져야 하지 않나 싶었어요.

이해영 저는 그 팽이가 절묘했던 이유가 흔들렸기 때문인 것 같아요.

이동진 그렇죠. 처음에는 안 흔들리거든요.

이해영 굉장히 똑바로 돌다가, 넘어갈 듯 말 듯 흔들리는 포인트가 저에게는 굉장히 중요했던 것 같아요. 아마 놀란 감독의 아내는 제작자로서 그걸 자르려고 하지 않았을까요. "팽이가 쓰러지려고 하는 건 사족이야."라고.(웃음)

장준환 제가 보기엔 팽이가 마치 까딱까딱 쓰러질 듯하다가 다시 올라오는 지점에서 자른 것 같아요. 다시 살아나는 듯한 느낌을 받았는데.

이동진 놀란 감독의 대답을 들어야 할 것 같은데요.

454

심영섭 인식론에 대해서는 멘트가 없으신가요?

이동진 하신 이야기가 없으셔서.(웃음) 서구 인식론을 깼다고 말씀하셨는데 서구 인식론에 대해 이야기한 바가 없고, 그걸 어떻게 깼는지도 이야기하신 바가 없어서 뭐라고 이야기할 게 없는 듯하네요.

심영섭 그렇군요.

'무엇'과 '왜'가 결여된 '어떻게'의 문제

곽명동 여러분도 〈인셉션〉이란 영화에 대해 나름의 시각을 가지고 있다고 생각하고요. 질의응답을 통해 미진했던 이야기들을 보충하도록 하죠. 질문해주세요.

관객 걸작이라는 입장에 있는 분께 질문하겠습니다. 지금까지 꿈의 질감 이야기를 계속하셨는데 저는 그건 그다지 문제가 아니라고 생각했어요. 〈인셉션〉은 지금까지 못 보던 영화라는 생각이 들긴 했지만, 이 영화가 걸작인가 하면 전 그다지 아니라고 생각해요. 장면 장면은 좋았습니다. 호텔 무중력 신이나 설원 액션 신 등 인상적인 장면이 많았죠. 근데 제대로 연결이 되었는가는 의문입니다. 철학적 주제는커녕 이 영화 끝나고 난 느낌이 굉장히 머리 아프고 골치 아프다, 는 생각이었거든요. 〈메멘토〉의 경우는 굉장히 재밌게 봤는데. 소재를 중심으로 플롯이 이용된 게 아니라 플롯을 중심으로 만들어진 퍼즐이라는 생각이 들었고요. 그런 면에서 퍼즐의 수위조절에 실패한 게 아닌가 하는 생각도 들었습니다. 예를 들면 킥이라든지 림보를 설명하는 부분도 〈메멘토〉처럼 5분 전으로 가서 이미지로 보여주는 게 아니라 주인공들의 대화로 다 설명이 됐어요. 폭탄을 왜 설치해야 하는지. 그래서 대중적으로 흥행에 성공했구나 하는 생각도 들었고요.

곽명동 죄송하지만 질문을 정리해서 말씀해주세요.

관객 네, 저는 그런 것을 설명하는 과정이 이미지로 이루어진 게 아니라 주인공들의 대화로만 이루어졌다는 점에서 실패하지 않았나 하는 생각이 들거든요.

심영섭 저는 이 영화가 제대로 연결되지 않았다고 생각하지 않습니다. 왜 그런지는 누누이 설명드려서 더 말할 필요가 없을 것 같고요. 개인적으로 이런 생각이 들어요. 내가 머리 아프고 골치 아팠거나, 내가 재밌거나 감동을 했거나, 이런 게 영화를 판단할 때 굉장히 중요한 기준이죠. 하지만 절대적인 기준이 될 수 있을까요? 심리학에선 그걸 감정 판단(emotional judgement)이라고 하거든요. 그러면 내가 어떤 사람과 사랑에 빠졌는데, 그 사람이 너무 좋은 사람이라고 판단하면 절대적으로 옳아야죠. 하지만 그건 내 감정이거든요. 전 영화도 마찬가지라고 생각해요. 여러분이 재밌고 재미없고 감정적으로 감동을 하고 그런 게 한 가지 기준이지만 영화의 절대적인 평가기준은 될 수 없다고 봅니다.

곽명동 충분한 답변이 되셨나요?

장준환 표정을 봐선 아닌 것 같은데요.

관객 이동진 평론가님께 질문 드리겠는데요. 〈인셉션〉과 직접적인 연관이 없을 수도 있는데 영화가 무엇을 이야기하는지 명확해야 훌륭한 영화라고 생각을 하시나요? 평론가님께서 그런 전제를 가지고 말씀하신 것 같은데, 어떻게 생각하시는지 궁금합니다.

이동진   제가 최근에 어떤 영화를 평하면서 "'무엇'과 '왜'를 결여한 '어떻게'의 공허함"이라는 표현을 썼어요. 이후로 이 이야기를 하시는 분이 좀 계세요. 전 이 영화의 '어떻게'가 틀렸다고 말하는 거거든요. 이 영화에 무엇이 빠졌다는 게 아니고, 이 영화의 방법이 틀렸다고 말하는 거예요. 제가 그 표현을 쓴 것은 이 영화에만 맞는 표현이었다고 생각해요. 영화에서 중요한 건 '무엇'과 '왜'가 아니고 '어떻게'의 문제라고 봐요. 그게 아니라면 철학책을 보면 되지 왜 골치 아프게 영화를 보겠어요? 그런 측면에서 보면 이 영화가 무엇이 결여돼서 비판한 게 아니고요, 이 영화가 '어떻게'를 제대로 구사하지 못했고, 순간적인 자극, 재밌는 트릭에 집중하느라 큰 것을 놓치지 않았느냐, 그걸 제가 꿈의 질감이라고 표현한 거고요. 그런 측면에서 저는 이 영화를 좋게 생각하지 않았어요. 답변이 되었나요?

〈인셉션〉, 이렇게 보면 재미있다

관객   네 분에게 한마디씩 들었으면 좋겠는데요. 일단 이런 토론을 하는 이유는, 걸작이냐 아니냐를 따지기보다 이런 관점에서도 볼 수 있다고 던져주는 거라고 생각합니다. 이 영화는 어떤 관점에서 재미있게 볼 수 있다는 걸 하나씩 이야기해주시면… 리포트 작성하러 온 학생들에게 도움이 되지 않을까 싶습니다.

곽명동   이렇게 보면 재미있다는 팁 같은 거요?

이동진   한마디로?

관객   네, 간략하게.

이해영   저부터 고도리 순으로! 한 마디로라는 게 약간 어려운데. 개인적으로 영화를 보고 집에 오는 발걸음이 무거웠어요. 영화를 만드는 사람으로서 시나리오를 쓸 때 제가 가진 콤플렉스의 반대편에 있는, 정말 모든 것을 다 가지고 있는 영화로 여겨졌거든요. 저는 덧셈 뺄셈을 잘 못해요. 수학적인 장애가 있어요. 이 영화를 보면서 놀란 감독은 수학도 굉장히 잘했을 것 같고, 물리나 화학 같은 것도 잘했을 것 같고. 제가 지식이 전무한 방면에 굉장히 탁월할 것 같다는 생각을 했어요. 시나리오를 쓸 때, '수학적으로 뛰어난 유전자를 잘 활용했구나, 그래서 이렇게 논리적인 플롯을 만들 수 있구나'라는 생각이 들어서 제 콤플렉스를 다시 한 번 상기하며 괴로웠고요. 그래서 아까 장 감독님과 이동진 평론가님은 동의하지 않으셨지만, 저는 이 영화에서 서너 겹으로 싸여 있다 마지막에 몰아치는 플롯팅 같은 게 완벽하다고 생각하거든요. 보통 시나리오를 쓸 때 플롯 포인트 같은 걸 포스트잇에 적어 벽에 붙이는 경우가 있는데, 이 이야기를 그렇게 고전적인 방식으로 쓴다면 얇은 포스트잇이 아니라 책갈피형 포스트잇을 써야 할 정도로 정말 기가 막힌 플롯이라고 생각해요. 이걸 분석하고 시나리오화해서 다시 신으로 나누고 컷으로 분화하는 작업을 역으로 해본다면, 그 어떤 영화를 분석하는 것보다 큰 공부가 될 거라고 생각해요.

곽명동   참고로 놀란 감독은 영문학을 전공했습니다.

심영섭   컴퓨터를 거의 못 써요.

이해영 …그럼 아내가?(웃음)

심영섭 저는 심리학자로서 이야기할게요. 이 영화의 대단한 특징 중 하나는 투사된 존재로서의 주인공이 등장한다는 거예요. 요새 영화들의 한 가지 특징은 환영으로서의 아내에요. 유키사다 이사오 감독의 〈그 남자가 아내에게〉도 보면 귀신이라고 생각하지만, 오히려 남편이 생각하는 아내가 나오잖아요. 맬도 마찬가지예요. 실제 맬이 아니죠. 이 여자는 사실 코브 안에 있는 아내인 거죠. 피셔도 마찬가지예요. 실제 숙부는 잠깐 나오고 피셔의 꿈에 등장하는 사람은 피셔의 무의식이 투사된 인물이죠. 요즘에는 인식 자체가 너무 주관적이기 때문에 객관화할 수 없다고 영화감독들이 많이 생각하는 것 같아요. 그런 것들이 심리학적으로 흥미롭다고 생각하고요. 이 영화에서 꿈의 설계는 대단히 정교하게 되어 있죠. 일단 1단계 꿈은 비, 택시, 기차, 도시, 납치 이런 식으로 의식과 굉장히 연관된 것들이 많이 나와요. 2단계에서는 단단한 방어기제를 만나게 되죠. 3단계로 가면 색이 없어지죠. 흰색으로. 공간도 확장되죠. 굉장히 넓은 공간이 나오면서 자유로운 이미지가 나오고 추락의 이미지가 반복돼요. 더 깊은 무의식 림보로 가면 우리가 흔히 이야기하는 집단적 원형성이라는 곳으로 가게 되고요. 무의식을 어떻게 시각화할까, 놀란 나름대로 굉장히 고민해서 보여준 것 같고요. 저는 이 영화가 상담에 대한 거대한 은유라고 생각해요. 아리아드네는 꿈의 설계자죠. 말하자면 이성이에요. 이성은 사람의 문제를 해결하기에는 역부족이에요. 끝끝내 사람을 못 구해요. 그럼 무엇이 구하느냐? 금고 속에 있는 팽이죠. 이때 팽이는 그냥 팽이가 아니라 진실 같은 거라고 생각합니다. 금고 속에서 팽이가 계속 돌고 있었죠. 그런데 나는 그것을 믿지 않았어요. 현실을 투명하게 지각하는 것이야말로 상담에서 가장 중요하거든요. 그런데 그것들을 코브도, 아내도 못했던 거죠. 그러다 결국 나를 죽임으로써-맬mal이라는 게 프랑스어로 '나쁘게, 불완전하게'라는 뜻이거든요,

'malfunction' 할 때 그 맬이죠-자기 안에 있는 용을 죽인 거죠. 여러분은 모두 용을 죽이고 공주를 구해야 해요. 여러분 안에 있는 용을 죽인다는 건 바깥으로 나오게 하는 거예요. 의식화하는 거죠. 여러분의 비밀, 상처를 누군가에게 이야기하고 바깥으로 나오게 하면 그 괴물이 사라지거든요. 그러면 공주, 마음속에 있는 보물을 얻게 되죠. 평온함, 안식, 누군가를 사랑할 수 있는 것, 혹은 담대함 혹은 허영에서 벗어나는 것들, 이 영화는 그것에 대한 단초가 되는 여러 가지 단상들을 보여준다는 점에서 상담자로서 아주 재밌었고요. 심리학자로서 아주 흥미로운 영화였습니다.

이동진　제가 방송을 할 때 PD들이 항상 하는 이야기가 준비해오는 60%만 해도 성공한 방송이라고 하거든요. 정작 하다 보면 생각이 잘 안 나기도 하고 꼬이기도 해서 말을 잘 못해요. 오늘도 저는 두 시간이라는 시간이 되게 많을 줄 알았거든요. 7페이지 분량을 갖고 왔는데 1페이지만 쓰고 가는 느낌. 허망하다는 생각이 들고요.

제가 이 영화에서 제일 감탄스럽게 생각하는 걸 이해영 감독님이 말씀해주셨어요. 저는 플롯이 대단히 훌륭하다고 생각하는데 약간 비유적으로 이야기하면 영화가 안 보이고 플롯만 보이는 영화라는 느낌이 있어서 덜 좋은 거고요. 제가 이 영화에서 재밌었던 건, 이 영화를 꿈이라고 하잖아요. 백일몽, 이를테면 낮에 꾸는 꿈이라고 하는데. 그 자체가 메타영화 같은 속성이 재밌거든요. 모든 영화가 엔드 크레디트 올릴 때 대부분 음악을 깔잖아요. 그 음악이 일종의 킥으로 작용하는 거잖아요. 극장에서 관람하는 행위 자체를 신화나 의례와 비슷하다고 생각하는데, 마찬가지로 이 영화가 영화를 만들어내는 창작과정을 은유한 것처럼 보이기도 해요. 심지어 인물들의 역할까지 그래요. 무의식을 이용하는 방식도, 관객과의 게임인 거잖아요. 그렇게 보면 이 영화에 대해 독특한 하나의 글쓰기도 가능하지 않을까, 그런 생각을 한 적이 있습니다.

장준환　저는, 글쎄요. 어떤 팁을 드려야 할지 모르겠네요. 영화를 보면서 이렇게 영화적으로, 기술적으로, 편집적으로, 촬영적으로 능수능란하게 컷을 사용하는 감독을 만나기 어렵다고 생각했고요. 약간 아쉬웠던 것은, 이동진 평론가님이 이야기하신 것처럼 액션 장면들이 너무 허술하거나 아마추어처럼 느껴진다는 거예요. 그래도 모든 게 참 교묘해서 진짜 머리가 좋은 사람이구나 싶었고요. 스태프들은 엄청 고생했겠지만, 퍼즐 놀이에 있어서는 엄청난, 영화적으로 엄청난 사람이다, 싶어요. 나중에 DVD 나오면 메이킹 같은 거 보셔도 굉장히 재밌을 것 같아요.

피셔의 바람개비가 갖는 의미

관객　저는 심영섭 평론가님께 질문하겠습니다. 저는 인상적으로 본 게 피셔가 금고를 열었을 때 바람개비가 들어 있잖아요. 그걸로 아버지와 화해하는 건 프로이트적인 심리학이 많이 반영됐다고 여겨지는데, 장자가 이야기한 호접몽과 같은 동양적인 철학도 많이 담겨 있는 것 같고요. 마음은 생각을 좇는다고 했던 것은 서양적인 것이고, 동양은 마음은 가슴에 있다고 생각하잖아요. 이 영화의 철학적인 부분에 대해 이야기를 듣고 싶어요.

심영섭　제가 철학전공이 아니라서 사실은 진짜 잘 모르겠어요. 그런데 이런 게 있어요. 서양은 나하고 너하고의 경계가 분명한 것 같아요. 대인 관계에서도 굉장히 개인주의적이고, 나하고 너의 경계라든가 영토라든가 침범하지 말아야 할 에티켓 같은 게 분명해 보이거든요. 동양에서는 그 경계가 불분명해요. 상담도 똑같아요. 외국에서는 거의 집단 상담을 안 해요. 상상할 수 없는 거예요. 내 프라이버시를 사람들에게 어떻게 이야기를 해? 그런데 한국이나 동양에선 집단 상담을 좋아해요. 같이 이야기하면서 거꾸로 가는 거예요. 프리이버시를 침범한다고 생각하지 않고, 공감하는 걸 굉장히 좋아해요. 이것과 마찬가지로 꿈과 현실에 대한 경계도 모호한 것 같아요. 그래서 장자가 호접몽을 이야기한 거겠죠? 이런 것들은 굉장히 동양적인 심리상태를 반영한다고 볼 수 있고요.

그것과 별개로 피셔의 바람개비는 굉장히 흥미로워요. 왜냐하면 내담자들이 상담의 절정에 가면, 목소리가 크거나 내향적이거나 상관없이 말을 더듬으면서 목소리가 확 줄어들어요. 중얼거려요. 상담자인 제가 못 알아들어요. 그런데 그게 굉장히 중요한 히든카드예요. 그 사람에게. 예를 들면 최근에 동생이 죽었어요. 동생이 죽어서 어떻단 이야기만 잔뜩 해요. 울고불고 한 다음에 하는 이야기가 그때 내가 청주에 가지 말라고 할 걸, 이래요. 뭐냐고 물어보면 동생이 죽기 전에 청주에 간다고 했는데 그걸 내가 안 말렸다는 거죠. 그래서 동생이 죽었다고 생각해요. 사람들에게 제일 나쁜 거는 나쁜 일이 아니에요. 보통 나쁜 일은 많은 경우 원인이 없거든요. 원인을 찾지 못하는 걸 더 괴로워하는 것 같아요. 남은 자들은. 바람개비는 어쩌면 아버지의 사랑일 수도 있지만, 더 중요한 건 내가 왜 그랬는지에 대한 원인을 피셔가 나름대로 찾은 거거든요. 전 그 생각이 중요하다고 봐요. 그게 다른 사람에게 안 중요할 수도 있어요. 아버지는 그 바람개비를 전혀 안 중요하게 생각할 수도 있어요. 하지만 피셔에게는 중요한 거죠. 그게 내담자의 히든카드예요. 그것 없이는 상담의 완성, 이해, 교감 같은 게 힘들죠. 항상 중요한 건 나한테 없죠. 누구한테 있어요? 여러분한테 있죠.

엔터테인먼트의 새 지평을 열다

곽명동   시간이 거의 다 돼서 이제 마지막 질문을 받겠습니다.

관객   걸작이 아니라고 하신 두 분 중 한 분이 대답해주시면 좋겠는데요. 전 이 영화가 엔터테인먼트적인 새로운 지평을 열었다고 생각하거든요. 그런 부분에서 저는 걸작이라고 생각합니다. 어떻게 생각하시나요?

장준환   아까 말씀드렸다시피 관객들이 놀란이 만들어놓은 놀이터 안에 자발적으로 참여해 놀이를 즐겼다, 훌륭한 놀이터가 됐다는 의미에서 의미 있는 영화라고 생각하고요. 근데 질문이 뭐였죠?

곽명동   이 영화가 새로운 게임이나 놀이, 엔터테인먼트적인 요소를 보여줬기 때문에 걸작이라고 생각한다고요.

장준환   아까 앞에 계신 분이 퍼즐의 수위조절에 실패한 것 같다고 이야기하셨는데 저도 살짝 동의하는 부분이 있어요. 영화적 재능이 있으니까 아주 재밌게 효과적으로 이 모든 것들을 설명하고 있긴 하는데, 규칙들이 너무 많고 그만큼 이야기를 복잡하게 하다 보니 너무 많은 설명을 자기 입으로 자꾸 이야기하게 되는 부분이 있는 것 같고요. 그리고 결말이, 결론으로 가기 위한 애교라고 볼 수 있긴 한데, 절박함에 비해 너무 쉽게 무너진다, 이런 생각들을 하게 됩니다.

심영섭   이것과 관련해서 놀란 감독이 직접 이야기한 게 있거든요. 〈무비위크〉에서 놀란 감독을 서면 질의했는데 "〈인셉션〉을 종종 〈매트릭스〉와 비교한다."는 질문에 대해 놀란 감독이 "〈매트릭스〉는 내 눈으로 바라보는 주관적 시각과 현실이 얼마나 가까운지를 말한다. 다시 말해 실존하는 현실과 내 눈으로 보는 세계는 따로 존재한다는 것이다. 반면 〈인셉션〉은 존재하는 세계를 관객과 함께 만들어 나간다. 나는 인간의 마음이 만들어내는 무한한 가능성의 세계를 보여주고 싶었다. 예를 들어, 우리가 방에서 대화하는 꿈을 꾼다면 방을 하나 만들고, 상대방을 만든다. 그 후, 오가는 대화 내용까지 창조한다. 꿈의 내용을 자아가 수동적으로 받아들일 수는 없다. 내 마음이 능동적으로 만들어내는 것이다. 사실 영화를 만드는 사람으로서 이것은 대단히 환상적인 말이다. 관객은 영화를 수동적인 입장에서 본다. 하지만 영화와 관객의 벽을 허물어 이야기를 공유하면서 같이 만들어 낼 수 있다면 영화의 가능성이 엄청 커지기 때문이다." 아마 이것을 의도했던 것 같아요. 플롯을 복잡하게 만든 데는. 내가 얼마나 천재인지 보여주려는 것이 아니라 '이것도 한번 풀어보세요'라고 던져서 관객들이 이걸 풀어보면 영화하고 조금 더 강렬하게 상호작용하게 되지 않을까 하는 바람으로 플롯을 꼬아놓았다는 거죠. 〈매트릭스〉와의 차이점은, 실재하는 세계에 대해 이야기하는 것이지 가상세계에 대해 이야기한 것이 아니라고 본인이 답변한 것 같습니다.

곽명동 시간이 다 됐네요. 얼마나 재밌게 느끼셨는지 잘 모르겠습니다. 오늘 좋은 말씀 해주신 네 분 패널께 박수 부탁드릴게요. 여러분도 오늘 참여해주셔서 진심으로 감사드립니다.

● 2010년 9월 2일, CGV강변

#29

북촌방향
The day he arrives

북촌방향
The day he arrives
한국 | 2011년 | 79분

등급	청소년 관람불가
감독	홍상수
출연	유준상, 송선미, 김보경, 김상중, 김의성
제작	영화제작 전원사
배급	조제
개봉	2011. 09. 08

★2011 칸영화제 주목할만한 시선 부문 초청

한때 영화감독이던 성준(유준상)은 서울에 올라와 북촌에 사는 선배 영호(김상중)를 만나러 가다 우연한 만남을 가진다. 다음 날 혹은 다른 어느 날, 영호를 만난 성준은 영호의 후배 여교수 보람(송선미)와 '소설'이란 술집에 간다. 술집의 여주인 경진(김보경)은 묘하게도 성준이 옛여자인 예전(김보경)과 무척 닮았다. 성준은 술김에 경진과 키스를 나누고, 다음 날인지 아니면 또 다른 어떤 날인지 분명치 않을 날의 아침을 맞는다.

Special Talk #29

우연인가, 기적인가, 재능인가

guest table

진행 · **김영진**
영화평론가
이동진
영화평론가
초대 · **홍상수**
감독

이동진 제가 제일 어리니까 진행을 맡겠습니다. 많이 뵙고 싶으셨을 텐데, 먼저 감독님을 소개해드리겠습니다. 홍상수 감독님, 김영진 평론가님.(박수) 저는 사회를 맡은 이동진입니다. 갑자기 진행을 맡게 되었는데요. 안철수 교수의 청춘 콘서트 이후 이런 장관은 처음인 것 같아요.(웃음) 시네마톡에 자주 오셨겠지만 언제나 그랬듯이 중반까지는 저나 김영진 평론가가 함께 대화를 나누면서 감독님께 질문하는 시간을 가질 거고요. 중간에 질문하고 싶은 게 있으면 가장 묻고 싶은 질문을 생각하셨다가 마이크를 받으신 뒤 하시면 되겠습니다.

제가 〈북촌방향〉을 두 번 봤거든요. 처음 봤을 때 좋긴 좋았는데, 〈옥희의 영화〉처럼 처음 본 순간 완전히 사로잡히는 느낌은 아니었어요. 그런데 이번에 두 번째 보니까 훨씬 좋은 거예요. 그래서 제가 낚싯밥을 던지자면, 여러분도 두 번 보시면 더 좋을 겁니다. 이제 편안하게 질문을 시작하겠습니다. 감독님들의 경우, 어떤 영화를 보면 캐릭터에서 시작하는 경우도 있고, 공간에서 시작하는 경우도 있고, 배우에서 시작하는 경우도 있는 것 같아요. 〈북촌방향〉은 감독님의 영화가 늘 그렇듯이 시나리오가 전혀 없는 상태에서 시작하게 되었는데요. 이 영화 만들 때 제일 먼저 결정된 게 있다면 무엇인지, 어디서부터 시작된 영화인지, 그 질문부터 드리겠습니다.

북촌에서 북촌을 담기로 하다

홍상수 북촌 근처 레지던스 호텔에 이틀 정도 묵으면서 작품 구상을 했고요. 그때 레지던스 호텔 고층에서 머물렀는데, 거기서 내려다보니까 북촌이 한눈에 보이더라고요. 원래는 부안이란 장소를 막연하게 생각하고 있었는데, 북촌을 보니까 '그냥 저기서 찍어야겠다'라는 생각이 들더라고요. 근데 '뭘 찍지?' 생각하니까 거기 친구가 한 명 살아요. 그래서 강북 오면 거기 자주 가고, 항상 만나는 커피집도 있고, 밥집도 몇 군데만 왔다 갔다 하고 그랬거든요. 그게 '영화의 소재가 될 수 있지 않을까'라는 생각이 들더라고요. 딴 영화를 보신 분은 아시겠지만 제가 원래 조각들 안에서 연결점을 찾아 구성하는 식이거든요. 그런데 이거는 '재료로 삼는 부분 안에 이미 반복되는 게 있는 것처럼 시작하는 게 어떨까' 그런 생각이 들었고요. 처음에 떠오른 건 한 남자가-그땐 밥집이 될지 술집이 될지 몰랐지만-어떤 장소를 세 번 간다라는 것을 정하고 이야기를 시작했습니다.

김영진 이동진 씨가 전체적인 질문을 하면, 저는 소소한 질문을 하겠습니다. 마지막 장면에 대해 여쭤보겠는데요. 굉장히 낄낄대고 웃으면서 보다가 마지막 장면, 유준상 캐릭터의 멍한 모습에 뭔가 형용할 수 없는 감정을 느끼면서 영화가 끝나고 수습이 안 되는 감정…. 제가 듣기로는 원래 엔딩이 따로 있었다고 하는데, 그것도 찍으셨다고 하는데, 굳이 이 장면을 엔딩으로 쓰신 이유가 뭔가요? 감독님은 마지막 장면 보실 때 어떤 느낌이었는지 여쭤보고 싶어요.

홍상수 특별하게 다른 건 없을 것 같습니다. 뭔가 갇혀 있다는 느낌일 것 같고. 근데 제가 만들었기 때문에 제가 만든 영화를 순수한 관객의 눈으로 보기는 좀 힘들거든요. 시간이 더 지나면 어느 날 탁 보여요. 제가 만든 게 관객의 눈으로. 그때까지는 그냥 기다려야 하는 거고, 지금은 그냥 관객 분이나 글 쓰신 분들의 원고를 읽으면서 제가 흡수하고 있는 과정이고요. 다른 장면 찍은 건 네 명을 만나서 마지막 만난 여자하고 술 한 잔 마시는 정도까지 끌고 가고 싶었어요. 여러분께서 보신 마지막 장면 이후, 술집에 들어가면서 간단하게 얘기하는 장면이 있어요. 거기서 준상 씨가 맡은 캐릭터의 과거지사 같은 게 하나 노출되고요. 근데 준상 씨의 얼굴에서 끝나는 게 더 깔끔하게 많은 걸 함축하고 있다는 느낌이 들어서 그렇게 했습니다.

김영진 제가 어제 다시 봤는데 마지막 장면에 유준상 씨가 진짜 눈을 안 깜빡거리고 있더라고요. 따라 해봤거든요. 저는 두 번인가 깜빡거리게 되던데. 몇 번 찍으셔서 그런 특이한 얼굴을 얻으셨는지, 여러 가지 표정이 있었을 텐데 그 장면, 그 얼굴이 가장 마음에 드신 이유가 뭔지 말씀해주세요.

홍상수 그날도 굉장히 바쁘게 찍었고, 정신이 없었습니다. 그다음 장소로 이동해서 아까 말씀드린 장면을 찍으러 갔어요. 사람도 다니고 차도 다니는 데라 저희가 통제를 마음대로 할 수 없었거든요. 사정사정하면서 찍는 상황이었기 때문에 많이 찍진 못했고, 주어진 현실 조선에서 그게 제일 좋았어요. 그냥 막연하게 6~7번 정도….

참 특별하고 무심한 캐스팅 방식

이동진 저도 가볍게, 배우에 관한 질문을 하고 싶은데요. 이 영화에서 유준상 씨 연기를 굉장히 좋아하거든요. 그런데 저는 솔직히 유준상 씨가 감독님 영화에 처음 나왔을 때는 그렇게까지 좋진 않았어요. 〈하하하〉에서는 무척 좋은 연기를 보여주셨잖아요. 그리고 이 영화까지 보고 나서 원래 유준상 씨를 좋아하기도 했지만 굉장하다는 생각이 들었어요. 배우와 관련해서 먼저 간단히 질문을 드리자면, 원래 문소리 씨가 중요 배역을 맡기로 되어 있었는데, 임신 때문에 못하게 되었다는 이야기를 들었거든요. 그러면 문소리 씨가 애초에 맡기로 한 배역이 '보람' 역인지 '경진' 역인지 개인적으로 궁금하고요. 또 하나는 배우를 캐스팅하는 감독님의 방법에 대해 궁금한 것이 있습니다. 요즘 감독님께서는 다 전화로 캐스팅하시잖아요. 크랭크인 며칠 전에…. 감독님은 '전날 캐스팅의 황제'시잖아요.(웃음) "내일 아침 뭐 하세요?" "내일 별일 없으세요?" 이렇게 캐스팅하시는, 정말 저희로서는 상상할 수 없는 마법의 캐스팅을 하고 계시는데, 궁금한 점은 일반적으로 감독들은 이런 자리에서 어떤 배우에 관해 이야기하면 "그 배우가 아니면 안 되기 때문에 모든 계획을 접고 1년 6개월 기다렸다." 이런 식으로 이야기하시거든요. 근데 감독님은 배우를 굉장히 존중하시고, 최근작으로 갈수록 더 그렇다는 게 영화에서 그대로 보이는데, 그럼에도 불구하고 '아님 말고'라는 게 없으면 불가능한 캐스팅 방식을 고수하고 계시잖아요. 예를 들면 기주봉 씨 같은 경우, 물론 단역이긴 하지만 굉장히 중요한 배역인데, "기주봉 선생님 내일 뭐하세요?" 이렇게 하면 그분이 안 되실 확률이 굉장히 높잖아요. 만약에 안 되면 '다른 분으로 하지' 이런 마음이 아니면 전날 캐스팅은 불가능한 것 아닙니까? 그런 마음이 있으신 건지 여쭤보고 싶습니다.

홍상수　그런 마음이 있죠.

이동진　주연도 그렇습니까?

홍상수　그렇죠. 그런 것 같아요. 제가 영화 찍기 전에 시나리오를 완전히 성립시켜놓고 시작하는 게 아니니까. 어떤 인물형이 완전히 자리를 잡고, 캐릭터에 가장 잘 맞는 배우가 떠오르는 과정을 거쳤다면 다른 감독들처럼 집착하고 기다릴 수도 있을 텐데, 저는 작업하는 방식 자체가 조금씩 쌓아나가는 방식, 그러니까 배우 만나기 전에 그 캐릭터에 대해 완전히 알고 들어가는 게 아니라서, 그게 가능한 것 같습니다.

474

이름에 관한 짧은 단상

이동진 확언을 해주시네요. 감사하고요. 홍 감독님 오랜 팬으로서, 감독님의 영화를 보면서 느낄 수 있는 마지막 감정이 있다면 그건 처연함일 수도 있다고 생각했어요. 〈옥희의 영화〉에선 그 처연한 느낌이 너무 강해서 자리에서 일어나기 어려울 정도로 감정적인 충격을 받았거든요. 〈북촌방향〉 역시 처연한 느낌을 받아서 감독님 영화 중 두 편을 비교해서 보는 건 참 재미있는 독법이라는 생각이 들어요. 〈옥희의 영화〉는 시간 속에서 변해버린 그 무엇 때문에 처연한 느낌을 주는 영화라면, 〈북촌방향〉은 시간 속에서 변하지 않는 그 무엇 때문에 처연한 느낌을 주는 영화라는 생각이 들거든요. 그 점과 관련해서 굉장히 재미있는 게 등장인물의 이름이에요. 두 사람에 대해 질문하고 싶은데. 이 영화에서 모든 것은 다 북촌에서 벌어지는데 딱 한 사건만 고덕동에서 벌어지잖아요. 그래서 이 둘 사이의 관계가 저는 굉장히 재미있다고 생각하고, 개인적으로 거기에 집중해서 글도 쓰고 싶은데요. 고덕동에 있는 여자 이름이 '경진'이죠. 그리고 1인 2역을 하는 배역의 또 다른 이름은 '예전'이잖아요. '예전'은 명백히 예전의 '경진'을 염두에 둔 이름처럼 들리고요. 또 하나 '경진'은 저한테 '진경'을 뒤집은 것처럼 들려요. 어떻게 보면 이 영화에서 좀 더 중요한 것은 '예전'과의 관계가 아니라 '경진'과의 관계로 보이거든요. 그 측면에서 '진경'이란 이름과 '예전'이란 이름을 지으실 때 지금 말한 의도가 있으셨는지에 대해 먼저 질문 드리고 싶어요.

홍상수 '예전'은 그런 생각이 많이 들었어요. 근데 '경진'을 지을 때는 그런 생각을 안 했어요.

이동진 그럼 '경진'을 지을 때 또 다른 생각을 하신 게 있으세요?

홍상수 아니요. 그냥 막 지은 것….

이동진 이상. 질문 오 분, 답변 십 초였습니다. (웃음)

김영진 저는 어제 배우들하고 리뷰를 한 번 했습니다. 말하고 싶어서 안달 난 분위기 속에서 각자 말들을 했는데, 새벽 장면이 의도된 연출이 아니라 대충 정해놓고 찍은 거라고 해요. 그런데 이게 기적적으로 만들어졌다, 심지어 배우들이 카메라가 어디 있는지, 귀신같이 알아채고 액션을 취했다, 이러더라고요. 감독님께서는 이 장면을 연출하실 때 심정이 어떠셨나요? 원래 그렸던 그림이 있었을 텐데 현장의 속성 때문에 뭐가 잘 되거나 안 되거나 이럴 수 있잖습니까? 그 장면의 경우는 원래 그렸던 그림보다 더 잘된 것인지 궁금합니다.

홍상수 새벽 한두 시쯤 끝나는 신이 있었고, 그 신 끝나기 전에 갑자기 떠오른 생각이 이 사람들 다 모이는 신은 다시는 없을 것 같더라고요. 그래서 일단 부탁을 했죠. 촬영 끝난 배우들도 기다려 달라, 꼭 가야 하면 가도 된다. 신 찍고 나서 다 기다리고 있더라고요. 일단 술 취해서 집에 가는 장면을 찍어야겠다는 생각이 들었어요. 준비하고 그럴 여유가 없었어요. 다 지치기도 했고, 택시 두 대를 섭외할 정신적 여유가 없었고요. 제가 쓴 장면에서는 건너가고 나서 이쪽에서 실제로 빈 택시가 와요. 택시를 잡으라고 그랬죠. 택시가 안 올 수도 있잖아요. 근데 택시가 왔고….

영어 제목과 한글 제목 사이의 간극

이동진 사실 감독님하고 이런 자리를 여러 번 가져서 감독님이 어떤 질문에 어떻게 대답하실지 방향성을 저도 대략은 감 잡고 있거든요. 그래서 지금 더 어렵게 느껴지는데요. 어떻게 하면 감독님이 더 말씀을 많이 하게 할 수 있을까? 고민 끝에, 다음 질문은 이겁니다.

이 영화와 〈옥희의 영화〉 사이에 공통점이 두 가지가 있다면, 하나는 제가 말씀드린 처연한 감정이었고요. 또 하나는 두 영화가 신비롭다는 점이었습니다. 제겐 감독님의 영화가 점점 예전 영화들에 비해서 신비롭게 느껴지거든요. 그럴 때 〈북촌방향〉의 가장 큰 특색은 영화의 시간을 다루는 플롯에 있는 거잖습니까? 이게 도대체 여러 날을 지나서 2박 3일이나 3박 4일이 경과된 건지, 아니면 도착하는 날이 계속 반복되는 건지, 그것을 약간씩 변형해 나가는 것인지에 대해 신비로운 구석이 많아서 영화를 보고 처음 생각이 떠오른 상 같은 게 있었어요. 우로보로스라는 개념이었는데요, 뱀이 자기 꼬리를 물고 돌아가는 그 형상. 우로보로스라는 것은 극 중 시간과 관련된 핵심이라고 생각됐고, 또 하나는 주인공의 행태에 관한 핵심이라고도 보였거든요. 그 점이 저에겐 굉장히 흥미로웠는데. 이렇게 의미화해서 말씀드리면 감독님이 말씀을 잘 안 하시거든요. 그래서 제가 돌려서 질문을 드린다면, 영화 제목에 관한 부분입니다. 우리나라 버전의 제목은 공간에 관한 제목이에요. 그래서 〈북촌방향〉 이잖습니까? 근데 이 영화의 영어 제목은 시간에 관한 제목입니다. 〈The Day He Arrives〉. 그가 도착한 날. 저는 그게 굉장히 큰 차이가 있다고 생각하는데요. 왜 한글 제목은 공간성을 드러내는 〈북촌방향〉이라 하셨고, 영어 제목은 시간의 의미를 가진 〈The Day He Arrives〉로 하셨는지에 대해 여쭤보고 싶어요.

홍상수 〈북촌방향〉은 처음에 떠올랐던 제목인데, 이후 여러 가지 비슷한 제목을 생각하다가 다시 원래로 돌아갔어요. '북촌방향'이라고 하면 개인적으로 이런 게 떠올라요. 약간 나지막한 담벼락으로 둘러싸인 마을이 있고, 그게 북촌이라면 북촌방향은 그 담벼락을 살짝 넘어가죠. 그래서 그 위를 넘어가서 사라진다는 뜻에서 북촌방향이고. 공간을 지칭하면서도 빈 여백 같은 느낌이랄까. 〈The Day He Arrives〉는 그냥, 그 사람이 도착한 날이 중요한 거잖아요. 매일 새로 도착한 척하니까, 그런 제목이 생각났던 것 같고. 이 사람이 도착한 날이 과연 언제인가, 이런 생각을 자극하는 제목으로 지었어요.

이동진 추가로 질문을 더 드리자면 〈북촌방향〉이라는 제목은 물론 영화에 굉장한 힌트를 주지만 저는 분위기를 암시하는 제목이라 생각되고요. 반면에 〈The Day He Arrives〉라는 제목은 극의 독법에 중요한 열쇠를 주는 느낌이에요. 근데 감독님 예전 작품들도 보면 한글 제목이 상대적으로 영화의 분위기를 암시하는 제목이라면, 영어제목은 훨씬 더 영화를 특정한 방향으로 볼 수 있게 만드는 경우가 종종 있어요. 제가 궁금한 건 왜 외국 사람들한테는 영화를 보는 하나의 가이드처럼 보이는 것을 직접 심어주고, 한국 관객들께는 설명적인 가이드라인 대신, 얼핏 보면 동떨어져 보이는 분위기 위주의 제목을 주는가에 대한 궁금증이 있습니다.

홍상수 제가 한국 사람이라 그런 것 같아요. 아까 말씀드린 것처럼 한국어로는 그런 느낌을 담을 수 있거든요. 다른 분들은 그렇게 생각 안 하실지 모르지만, 한국말로 할 땐 섬세한 뉘앙스를 고려한 말을 생성해 내는 것이고, 영어로 생각해낼 때는 그게 불가능하잖아요.

이동진 영어로는 그렇게 하면 뉘앙스가 안 담긴다는 얘기인가요?

홍상수 예. 그게 잘 찾을 수가 없는 거죠, 제 머리가. 그러니까 찾을 수 있는 한계 속에서 생각되는 말로….

김영진 저는 다시 소소한 질문을 드리겠습니다. 여기 나온 배우 분들이 아주 매력적인데, 개인적으로 김보경 씨가 이렇게 예쁜 배우라는 걸 처음 느꼈거든요. 그래서 궁금한 디테일이 담배 한 개비 달라고 할 때, 감독님 느낌을 좀 알고 싶어요.

홍상수 '경진'이라는 친구가 가진 그 사람만의 성격을 짧은 시간이지만 심어주고 싶었던 것 같아요. 남자가 찾아오는데 짜증을 내다가 엎어지고 그런 게 어떻게 보면 뻔할 수 있잖아요. 근데 거기에 무언가 덧붙여지는 게 있으면 좋겠다, 이런 상황을 부드럽게 짚어줄 수 있는 장면을 부탁했는데, 굉장히 좋았어요. 담배 달라고 한 다음, 주니까 "뭘 이렇게 많이 주냐"고 할 때 목소리나 표정이 너무 좋았습니다.

흑백 필름의 매혹

이동진 많이들 궁금하실 텐데 저는 흑백으로 찍은 이유에 대해 질문을 드리고 싶어요. 감독님 영화 중 흑백영화가 두 편 있잖습니까? 한 편이 〈오! 수정〉이고 또 한 편이 이 작품인데. 억지로 두 작품의 공통점을 생각해보니까 둘 다 서울에서 찍으셨어요. 그리고 둘 다 겨울에 찍으셨죠. 앞의 것은 그냥 우연이라고 생각하고 뒤의 것은 관련이 있다고 생각하거든요. 겨울이 가진 어떤 느낌과 영화를 흑백으로 찍은 게 관련이 있을 것 같다는 추측이 들고요. 또 하나는 원래 이 영화를 컬러로 찍으셨잖아요. 그러다가 마음이 바뀌어서 흑백으로 만드셨는데, 그건 굉장히 큰 결심이잖아요. 더군다나 촬영감독님 입장에서는 황당한 상황이기도 할 테고. 컬러로 생각해서 톤도 다 맞춰 찍으셨을 텐데, 그렇게 바꾸도록 한 것은 결국 무슨 의미인가, 질문을 드리고 싶네요.

홍상수 정확히는 기억이 안 나는데, 편집 시작할 때쯤인가 거의 초반에 뭔가 걸리는 게 있었던 것 같아요. 말로 잘 표현은 못 하겠지만 뭔가를 좀 누르고 싶다는 느낌이었던 것 같아요. 단순화시키고 싶은 느낌. 그래서 그냥 생각만 하다가 나중에 편집할 때 흑백으로 바꿨는데 마음에 들었고, 운이 좋았던 건데 '소설'이라는 실내의 조명 세팅을 존중해서 촬영했는데, 자연스럽게 그 자체로 콘트라스트가 좀 있었어요. 그래서 준상 씨가 옷 입은 것도 하얀 컬러에 파란색이 좀 보이고, 보경 씨도 마침 하얀 블라우스 차림이었고, 흑백 촬영할 때는 일부러 그렇게 하거든요. 컬러 배치를 그렇게 해서 흑백의 느낌을 잘 살리는…. 그것도 우연이지만 잘 맞아서 기분 좋게 전환을 했어요.

우연인가, 기적인가, 재능인가

김영진 촬영감독님은 착하신데 잘 삐쳐요. 말씀은 그렇게 하셔도…. 다른 지면에서 많이 이야기된 건데 다른 영화작업과 마찬가지로 이 영화도 우연에 많이 기대서 만들었잖아요. 이럴 때 여러 가지 작은 기적들이 일어나는데, 저는 그런 게 궁금해요. 왜 감독님 영화는 우연히 이렇게 잘 되는가? 마지막 장면에 눈 오는 것도 어제 유준상 씨가 얘기하는 게 왔다 안 왔다 했다면서요. 그전까지 안 와서 안 오는 상황까지 가정하고 찍었다는데, 결국 눈이 왔단 말이에요. 후반부에 눈이 온다는 느낌이 굉장히 중요하거든요. 만약 눈이 안 왔다면 혹시 재촬영을 하실 의향이 있으셨는지, 아니면 무슨 계산 끝에 '분명 오늘은 눈이 올 거야'라는 확신을 하고 찍으셨는지. 그게 맞았다면 전생에 나라를 구하셨는지…. 이렇게 잘 맞아떨어지는 상황이 너무 신기한데, 어떤 대안을 갖고 계셨는지 궁금합니다.

홍상수   그런 경우는 많이 있거든요. 우리가 생각한 대로 잘 안 되는 거. 굉장히 많이 일어나요. 작은 것도 생각대로 잘 안 되고…. 그래서 제가 그걸 기질이라고 두루뭉술하게 표현하는데. 완전하게 고안해내고 그다음에 깔끔하게 실행하는 방식이 있을 것 같고, 매 순간 드문드문 생각해서 중요한 생각들을 수렴하고 다시 나가고 이런 방식이 있을 거고. 저는 기질상 후자인 것 같아요. 저도 몰랐는데 영화를 찍으면서 점점 그것을 인정하게 됐죠. 그래서 거기에 대해 조금씩 준비가 되는 것 같아요. 처음에는 시나리오를 다 쓰고 시작했는데, 세 번째와 네 번째 영화는 트리트먼트를 길게 썼고, 그게 조금씩 줄기 시작했고, 그렇게 제 기질을 스스로 인정하면서 꽤 오랫동안 거기에 조금씩 준비를 해왔던 것 같아요. 그래서 마음의 태도나 문제 해결 능력이나 이런 게 조금씩 채워진 게 있지 않을까요? 뭐가 안 되면 이렇게 해야지 이런 것. 제 기질의 문제고, 제가 더 채워야 하는 부분인 것 같습니다.

이동진   마지막은 차기작에 관한 질문입니다. 다음 영화는 어떻게 나올까, 저는 특히 그런 궁금증을 갖게 된 게 〈하하하〉부터고 〈옥희의 영화〉를 보고 나선 이번 영화가 더욱 궁금했거든요. 더군다나 다음 영화는 이자벨 위페르가 주연이잖아요. 도올 김용옥 선생님도 나온다는 이야기가 있고. 그래서 저는 다음 영화가 도무지 감이 잘 안 잡히고, 아까 여쭤보니 영어 대사가 85% 정도 된다고 하는데, 그렇다면 사실상 우리가 홍상수 감독님의 영화를 한국어로 듣고 뉘앙스를 느끼는 것과 전혀 새로운 경험이 될 것 같아요. 사실 〈북촌방향〉을 보면서 들었던 감성적인 생각은 '아, 홍상수라는 사람의 영화를 한 해에 한 편씩 보면서 이렇게 늙어 간다는 것이 얼마나 행복한 일인가'라는 거예요. 언제부턴가 한국 영화사에서 김기덕 감독님 빼고 이런 경우가 거의 없었던 걸로 기억하는데, 한 영화가 나올 때 다음 영화를 항상 편집하고 계시잖아요. 지금 다음 영화를 다 찍으셨잖아요. 〈다른 나라에서〉라는 이자벨 위페르 주연작. 근데 지금 우리는 이 영화를 보고 있고. 그게 어떤 느낌이냐 하면 〈북촌방향〉이라는 진수성찬을 먹고 있는데, 너무 음식이 풍성해서 돌아보면 곳간에 또 쌀이 30가마니 정도 들어차 있는 느낌. 〈다른 나라에서〉에 대한 감독님의 설명을 듣고 싶습니다. 대략 관객들이 언제쯤 볼 수 있는지, 듣고 싶은데요.

홍상수 보통 촬영이 끝나면 바로 편집을 하는 편인데 〈다른 나라에서〉는 이것저것 다른 일들을 하느라 잠깐 미뤄놨습니다. 그래서 아직 제대로 편집을 끝냈다고 생각을 안 하고요. 편집해놓고 그걸로 제 방향에 대한 확신이 들면, 그다음에 생각을 정리할 것 같아요. 최소한 그 정도까지 했을 때 하나를 더 만들었구나 하는 느낌이 오는데 그걸 아직 안 한 상태라서 얘기하기가 조금 조심스럽네요. 11월 즈음 완성할 것 같고, 개봉은 그다음에 봐야죠.

이동진 그럼 내년 상반기쯤?

홍상수 네, 아니면 조금 더 있다가.

배우에 대한 질기고 끈끈한 애착

김영진 누구나 다 그렇게 생각할 것 같은데, 최근작에 유준상 씨가 워낙 인상적이잖습니까? 저는 굉장히 뻣뻣한 배우라는 선입견이 있었는데 점점 물 만난 고기처럼 영화 속에서 살아 움직이는 것 같습니다. 당분간 유준상 없는 영화를 상상하기 힘들 것 같다는 생각도 드는데. 얼마나 더 하실 예정인가요? 어제 본 느낌에 따르면 그는 지금 아주 행복한 상태라서 언제든 불러주면 간다는 느낌인데. 계속 그

렇게 하실 의향이 있으신지 물어보고 싶습니다.

홍상수 주인공 했던 남자 배우들, 여자 배우들도 마찬가지지만 항상 진심으로 가깝게 느끼고 좋아합니다. 〈북촌방향〉 찍을 때까지는 이것까지만 하고 좀 쉬었다 다시 하자고 얘기했어요. 그런데 이자벨 위페르 만나서 영화를 함께 하기로 한 날 저녁때 사진전 표가 있어서 거기 혼자 가기도 그렇고 준상 씨와 같이 갔는데, 같이 가서 얘기하다 보니 이렇게….

이동진 그럼 이제 말씀드린 대로 관객들이 질문을 해주시면 감사하겠습니다.

줌인 줌아웃을 애용하는 이유

관객   영화 잘 봤고요. 제가 기억하기로 감독님은 줌인 줌아웃을 많이 쓰시는 것 같은데, 적절하다고 생각한 적도 있고, 좀 과하다 싶은 때도 있었습니다. 줌인 줌아웃을 하는 감독님의 의도나 철학 같은 것을 알고 싶습니다.

홍상수   몇 가지 이유가 있는 것 같고요. 처음 줌인 줌아웃을 시작할 때 이전까지는 카메라가 계속 안 움직이는 식이었거든요. 근데 들어가고 싶더라고요, 카메라가. 이럴 때 원래는 커트하고 배우들의 액션을 연결하잖아요. 이쪽에서 찍고, 저쪽에서 다시 찍고. 저는 그게 싫었어요. 그게 가장 큰 이유에요. 얼굴 가까이는 가고 싶고, 커트는 싫은 것. 어떤 긴장감이 최고조에 있을 때, 컨트롤할 수 없는 많은 게 일어납니다. 배우 사이에도 일어나고, 우연도 발생하고. 힘들게 만족스러운 신이 나왔는데 배우 보고 다시 하라고 시키는 게 너무 싫었고, 배우가 그걸 똑같이 하기도 힘들 것 같고. 그럴 경우 제가 희생해야 하는 부분이 생기는 거죠. 다시 할 수 있는 정도의 연기를 요구하거나, 그러니깐 열 번, 스무 번, 마흔 번을 해도 비슷하게 할 수 있는 연기에 맞추든가. 저는 3분짜리 신에서 중요한 방점 세 군데를 찍어 놨을 때, 생각지도 않은 데서 더 아름다운 느낌이 생기는 걸 보거든요, 사실은 그걸 기대하기도 하고. 이런 걸 나눠서 찍을 순 없는 거라고 생각하고요. 가까이 가고 싶은데, 커트는 못 쓰겠고 그러니까 줌뿐이 없는 거죠. 줌이 어떤 분들한테는 조금 과격하게 느껴질 수도 있는데, 저한테는 그게 쾌감이고 어떨 때는 리듬이에요. 그래서 하는 거예요.

이동진   또 질문하실 분?

관객 최소한의 시놉시스만 가지고 촬영에 들어간다고 하셨는데, 왜 그렇게 하는지 궁금합니다. 혹 영향 받은 책이 있으신가요?

홍상수 그걸 억지로 이유라고 말하기는 어려운데…. 기질, 어떤 기질 때문에 그런 결정을 하는 것 같아요. 기질이란 건 원래 타고나는 거니까. 어떤 사람은 시나리오가 100% 완벽해야 시작을 하고, 그래서 잘 찍으면 되고, 거기에 만족하는 사람이 있는데, 저 같은 경우는 반대죠. 찍으면서 '발견'이 일어나야 해요. 미리 다 알면 안 돼요. 발견이라는 건 몰랐던 게 '아!' 하고 생각이 나는 거고, 기대 안 했던 게 '아!' 하고 일어나는 거잖아요. 그런 게 일어날 수 있는 공간을 주려면 미리 다 정해 놓을 수 없는 거죠.

이동진 네, 또 질문하실 분?

강아지를 좋아하세요?

관객 사소한 질문인데요. 예전부터 영화를 보면서 항상 궁금했어요. 오늘도 대사에 등장하는데 강아지가 거의 모든 영화에 등장하고, 강아지를 예뻐하거나 귀여워하는 장면들이 꼭 있더라고요. 그것도 그냥 찍다 보니 우연히 그렇게 된 것인지 아니면 의도적으로 강아지를 항상 넣으시는 건지. 개인적으로 강아지를 좋아하시는지 궁금합니다.

홍상수 강아지를 키운 지 한 6~7년 됐고요. 굉장히 예뻐합니다. 그것 때문에 강아지에 대해 많이 다루는 것 같고, 제 기억이 맞는다면 〈강원도의 힘〉에서 개가 나

오거든요. 일상에서 만날 수 있는 가장 흔한 동물인 것 같아요. 만난다고 말할 수 있을 만큼 커뮤니케이션 비슷한 게 가능하고, 혼자 움직일 수 있고, 거리에서 늘 만나고. 우리도 동물이잖아요. 동물이지만 왜 우리는 이렇게 이상한 동물로 변했나 하는 고민도 하게 되고.

관객　저도 굉장히 단순한 질문인데요. 영화는 흑백인데 겉장과 끝장을 컬러로, 빨강과 파랑으로 포장하신 것 같은데 그게 어떤 의미인지 궁금합니다.

홍상수　저는 그게 거슬린다고 생각을 안 했는데, 어떤 분이 그런 얘기를 하시더라고요. 흑백이 본체니까 앞뒤도 흑백이어야 한다고. 근데 저는 그렇게 생각 안 했어요. 컬러가 좋더라고요. 글씨체도 그렇고 앞에 나오는 컬러, 마지막에 나오는 컬러, 그게 그냥 좋아요. 왜 자기가 좋아하는 책의 겉표지가 내용에 걸맞으면 더 소장하고 싶잖아요. 비슷한 것 같아요. 시작할 때 컬러가 들어가는데 저한테는 이 영화와 맞는다는 느낌이에요.

안 쳐다보고 살았던 것을 쳐다보게 하기

관객　사소한 질문인데요. 영화를 보면 옷에 신경이 많이 쓰이거든요. 근데 이 영화에선 신경을 너무 안 쓴 것 같아요. 등장인물들 옷이 거의 변함이 없기든요. 그게 시나리오 플롯 때문에 일부러 그런 건지, 아니면 다른 의도가 있는 건지 궁금합니다.

홍상수　제가 반복하는 것 같으면서, 이어지는 것 같으면서, 또 지나가는 영화를 만들겠다고 생각한 게 2회차 정도를 찍고 나서부터예요. 그전에는 달리 갈 수도 있다고 생각했어요. 그런데 1회차 찍고 앞으로 뭘 찍을지 모르잖아요. 일단 옷이라도 정리를 해놓자 해서 그렇게 한 거예요.

관객 〈북촌방향〉이라는 영화를 보고 시네마톡에 참여하면서 홍상수 감독님은 잭슨 폴록 스타일이라는 생각이 들었습니다. 몬드리안 식의 노예적 정확성이 아닌 우연에 의해 마음대로 배치하는데 결과적으로 놓고 보면 아주 뛰어난 예술작품이 되는. 이제 질문 드리겠습니다. 제가 홍상수 감독님의 영화를 태어나서 처음 본 게 1년 전 〈옥희의 영화〉입니다. 그 영화와 〈북촌방향〉, 모두 러닝타임이 70~80분으로 거의 일치하는데요. 보통 영화가 두 시간 가까운 걸로 보면 2/3 수준이죠. 이렇게 영화를 짧게 만드는 이유가 있으신지, 아니면 오늘 말씀하신 것처럼 우연인지 알고 싶습니다.

홍상수 우연의 일치는 아닌 것 같아요. 예를 들어 촬영장소 같은 것도 약간 넉넉하게 주인장한테 이야기해놓고, 배우 분들에게도 약간 넉넉하게 이야기해요. 6회까지 찍고 여기서 조금 쉬어야겠다, 생각이 들면 4~5일 정도 쉬고 7회차 분량을 생각해서 다시 찍고. 이제 끝이구나 싶을 때 편집해서 조금 다듬고 나면 시간이 나와요. 그러니까 시간을 의식해서 만든 건 아니죠. 과정을 통해 만들어진 거죠.

이동진 네, 이제 마지막 질문 하나만 더 받을게요.

관객 저는 오늘 이 영화를 두 번째 봤거든요. 처음엔 이야기를 따라가기 바빴고 오늘은 대사나 디테일을 중심으로 봤는데. 감독님이 배우에게 매일 아침마다 대사를 주는 걸로 유명하시잖아요. 대사에 대한 설명을 더 듣고 싶어서 질문 드리겠습니다. '소설'이라는 술집에 들어가는 장면이 세 번 정도 나오는데 항상 그 부분에서 유준상 씨가 내레이션을 하잖아요. 매번 처음 가는 듯한 느낌으로 내레이션을 하고, 그 안에서 주고받는 대화도 그렇고. 영화를 다 찍고 나서 녹음할 때 생각해서 만드신 건지, 대사들을 처음부터 생각해서 만드신 건지 궁금합니다.

홍상수 내레이션도 대사와 마찬가지로 그날그날 현장 대본 쓸 때 같이 쓰고요, 아주 특별한 부분이 아니면 거의 촬영 끝내고 스태프들이 마지막 촬영지에서 물러난 후 조용한 방에서 그날 땁니다.

관객 이 영화에선 시간성이 중요한 것 같은데요?

홍상수 시간에 대해 특별히 뭘 얘기한다기보다 우리가 어떤 커피집에서 매번 친구를 만나 얘기를 하잖아요. 근데 얘기하는 것도 매번 특별한 주제들이 아니거든요. 사람들도 그런 편안함과 안락함을 원하니까 거길 다시 찾아가서 친구를 만나는 건데, 그걸 일상적으로 한 번 쳐다봐야 할 것 같은 의무감이 들더라고요. 의무감이라고 해서 오해하진 마시고, 제가 영화를 만드는 게 늘 그런 식이거든요. 일상적으로 뭘 하는데 안 쳐다보고 살아오다가 그걸 쳐다봐야 한다는 생각이 드는 것. 매일 하는 건데 이게 인간이 매일 하는 거면 한 번 쳐다봐야 하는 게 아닌가, 그런 생각이 있는 거죠.

이동진 네, 밤이 새도록 이야기하면 좋겠지만 정해진 시간이 있어서요. 이 정도에서 마쳐야 할 것 같네요. 김영진 평론가님, 혹시 마지막으로 질문 있으세요?

김영진 영광입니다. 앞으로 영화 때마다 계속 불러주시면 기쁘게 동참하겠습니다.

홍상수 저도 영광입니다.

이동진 네, 좋은 질문 감사하고요. 감독님 마지막으로 간단히 마무리 말씀해주시고 행사 마치도록 하겠습니다.

홍상수 정말 반가웠습니다. 영화 봐주신 것 감사하고 질문도 감사합니다. 좋은 밤 되세요.

● 2011년 9월 7일, CGV압구정

#30

카페 느와르
Café Noir

카페 느와르
Café Noir

한국 | 2009년 | 198분

등급	청소년 관람불가
감독	정성일
출연	신하균, 정유미, 문정희, 김혜나, 요조
제작	영화사 북극성
배급	조제
개봉	2010. 12. 30

★2009 베니스영화제 비평가주간 초청

같은 학교 선생 미연(김혜나)과 연인 관계인 영수(신하균)는 학부모 미연(문정희)과 불륜 관계를
맺고 사랑에 빠지지만, 이별을 통보받는다. 이별 후 괴로워하던 영수는 거리에서 우연히 보
게 된 선화(정유미)에게 호감을 느낀다. 그녀의 순수와 순정에 반한 영수는 다음 날 선화와 다
시 만나기로 약속한다. 매일 같은 시간, 선화를 만나고 순수한 모습에 미소 짓지만, 결국 그
녀는 영수를 떠난다.

Special Talk *#30*

소녀의 원작, 소녀의 영화

guest table

진행 · **허문영**
영화평론가

초대 · **정성일** 감독
김혜나 배우
정인선 배우

허문영　오늘 진행을 맡은 허문영입니다. 간단히 소감 한마디씩 듣고 대화를 시작할까요?

김혜나　사실 영화 찍으면서 저는 제 분량만 알잖아요. 근데 이렇게 관객과 대화를 나누면서 저 역시 영화에 대해 많이 알게 되고 미처 보지 못했던 것들을 보게 된 것 같아요.

정인선　관객들과 영화를 세 번 정도 함께 봤는데 볼 때마다 느낌이 많이 달라요. 이제 비로소 좀 웃으면서 볼 수 있게 된 것 같고요. 오늘 이 자리에서 더 많은 걸 이해하고 가셨으면 좋겠습니다. 반갑습니다.

햄버거 먹는 장면에 얽힌 뒷이야기

허문영　정인선 씨는 〈살인의 추억〉 마지막 장면에서 하수구를 보며 '며칠 전에 어떤 아저씨도 다녀갔는데'라는 대사를 했던 소녀입니다. 〈카페 느와르〉의 첫 장면을 장식한 연기, 햄버거를 먹는 장면이 영화를 보고 나면 인상에 남지 않을 수 없는데, 사실 정성일 감독은 이 햄버거 먹는 장면이 자살하는 장면이라고 나중에 해설을 해주셨습니다. 사실 처음엔 그게 자살하는 장면인 줄 몰랐습니다. 죄송합니다.(웃음) 그 장면을 연기한 정인선 씨는 이에 대해 어떤 연기를 주문받으셨고, 또 그 장면을 어떻게 해석하셨나요?

정인선　맨 처음 오디션에 합격하고 시나리오를 받을 때 제 부분만 테이핑 된 시나리오를 받았어요. 전체 시나리오는 읽지 않으면 좋겠다고 하셔서 저는 제 부분만 봤거든요. 그래서 전 제가 주인공이라는 생각으로(웃음) 촬영했어요. 영화에 띄엄띄엄 나오지만 제 부분만 봤기 때문에 저를 이해하기 쉬웠고요. 사실 제가 이런 일을 경험해 보지 못해서 패닉에 빠지긴 했어요. 영화도 정말 오랜만에 한 거였고, 신경성 위염이 겹쳐서 음식도 잘 못 먹었어요. 그러다 보니까 가출해서 임신해 있는 여고생으로는 최적의 상태로 촬영장에 간 거죠. 아무튼 최대한 저를 비우고 간 것 같아요. 거울만 멍하니 보고 있다 가기도 하고. 촬영장에선 감독님과 계속 얘기를 나눴던 것 같아요. 기억은 잘 안 나요, 어떻게 찍었는지. 그런데 감독님과 대화를 나누면서 어느 지점까지는 도달했던 것 같은 느낌이 나요. 그래서 그런 장면이 나올 수 있지 않았을까 싶고요. 근데 감독님께서 눈물을 흘리지 말아 달라고 주문하셨는데 먹다 보니 눈물이 나더라고요. 혹시 내가 너무 불쌍해서 오케이를 하시지 않았을까 걱정돼서 집에 가면서 문자를 드렸어요. 그런데 제가 감독님을 너무 따뜻하게 생각했나 봐요. 감독님 답장이 이래요. '인선 양이 만약에 못

했다면 저는 열 번이고 백 번이고 햄버거를 먹였을 사람입니다. 수고했어요.' 따뜻한데 좀 무섭기도 하고 '멋지다~'는 생각도 하면서 집에 갔어요. 그렇게 찍었던 것 같아요.

허문영 예, 충분히 그랬을 분입니다. 김혜나 씨는 가장 고생했던 장면이 어디죠?

김혜나 저는 다 고생한 것 같아요. 과천 서울대공원인가요? 동물원 앞 벤치에서 이야기하는 장면을 아마 마흔 번 정도 찍었을 거예요. 한 번 찍었던 장면을 장소를 옮겨서 다시 찍는 바람에 합하면 마흔 번 정도 찍었어요. 거기에 코끼리 열차가 항상 서야 해요. 저희 앞을 지나가는데 얘기하는 도중, 열차가 오면 제가 타러 가야 하거든요. 코끼리 열차 오기 전까지 대사를 끝내야 하는 게 참 힘들었어요. 저야 대사가 많지 않아서 괜찮았지만, 같이 연기했던 윤희석 씨는 거의 패닉 상태였죠. 한참 연기를 하고 있는데, 연출부 막내 분이 코끼리 열차 앞에서 운전사님께 무릎 꿇고 손으로 빌고 있는 게 보이더라고요. 그것 때문에 진짜 힘내서 희석이 오빠랑 열심히 연기했어요. 그 장면이 오케이가 됐을 거예요. 저도 감독님 되게 좋으신 분인 줄 알았어요.(웃음)

너무나도 낯설고 이질적인 대공원 풍경

허문영 대공원 장면 이야기가 나와서 말씀드리는데, 사실 그 장면이 저는 개인적으로 이 영화 전체에서 약간 낯설게 느껴지거든요. 그 공간만 유일하게 서울을 벗어난 곳이에요. 물론 일관된 요소들은 있습니다. 그곳도 모조로 된 호랑이, 코끼리 열차… 서울이 그러하듯 모조품들이 지배하는 공간이죠. 그럼에도 불구하고

카페 느와르

뭔가 낯선 느낌이 있습니다. 게다가 굉장히 많은 요소가 있어서 사실 보고 있는 동안, 머리가 약간 피곤해지는 느낌도 있었습니다. 윤희석 씨 경우 그 대사는 정말 이상한 대사 아닙니까. 사실 그 사람이 말하는 대사는 따지고 보면 자기는 화성에서 왔고 1004번이 와서 지하철을 탔고, 결국 자기는 연쇄 살인마고, 어쨌든 화성에 가야 하고. 그 자리에 〈살인의 추억〉의 박해일이 오면 어울릴지 모르겠는데 제작비 때문인지 윤희석이 연기했고, 그런데 윤희석 씨는 〈오래된 정원〉에서 운동권 학생을 맡았던 사람입니다. 박해일은 〈괴물〉에서 운동권 학생을 맡았고요. 이렇게 영화적 기억과 내부적 이미지가 얽히면서 굉장히 이 장면을 복잡하게 만들었습니다. 게다가 빨간 풍선과 선물, 뭐가 들었는지 알 수 없는 걸 들고 있다 놓치고 나중엔 없어지고 옆에는 또 여자애가 무릎 꿇고 남자에게 빌고. 제 느낌은 '아, 이 장면은 어쩌면 유일하게 아주 의도적인 상징을 가장 많이 배치해서 계획한 장면이 아닌가' 하는 짐작을 했습니다. 전 아직도 이 장면이 영화에서 가장 낯설게 느껴지는데 이 장면을 구상하고 붙였을 때 감독으로서 어떤 기대를 했고, 어떤 만족을 얻었는지 궁금합니다.

정성일　사실 그 말이 안 나오길 바랐는데, 말씀하셨던 두 가지를 다 넣었습니다. 맨 처음에 윤희석 씨에게 의상 입힐 때 정확하게 부탁했습니다. 〈살인의 추억〉에서 박해일 씨가 입었던 그 옷을 입었으면 좋겠다고. 같은 제품이 아니고 그냥 소품 창고에서 그 옷을 갖고 왔으면 좋겠다고 했습니다. 그리고 실제로 그 옷을 가져와 입힌 겁니다. 김혜나 씨에게는 그 얘기를 안 했습니다. 공원 가면 김혜나 씨한테 말 붙이는 남자들 많지 않아요? "그런 남자가 와서 말 붙이면 반응하세요."라고 얘기했어요. 윤희석 씨한테는 "그날 날씨가 아주 나빠서 어린이대공원에 아무도 안 왔고, 비가 오면 이 여자 여기서 그냥 죽일 수도 있다고 생각해보세요."라고 말했어요. 그리고 〈살인의 추억〉의 그 친구가 도망 다니다 여기 온 거라고도 얘기

했습니다. 이게 한 갈래였습니다. 박해일 씨보다 윤희석 씨가 더 좋은 선택이라고 생각한 건 말씀하셨다시피 〈오래된 정원〉에 나왔기 때문입니다. 뭔가 쇠락한 운동권의 잔영이 스며들기를 기대했습니다. 그리고 이 영화의 저변에는 〈오래된 정원〉의 그림자가 들어 있습니다. 영화 속에서 그 딸의 아버지, 이성민 씨가 20대 때는 어땠을까. 그 사람이 바로 〈오래된 정원〉 그 남자의 삶이었던 건 아닐까. 이런 생각을 구체적으로 했습니다. 그래서 그 그림자가 스며들어 갔으면 했습니다. 많은 사람이 어린이대공원 장면이 왜 있는지 모르겠다고 할 거라는 생각은 했습니다. 스태프 중 많은 사람이 시나리오를 봤을 때 비슷한 얘기를 했습니다. 저는 이 신 없이는 뒷부분이 성립되지 않는다고 생각했습니다. 그러므로 이 신의 어떤 부분은 이야기의 문맥을 담고 있다고 생각합니다.

한국에서 소녀는 어떤 존재인가

허문영　조금 전에 정성일 감독님이 말씀하셨던 대목 중에 귀에 박히는 게 있는데, 서울랜드에 등장한 윤희석의 존재도 그렇고 정윤이 아빠도 그렇고 전체적으로 보면 이 영화를 어떤 평론가가 기성 체제 혹은 지금의 이명박 정부, 이런 데 대한 코멘트나 저항으로 말씀하시는 분들도 있는 것 같은데 제 느낌은 오히려 세대에 대한 강한 인상이 남아 있습니다. 뭔가 이상주의를 향해 달려갔다가 실패한 뒤에 오히려 기존 시스템에 적극적으로 봉사하고 있는 구세대들의 생활 방식에 대한 어떤 문제 제기인 것 같다는 느낌도 들고요. 그들이 자기를 사회주의자라고 얘기하고 시를 암송하고 교양을 뽐내지만, 아내나 딸을 때리고… 제일 끔찍했던 장면은 딸이 2층에서 옷을 벗고 있는데 바로 그다음 장면에서 이어지는 아빠가 굉장히 음란한… 혜나 씨가 DVD방에서 굉장히 고통스러운 장면을 연기하셨지만, 그 장면은 음란하기보단 약간 슬픈 느낌이 들었습니다. '아이고 저 인간 어떡하나' 아버지가 눈을 흘기는 장면은 되게 무섭고 외설적인 느낌이 들었습니다. 그게 교양과 지위와 돈과 권력을 다 가지고 있는 지금, 그 세대의 외설성을 표현한 게 아닌가 싶었고요. 세대 문제도 있지만, 또 제가 받게 되는 느낌은 남성, 여성에 관한 것도 있는데. 남성들은 사실 여기서 한마디로 개똥 같은 존재고 그나마 좀 낫다는 신하균은 아예 거의 존재가 없죠. 그런데 〈카페 느와르〉에 나오는 여성들은 한결같이 뭔가를 발신하는 존재입니다. 자기 욕망 때문에 편지를 띄우고, 또 생사에 대해 결단을 내리고, 행위를 하고 선택하는 존재, 예를 들면 요조는 이 세상에 소식을 전달하는 메신저였고 정유미 씨는 자신의 사랑을 드러내기 위해 끊임없이 신호하고 설득하고 편지를 보내는, 행위를 하는 존재입니다. 그런데 남자들은 지키거나 사라지는 존재입니다. 이런 성차가 굉장히 뚜렷하게 나타납니다. 해석의 측면이긴 한데 그래서 이 영화의 정말 키워드는 남자도 아니고 여인도 아니고 사실은 '소녀'인 것 같습니다, 소년도 아니고 소녀. 누군가 이렇게 썼는데 '소녀의 영화'라고. 정확한 표현이라고 생각합니다. 그런 맥락에서 프롤로그와 에필로그가 하나의 이야기이고, 본론이 일종의 다른 이야기라고 생각합니다. 제 질문은 감독님에게 소녀란 어떤 존재인지, 이미지뿐 아니라 한국 사회에서 소녀란 어떤 존재인지 묻고 싶습니다.

정성일 소녀는 저의 영원한 테마이기 때문에 답을 하면 안 됩니다. 왜냐하면 대답하는 순간, 더 이상 궁금하지 않게 되니까요. 저는 그냥 이것을 수수께끼로 계속 안고 있을 생각입니다. 〈카페 느와르〉를 찍기 전에 준비했던 얘기가 소녀 뱀파이어 얘기였습니다. 시나리오도 물론 다 됐고 헌팅도 끝나서 찍기를 간절히 바랐지만 제 주변 사람들이 말렸습니다. 얘기가 너무 끔찍해서 "당신 이걸 첫 번째 영화로 시작한다면 굉장한 오해를 받게 될 것이다, 다른 작품을 준비해서 보여준 다음, 이 이야기는 세 번째나 네 번째로 했으면 좋겠다."라고 했습니다. 한편으로는 인선 양이 햄버거 먹는 장면을 찍으면서 '고통이 통과해 가는 것'을 본 셈인데, 영화를 찍고 나서 시나리오를 다시 보고 어떤 고통이 통과해 가는 것에 관한 이야기였다는 것을 생각하게 됐습니다. 이 수수께끼에 대해서는 맹렬하게 탐구를 계속할 것 같습니다.

허문영 이것과 관련해서 혜나 씨와 정인선 씨에게 한 가지만 여쭙겠습니다. 영화를 찍고 몇 번 보셨을 텐데 제일 보기 시원한 장면 혹은 마음이 해방되는 듯한 장면이 있습니까? 사실 제가 떠올리는 장면이 하나 있어서 여쭤보는 건데요.

김혜나 혹시 제가 나온 장면인가요? 저만 유일하게 이 영화에서 욕을 해요, 두 번이나. 그중 청계천에서 영수가 미연과 가는 모습을 보면서 하는 욕이 있는데, 원래 대본에서는 그냥 바라보다 뛰어가는 거였는데 감독님이 그날 갑자기 "혜나 씨, 여기서 '미친 새끼'라고 한번 해주세요." 하시는 거예요. 그날 너무 행복했어요.(웃음) 영화를 준비하고 촬영하고 기다리면서 항상 그랬거든요. "영수 씨 나 좀 사랑해주면 안 돼요?" "나 계속 사랑 못 받는 거 같아 너무 힘들어요." 그랬는데 그날 제가 사랑하는 남자가 바람 피우는 것 같이 짜증이 확 나는 거예요. "미친 새끼" 한 마디를 하는데…(웃음) 정말 죽을 때까지 욕 안 해도 될 것 같았어요.

허문영 인선 씨는 조금 전 감독님 말씀 듣고 나니 정말 분량은 많지 않지만, 내면적으로는 주인공이라는 생각이 안 드세요?

정인선 저는 시나리오 받고 나서부터 계속 주인공이었습니다. 테이핑 된 시나리오를 받았기 때문에 정말 철저하게 제가 주인공인 줄 알았죠. 누가 나오는지, 인물의 이름도 몰랐고요. 그냥 영수라는 이름만 저랑 같이 붙어 있어서, 글자가 되게 조그맣고 많다, 그리고 대사가 두세 페이지씩 되는구나, 하는 것만 알았어요. 저만 봤기 때문에 제가 주인공이었는데 이렇게 말씀을 들으니까 제 생각이 맞았나 봐요?(웃음)

정성일 영화의 마지막 장면에서 남산 올라가는 장면이 실제로 이 영화 마지막 촬영 장면이었습니다. 그걸 찍는데 정유미 씨가 구경을 왔어요. 그런데 정인선 양이 저한테 오더니 '저 사람 누구예요?' 그러는 거예요. 그래서 "우리 영화에 나와" 하니까 "저 배우도 나와요?"라고 해요. 그렇게 자신이 주연이라는 일념으로 이 영화에 출연했습니다.

교양에 관한 변명 혹은 당위성

허문영 이제 관객들의 질의응답을 받도록 하겠습니다.

관객 질문이 몇 가지 있습니다. 좀 바보 같을 수도 있는데 우문현답 기대하고요, 첫 번째 질문은 영화의 주인공이 누구냐는 거거든요. 방금 설명을 들은 것 같고. 그런데 저는 영화에서 미연2가 주인공이라고 생각했습니다. 왜냐하면 가장 설명이 많이 되고 감정이입될 수 있는 캐릭터였던 것 같고, 이 모든 이야기를 통해 영수의 선택과 대비돼서 구원받을 수 있는 캐릭터가 미연2라고 생각했기 때문입니다. 두 번째 여쭤보고 싶은 것은 원작 각색하신 내용에 관해서인데요, 미연의 남편이 《젊은 베르테르의 슬픔》보다 훨씬 나쁜 사람으로 묘사된 것 같은데 그렇게 되면 베르테르가 갖고 있던 슬픔이 좀 단순화되는 것 같거든요. 그렇게 각색하신 이유가 뭐고 이 영화의 대상을 어떤 사람들로 설정하셨는지가 궁금합니다. 또 두 분에게 질문이 있는데 이 영화를 '교양 영화'라고 말씀하신 걸 들었어요. 그런데 저는 영화도 많이 안 봤고, 교양도 부족하고, 교양이 부족하다는 데 부끄러움을 느끼는 세대도 아니거든요. 그런데 그런 점들이 영화를 감상하는 데 크게 방해가 되지 않았다고 생각합니다. 그래서 감독님께서 갖고 계신 교양에 대한 개념을 구체적으로 듣고 싶습니다. 또 마지막으로 감독님 목표가 문학 전집 백 권을 영화화하는 거라고 들었는데 그게 감독님 개인의 바람 외에 교양이 부족한 현 세대에 어떤 의미가 될 거라고 생각하시는지 듣고 싶습니다.

정성일   질문하신 분과 같은 고민이 있었습니다. 남편이 그런 인물이 되는 순간, 이야기가 너무 도식적이 되지 않을까 고민에 빠진 적이 있습니다. 그래서 그 문제를 놓고 길게 고민을 했습니다. 하지만 그럼에도 불구하고 제가 청계천을 찍은 이유, 남산을 찍은 이유는, 한편으로 저는 어쩌면 이 이야기에서 가장 불쌍한 사람이 그 남편이라는 생각을 했습니다. 사실은 얼마나 자신의 삶을 포기했으면 영수가 망치로 자기를 내리쳐 주기를 기대했겠습니까. "제발 저를 망치로 내리쳐 주세요. 그래서 저를 여기서 끝내주세요." 하는 간절한 기대. 아마도 그는 베르테르가 망치를 갖고 왔다는 걸 잘 알고 있었을 것이고, 그에게 피아노를 쳐달라는 뜻은 망치를 내리칠 기회를 준 것이며 제발 그 기회를 놓치지 말아 주세요, 했음에도 불구하고 미연이 그 기회 자체를 엉망으로 만들어 버리죠. 그때부터 얘기가 완전히 다른 쪽으로 빠져서 말하자면 베르테르인 영수에게는 죽을 자유가 있지만, 남편에게는 죽을 자유조차 상실한 채로 견디고 버텨야 하는 상황이 된 거죠. 그는 악당이라기보다 오히려 가여운 사람이라는 마음이 저에겐 컸습니다.

두 번째 질문에 대해서는 이 영화를 보여주고 싶은 사람이 이 영화를 보고 싶은 사람이면 된다고 생각했습니다. 사실 영화를 보고 싶지 않은 사람조차 오늘날 한국 영화 시스템은 강제적으로 끌어들이고 있죠. 그리고 영화 산업에서 통계 리서치를 보면 가장 놀랄 만한 것은 20세기와 21세기 한국 영화 관객의 가장 큰 차이점이 20세기 한국 영화 관객은 자기가 보려는 영화를 결정하고 극장에 가지만, 21세기 한국 영화의 관객은 극장에 와서 자기가 볼 영화를 결정한다는 겁니다. 그런데 문제는 자기가 보고 싶은 영화를 상영하고 있을 만큼 다양한 영화를 멀티플

렉스가 상영하고 있지 않다는 겁니다. 이런 수동적 자유 속에서 "〈카페 느와르〉를 어떤 사람이 보면 좋겠습니까?"라는 질문을 받으면, 저는 오늘날 내가 보고 싶은 영화를 본다는 행위가 그 사람에게 굉장히 적극적 의지를 요구하는 불행한 상황이기 때문에…. 〈카페 느와르〉가 개봉했을 때 깜짝 놀란 상영시간은 어떤 극장에서 하루에 딱 1회 상영을 했는데 그 시간이 1시 15분이었습니다. 새벽 1시 15분. 끝나면 4시 30분이 되는 거죠. 첫차도 못 타고 영화 끝나면 하염없이 첫차를 기다리거나 택시를 타고 집에 갈 수밖에 없는 거죠. 그때 이 영화를 보신 관객에 대한 미안함은 정말 컸습니다. 의지를 갖고 이 영화를 보러 왔지만, 집으로 갈 때 쓸쓸하고 외로운 감정을 생각하면 정말 미안한 겁니다. 사실 이것은 제가 영화를 만들고 개봉하기 전까지는 생각하지 않았던 감정입니다. 그래서 "어떤 사람이 보면 좋겠습니까?"라는 질문의 답은 '이 영화를 보고 싶어 하는 사람들'입니다.

세 번째로 교양에 대해서는 제 생각보다 '우리 시대 철학의 엘비스 프레슬리'라고 불리는 슬라보예 지젝의 말을 인용하고 싶습니다. 교양이란 '자유인 척하는 의무 행위'가 아니라 '의무인 척하는 자유행위'라고 했습니다. 질문하신 분께서 교양을 몰라도 전혀 상관없다고 생각한다는 견해도 저는 충분히 존중합니다. 하지만 그것을 알고 있다면 우리는 더 재미있게 이야기할 수 있지 않겠습니까? 교양을 잘 모르면, 상대방과 이야기를 공유하기까지 시간이 좀 걸립니다. 근데 교양이 있으면 그 즐거운 대화의 시간을 좀 더 크게 웃고 더 크게 공감하고 더 많이 이야기할 준비가 되어 있지 않겠느냐는 뜻이죠. 저는 그것에 대해서 '의무'라고 생각하진 않고 더 잘 즐기기 위한 '자유'라고 생각하면 안 되겠느냐는 것입니다. 세계소년소녀교양문학전집은 제 오랜 꿈이기도 한데 말하자면 좋은 책들을 서가에 꽂아놓고 기회가 닿을 때마다 뽑아서 보지 않습니까? 사실 TOEIC 책들만 꽂혀 있는 서가는 참 쓸쓸하지 않겠습니까? 자기가 위로받고 싶을 때 꽂혀 있는 시집들, 소설들 혹은 뭔가 생각하고 싶을 때 꽂혀 있는 책들과 마찬가지로 이 영화가 좋은 점이 있다면 그 책들과 마찬가지로 여러분의 서가에 DVD 혹은 파일로 꽂혀 있어서 힘든 순간, 마치 작은 위로가 되듯 이 영화를 꺼내 보면서 여러분에게 작은 위로가 되어 정말 힘들 때 이 영화의 마지막 장면을 보고 '넌 어떻게 할 거야?' 스스로 질문하고 '살아야지 뭐'라며 스스로 위로를 얻을 수 있으면 좋겠습니다. 이를테면 제가 홍상수 감독의 영화 〈극장전〉의 일부를 영화 마지막에 썼습니다. 영화를 찍으면서 힘든 순간들이 다가왔을 때 〈극장전〉의 마지막 장면에서 김상경 씨가 걸어가면서 "생각을 해야 해. 죽지 않으려면 생각을 해야 해."라는 말이 저한테는 큰 위로가 됐습니다. 〈극장전〉이라는 영화에 대한 제 고마움을 표현하고 싶어서 영화 안에 넣었던 겁니다. 마찬가지로 〈카페 느와르〉가 마음에 드는 분이라면, 여러분의 서가에 꽂혀서 교양문화잡지처럼 아무 때나 뽑아들고 힘든 순간 그 장면을 보면서 힘을 얻을 수 있지 않을까 싶습니다. 이를테면 김혜나 양을 태우고 요조 양이 달려가는 장면을 보면서, 혹은 인선 양의 "살아야지 뭐."라는 대답을 듣는 순간 "맞아, 살아야지." 하고 얘기할 수 있다면, 그건 이 영화가 작은 힘이 되었다는 걸 증명하는 거라는 기대가 있습니다.

영화가 나를 필요로 하는가

관객　저는 영화에 푹 안겨 있는 기분이었어요. 이렇게 난해하지만 편안한 영화를 다시 볼 수 없을 거라고 생각합니다. 영화의 밀도가 너무 아득했어요. 그래서 그걸 찍고 있을 때 감독님은 어떤 눈을 하고 계셨을까 너무 궁금했거든요.

정성일　영화 잘 봐 주셔서 배우들, 스태프들 대표해서 감사드리고요. 영화를 찍을 때 제 마음은 그냥 한 가지였습니다. 아마 여기 계신 분들에게도 좋은 질문이 될 것 같은데요. 제가 좋아하고 사랑하는 사람들에게 하는 말이기도 하고 책에도 쓴 말입니다. 앙겔로풀로스에게 한 학생이 질문을 던졌습니다. "저는 영화를 하고 싶은 사람입니다. 좋은 말씀을 해주십시오." 앙겔로풀로스가 대답했습니다. "두 가지 질문이 있습니다. 두 가지 다 대답해야 합니다. 나는 영화를 좋아하는가? 두 번째 질문, 그렇다면 영화도 당신을 필요로 하는가?" 두 번째 질문에 대답하기는 쉽지 않습니다. 질문은 계속 바뀔 수 있습니다. 만약 문학을 공부하는 분이라면 "나는 문학을 사랑하는가?" 물어봐야 합니다. 그건 누구나 할 수 있는 대답입니다. 그렇다면 "문학도 당신을 필요로 하는가?" 저는 "영화가 나를 필요로 하는가?"에 대해서 제 방식대로 대답을 찾고 싶었습니다. 그래서 영화로부터 대답을 구하고 싶었습니다. 질문하신 분도 자기가 가장 사랑하는 게 있을 겁니다. "내가 그것을 사랑하는가?"라는 질문에는 물론이라고 대답하실 겁니다. 근데 나를 필요로 하는가라는 질문에 대한 대답은 자신의 삶 전체를 걸고 대답해야 합니다. 거기에 대한 정직한 대답을 자기 삶 전체를 놓고 대답해 보자는 겁니다. 저는 고작해야 그 첫 번째 걸음을 내디뎠을 뿐입니다.

허문영   계속 질문을 이어가도록 하겠습니다.

관객   오늘 오지 못한 친구가 꼭 해달라는 질문이 몇 가지 있습니다. 오늘 마지막 장면에서 태어나지 않은 아이에게 하는 인사가 'Happy birthday to you'인데 왜 그런지, 그리고 두 번째로 영화 중간마다 손을 클로즈업하는 장면이 여러 번 나오는데 그중 특별히 영수가 다른 사람과 손이 겹치는 장면, 점쟁이 아주머니라든지 선화와 앉아 있는 장면은 어떤 의미가 있는지, 또 금화터널에서 김혜나 씨가 오토바이 타고 가는 장면은 갑자기 줌인이 들어가던데 어떤 의도로 찍으신 건지, 그리고 마지막에 정유미 씨에게 등燈을 가져다주는 인물이 왜 하필이면 희경이었는지, 어떤 특별한 의미가 있는 것인지 알고 싶습니다.

정성일   첫 번째 질문 'Happy birthday to you'에 대해 원래 생각은 그 남자아이를 때려주고 아이를 지우라고 할 생각이었으니까, 그런데 키울 생각을 했으니까, 그 아이는 생명을 얻은 것이죠. 그런 뜻이고요. 두 번째 손 클로즈업 장면들은, 전 얼굴보다 손을 신비롭게 여기는 사람입니다. 이 영화에서 처음 보여주는 손은 신하균 씨가 올려 편 손입니다. 그때 제가 관객들께 봐주십사 했던 건 손이 아니라 손금입니다. 말하자면 운명이, 그 사람의 운명이 여기 쓰여 있다고 하지 않습니까. 좀 이상한 얘기지만 제가 손금을 좀 잘 봅니다. 너무 잘 봐서 보면 아픕니다. 그래서 사람들 손금을 안 봅니다. 하루에 세 사람 이상 보면 제가 아파서 다른 일을 못할 정도입니다. 사실은 손금 공부를 오래 했어요. 손금 책들 보면서…. 손금의 신기한 점은 미래는 대부분 틀리는데 과거는 거의 읽어낸다는 겁니다. 그래서 예전엔 사람들 만나면 왼손 좀 보자고 했습니다. 그러면 대충 이 사람이 어떤 사

스페셜톡

람인지 알았습니다. 이 사람의 삶의 정보가 들어 있는 손을 보여준다는 것에 대해 한번 같이 생각해 봤으면 좋겠다는 의미입니다.

그다음에 줌인을 쓴 이유는 저기 가고 있는 사람을 카메라가 잡아당기고 싶었습니다. 줌을 쓰는 의미는 두 가지가 있죠. 하나는 카메라가 다가간다는 뜻이고 하나는 저기 가고 있는 사람을 내가 붙잡아서 당기는 듯한 느낌이 있지 않습니까. 이때는 낭기는 게 아니라 확 밀어지는 느낌, 말하자면 과거로부터 확 빨리 미래로 보내고 싶은 느낌? 가고 있는 사람 등을 영화가 확 밀어주는 느낌이었으면 했습니다.

주인공에게 힘을 주는 카메라

관객　후반부에 미연이 영수랑 같이 가잖아요. 근데 길 건너편에 김상경이 서 있거든요. 그 순간, 관객들은 '아, 영수는 김상경을 이길 수 없다'라고 생각하게 됩니다. 그때 아니나 다를까 미연이 달려가서 포옹하죠. 그 장면이 어려운 선택일 수 있다고 생각한 게 앞부분에 〈극장전〉이 나오잖아요. 보는 사람 입장에선 흘딱 깬다는 느낌도 있거든요. 거기서 어떤 선택의 고민은 없었는지? 그리고 어머니가 등장하는데 그분이 점쟁이로도 나왔잖아요? 같은 인물을 캐스팅한 건데 왜 그런 건지. 고전적인 그리스비극의 미감을 불러일으킨다는 느낌도 있거든요. 어머니를 같은 인물로 캐스팅한 이유에 대해 질문하고 싶습니다.

정성일　시나리오를 쓸 때는 말씀하신 그 점을 고민했습니다. 그런데 여러 장면을 다 성공적으로 찍고 붙인 다음 덜어내고, 완충하는 순간 오히려 제가 원하는 것을 얻지 못할 거라는 걸 비로소 알게 되었습니다. 이건 한편으로 제가 경험이 부족했기 때문에 붙여 보고 나서야 알게 되는 겁니다. 저는 오히려 이게 영화의 이야기를 찢고 들어오길 바랐습니다. 그리고는 미연을 손으로 확 채어갔으면 좋겠다는 생각을 했습니다. 김상경 씨가 나타나는 순간, 정말 박장대소하길 바랐는데 생각보다 안 웃는 거예요. 그 대목이 나올 때마다 관객들의 반응을 유심히 봤는데 의외로 정말 크게 웃는 건 외국 관객들입니다. 영화제에 갔을 때 어떤 관객은 너무 웃다가 어머니가 시체를 부여안는 순간, 찬물을 끼얹은 듯 싸늘해졌습니다. 저는 그걸 목표로 했기 때문에 그렇게 얘기해주신다면 저로선 원했던 걸 얻은 셈입니다. 저에겐 굉장히 중요했습니다. 저는 영화를 보는 사람이 어떤 인물에 감정이입하는 순간, 망하는 거라고 생각했습니다. 보는 사람을 계속 밀쳐내고 싶었습니다. 저는 영화 안에 관객이 들어와서 어떤 인물에 동화되는 순간, 굉장히 불쾌하다는 생각을 늘 합니다. 그 불쾌한 느낌을 제가 영화를 만들면서 반복하고 싶지 않았습니다.

두 번째 질문인 어머니 역에 대해서는 처음부터 일인이역을 해야 한다고 생각했습니다. 그 두 가지 역을 다 성립시키는 배우를 찾는 게 되게 힘들었습니다. 만약 이용녀 씨가 아니었다면 그 장면 자체를 뺐을 겁니다. 이용녀 씨였기 때문에 어머니와 점쟁이 둘 다 이 영화에서 설득할 수 있다고 생각했습니다. 이용녀라는 배우는 개인적으로 굉장히 좋아하는 배우입니다.

국제영화제용 영화를 일부러 안 만든 이유

허문영　시간이 많이 지났지만 두어 개 정도의 질문을 더 받도록 하겠습니다.

관객　기독교적인 코드가 전반적으로 깔린 것 같은데, 어떤 의도였는지 궁금합니다.

정성일 이 영화를 기독교적으로 단순화시키는 건 옳지 않다고 생각합니다. 물론 그렇게 해석하는 분을 제가 막을 도리는 없습니다. 단, 그렇게 단순화시키는 것을 원치 않고 또 과도하게 기독교적 상징으로 읽히는 것도 원치 않습니다. 그것을 의도한 건 아닙니다. 저는 베리만도 아니고 타르콥스키도 아닙니다. 기독교적인 클리셰들은 여러분이 충분히 알 수 있는 정도의 선을 지키고 싶었습니다. 어떤 대목들은 과도하게 진행된 것도 있지만 그건 시나리오 단계에서 다 버렸습니다. 그리고 가능하면 교회에 한 번 가보지 않고 성경을 단 한 번도 읽지 않았더라도 교양 수준에서 알 수 있는 선에서 멈추고 싶었습니다. 다음 영화는 거의 같은 수준의 불교에 관한 클리셰들로 꽉 채워질 수도 있습니다.

관객 두 가지 질문을 드리고 싶은데요. 하나는 고전문학의 세계는 흑백으로 처리돼 있고 오늘날의 서울 청계천이라든지 시민은 컬러로 처리돼 있고, 춤추는 카페 같은 곳은 최초로 두 가지가 오버랩핑되는 걸 보고, 〈베를린 천사의 시〉의 대비와 굉장히 닮았다는 생각을 했습니다. 그런데 기억해보니 감독님은 그것을 열렬히 지지하셨다가 철회하셨다는 게 떠올라서 그게 어떤 의미인지 궁금했고요. 두 번째는 제가 이 영화가 제작된다는 소식을 처음 듣고 그간 감독님의 여러 평론을 읽어봤을 때 약간 영리한 방법으로 영화의 내용을 선택할 수도 있지 않았을까 생각했거든요. 예를 들면 장이머우 감독이나 다른 중국 감독들처럼 유럽 스타일의, 세계적인 평론가들의 환호를 얻을 수 있는 영화를 만들고 그걸로 세계에서 명성을 얻은 다음 이후 영화를 수월하게 찍는 방식을 모르시진 않았을 텐데, 왜 (앞에 말씀드린) 그런 것들을 다 버리고 동시대 한국인들만 이해할 수 있는 이런 영화를 만드셨는지 질문 드립니다.

정성일 흑백인데 컬러가 나오는 장면은 총 네 번 있습니다. 이 이야기는 나흘 밤

동안의 이야기이고 밤마다 컬러가 한 번씩 등장했습니다. 그런데 컬러를 등장시킬 때 제 원칙은 신하균이 사실상 물에 뛰어들었을 때 죽은 상태지 않습니까? 완전하게 죽은 건 아니고 사경을 헤매는 듯한 느낌을 주고 싶었습니다. 이때 제 말의 방점은 '헤매다'에 있습니다. 그래서 사경을 헤맬 때 사람이 거의 죽을 지경이고, 정신을 차릴 것 같았다, 죽었다 의식을 반복하지 않습니까. 말하자면 뒷부분에서 컬러의 느낌은 영수가 그렇게 사경을 헤매면서 정신이 순간적으로 들어오는 때의 느낌을 주기를 바란 겁니다. 두 번째에 관한 대답은 제게 필요한 건 명예가 아닙니다. 영화를 만드는 건, 이것이 제가 사랑하는 일이기 때문입니다. 사랑하는 사람에게 저는 명예를 요구할 생각이 없습니다. 저는 그 사람에게 제 사랑을 고백하고 그 영화로 제게 대답해주면 충분하다고 생각했기 때문에 제가 가장 잘 알고 있고 제가 살아왔고 제가 앞으로도 살아갈 이 도시에 관한 이야기를 하는 게 정말 중요했습니다. 저는 서울에서 태어났고 서울에서 자랐고 지금 서울에서 살고 있습니다. 그리고 이 도시는 제가 가장 잘 얘기할 수 있는 장소이기 때문에 이 장소에 관한 이야기를 하고 싶었습니다. 아마도 두 번째 영화… 아마도가 아니라 무조건 두 번째 영화의 무대도 서울이 될 것이고, 서울에서 찍을 것이며, 서울에서 살아가는 사람들의 이야기가 될 것이고, 할 수만 있다면 한국에서 단 한 걸음만 벗어나도 전혀 이해가 안 되는 영화를 찍고 싶은 게 제 진정한 꿈입니다. 그래서 한국 바깥에서 사는 사람들이 제 영화를 보고 싶으면 서울에서 살아가는 리듬이 뭔지 공부하기 전에는 알 수 없는 영화를 저는 찍고 싶습니다. 왜냐하면 제가 좋아했던 영화들의 공통점이 바로 그 점이기 때문입니다. 이를테면 평생 단 한 개의 영화제에도 초대받지 못한 오즈 야스지로 감독의 영화를 제가 좋아하는 까닭은 그의 영화가 일본에서 단 한 걸음만 벗어나도 납득할 수 없는 영화이기 때문입니다. 저는 이 감독이 그래서 위대하다고 생각합니다. 존 포드의 영화도 마찬가지입니다. 미국에서 단 한 걸음만 벗어나도 미국에 대해 이해하지 않고는 그의 영화

안에 들어갈 방법이 없다고 봅니다. 제가 존경하는 영화감독들은 자기에게 충실하고, 자기에게 정직하고, 정말 자기에게 모든 걸 다 바치는 영화를 했습니다. 물론 이건 개인적인 생각이기 때문에 동의하지 않을 수도 있습니다. 혹은 동의하지 않으셔도 상관없습니다. 왜냐하면 영화를 만든다는 건 누구의 동의를 구하기 위해 하는 게 아니기 때문입니다. 동료를 구하고 친구를 구하긴 합니다만 이 영화를 만들면서 상대방에게 강제적으로 혹은 아첨을 부리면서, 애교를 떨면서 설득하고 싶은 생각은 없기 때문입니다.

허문영 한 가지만 보충하겠습니다. 아까 질문하신 분이 〈카페 느와르〉가 한국어를 사용하는 사람이 아니면 전혀 이해할 수 없을 거라고 했고, 감독님도 그런 방향으로 만들었다고 말씀하셨는데, 실제로는 그렇지 않았습니다. 많은 국제영화제에 초청을 받았고 상영을 했고 또 감독님이 관객과의 대화에 참여하셨고…. 그러니까 외국 관객들이 이 영화를 이해한다는 겁니다. 오히려 그 점에 대해 말씀해

주시면 좋을 것 같습니다. 외국 관객들은 어떤 방식으로 한국 관객과 다르게 이 영화를 받아들였는지 보충해주세요.

정성일 영화제에서 지금과 똑같은 방식으로 관객과의 대화 자리가 마련되었습니다. 그때 관객들에게 집중적으로 받았던 질문은, 서울의 매핑에 관한 것입니다. 서울이라는 것의 물질성이 어떤 방식으로 이 영화 속에 작동되고 있는지에 대한 질문들. 사실 저로서는 그 질문들이 너무 고마웠습니다. 저는 이 영화의 줄거리에 대한 지루한 논쟁보다 '서울'이라는 장소에 대한 이야기들이, 제가 영화에서 보여주고 싶었던 것에 대한 화답 같은 느낌이 들어서 매우 고마웠습니다.

두 번째 현장으로 달려가고 싶다

허문영 질문 한두 개 더 받을까요?

관객　미연이 영수에게 이별을 고하는 장면에서 앵글이 굉장히 독특합니다. 어떻게 이런 앵글을 잡았을까 굉장히 감탄하면서 봤거든요. 분위기도 묘하고 몰입하게 되고요. 보통 영화 같으면 옆모습을 계속 잡았을 텐데 현장에서 촬영감독님과 어떤 얘기를 나누셨는지 궁금합니다.

정성일　좋은 얘기를 많이 했고요.(웃음)

관객　작위적이지 않으면서 날것의 원시적인 느낌… 카메라가 정지돼 있고… 뭐라고 말로 표현하긴 힘든데… 그런 느낌을 받았습니다.

정성일　그렇게 봐주셔서 감사하고요. 칭찬은 촬영하신 분께 꼭 전달해 드리겠습니다. 저는 찍으면서 '카메라는 여기 있어야 해'라는 것만 결정하고 찍는 것은 촬영감독에게 전적으로 맡겼습니다. 또 스태프들에게 얘기했습니다. "여러분도 잘 아시다시피 저는 처음 영화를 찍는 사람입니다. 그러니 아는 게 없습니다. 그러므

로 아마 무수한 시행착오를 할 겁니다. 저에게 문제가 있다면 언제든지 얘기해 주십시오. 그 얘기를 들을 준비가 되어 있습니다. 그리고 여러분이 생각하는 것에 대해서도 얼마든지 얘기해 주십시오. 다만 저는 이 모든 것에 대해서, 많은 의견 중에서 어떤 것에 대한 결정만 하겠습니다." 감독의 말 중 제일 이해하지 못하는 말이 "너무 외로웠다."라는 겁니다. 이 말이 이해가 안 됩니다. 외로운 감독은 제가 보기엔 딱 한 종류입니다. 성질 나쁜 감독. 현장에서 성질이나 부리니까 왕따 당하는 거고 그러니까 스태프들이 같이 안 놀아주는 겁니다. 사실 현장에서 단 한 가지, '난 당신의 말을 들을 준비가 돼 있소' 이거 한 가지만 인정하면 현장은 행복해지고 의견을 교환할 수 있는 장이 됩니다. 또 그 사람의 예술적 재능이라는 건 나이와 관계있는 것은 아니니까. 사실은 막내가 퍼스트보다 더 예술적인 감수성이 있을 수 있습니다. 그것에 대해 이야기를 들을 준비가 되어 있다면 얼마든지 그 현장은 행복할 수 있다는 걸 영화 찍으면서 많이 느꼈습니다. 제가 빨리 두 번째 현장으로 가고 싶은 큰 이유 중 하나입니다.

배우와 교감하는 법

허문영 아까 정성일 감독님이 말씀하셨듯이 영화 현장에는 오랜 경험을 지닌 기술 스태프들이 있습니다. 그분들한테 실제로 카메라 앵글이나 거리, 지속 시간, 조명 밝기, 색깔 이런 것들에 대해 도움을 받을 수 있을 겁니다. 그런데 딱 한 가지, 전적으로 감독이 책임져야 하는 부분이 있습니다. 그게 바로 배우의 연기입니다. 배우들과 교감하는 것은 전적으로 감독이 맡는 책임인데 저는 걱정을 좀 했습니다. '정성일 선배 영화 찍으신단다, 엄청난 설명을 하실 텐데 배우가 당황해서 힘들어 하면 어떡하나' 이런 걱정을 좀 했습니다. 현장에서 정성일 감독은 배우들을 대체 어떻게 설득시키는가. 이 영화가 굉장히 비관습적인 요소들이 많은, 동일시를 허락하지 않는 영화고, 뭔가 어긋난 서사들, 에피소드들로 이어져 있기 때문에 배우들과의 교감과 설득이 중요했을 것 같은데 도대체 어떤 방식으로 설득되셨는지, 어떤 점에 끌리고 자극받으셨는지 생각나시는 대로 얘기해주시면 좋겠습니다.

김혜나 수학 문제 푸는 것 같아요. 질문이 길어서.(웃음) 사실 촬영하면서 감독님은 한 번도 설득이나 강요를 하신 적이 없어요. 어렵게 말씀하신 적도 전혀 없는 것 같아요. "혜나 씨 오늘 촬영은 하균 씨와 걷는 겁니다. 오늘 영화의 첫 촬영입니다." "감독님 그런데 어떻게 해요?" "그냥 알아서 하세요." 정말 모든 장면을 알아서 하게 놔두셨고요, 마음에 안 드는 부분이 있으면 달려와서 "이렇게 하나만 해주세요."라고 부탁하셨어요. 아무튼 감독님은 현장에서 안 외로우셨는데, 그건 바로 술 덕분이었던 것 같습니다.

허문영 아까 서울대공원 장면에서 40회 촬영했다고 분노했던 것과는 뭔가 다른 것 같은데요.(웃음)

김혜나 아니 그때는 상황이 힘들었다는 거고요. 저는 누가 뭘 잘못하면 가서 말을 해버려야 직성이 풀리는 사람인데 감독님은 굉장히 열악한 상황에서도 참고 계시는 거예요. 그 참는 모습을 보고 자극받아서 저도 일단은 '사람'이 된 것 같고, 좀 착해졌어요. 그런데 화가 나는 걸 참는 게 연기할 때 도움되는 부분도 있더라고요. 아무튼 감독님, 좋아요.

정인선　저도 설득당한 적은 없고요. 그냥 계속 물어보셨어요. 어땠냐고. "이번에는 어땠어요? 어떤 느낌이에요? 어떤 것 같아요?" 그런 생각을 많이 물어보셨어요. 그래서 더 답답했죠.(웃음) 말을 못하겠는데 자꾸 물어보니까. 그런 건 있어요. 촬영 전날 되게 따뜻한 척(웃음), 염려해 주시는 척 체크를 해요. "기대하고 있다."라고. 그러면 저는 또 밥을 못 먹고 시나리오만 보게 되고. 굉장히 따뜻한 것 같으면서 되게 세심하고 예리하세요. 그래서 생각을 물어보면 겁이 나는 것 같고요. 무서워요. 나쁘세요.(웃음)

허문영　이런 말씀에 대해 혹시 덧붙이실 말씀이 있으신가요?

정성일　아, 저는 영화를 하면서 돈에는 운이 없었지만 사람 운은 있었구나 생각하는 게 배우들이 정말 너무 잘 해줬기 때문에 거기에 대해서는 항상 행복했습니다.

허문영　예, 오늘도 기대에 어긋나지 않게… 이야기를 시작한 지 세 시간 반 정도가 된 것 같습니다. 마지막으로 간단하게 인사 말씀 전하면서 이 자리를 마치면 좋을 것 같습니다.

정성일　이 자리에 와 주신 분들에게 진심으로 감사드립니다. 두 번째는 더 잘하겠습니다.

● <u>2011년 1월 5일, CGV대학로</u>

에필로그
Epilogue

김영나

육용지

CJ CGV 무비꼴라쥬

나는 어떻게 시네마톡 예찬론자가 되었나

김영나
(무비꼴라쥬 관객 프로그래머 1기, 방송 작가)

지금 내게 영화는 사랑하는 애인이자, 즐거운 놀이고, 세상을 배우는 공부다. 조조, 심야 상관없다. 언제라도 내가 찾으면 옆에 있어주는 게 바로 영화기 때문이다.

어린 시절 영화는 내게 설렘과 떨림, 기대감을 주는 일종의 우상 같은 존재였다. 영화 보러 극장 가는 게 지금처럼 쉽지만은 않았기에 그만큼의 간절함 같은 낭만이 있었던 것 같다. 예전과는 달리 이제는 극장 가서 영화 보는 게 동네 슈퍼 가서 먹고 싶은 과자를 집어 나오는 것과 비슷할 만큼 친근하고 쉽다. 아마 극장가는 게 어렵거나 특별하다고 여길 사람은 더 이상 없을 것이다. 그래서일까? 언젠가부터 영화, 아니 더 정확히 말하면 극장 관람 영화에 대한 애정이 식어가고 있었다. 시사회나 개봉 초반에 영화를 꼭꼭 챙겨보던 내가, 심지어 스크린에서 내려가도 아쉽지 않았고, 나중에 DVD나 다운로드로 보면 된다는 생각이 지배하게 됐다. 한마디로 애정 제로 상태. 이럴 때 다시 불을 지펴준 게 바로 시네마톡이었다.

영화제나 기획전 등이 진행될 때 감독이나 배우, 평론가 등이 영화 상영 후 GV를 하는데, 내겐 꽤 도움이 되는 시간이었다. 특히 내가 좋아하는 이동진, 김영진 평론가의 영화평은 대체로 글로 접하는 게 전부였는데, 이런 행사가 생기면서 영화보기의 또 다른 재미와 즐거움을 주기 시작했다.

2009년 2월 27일, CGV압구정에서 김영진, 이동진 평론가가 진행한 〈레이첼, 결혼하다〉의 시네마톡. 두 평론가의 만담 같은 내화를 들으며 영화를 보고 듣고 느끼는 즐거움을 얻었다. '아, 내가 느낀 거랑 같네' '그 장면을 이렇게 해석할 수 있구나' '내가 놓친 건 이런 거구나' 등등. 그렇게 시작한 CGV무비꼴라쥬 시네마톡은 내가 좋아하는 마이너 예술영화, 독립영화를 더 사랑하는 계기가 됐고, 한 달에 한 번 찾아오는 시네마톡을 목 빼고 기다리게 하는 마력을 발휘했다. 역시 두 평론가의 공력과 위력인지 무비꼴라쥬 시네마톡은 압구정을 시작으로 무비꼴라쥬관이 있는 CGV대학로, 강변, 상암, 구로에 이어 부산 서면까지 확대됐고, 아트톡, 스페셜톡 등 특별한 이름이 달린 시네마톡으로 진행될 만큼 콘셉트가 다양해졌다.

일일이 영화 관람권을 확인하며 세어보진 않았지만, 작년부턴 시네마톡 일정표가 나오면 그것부터 체크할 만큼 꽤 열심히 찾아봤다. 〈윈터스 본〉 같은 영화는 시네마톡을 다 찾아다니며 4번이나 본 영화다. 영화가 너무 좋아서 한 영화를 두고 여러 명의 평론가, 전문가들이 어떤 이야기를 하는지 너무 궁금했기 때문이다. 올해 각광을 받았던 〈파수꾼〉 역시 비슷하다. 시사회에서 보고 인상이 남아 시네마톡을 할 때마다 거의 찾아다녔으니, 같은 영화를 서너 번씩 보러 간다고 별스럽게 생각하는 사람도 있지만 내겐 이미 평범한 일상이다.

무비꼴라쥬 시네마톡은 한국영화든 외국영화든 좋은 영화 보기의 저변을 넓히는 데 일조했다. 영화 한 편 가격으로 이런 알짜배기 이야기를 어디서 들을 수 있을까. 이거야말로 최고의 영화보기가 아닐까. 시네마톡은 신작에만 머무르지 않고 다시 보고 즐기는 클래식 영화까지 챙겨줬다. 영화는 한 번 보고 마는 게 아니란 걸 새삼 깨달았고, 또 어릴 때 봤던 영화를 어른이 돼서 다시 보는 것 자체가 색다른 경험이었다.

시네마톡을 찬양(?)하는 추종자의 한 사람으로서, 마지막으로 이런 관객들에게 강추한다. 다른 사람과 차별화된 영화를 즐기고 싶은 사람, 혼자 영화 보러 가는 게 두려운 사람, 영화 보고 난 후 여운을 느끼고 싶은 사람. 이런 분이라면 시네마톡과 함께 영화를 즐기는 게 마땅하다고 생각한다.

오늘도 난 다음 달 무비꼴라쥬 시네마톡 일정표를 챙겨보면서 어느 분이 어떤 영화를 선택했을까, 이번엔 어떤 영화가 관심의 대상일까, 이건 또 몇 번을 봐야 하는 걸까, 즐거운 고민에 빠져 있다.

어느 바둑 소년의 시네마톡 입문기

육용지
(무비꼴라쥬 관객 프로그래머 1기, 프로 바둑기사)

CGV무비꼴라쥬와 함께 한 시간도 어느덧 3년이 됐다. 바둑이라는 하나의 꿈속에 파묻혀 지내던 나. 그런 내가 유일하게 세상을 향해 손을 내밀었던 것이 바로 영화였고, 그 속에 무비꼴라쥬가 있었다. 바둑 두는 사람으로서 머리 굴리는 것을 마다하지 않았던 나였기에, 영화를 보면서 이것저것 생각도 하고, 여행 다니는 것 같은 느낌을 가질 수 있다는 게 좋았다.

불과 2, 3년 전만 해도 나는 극장에 다니지도 않았고, 심지어 영화도 보지 않았다. 극장에서 본 첫 영화가 한국영화 〈영화는 영화다〉와 애니메이션 〈쿵푸 팬더〉였다. 무비꼴라쥬는 그 후 〈구구는 고양이다〉를 보면서 처음 접하게 됐다. 그러다 무비꼴라쥬 '애정 관객'으로 서서히 영화에 빠져들게 됐다.

나는 인천에 살았는데, 2009년 즈음 시네마톡과 캔버스톡(지금의 아트톡)이 생기면서 서울로 외출하는 경우가 점점 많아졌다. 내가 영화에 막 빠져드는 시기에 무비꼴라쥬 시네마톡을 처음부터 참여할 수 있었던 건 큰 행운이었다. 나는 거의 혼자서 영화를 보는데 영화 끝나고 이야기를 나눌 수 있는 사람과 시간이 생겼다는 게 선물을 받은 것처럼 기뻤다. 영화를 잘 모르는 나는 무비꼴라쥬 시네마톡에 참여하면서 영화의 흐름을 이해하고 다양한 장르의 독립영화와 예술영화를 곱씹어 보는 데 도움이 됐다. 무비꼴라쥬는 나의 영화 친구였고, 시네마톡은 나의 영화 멘토였다.

무엇이든 처음은 쉽지 않다. 새로운 세계를 알아 가면서 자리 잡기까지는 오랜 시간이 걸리기도 하고 뼈를 깎는 노력도 필요하다. CGV무비꼴라쥬도 마찬가지인 듯하다. 다양한 영화를 보여주고 관객들의 영화 보는 안목을 넓혀주려는 의도는

528

때로는 저조한 관객 수와 냉담한 반응에 부딪히기도 하지만 숫자로는 따질 수 없는 큰 가치를 만들어낸다고 나는 믿고 있다. 내 자신이 그러한 가치를 몸소 체험했으니까.

시네마톡은 초창기의 시행착오를 지나 이제 지역별, 평론가별로 특색 있는 영화 이야기를 진행하고 있다. 무비꼴라쥬를 운영하는 다양성영화팀의 노력뿐 아니라 보이지 않게 애써주시는 많은 관계자들의 힘이 밑받침됐을 것이다. 덕분에 영화도, 무비꼴라쥬도 전혀 몰랐던 나 같은 관객이 다양성영화의 매력에 점점 빠져들게 됐으니까. 앞으로 무궁무진하게 발전하길 바라며, 나 또한 언제 어디서나 무비꼴라쥬를 응원하고 싶다. 그리고 마지막으로 꼭 하고 싶은 말이 있다. "무비꼴라쥬 감사합니다."

우리가 그때 무슨 이야기를 했을까

CJ CGV 무비꼴라쥬

핸드폰은 꺼두세요. 앞 좌석을 발로 차지 마세요. 쓰레기는 쓰레기 통에. 그리고 영화 상영 중엔 옆 사람과 이야기하지 말고 조용히… . 영화를 함께 보고 이야기하는 시네마톡은 최근 인기를 모으고 있는 영화 감상 트렌드입니다. 영화를 보는 동안 꿀 먹은, 아니 팝콘 먹은 벙어리가 되어야 했던 관객들이 상영관 밖 화장실이나 커피숍이 아닌 영화를 본 바로 그 자리에서 방금 본 영화에 대해 듣고 말합니다. 보고 듣는 영화 감상에서, 보고 듣고 나서 다시 이야기를 나누는 것으로 끝맺음하는 영화 감상법, 이것이 시네마톡입니다.

영화는 처음부터 함께 만들고 함께 보는 매체였고, 여전히 극장에서 다른 사람들과 한데 모여 어둠 속에서 관람할 때 최적으로 즐길 수 있다는, 이동진 평론가의 프롤로그를 따라 30편의 시네마톡을 읽다 보면 영화는 함께 볼 뿐만 아니라 함께 보고 이야기할 때 최적으로 즐길 수 있는 매체라는 생각이 들 것입니다.

시네마톡에는 방금 본 이 영화를 누가 만들었고, 어떻게 만들었고, 무슨 상을 탔는지, 활자로 접할 수 있는 정보와 해설뿐 아니라, 오직 '톡(talk)'이었기에 가능했던 여러 층위의 영화 이야기가 얽혀 들어있습니다. 이 영화가 상을 탄 것은 사실 영화제 심사위원이 감독의 전 애인이기 때문이다, 이런 종류의 뒷담화도 나옵니다. 영화는 무소유를 말하지만 육십 평생 살아오면서 그걸 실천하는 게 너무 어렵고 힘들더라는, 이런 종류의 고민도 담겨 있습니다. 오늘이 생일인데 늦지 않으려고 헐레벌떡 오다가 저녁도 못 먹었다는 평론가에게 불러주었던 생일 축하 노래, 이런 종류의 감동도 있습니다. 이 책에는 밑줄 긋고 싶을 정도로 번득이는 영화 전문가의 촌철살인 명 코멘트뿐 아니라, 그 자리에 있었던 사람들의 영화를 빌미로

한 솔직하고, 때로는 사사로운 이야기까지 현장감 있게 담으려 했습니다. 우리가 그때 공감했던 것을 새로운 독자들과 공감하고 싶어서입니다.

시네마톡은 CGV무비꼴라쥬의 톡 프로그램 브랜드긴 하지만 무비꼴라쥬가 발명한 것은 아닙니다. 이미 1920년대부터 영화 보고 이야기하는 문화가 시대와 지역, 공간에 따라 발전해왔습니다. 그러나 전세계 극장 사업자 순위 몇 위에 올라있는 멀티플렉스 체인이 이 같은 문화 행사를 정기적으로, 직접, 운영하고 있다는 건 유례 없이 드문 일입니다. 2009년 2월부터, 매월 평균 16번씩 이어져 온 시네마톡은 지난 3년간 300여 번의 영화 이야기를 거듭하며 진행되어 왔습니다.

그래서 감사하고 또 감사합니다. 우선 매번 시네마톡 진행에 애써주시는 CGV 강변, 구로, 대학로, 상암, 압구정, 서면 관계자 여러분과 무비꼴라쥬와 시네마톡의 성장을 지켜 봐주신 CGV 임직원 여러분께 감사 드립니다.

또한 '무비꼴라쥬 관객 프로그래머'와 홍보대행사 브랜다임이 축적해온 기록물 또한 이 책의 기초가 되었기에 감사 드립니다. 녹취록 작성에 참여해주신 김경태님, 김하나님, 이하린님, 그리고 방대한 분량의 녹취록을 생생하고도 흐름이 있는 원고로 정리해주신 황희연 작가님, 누구보다 CGV무비꼴라쥬와 함께 시네마톡을 일궈오신 김영진, 남인영, 송지환, 신지혜, 심영섭, 이동진, 한창호 선생님께 감사 드립니다. 더불어 시네마톡 행사를 책으로 옮기는 일에 동의해주시고 협조해주신 감독님, 배우님 등 영화 제작진과 영화사 관계자, 딱히 해당 영화와 관계 없이도 시네마톡 자리를 즐겨주신 여러 초대 손님들, 그리고 이 책을 공동 기획한 타임스토리그룹과 출판사 씨네21북스의 큰 노고와 각별한 정성에 감사 드립니다. 마지막으로 시네마톡에 참여해주신 무비꼴라쥬 관객 여러분께 진심으로 감사 드립니다. 세상의 모든 이야기가 온라인으로 이사간 것 같은 이 시대에, 영화의 여운이 깊이 남아있는 극장의 바로 그 자리에서 이어지는 수다에 보내준 관객들의 성원에 감사 드립니다. 알고 보면 그들이 선물해준 시간, 그들이 만들어준 책입니다.